会話分析入門

An Introduction to Conversation Analysis

串田秀也・平本 毅・林 誠

勁草書房

まえがき

　本書は，会話分析の入門書・教科書である．本書を手に取っている読者の中には，会話分析について一定の知識を持っている人もいるだろうし，「会話」「分析」という言葉に興味を持っただけで，ほとんど予備知識のない人もいるかもしれない．とくに後者のような読者に向けて，会話分析とはどのようなものか，手始めに 1 つのたとえを使って述べてみたい．

　超高速度カメラのスローモーション映像を見たことがあるだろうか．たとえば，雨粒が水面に落ちるところを．肉眼でみると，水面に落ちる雨粒は，一瞬のうちに水面に消えていく．だが，超高速度カメラのスローモーション映像で見ると，雨粒はいったん水面に沈んだあと，1/2 くらいの大きさになって跳ね上がる．その雨粒がふたたび水面に沈むと，今度はもとの雨粒の 1/4 くらいの大きさになって跳ね上がる．これを何度か繰り返して，ようやく 1 つの雨粒は水面へと消えてなくなる．

　物事を観察するスピードを変えてみることで，ふだんは気づくことのない精緻な現象が目の前に存在していることに気づくことがある．これは自然現象に限った話ではない．人間社会は，人と人が日々出会い，言葉を交わし，いろいろな活動を一緒にすることを通じて成り立っている．そうした日々のやりとりを，ふだんとは異なるスピードで観察してみたら，どんなことがわかるのだろうか．そこには，ふだん私たちが気づくこともない，どんな精緻な現象が存在しているのだろうか．

　会話分析とは，この疑問に対して答えを与えてくれる 1 つの学問分野である．超高速度カメラにたとえられるような，ふだんとは異なる独特の観察方法を使って，人と人のやりとりを厳密に分析する 1 つの科学である．会話分析の研究では，人と人のやりとりを録音・録画して，やりとりをしている当人たちにもほとんど記憶に残ることのないその細部を，ゆっくりと何度も観察する．そうすると，いろいろなことが見えてくる．たとえば，私たちはふだんの会話の

中で，一瞬一瞬ごとに，「相手はなぜ今そう言ったのか」「私は次にどうしたらよいのか」などの問いに答えを出しながら，ある合理性を持ってふるまっているということが．

　本書は，会話分析がどんな学問的背景から生まれてきたのか，どのように人間のやりとりを観察し分析するのか，そこから何がわかったのかなどを，初学者向けにわかりやすく論じている．と同時に，会話分析に興味を持った読者が，自分自身で本格的な会話分析を始めることができるように，方法論的解説や分析の具体例を豊富に盛り込んである．

　本書の主たる読者として想定しているのは，まず，社会学を専攻する大学生，大学院生，研究者である．社会学のなかから誕生した会話分析は，とりわけ，社会的行為という概念を中心に据えて人間の社会生活を探究しようとするとき，比類ない精密な分析を可能にする研究プログラムである．本書はまた，言語学，人類学，心理学，教育学，経営学，情報科学，日本語教育，外国語教育など，人と人のやりとりやコミュニケーションに関心を寄せる学問分野の大学生，大学院生，研究者も，中心的読者として想定している．これらの読者たちは，自分の問題関心にとって会話分析が有益だという印象を持ちつつも，会話分析には自分の専攻する学問分野と異質な思考法があるために，困惑することがしばしばあると思う．読者がそうした状況を克服していくために本書が助けになることを願っている．本書が主たる読者として想定する最後のグループは，人と人のやりとりにかかわる実務家たち（たとえば，医師や看護師など医療に携わる人々）である．会話分析は，それぞれの場面でよりよいコミュニケーションを探ろうとする実務家に，何をどう考え始め，何に目を向けたらよいのかについて，多くのヒントを提供することができるのではないかと思う．

　執筆する中で，とくに重視したことがある．本書で論じる会話分析の知見を，読者が実際の日本語の相互行為の事例によって確かめられるようにすることである．会話分析はアメリカで誕生し，代表的な著書や論文のほとんどは英語で書かれたものである．会話分析を日本で紹介した概説的文章もいくつかあるが，会話分析の基本概念を例示するとき，英語文献に掲載された会話例の翻訳や日本語の作例が用いられていることが多い．だが，会話分析を学ぶとき，自分が成員となっている社会で実際に生じたやりとりに即して概念や考え方を習得す

ることは，決定的に重要である．本書では，ほとんどすべての論点を，実際に生じた日本語の事例を用いて解説するように努めた．

　本書で用いる事例は，独特の記号を使って録音・録画データから書き起こされたものである．決して読みやすいものではないので，読者には少し負担をかけるだろう．この負担をなるべく減らすため，また，読者がやりとりの雰囲気を実感しやすいように，インターネット上で音声ファイルの公開されているデータをなるべく用いるようにした．インターネット上の音声ファイルにアクセスするやり方と，本書で用いるデータの表記法については，次の「データについて」で詳しく述べる．ぜひ，音声を聞きながら読み進めていただきたいと思う．また，3章以外の各章には，章末に簡単な読書案内を載せている．会話分析をさらに学ぶときに活用してほしい．

　本書を完成させるまでに多くの方々のお世話になった．本書の執筆を著者に勧め，勁草書房を紹介してくださったのは水川喜文さんである．水川さんのお誘いがなければ，本書が執筆されることはなかっただろう．Gene Lerner 教授には，本書の構想過程で相談に乗っていただき，折に触れて執筆に必要な情報を提供していただいた．早野薫さん，須賀あゆみさん，牧野由紀子さん，城綾実さん，中川敦さん，増田将伸さん，中馬隼人さん，ヤンスンギュさんには，本書に必要な資料・データを入手したり，トランスクリプトを整えたり，誤字脱字をチェックしたりするためにお世話になった．著者が行った会話分析の授業やセミナーの受講生の方々には，本書のいくつかの章の草稿を読んでフィードバックをいただいた．本書が初学者にとってわかりやすくなっている部分があるとすれば，それはひとえにこれらの受講生の建設的なフィードバックのおかげである．ただ，著者の力量不足で，十分に活かせなかったコメントもあると思う．これらすべての方々に，深くお礼を申し上げる．最後に，勁草書房の渡邊光さん，伊從文さんには，なかなか筆が進まない著者を辛抱強く待っていただき，本書の草稿に対して建設的な助言を数多くいただいた．記して感謝したい．

2021 年 6 月　著者

データについて

「まえがき」で述べたように，本書で提示する事例のほとんどは，実際のやりとりの録音・録画データから著者が書き起こしたものである．その多くは著者自身が集めたデータだが，公開されているデータセットから引用しているデータも少なからずある．

1つは，CallFriend および CallHome という2つのデータセット（MacWhinney 2007）から取られたデータである．この2つは，インターネット上の TalkBank というサイト（http://talkbank.org/）に音声ファイルが公開されている．1例として，第2章のデータ(4)の冒頭部分を下に示す．このように，タイトルの右端に♪マークを付しているデータは，上記サイトから音声ファイルをダウンロードできるものである．［JAPN2167 26:29］というデータ ID は，JAPN2167 という音声ファイルの，26分29秒付近からの部分を書き起こしていることを示す．

(4) ［JAPN2167 26:29］♪
01 マチコ：　　こわ::::=
02 ナツミ：　　=↑こわいでしょ::::!=

CallFriend と CallHome は，1990年代に，アメリカのペンシルバニア大学の研究プロジェクトにおいて作成されたデータセットである．このプロジェクトでは，世界のさまざまな言語の自然な会話の音声データを集めるため，アメリカ在住のさまざまな言語の母語話者同士の電話会話（固定電話）を録音した．プロジェクトに協力することに同意した人は，プロジェクトの専用回線を使って知人に電話をかけ，通話冒頭に流れるプロジェクト説明の音声（この説明は音声ファイルには含まれていない）を聞いたうえで，会話を始めた．30分までの通話料金を大学が負担し，30分が経過すると回線が切れた．協力者は，電話料金が無料になるほかに，若干の謝礼を受け取った．

CallFriend は，北米大陸に住む知人にかけられた電話を集めたもので，データ ID は［JAPN+番号］となっている．CallHome は，日本に住む知人にかけられた電話を集めたもので，データ ID は［JPN+番号］となっている．CallFriend と CallHome の音声ファイルは，それぞれ以下の URL にてアクセスできる．なお，読者が自分の論文・レポート等のためにこれらのデータセットを利用する場合には，TalkBank の Ground Rules のページをよく読んで，使用ルールを遵守することを忘れないでほし

い.

CallFriend
https://media.talkbank.org/ca/CallFriend/jpn/
CallHome
https://media.talkbank.org/ca/CallHome/jpn/

(2021 年 6 月 23 日閲覧)

　もう1つ，本書で使用した公開されているデータセットは，国立国語研究所による『日本語話し言葉コーパス』である．このデータセットは，同研究所に利用申請すると有料で利用できる．ここから引用したデータには，データ ID の最初に CSJ という文字が入っている．

　本書のデータ書き起こしには，以下の記号を用いている．これらの記号は，ジェファーソン（Jefferson, G.）が考案した会話分析の標準的な記号法（Jefferson 2004a）をベースに，若干の変更を加えたものである．なお，書き起こしにおいては，会話している人物やデータ中に登場する人物の名前，およびその他の固有名詞は，知名度の高いものを除き仮名にしている．

トランスクリプト記号一覧

[	この記号をつけた複数行の発話が重なり始めた位置.
]	この記号をつけた複数行の発話の重なりが解消された位置.
=	前後の発話が切れ目なく続いている．または，行末にこの記号がある行から行頭にこの記号がある行へと間髪を入れずに続いている.
(数字)	沈黙の秒数.
(.)	ごく短い沈黙．およそ 0.1 秒程度.
文字 ::	直前の音が延びている．「:」の数が多いほど長く延びている.
文字 -	直前の語や発話が中断されている.
文字 .	尻下がりの抑揚.
文字 ?	尻上がりの抑揚.
文字 ¿	やや尻上がりの抑揚.
文字 ,	まだ発話が続くように聞こえる抑揚.
文字 _	平坦な抑揚.

文字!	声が弾んでいる．
↑文字	直後の音が高くなっている．
↓文字	直後の音が低くなっている．
<u>文字</u>	強く発話されている．
°文字°	弱く発話されている．
hh	息を吐く音．hの数が多いほど長い．笑いの場合もある．
.hh	息を吸う音．hの数が多いほど長い．笑いの場合もある．
文(h)字(h)	笑いながら発話している．
¥文字¥	笑っているような声の調子で発話している．
<文字>	ゆっくりと発話されている．
>文字<	速く発話されている．
(文字)	はっきりと聞き取れない部分．
(　　)	まったく聞き取れない部分．
(X／Y)	XかYかいずれかに聞こえる．
((文字))	データについてのさまざまな説明．
→	分析において注目する行．
太字	分析において注目する発話部分．

目次

まえがき
データについて

第1章 会話分析とは何か......1
第1節 会話分析の研究対象　2
　1.1　相互行為（やりとり）の能力・方法　2
　1.2　社会生活の構造基盤　5
第2節 会話分析の主要な学問的背景　7
　2.1　ゴッフマン：相互行為の自然主義的研究　7
　2.2　ガーフィンケル：社会の成員が用いている方法論の研究　10
第3節 社会をありのままに観察する科学　13
　3.1　社会学の「奇妙さ」　13
　3.2　会話分析における記述：サックスの最初の講義　17
　3.3　あらゆるところに秩序がある　19
第4節 会話分析の主要な研究主題と本書の構成　23
【読書案内】

第2章 行為の構成と理解......28
第1節 はじめに　28
第2節 認識可能な行為の構成　30
　2.1　状況と行為のたえまない相互彫琢　30
　2.2　位置と組み立て（"Why that now?"）　33
　2.3　証拠としての相手の反応　35
第3節 行為構成の諸相　37
　3.1　行為の複数性　37

3.2 行為の多義性 41
3.3 状況に固有な行為構成 43
3.4 名前のない行為 45
第4節 結論 48
【読書案内】

第3章 分析の手順と方法論 51
第1節 データを集める 51
  1.1 調査計画と同意書の作成 51
  1.2 データを収録する 52
  1.3 既存のデータを使う 55
第2節 書き起こしをする 57
第3節 分析する 59
  3.1 観察を行う 59
  3.2 行為を記述する 62
  3.3 参与者の理解を調べる 63
  3.4 コレクションを作成する 64
第4節 構築した記述を見直す 70
第5節 研究成果をレポートや論文にまとめる 73
第6節 まとめ 74

第4章 連鎖組織 77
第1節 はじめに 77
第2節 隣接対 78
  2.1 隣接対の基本的性質 78
  2.2 非典型的な隣接対 82
  2.3 選好 84
第3節 隣接対の拡張 89
  3.1 前方拡張 89
  3.2 挿入拡張 97

3.3　後方拡張　100
　第4節　データに切り込む糸口としての連鎖組織　105
　　4.1　断熱材の納品ミスの事例　106
　　4.2　ベース隣接対：非明示的依頼と応諾　108
　　4.3　前方拡張　110
　　4.4　挿入拡張　112
　　4.5　後方拡張　114
　第5節　結論　116
【読書案内】

第5章　順番交替組織 118

　第1節　順番交替　118
　第2節　会話の順番交替組織　121
　　2.1　第1の構成要素：順番の組み立て　121
　　2.2　第2の構成要素：順番の割り当て　124
　　2.3　発話順番構成単位の拡張　130
　第3節　オーバーラップとその解決　130
　　3.1　オーバーラップの生じる場所　132
　　3.2　オーバーラップへの対処　135
　第4節　まとめと順番交替の諸相　142
【読書案内】

第6章　発話順番の構築 145

　第1節　はじめに　145
　第2節　先行文脈との結びつきを示す発話順番の組み立て　147
　　2.1　発話順番冒頭の要素　147
　　2.2　助詞で始まる発話順番　149
　第3節　後続文脈を形づくる発話順番の組み立て　151
　　3.1　前置きの提示　151

第 4 節　TCU 構築における話し手と聞き手の相互行為　155
　　4.1　反応機会場　155
　　4.2　見解交渉　158
　　4.3　指示交渉　161
　　4.4　先取り完了　164
　第 5 節　おわりに　168
　【読書案内】

第 7 章　物語を語る　169
　第 1 節　会話の中の物語　169
　第 2 節　物語の開始　172
　第 3 節　物語の展開と聞き手の参加　178
　第 4 節　物語の終了と聞き手の反応　184
　第 5 節　複数の語り手による物語　187
　第 6 節　まとめ　189
　【読書案内】

第 8 章　修復　191
　第 1 節　はじめに　191
　第 2 節　修復の対象　191
　第 3 節　修復の過程　195
　　3.1　自己 vs. 他者　195
　　3.2　修復開始の位置　198
　第 4 節　他者修復開始の発話形式　206
　　4.1　無限定の質問　206
　　4.2　トラブル源のカテゴリーを特定する疑問詞を用いた質問　207
　　4.3　先行発話の部分的繰り返しと疑問詞を用いた質問　208
　　4.4　トラブル源の繰り返し　209
　　4.5　トラブル源を標的に定めた内容質問　210
　　4.6　理解候補の提示　213

第5節　修復と行為　215

第6節　おわりに　216

【読書案内】

第9章　表現の選択 218

第1節　はじめに　218

第2節　人の指示　220

2.1　認識用指示表現と非認識用指示表現　220

2.2　単純指示と複雑指示　222

2.3　人を指示する表現の選択指針　223

2.4　人の指示の体系　227

2.5　さまざまな複雑指示　231

第3節　誇張された表現と正確な表現　236

第4節　結論　241

【読書案内】

第10章　成員カテゴリーの使用 243

第1節　はじめに　243

第2節　成員カテゴリー化装置　243

2.1　カテゴリー化　243

2.2　成員カテゴリー化装置の構成要素1：カテゴリー集合　245

2.3　成員カテゴリー化装置の構成要素2：適用規則　246

第3節　行為の資源としてのカテゴリー化　249

3.1　カテゴリーと活動・述部の結びつき　250

3.2　カテゴリーと活動・述部の結びつきを利用した行為の遂行　252

第4節　会話分析におけるカテゴリー化の分析　256

【読書案内】

第11章　全域的構造組織 259

第1節　はじめに　259

第2節　全域的構造組織とは　260
　第3節　開始部から「何か」へ　261
　第4節　「何か」から終了部へ　267
　第5節　結論　272
　【読書案内】

第12章　相互行為・制度・社会生活——会話分析の研究対象の広がり
　　　　　　　　　　　　　　　　　　　　　　　　　　　　　　　274

　第1節　相互行為における制度の「証」　275
　　1.1　制度と制度的相互行為　275
　　1.2　順番交替組織　278
　　1.3　連鎖組織　280
　　1.4　全域的構造組織　283
　　1.5　語彙の選択　286
　第2節　制度的相互行為における実際的目的の追求：医療制度の場合　289
　　2.1　医師に訴えるに値する問題　289
　　2.2　権威と間主観性のバランス調整　292
　　2.3　患者のイニシアチブ　295
　第3節　より多様な社会生活の諸相へ　299
　第4節　相互行為における身体資源　301
　　4.1　焦点の定まった集まりに限られない相互行為　301
　　4.2　焦点の定まった集まりへの移行における身体資源の役割　302
　　4.3　立ち止まることの達成　305
　　4.4　注意の焦点の共有　306
　　4.5　まとめ　309
　第5節　結びに代えて　310
　【読書案内】

あとがき　311
引用文献・索引

第1章　会話分析とは何か

> 「既存の科学のどれにも属さない1つの研究分野が存在するのだと提言したい．……その分野は，人々が社会生活を送るうえで用いている方法を記述することをめざしている．」(Sacks 1984: 21)

　社会生活は，人と人との相互行為（やりとり）を通じて成り立っている．人は身近な人々との相互行為を通じて，言葉を覚え，文化を習得し，さまざまな社会的立場の違いや，自分が他者からどのように見られているかも知るようになる．親しい人と楽しい時間を過ごしたり，自分の欲求を誰かに満たしてもらったり，ものごとを決めたり，トラブルを専門家に相談したり，同じ体験を持つ仲間を見つけたりすることは，いずれも相互行為を通じて行われる．また，電車の中で見知らぬ乗客と目が合ってすぐ逸らしたり，道で人とすれ違うために少しだけ進路を変えたりすることも，つかのまの相互行為である．
　これら多様な相互行為に参加しその中で適切にふるまう能力は，人間が社会生活を送るうえで，非常に重要なものである．だが，そうした能力に正面から光を当てる科学的探究は，会話分析が登場するまでは存在しなかった．
　1960年代半ばに，アメリカの社会学者サックス（Sacks, H.）は，のちに「会話分析」と呼ばれるようになるユニークな研究を開始した．それは社会学の1種でありつつも，20世紀半ばまでに確立されていた社会学とは大きく異なる性格を持つ研究分野として構想された．本書の目的は，この比較的新しい研究分野のエッセンスを紹介することである．
　本章ではまず，会話分析が何を研究対象としているのか，どのようにそれを研究するのか，また伝統的な社会学や言語学とどういう関係にあるのか，を述べることで，次章以降への導入の役を果たしたい．冒頭に掲げたサックスの言葉には，これらの問いへの答えが端的に含まれている．会話分析の研究対象は「人々が社会生活を送るうえで用いている方法」である．会話分析はそれを「記述する」というやり方で研究する．そして，会話分析は「既存の科学のどれにも属さない」．これらがどういう意味なのかを論じることによって，読者

を会話分析の世界へと誘うことにしよう．

第1節　会話分析の研究対象

1.1　相互行為（やりとり）の能力・方法

　上で述べたように，人間の社会生活は，人々がさまざまな場面でそのつど異なる相手と相互行為を行う能力によって支えられている．それはいったいどんな能力なのだろうか．

　具体的に考えるために，電話のやりとりがどのように始まるかを考えてみよう．電話が鳴る．受話器を取る（または通話ボタンを押す）．さて，次にどうすればいいのだろうか．これは，たとえば2歳くらいの幼児にとっては，決して簡単な問題ではないようだ．幼児は家の電話が鳴ると受話器を取りたがるが，しばしば，そのあとどうすればいいのか分からず，受話器を持ったまま立ち尽くしてしまう．受話器を取るやり方は知っていても，電話に出るという社会的行為，すなわち，相手の出方を考慮に入れながらなされる行為（第2章28ページ参照）を遂行する方法はまだよく知らないのである．

　現代社会に生きる人々は，社会の一人前の成員になっていく過程で，いつしか電話に出る方法を覚えていく．それは，たとえば下の(1)の受け手のようにふるまうことである．なお，下線はその音が強められていること，発話中のコロン「:」は直前の音が引き延ばされていることを表す．

(1)
((着信音が鳴り，受け手が受話器を取る.))
01 受け手：　　もしもし:

　だが，受話器を取ったら「もしもし」と言う，ということを覚えただけでは，まだ電話に出る方法を十分に身につけたとは言えない．なぜなら，電話に出る方法はこれだけではないからだ．(2)と(3)をご覧いただきたい．

(2)
((着信音が鳴り，受け手が受話器を取る.))
01 受け手：　　は:いは::い？

(3)

((着信音が鳴り，受け手が受話器を取る.))
01 受け手：　　ありがとうございます XY 石膏サトウで:す.

　読者は，(2)と(3)の電話のかけ手や受け手を知らなくても，いくつかのことを推測できるだろう．それは，自分でもこれらとよく似た形で電話に出ることがあり，それはどういうときかを知っているからである．たとえば，(2)の受け手はこの電話がかかってくることを予期していたようだ[*1]，(3)の受け手は「XY 石膏」という会社で仕事中にこの電話に出ているようだ，などである．

　社会の成員として，電話に出る方法を十分に知っていると言えるためには，これら複数のやり方をそのときどきで使い分けられるのでなければならない．そのためには，たんにいくつかの言葉を覚えているだけでは不十分である．自分が受ける電話はどこにあるどんな電話か，そこに電話をかけて来るのはどういう人々か，電話がかかってくる時間帯によって用件はどう異なるか，これらのことがらについて一定の知識や予想を持ち，それに基づいて1つのやり方を選ぶことが必要である．

　ここで，かけ手の立場に目を転じてみよう．電話をかけたら，受け手が(1)から(3)のように電話に出たとする．さて，次にどうすればいいだろうか．かけ手は何か用件があって電話をかけたわけだから，いつかは用件を切り出したいだろう．だが，今すぐ用件を切り出していいだろうか．それとも，その前にやっておくべきことがもう少しあるだろうか．これらのことを判断するために，かけ手は自分が置かれた状況を分析しなければならないだろう．

　その状況には，受け手が受話器をとったときの状況には含まれない要素も含まれている．それは，受け手がどのように電話に出たかということだ．「こういうふうに電話に出たということは，相手は誰それであり，今これこれこういう状態なのだな．」かけ手はこうした推論を働かせ，それに合わせて次にどうするかを選ばなくてはならない．たんに複数のやり方の中から1つを選ぶだけでなく，相手の出方に自分の出方を合わせることが必要となってくる．このことは，電話のかけ手に限らない．およそ相互行為において，相手が誰なのか——より正確には，何者としていま相互行為に参加しているのか——に合わせ

[*1] Schegloff (2004: 67-73) は，英語で（"Hello" ではなく）"Yeah" と言って電話に出ることが，その電話を予期していたことを示す方法になると論じている．

て発話の仕方を選ぶことは,きわめて一般的な原則である.これを「受け手に合わせたデザイン(recipient design)」の原則という(Sacks, Schegloff & Jefferson 1974: 727=2010: 109)[*2].この観点から,(1)から(3)のかけ手たちが実際にどう反応したかを観察してみよう.なお,(0.3)は0.3秒の沈黙を,(.)はごく短い沈黙を表す.

(1)
01 受け手:　<u>も</u>しもし:
02 　　　　　(0.3)
03 かけ手:　あっ(.)もしもし:?

(1)は固定電話にかけられた通話である.だから,受け手は,かけ手が話そうとした人物以外の人(たとえば家族)だという可能性がある.この状況において,受け手の「もしもし:」という最初の発話には,自分が誰なのかを名乗っていないという特徴がある.一般に,かけ手は声を聞いただけで自分の話そうとした人物が電話に出たとわかることもある.この場合,かけ手は「あっAちゃん?」などと,自分の最初の発話をその人物に合わせたデザインで発することができるだろう.これに対し,実際にここでかけ手が発した「あっ(.)もしもし:?」という発話は,受け手が誰だかわかったことを示していないという特徴を持つ.このやり方は,受け手がかけ手の話そうとした人物なのかどうかがよくわからないとき,用いることのできるやり方の1つである(ちなみに,この電話は間違い電話だったことがこのあとで判明する).

(2)
01 受け手:　<u>は:</u>いは::い?
02 　　　　　(0.4)
03 かけ手:　<u>着</u>いた::.

(2)のかけ手の反応は,劇的に異なっている.この通話は,残念ながら,固定電話なのか携帯電話なのかは分かっていない.だが,受け手の「<u>は:</u>いは::い?」という発話は,かけ手が誰なのかをもう分かっており,しかもこの電話

[*2] 「受け手に合わせたデザイン」という用語の「受け手」とは,電話の「かけ手」に対する「受け手」のことではなく,一般的に「話し手」の発話を聞く立場としての「受け手」のことである.なお,受け手に合わせたデザインの問題は第9章でも詳しく取り上げる.

を予期していたかのように聞こえるだろう．そして，かけ手の最初のひとことは，受け手のこの出方にかみ合ったものとなっている．「着いた：：．」とすぐに用件を切り出すことで，かけ手は名乗らなくてもお互いに誰だか分かっていることを当然のこととしてふるまっている．それだけではない．かけ手は，何がどこに着いたのかを言わなくても，受け手にはそれが当然分かると見なしている．

(3)
01 受け手：　　ありがとうございますXY石膏サトウで：す．
02 かけ手：　　ABC商事と申しますがお世話になっております：：．

　(3)には，上のどちらともまた異なる特徴が見られる．受け手は最初の発話で名乗っている．しかも，自分の名前だけでなく会社名を言っている．さらに「ありがとうございます」と出ることで，かけ手が顧客である可能性を予測している．こうして，自分が仕事上の立場で顧客と話す用意があることを受け手は示している．このケースでも，かけ手の発話は細部にわたって，受け手の最初の発話に合わせたものになっている．かけ手も会社名を名乗っており，また「お世話になっております：：」と言うことで，相手との関係は仕事上の関係であることを示しているからである．

1.2　社会生活の構造基盤

　以上は，3つのデータについてのまだかなり大ざっぱな観察である．だが，これだけの観察でも分かることがある．それは，電話で最初のひとことを交わし合うだけのことにも「社会」が息づいているということである[*3]．これらのやりとりが以上のような特徴を持ちつつ生み出されるとき，両者によって，自分を取り巻く人々に関するさまざまな知識が参照されており，また逆に，それらの知識は，この通話に関連した文脈としてこの相互行為の細部に映し出されている．

　受け手が電話に出るやり方はこの3つに留まらないし，かけ手がそれに応じる仕方はさらに多様である．それらのやり方を，この社会とそこに住む多様な人々についての知識を参照しつつ，相手の出方に応じて選択したり調整したり

[*3]　この点についてより詳しくは，第11章第3節で取り上げる．

できること，その総体が，電話で話す能力・方法というものを形づくっている．そしてもちろん，電話で話すことは相互行為のほんの一部に過ぎない．このように見るならば，相互行為を行うときに人々が用いている能力・方法を調べていくことは，冒頭のサックスの言葉にあった「人々が社会生活を送るうえで用いている方法」を探究する，1つのやり方になることがわかるだろう．

ところで，そうした能力・方法のことを，ふだん私たちはほとんど意識することも興味を持つこともない．誰かと話をするとき，私たちがふつう興味を向けるのは話す内容の方であって，そのための能力・方法などではない．この点で，相互行為の能力・方法は，電気やガスや水道などのライフラインに似ている．シェグロフの言葉を借りれば，それは社会生活の「構造基盤（infrastructure）」である（Schegloff 2006）．私たちは日々，「7時の電車に間に合うように急がなきゃ」とか「誰かからメールが来ているかな」とか「今晩のおかずは何にしよう」とか，いろいろな実際的関心を持ちながら生活している．これらの関心は電気やガスや水道が使えることを前提にしているのだが，私たちは，自分がどのようにして電気やガスや水道を使えるようになっているかを，気に留めることはほとんどない．同じように，私たちはいろいろな実際的関心を持って社会生活を送っているが，それらの関心は，自分や周囲の人々に相互行為をする能力があることを前提にしている．

会話分析は，人と人が相互行為をするときに行使している能力や用いている方法を探究することによって，人々がどのように社会生活を作り上げているのかを解明することをめざしている．この身近でありながらふだんほとんど気に留めることのないことがら，それが会話分析の研究対象である．では，どうしてサックスは，こんなことを研究しようと思ったのだろうか．次に，会話分析の主要な学問的背景をなす2人の社会学者，ゴッフマン（Goffman, E.）とガーフィンケル（Garfinkel, H.）の仕事を見ることで，この疑問に答えていくとともに，会話分析が「既存の科学のどれにも属さない」とサックスが述べた理由を明らかにしよう．

第2節　会話分析の主要な学問的背景

2.1　ゴッフマン：相互行為の自然主義的研究

　社会学においてはふつう，社会は家族，労働，消費，教育，医療，司法，マスメディア，政治など，それぞれ異なった機能を持つ下位領域に分かれていると考える．この観点からすると，家族の食卓での会話，職場の会議，店員と顧客のやりとり，学校の授業，診療，裁判，ニュースキャスターとゲストのやりとり，政治演説集会などのさまざまな相互行為は，それぞれ別々の下位領域に属する現象だということになる．これに対し，ゴッフマンは，これら多様な相互行為を，同じ基本的論理によって組織されている1つの対象領域として研究することが可能だと考えた．

　ゴッフマンによれば，複数の人々が互いに相手の姿を見たり声を聞いたりできる状況——彼はそれを「社会的状況」と呼んだ——は，独特のリアリティを有している．私たちは社会的状況においてのみ，互いが何に関心を向けているかを瞬時瞬時感じ合うことができ，それゆえにまた，1人でいるときには感じることのない特有の緊張や気詰まりも経験する．これに対し，社会の成員のあいだに存在する他の種類の結びつき（集団，階層，国家など）には，そのような独特のリアリティはない．それらの結びつきは，人が1人でいるときにも存続していると想定されているからである．

　社会的状況における個人のふるまいは，たんにその人の心理的特性や社会構造的属性（年齢，性別，学歴，出身地域，階級，宗教，など）によって決まってくるものではない．同じ個人であっても，周囲の人々がどのようにふるまうかによって，ふるまいが左右されるからである．したがって，社会的状況における1つのふるまいの十分な研究のためには，そのふるまいを取り巻く環境を視野に入れざるを得ない．そして，その環境とは，研究者が恣意的に切り取って良いものではない．なぜなら，社会的状況における人々のふるまいは，それ自身として秩序だった形で互いに結びつき，組織されているからである（Goffman 1961a=1985, 1963=1980, 1964, 1983）．

　たとえば，社会的状況には，大きく2種類の「集まり（gathering）」がある

(Goffman 1961a=1985, 1963=1980). 1つは，同じことがらに注意を向けることを了解し合っている人々の集まり（＝焦点の定まった集まり）である．会話や会議，外科手術のような共同作業，卓上ゲーム，などがその具体例である．この種の集まりにおけるふるまいは，原則として，その場でみなが注意を向けるべきだとされている事象——話し手とその発話内容，共同作業の対象，将棋盤上の駒の配置など——への共同注意を維持し合うように調整される．とともに，しばしば，そうした事象への注意を損なわない範囲で，より目立たないやりとりが小声や視線の交換などによって生じる．もう1つは，互いに別々のことに注意を向けながら，たんに同じ空間にいるだけの人々の集まり（＝焦点の定まらない集まり）である．満員電車の乗客，交差点を行き交う人々，などがその例である．これらの人々のふるまいは，互いにかかわりを持たない状態を維持するように調整される．たとえば，人々は互いを一瞬ちらっと見るだけで目を逸らす．また，互いの視線が合うことを避けるために，さまざまな小道具（新聞，電車のつり広告，携帯電話など）を利用する．

　以上のような基本的考え方と観察・分析を通じて，ゴッフマンは，社会的状況における相互行為という対象領域を「発見」した．今日，会話分析が研究しているさまざまな種類の相互行為は，ゴッフマンがこうして見出した領域にほぼ含まれている．ただ会話分析は，相互行為の秩序だった特徴を，ゴッフマンの観察・分析よりもはるかに精緻に，体系的に研究することを可能にしている[*4]．

　ゴッフマンはまた，研究方法においても，会話分析の背景をなす重要な考え方を持っていた．彼は，主著『アサイラム』の序文でこう述べている．「立派なテントを建ててその中でみな子供たちが震えているよりは，1人1人の子供を身体に合ったコートで包んでやる方がよい」(Goffman 1961b=1984)．ここに表明されているのは，研究対象に対する自然主義的（naturalistic）な構えである．それは第1に，あらゆる相互行為を説明できる一般的な理論的モデル・概念を性急に構築しようとするのではなく，実際の相互行為の中で生み出されて

[*4] また，第12章で詳しく論じるように，会話分析は相互行為の秩序にかんする研究を発展させただけでなく，それに基づいて，教育，医療，司法，マスメディアなど，伝統的社会学が扱ってきた社会の諸領域にかんする知見も蓄積している．

いる秩序だった諸現象を丁寧に識別し，それぞれの現象にもっとも適合した概念を用いようとする構えである．第2に，研究対象を人為的に統制したり（例：実験），研究目的に沿った情報のみを被調査者から引き出したり（例：質問紙調査，聞き取り調査）するのではなく，実際の相互行為において生じているあらゆることをありのままに観察することを重視する構えである．

サックスとシェグロフは1960年代初頭，ゴッフマンの指導を受ける大学院生だった．会話分析が，ゴッフマンの自然主義的な相互行為研究を1つの仕方で発展させたものであることは間違いない．サックスは1967年秋学期の講義で，自分の講義の背景としてゴッフマンの『行為と演技』(Goffman 1959=1974) を受講生に勧めている (Sacks 1992: 1: 619)．またシェグロフは，ゴッフマンが相互行為研究の基本的構えを述べた「諸個人がまずいて，その人々が場面を形作るのではない．場面がまずあって，そこで人々が形作られるのだ」という言葉を，会話分析の考え方の先駆けとして高く評価している (Schegloff 1988a: 93)．

だが，ゴッフマン自身は会話分析とは異なり，相互行為の中で人々が用いる言葉の分析に精力を注ぐことは（晩年に至るまでは）なかった[*5]．また，彼はデュルケーム (Durkheim, E.) の影響のもとで，個人の人格は現代社会に残された数少ない「聖なるもの」であり，相互行為の秩序は個人の人格の相互崇拝という儀礼的側面を主軸にしていると考えた (Goffman 1967=2012)．しかし，会話分析の視点からは，儀礼的側面は相互行為を秩序だてているもっとも基本的なメカニズムではない (Schegloff 1988a)．さらに，会話分析はゴッフマンには見られなかった徹底した方法論的考察に基づいて構想されている．これらの意味で，ゴッフマンの相互行為研究と会話分析のあいだには，多くの断絶も存在する．

会話分析は，ゴッフマンに比して，相互行為の研究により厳密な方法論を整備することに成功した．それを可能にした理論的基盤は，ガーフィンケルの提唱したエスノメソドロジーである．次に，ガーフィンケルが会話分析に何をも

[*5] ゴッフマンは晩年になって，会話分析からの影響も受けながら，相互行為の中の言葉に関するいくつかの重要な研究を行った (Goffman 1981)．それらは今日まで，会話分析に影響を与え続けている．

たらしたのかを概観しよう．

2.2　ガーフィンケル：社会の成員が用いている方法論の研究

　ガーフィンケルは，20世紀社会学の中心的理論家パーソンズ（Parsons, T.）の学生だった．彼は，パーソンズ理論の徹底した批判を行い，そこからエスノメソドロジーという新しい研究分野を作り上げた．それは，社会の成員が，実際的活動をどのようにして秩序だった形で成し遂げているかを探究するものである．

　パーソンズは，社会秩序がどのようにして成立しうるのかという問いを掲げ，この問いに対して説得的な答えを提供できる，社会的行為の一般理論を構築しようとした（Parsons 1937=1967, 1951=1974）．もしも人々が自分の利益をもっとも効率的に追求するように行為するなら，理論的にはどうしても，有限な資源をめぐる闘争——ホッブス（Hobbs, T.）の「万人の万人に対する闘争」——が生じてしまう．現実の社会には，そうした闘争が生じないようにするどんなメカニズムが組み込まれているのか．パーソンズが提出した答えは，人々が生育の過程で共通の文化的価値を内面化し，それに適合した行為をするよう人格の内側から動機づけられることによって，外面的強制だけでは実現しない安定性を持って，社会秩序が可能になるというものだった．わかりやすい例をあげれば，「青は進め，赤は止まれ」という規則を人々が内面化し，信号を守るよう動機づけられることで，秩序だった交通が可能になる，という説明である．

　これに対しガーフィンケルは，シュッツ（Schutz, A.）の現象学的社会学などの影響を受けて，社会秩序の問題の鍵は，人々がどのようにして行為とそれを取り巻く状況の意味を互いに理解し合っているのか，という点にあると考えた（Garfinkel 1967; 浜 1995）．具体的状況の中である行為を遂行しようとするとき，人々は自分のいまいる状況がどんな状況であり，そこでどのようにふるまえば規則に従うことになるのかを，そのつど見出して行くことが必要となる．たとえば，交差点に車で近づいたら，赤信号だが交通整理員が誘導棒を振って「進め」という身振りをしている．進むべきか．青信号だが，歩行者が目の前で道路を横断し始めている．進むべきか．これらのことは，そのつどの具体的状況の中で判断しなければならない．逆に言えば，目の前の交差点にそうした

特別な事情がなく，ふつうに赤信号であるだけだということも，やはりそのつどの具体的状況を見て知るほかはない．

　だから，仮に各個人の人格に十分に規則が内面化されたとしても，それだけで人々の行為が秩序だった形で調整されると考えることはできない．規則には，必ず未決定の「周辺部分（fringe）」が含まれている．たとえば「赤信号では止まれ」という規則には，明示されていない周辺部分として，「ただし，交通整理員が進めというサインを出しているなら，進め」ということが含まれている．また，これを明示すれば周辺部分がなくなるかというと，そうではない．「ただし，交通整理員が進めというサインを出していても，それに従うことが危険だと思われるなら，止まれ」ということも，含まれているはずだ．このように，周辺部分を明示しようとしても，その外側にはやはり明示し尽くせない「ただし……」が残ってしまう．

　だから，規則それ自体は，具体的状況に見出される無数の偶発的事情にどう対処すればよいかを，一義的に教えてはくれない．むしろ，人がふつう大きな問題なく規則に従うことができているのは，状況のなかでそのつど未決定の周辺部分を補って，規則のいまここにおける具体的意味を理解することができるからである．そうやって形づくられる理解が，その場にいる人々の実際的目的（たとえば，交差点を安全に通過すること）にとって十分な程度に一致する手立てが講じられることによって，行為の秩序だった調整は可能になる．このようにガーフィンケルは考えた．

　さて，こうした行為の調整過程においては，人々が社会の成員として実際的目的を果たすために蓄えている，「ものごとのやり方」にかんする知識（Schutz 1973=1983）がたえず参照される．それは，料理の作り方にかんする知識のように，そのつどの偶発的事情（その日にどんな食材が冷蔵庫にあるか等）に応じて柔軟に適用されうるとともに，ある実際的目的（作りたい料理を作る）を実現する方法としての合理性を備えた知識である．その合理性とは，科学的知識や論理学の合理性とは異なる，常識の持つ合理性である．

　ガーフィンケルは，人々が常識の合理性を当てにしながら，互いに行為を調整するために用いている方法を照らし出すために，授業の宿題として，一連の「期待に背く実験（breaching experiment）」を学生に行わせた（Garfinkel 1967）．

ある実験では，学生たちは，家族や友人などが発したありふれた言葉について，その意味をしつこく問いただし，何が起こったかを報告するように指示された．学生の報告の1例を見てみよう．

(4) [Garfinkel 1967: 44]
実験の犠牲者は，陽気に手を振ってやってきた．
(被験者) 調子はどう？
(実験者) 調子って何の調子のこと？ぼくの健康状態？それとも懐具合？
　　　　それとも学校の成績？それとも気分？
(被験者)(顔を真っ赤にして急に怒り出し)
　　　　おい！おれはただふつうに挨拶しただけじゃないか．はっきりいって，
　　　　おまえの調子なんかどうでもいいんだよ．

　この事例は次のことを例示している．第1に，規則について上に見たのと同様に，発話も未決定の周辺部分を伴っている．「調子はどう？」という発話は，それが発せられるそれぞれの個別的状況の中で，話し手が実際には言わなかったこと（たんなる挨拶なのか，相手の病気を心配しているのか，など）を補って理解されている．第2に，話し手の方も，聞き手がそのように補って理解してくれることを当然のことと期待して，この発話を産出している．この期待は道徳的な性格を持っており，聞き手が執拗にその期待に背くならば，話し手は何か非常に不当なことをされたという義憤を感じる．

　このような実験を通じて，ガーフィンケルは，具体的な状況のなかで人々が規則や発話の意味を理解するときに，暗黙のうちに用いている基本的方法をあぶり出した．それは，状況の全体的性格とその中で生じる出来事の詳細とのあいだに，互いに互いを支え合う関係——これを「相互反映性（reflexivity）」と言う——を作り出すことである．状況の全体的性格とは，たとえば，自分と相手が《友だちである》，2人は《ふつうの会話をしている》など，大づかみにされたその場の状況の性格のことである．出来事の詳細とは，言葉や身ぶりなどその場にいる人々のあらゆるふるまいの細部である．一方で，出来事の詳細は，状況の全体の性格に基づいて理解される．「調子はどう？」という発話は，たとえば診察室で医師が言った言葉ではなく，《友だち》が《ふつうの会話》で言った言葉だということに基づいて，《ただの挨拶》だと理解される．他方で，2人がいま《友だち》として《ふつうの会話》をしているのだという事実

は，この発話がそういう意味で通用することを証拠として，それに裏づけられて成立している．人々が具体的な状況のなかで相互行為をしているときには，こうした堂々巡りの解釈過程がたえず進行している．この解釈手続きを，ガーフィンケルは「証拠を調達する解釈方法 (documentary method of interpretation)」と呼んだ (Garfinkel 1967)．

　ガーフィンケルの考えでは，人々が以上のようにして互いの行為を調整することを通じて，社会秩序は具体的状況のなかでそのつどたえず作り直されている．そして，人々がこのために用いているさまざまな手続きのことを，彼は「エスノメソドロジー（社会の成員による方法論）」と呼び，これを研究することは，伝統的社会学とはまったく異なる，社会についてのもう1つの探究であると提唱した．

　サックスは，大学院生のときに知ったガーフィンケルの研究を非常に真剣に受け止め，ガーフィンケルと親交を続け，共同研究も行った．また，シェグロフらの他の大学院生を誘って，ガーフィンケルの論文を一緒に検討したという．さらに，ガーフィンケルに斡旋された自殺予防センター研究員としての仕事において，センターにかかってくる電話の分析を行うなかで，のちに会話分析と呼ばれる研究分野を構想するに至った．会話分析は，ガーフィンケルが提出した「社会についてのもう1つの探究」という構想に，次節で述べるような独自の問題提起をサックスが加味することによって，創出されたものである．

第3節　社会をありのままに観察する科学

3.1　社会学の「奇妙さ」

　サックスの最初の論文「社会学的記述」は，1963年に刊行された (Sacks 1963)．この論文の冒頭には，「私の関心は今日の社会学の奇妙さを描き出すことである」という挑戦的な言葉が置かれている．この言葉の意味とその背景を説明しよう．

　社会学者にとって，伝統的に，社会の成員が自分たちの行為について行う説明，それに用いられる言葉，そこに表された常識的知識などは，不完全で矛盾に満ちていて，社会の科学的探究においては信用できないものであった．社会

学の父デュルケームが，主著『自殺論』において，自殺動機への不信を表明したことは有名である．自殺動機なるものは，自殺者の周囲の人々が推測を述べた言葉に過ぎず，自殺の真の原因を表しているとは限らない．そんなあやふやなものに基づいて研究を進めるのではなく，自殺統計に現れた客観的傾向をデータとすべきである，と（Durkheim 1897=1985）．同様の不信は，他の社会学者によっても繰り返し表明されてきた．たとえば，交換理論を提唱したホマンズはこう述べている．人間の社会行動についての常識的洞察はことわざとして表現されるが，ことわざとは当てはまりそうなときにだけ使われ，そうでないときは無視されるもので，知識として体系化されていない．これに対し，社会学の任務は社会行動の一般的説明を構築することである，と（Homans 1974=1978）．

　社会の成員が発する言葉へのこうした不信は，1つの言語観に支えられている．言葉とは背後にある実在を映し出すものだという言語観である．この言語観のもとでは，言葉は，実在を正しく映し出しているか間違って映し出しているかのどちらかである．そして，この言語観に立脚する社会学者は，もっぱら，社会の成員が発する言葉がその人々の意識や行動や人間関係などの事実を正しく映し出しているかどうか，すなわちその表現内容の正しさや正確さに関心を向けることになる．

　しかしながら，言語哲学者オースティンが述べたように，言葉の働きは背後にある実在を映し出すことだけではない．むしろ，言葉のもっとも基本的働きは行為遂行的（performative）なものである（Austin 1962=1978）．たとえば，上に紹介したガーフィンケルの実験で，被験者が友人に「調子はどう？」という言葉を向けるとき，それは何かを正しく表現しているわけでも間違って表現しているわけでもない．それは，挨拶するという行為を遂行しているのである．この言語観のもとでは，社会の成員が発する言葉は，事実を正しく反映していようといまいと，成員たちがそれを用いて行為を遂行し，日々の社会生活を作り上げているという1点において，社会を研究する者が真剣に取り扱うに値するものとなる．

　そして，ひとたび言葉の行為遂行的働きの重要性に気づくなら，ある言葉がどんな文脈の中で，どういうタイミングで，どんな口調で言われたか等々の詳

細が，言葉の意味内容とともに（あるときにはそれ以上に）重要なものになってくるであろう．だが，言葉は実在を映し出すものと考えていた伝統的な社会学者にとって，そうした細かいことはどうでもいいことであった．なぜなら，言葉が実在を正しく反映するかどうかにかかわるのは意味内容であって，言葉が用いられる文脈やタイミングや口調などではないからである．

　他方で，言葉を研究することを目的とする言語学においても，いくぶん異なる理由から，人々が実際の場面で実際に話す言葉の詳細は重要ではないものと見なされた．現代言語学の父チョムスキーの考えによれば，言語学が解明すべき対象は人が無限の文を産出することを可能にする「言語能力」であって，個別の場面での言語使用の詳細ではない．彼はこう述べている．「ありのままの言語活動の記録をとってみれば，その中には，数多くの，話し始めの言い間違いや，規則からの逸脱，中途における計画の変更，などを含んでいることが分かるであろう．……言語学が本格的な学問であろうとするなら，それらが言語学の実質的な主題となり得ないことは明らかである」(Chomsky 1965=1970: 4-5)．

　こうして，社会の成員がさまざまな場面で日々実際に交わしている言葉やそれを用いた説明などは，そうした事象を扱う可能性のある2つの学問，社会学と言語学の谷間に落ちてしまった．これは，この2つの学問がその研究対象や方法論を十分自覚的に選定する中で生じたことなので，不注意による見落としのようなものではない．言い換えれば，これらの学問の方法論を基本的に保持したまま，研究対象を拡張するという考え方では，人々が日々行っている相互行為や，相互行為における言語使用を十分に探究することはできない．谷間に落ちたものを正面から研究するためには，これらの学問とは異なる出発点を選択し，それに見合った方法論を確立することが必要であった．この意味でサックスは，自分が構想する研究分野が「既存の科学のどれにも属さない」と述べたのである．

　ガーフィンケルの議論は，この課題に取り組むのに必要な装備をサックスに提供した．先に述べたように，言葉の意味には必ず未決定な周辺部分があるので，聞き手がそれを補いながら理解することは言語使用の基本的条件である．社会学者は，言葉のこの性質を，除去すべき方法論上の障害だと見なしてきた．

たとえば，質問紙を用いた社会調査においては，調査結果をコーディングする作業が不可欠である．そのさい，質問紙に書かれた質問や回答について，作業者が周辺部分をアドホックに解釈することを避けるための，さまざまな方法論的工夫がなされることになる．だが，ガーフィンケルの考えでは，これは言語使用の基本的条件を無視した無謀な企てであり，まるで「ビルの壁を全部取り去ってしまえば，屋上を支えているものがよく見えるようになるのになあ」(Garfinkel 1967: 22) とこぼすようなものである．実際には，屋上を支えているのはビルの壁にほかならないというのに．

サックスの目に社会学が「奇妙」に見えたのは，聞き取り調査の現場にせよ，質問紙調査のコーディングにせよ，研究発表の場にせよ，社会学者の学術的活動において用いられる言葉も，およそ言葉である限りにおいて，未決定な周辺部分を補いながら用いられ理解されることは避けられないからである．社会学者の営み自体が，言語使用のこの性質を暗黙のうちに当てにして成り立っている．だが，社会学者は自らの研究において用いる言葉からそうした性質を除去しようとしている．これに対しガーフィンケルとともにサックスが目指したのは，言語使用のこの性質を当てにするだけでなく，同時に，研究のトピックにもすることである．人々が言葉の周辺部分を補いながら互いに理解し合い，行為を調整し合うことで社会生活が成り立っているなら，その言語使用のありさま，そのために人々が用いている能力や方法，これを探究することはすなわち，社会生活を成り立たせている 1 つの根本的メカニズムを研究することになるはずである[*6]．

サックスは，以上の考えに基づいて，社会学は，現に存在する「奇妙な」社会学ではなく，社会を「ありのままに観察する科学 (natural observational science)」になるべきだと論じた．この構想においては，「社会学者の仕事は，成員が行う記述を明確化したり，「記録に残し」たり，批判したりすることではなく，それを記述することである」(Sacks 1963: 7)．この引用に出てくる「記述」という言葉の，2つの異なる意味に注意しよう．

[*6] 基本的に同じことは言語学についても言える．「内省」に頼ることで理想化された話し手や聞き手の言語能力を探求しようとしたチョムスキーのみならず，さまざま変数をコントロールして「ノイズ」のない実験をしようとする心理言語学のアプローチなども，言語使用の自然な条件をありのままに見つめることを避けている．

第1に,「成員が行う記述」とは,人々が日常生活で言葉を使ってものごとを意味づけること——たとえば,さまざまな出来事を報告したり説明したりすること——を指していると考えられる.伝統的社会学者は,そうした成員が行う記述を明確化したり批判したりすることが自分たちの仕事だと考えてきた.そしてそのためには,周辺部分を持たない一義的に明確な概念を用いて,社会現象の科学的説明を構築することが必要だと考えてきた.

　これに対し,第2に,サックスが「(社会学者の仕事は)それを記述することである」と述べるとき,「記述」という語は,サックスが目指す社会の探究(＝会話分析)における中心的な学的営為を意味している.会話分析における記述とは,成員が行う記述がどのようにして生み出され,理解され,それを通じて人々がどのように相互行為を行っているのか,その方法を系統的に解明する営みのことである.それは,成員が行う記述を批判したり矯正したりすることを目指すのではない.ちょうど,昆虫学者がミツバチのダンスを研究するとき,ミツバチのダンスの仕方を批判したり矯正したりしようとはしないのと同様に.

3.2　会話分析における記述：サックスの最初の講義

　サックスが考えていた記述の1例として,彼が1964年秋学期に行った最初の講義——これは会話分析の事実上の出発点といってよい——を紹介しよう(Sacks 1992: 1: 3-11).1963年から64年にかけて,ガーフィンケルとサックスはロサンゼルスの自殺予防センターの研究プロジェクトに参加した.サックスはそこで,センターにかかってくる電話の録音を分析する機会を持った.彼の最初の講義とは,自殺予防センターにかかってくる電話の開始部がどのように秩序だっているかについて,1つの記述を組み立てたものである.

　サックスは,講義の冒頭,電話開始部の例を3つ挙げている.

(5)　[Sacks 1992: 1: 3]
A:　　もしもし (Hello)
B:　　もしもし (Hello)

(6)　[Sacks 1992: 1: 3]
A:　　担当のスミスと申しますがどうされましたか
　　　(This is Mr Smith may I help you)

B:　はい，ブラウンという者ですが（Yes, this is Mr Brown）

(7)［Sacks 1992: 1: 3］
A:　担当のスミスと申しますがどうされましたか
　　（This is Mr Smith may I help you）
B:　よく聞こえないんですけど（I can't hear you）
A:　スミスと申しますが（This is Mr <u>Smith</u>）
B:　スミスさん（Smith）

　この3つの断片を用いてサックスが論じたことは2つある．第1に，自殺予防センターのスタッフは，電話をかけてきた人に名前を言わせたいという職務上の実際的関心を抱えているのだが，電話の開始部のやりとりにはこの問題への1つの合理的な解決が見られる．第2に，スタッフがその解決方法を用いたとき，電話のかけ手が名前を名乗らずに済ませようとするなら，そのための合理的な方法もまた存在する．それぞれを例に則して説明しよう．
　(5)と(6)は，サックスが多くの事例の中に見いだした電話開始部の規則性を例示している．それは，電話を受けたスタッフがあるやり方で最初の発話を発すると，かけ手の方もそれに合わせたやり方で次の発話を返すということである．(5)では挨拶の言葉を言うというやり方が，(6)では自分の名前を名乗るというやり方が用いられ，かけ手も同じやり方で返している．この規則性は，スタッフにとって，かけ手に名前をいわせるための1つの方法が存在することを意味する．すなわち，自分がまず名乗ることによって，かけ手に自然に名前を言わせる機会を設けることができるということである．この方法は，ある特別な意味で合理的なのだが，それを説明するためには先に(7)を見た方がよい．
　(7)では，(6)と同じやり方が用いられたのに，かけ手は名乗っていない．だが，かけ手はべつに名乗ることを拒否したわけではない．たんにスタッフの最初の発話をもう1度言うように求めているだけである．だから，スタッフがもう1度自分の名前を言ったなら，最初の発話がきちんと聞こえたのと同じ状態になるように思われるが，じつはそうではない．これが重要な点である．「スミスと申しますが」ともう1度スタッフが名乗ったあとには，もはや，かけ手が自然に名乗ることを期待できる機会は失われている．むしろ，かけ手がスタッフの名前を今度は聞き取れたことを表明する（「スミスさん」）ほうが，この展開の中では自然である．ここに至ってスタッフは，かけ手が自分から自然に名乗

第3節　社会をありのままに観察する科学　　　　　　　　　19

ることを期待できない状況に直面している．

　この展開のあとで，なおスタッフがかけ手に名前を名乗らせたければ，スタッフは名前を尋ねるほかはない．だが，もしもそうするなら，かけ手は「なぜ名前をいう必要があるのか」と説明を要求することができる．こうなると，スタッフが名前を言わせることは非常に難しい展開になってくる．以上を踏まえて振り返ってみるなら，かけ手が「よく聞こえないんですけど」と言うことは，名乗るのを拒否することなく名乗らずに済ませてしまうための合理的な方法になっている．そして，このように見ることで，スタッフが電話に出たとき自分の名前を言うことの特別な合理性も明らかとなる．このやり方をとる場合，スタッフはかけ手から「なぜ名前をいう必要があるのか」と説明を要求されることはない．なぜなら，スタッフが行っているのは，名前を尋ねることなく自然に相手に名前を言わせる機会を作り出すことだからである．

　サックスは，以上のようにして，スタッフの方からまず名乗ることはかけ手に名前を言わせる1つの合理的なやり方であること，そして，それを聞いたかけ手がもう1度言うように求めることは，その合理的性格をいわば逆手にとる形で，スタッフのやり方を無効化する合理的方法になっていることを示した．スタッフとかけ手は，それぞれの瞬間に，それぞれの実際的目的を果たすための合理的な方法を選んで発話を産出している．それらの方法は，次の相手の出方を一定の仕方で制約するとともに，相手の方にもその制約を無効化する合理的方法が利用可能である．このように，相互行為の中の1つ1つの発話やふるまいが，そのときどきに参与者が直面している実際的問題に対する解決として合理的な性格を帯びているのを示すこと，これが会話分析にとっての記述である．

3.3　あらゆるところに秩序がある

　サックスは，以上のような記述を構築することが，社会の研究をする者の行うべき仕事だと考えた．これを踏まえて，サックスが「奇妙」だと感じた伝統的社会学と，サックスが目指した社会を「ありのままに観察する科学」（＝会話分析）との考え方の違いを，まとめておこう．

　3.1で，伝統的社会学と会話分析の言語観が異なることを述べたが，この違

いは，次の2点における違いと結びついている．第1は，研究対象たる社会現象の秩序性が，どこにどのような形で存在しているのかという問いへの答え方である．第2は，ここから派生することとして，誰がどのような方法によって社会現象の秩序性を認識できるのかという問いへの答え方である．

まず，伝統的社会学はこれらの点について，基本的に次のような考え方に立ってきた．社会現象の秩序性は，諸個人が経験する個別的な具体的状況の背後に存在し，諸個人の行為や経験を背後から拘束ないし規定している．だから社会学者は，個別的な状況や行為の細部が多様であることに惑わされずに，その背後にある実在（「制度」，「社会構造」，「集合意識」など）に接近しなければならない．このために必要なのは，まず，データ集積の定量的な分析である．研究しようとする社会現象にかんして代表性のあるデータを収集・分析し，統計的に有意味なパターンを見出すべきである．こうしてデータの集積を俯瞰することで，1つ1つの事例を見ていたのでは見えてこない秩序性を観察することができる．こうして秩序性が見出されたなら，次に，それを説明するための理論的装備が必要である．社会学者は，周辺部分を伴った常識的概念に頼るのではなく，一義的に明確な科学的概念を用いて理論を構築し，それを適用して見出されたパターンを説明することで，社会の成員にはなし得ない仕方で社会の秩序に接近することができる[7]．

これに対し，社会にかんする会話分析の基本的認識は，サックスの「あらゆるところに秩序がある（There is order at all points)」という言葉に端的に表現されている（Sacks 1984: 22）．会話分析の見方からすると，第1に，社会の秩序は，個々の具体的状況における相互行為の背後に存在しているものではない[8]．それは，個別的な相互行為のそのつどの進行のなかに，参与者たち自身

---

[7] 伝統的社会学のなかでも，いわゆる「質的」研究方法を重視する流派には，本文で述べたことはそのままの形では当てはまらない．ただ，伝統的社会学が20世紀半ばまでに独立した科学としての地位を確立するうえで決定的だったのは，定量的方法を重視する実証主義的社会学である．会話分析は科学であることを標榜しているので，重要なことは，伝統的社会学の科学性の中心にある考え方との対比において，会話分析を理解することである．

[8] ここでは伝統的社会学と会話分析との相違を論じているが，伝統的な言語学と会話分析の相違にも，同様の観点から論じられる部分がある．たとえば，チョムスキー派の言語学が考える文法の秩序性は，具体的な言語運用の背後にある言語能力の水準に存在するが，会話分析の立場からは，具体的状況における言語使用のなかにこそ文法現象の秩序性を探究すべきだという考えが出てく

第3節　社会をありのままに観察する科学

に認識可能な形で存在している．3.2 で紹介した自殺予防センターのスタッフとかけ手との相互行為は，1つ1つの発話が，その産出の瞬間において，両者の実際的関心を果たすための合理的方法としての性格を帯びていた．これは，相互行為がその進行のそれぞれの瞬間において秩序だっていることの1例である．したがって，第2に，必要なのは，背後に仮定されたことがらを観察するための工夫や，そうして観察されたことを説明するための科学的概念ではない．「目の前に見えてはいるのに気づいていなかった」(Garfinkel 1967) ことがらを，きちんと見るための工夫である．それは具体的には，個別的な相互行為の直中で，参与者たちが周辺部分を伴った言葉を用いながら，さまざまな行為を合理的に成し遂げているやり方に目を向けることである．3.2 で紹介したサックスの記述は，そのような観察の模範である[*9]．

　以上の方針に沿って研究を進めることで，会話分析は，伝統的社会学が提出してきた概念や説明が，具体的状況における社会の成員たちのふるまいの詳細によって支持されるかどうかを，厳密に検討することができる．まず，もしもある社会学的概念や説明が，相互行為において参与者たち自身が指向しているリアリティを的確に捉えているなら，会話分析はそうした概念や説明に強力な裏づけを提供することができる．なぜなら，それらの概念や説明の有効性は，それぞれの具体的状況で合理的方法を行使する参与者たち自身によって，生み出されているということが明らかになるからである．たとえば，診療場面にかんする会話分析研究は，医療社会学の基礎概念である「病人役割」のリアリティが，具体的な診療状況のなかで患者が自分の抱える問題を訴えるやり方を通じて，産出されていることを示してきた（第12章 289-292 ページ参照）．

　また，会話分析は，社会学的概念や説明が，相互行為における参与者たち自身の指向から乖離していたり，それを大雑把にしか捉えていなかったり，一面的にしか捉えていなかったりするとき，具体的状況における人々のふるまいの細部に基づいた形で，そうした概念や説明を修正して行くことができる．たとえば，診療場面において医師の下す診断を患者が受け入れるのは，医師の専門

る．第6章で詳しく述べるように，そうした考えから言語学に対してなされてきた主要な貢献の1つは，言語学者が伝統的に依拠してきた概念（たとえば，文）を実際の言語使用に基づいて再考できるということである．

[*9] 会話分析のデータ観察方法について，より詳しくは第3章を参照されたい．

家としての権威に患者が服従するからである，という説明がある．これは，医療社会学において広く支持されてきたものである．だが，診療場面の会話分析研究は，医師が診断を伝えるとき，必ずしも権威に基づいた話し方をしているとは限らず，むしろ医師は診療状況に応じて診断の伝え方を選択していることを示してきた．これらの研究は，医師の権威というものを，それぞれの診療状況に応じて合理的な仕方で利用される相互行為の資源として捉える方が適切であることを示している（第12章 292-295 ページ参照）．

　会話分析は，このようにして，あらゆる相互行為の現場に出向いて行って，そこで成員たち自身が実際的目的を秩序だった仕方で追求している様子を，ありのままに観察し，記述する．この作業は，伝統的社会学が視野に収めることのできなかった社会生活の構造基盤を探究する道を切り開いただけでなく，伝統的社会学の立場から提出された概念や説明の有効性を，具体的状況における人々のふるまいの細部にわたる合理性に照らして，吟味することも可能にしたのである．

　サックスが1960年代半ばに考案した以上のような新しい研究プログラムは，その後，シェグロフおよびジェファーソンとの共同研究を通じて発展させられ，今日「会話分析」という名で知られる学問分野が次第にその形を整えていった．サックスは1975年に40歳の若さで夭逝したが，彼ら3人が1970年代に行った一連の研究を通じて，会話分析には，人間の相互行為に関する観察科学としての確固たる土台が形成された．

　こうして確立された会話分析は，エスノメソドロジーとは異なる特徴を持つようになった．その相違の中心は，エスノメソドロジーが科学たることを標榜しようとしないのに対し，会話分析が1つの科学たることを自覚的にめざしていることである[*10]．ガーフィンケルが，期待に背く実験という方法を通じて

[*10] ガーフィンケルの構想を継承しつつ「科学的ワークのエスノメソドロジー」を発展させたリンチは，会話分析が科学を目指したことによって，エスノメソドロジーの可能性の中心から逸れていったと批判している（Lynch 1993=2012）．リンチなどエスノメソドロジーの立場をより厳密に貫こうとする研究者は，科学であることを目指さずに，人々がその場その場で秩序を産出する方法の固有性を解明することをより重視する．両者のあいだには一定の緊張関係があるが，ともに具体的な場面の経験的な分析を生み出しながらそれに基づいて議論が行われるならば，この緊張関係は生産的なものでありうると思う．

人々が秩序を作り出す方法をあぶり出したのに対し，会話分析は実際に生じた相互行為の録音・録画をデータとし，その詳細な書き起こし（トランスクリプト）を用いて分析を進める．録音・録画を用いることで，研究者は一瞬のうちに流れ去る相互行為の詳細を，ゆっくりと，何度でも観察できる．また，研究者がトランスクリプトとともに分析結果を提示することで，読者は自分でトランスクリプトを見て，分析の妥当性をチェックできる．これらの方法論的指針は，会話分析が，データに基づいた知見の吟味と累積を可能とする科学たろうとしているために重視されるのである．

第4節　会話分析の主要な研究主題と本書の構成

　会話分析は，まず理論枠組を構築してそれを使ってデータを分析しようというトップダウンの考えではなく，まずは録音・録画データを子細に観察することから始めようという，ボトムアップの考え方に立って進められてきた．だが，研究が蓄積される中で，会話分析の研究主題を一般的な観点から整理する試みも出てきた．その代表的なものとして，シェグロフの整理（Schegloff 2007a）がある．
　シェグロフは，会話分析の基本的研究主題を，相互行為の組織に関する一般的秩序現象（generic orders of organization）という形で整理している．「一般的秩序現象」とは，いつどこで誰と誰が相互行為するときにも生じてくる一般的な相互行為上の問題と，それを解決するやり方・手続き・方法の秩序だった編成のことである．第2節でゴッフマンについて論じたとき，彼は相互行為の秩序を構成する中核的要素を人格の相互崇拝という儀礼的側面に求めたが，会話分析は異なる考え方を持っていると述べた（9ページ）．シェグロフの言う一般的秩序現象は，何が相互行為の秩序を作り上げているかについての，会話分析の考えを定式化したものだといえる．別の言い方をすれば，それは先に「社会生活の構造基盤」と呼んだものの具体的内実である．シェグロフは一般的秩序現象を，以下6つの相互行為上の問題とそれを解決するやり方・手続き・方法のセットとして整理している（Schegloff 2007a）．
　第1は，順番交替（turn-taking）の問題である．言葉を用いた相互行為は

人々が交替で発話することによって成り立つ．したがって，人々は，発話する順番を円滑に交替する何らかの手続きを必要とする．発話する順番はどのように交替するのか．最初の話し手が発話を開始したなら，誰が，いつ，次の話し手になることができるのか．相互行為に話し手の順番交替が必要だという事実は，どのようにそれぞれの話し手の発話の組み立てや聞き手によるその理解にかかわるのか．これらの問題を解決する手続きのセットを，「順番交替組織（turn-taking organization）」と言う．

第2は，行為の構成（action formation）の問題である．社会の成員は，さまざまな実際的目的を果たすために，他の成員に理解できるような形でさまざまな行為を遂行できなければならない．それはどのようにしてなされるのか．人が特定の相互行為の環境において，特定のタイミングで，特定の種類の発話を発したり身体動作を用いたりするとき，これら全部の総合を通じて，相手にはその人が特定の行為を行ったと理解可能になる．この総合のしくみとはどういうものか．

第3は，発話やそれを通じて遂行される行為を，「連鎖」というまとまりとしてどのように組織化するのかの問題である．相互行為を構成する1つ1つの発話は，どのようにして，前後の発話とのあいだに一貫した／整合的な（coherent）関係を作り出すのか．また，発話同士の一貫した／整合的な関係にはどのような種類のものがあるのか．これらの問題を解決する手続きのセットを，「連鎖組織（sequence organization）」と言う．

第4は，トラブルの問題である．言葉を用いた相互行為には，発話を産出するうえでのトラブル，発話を聞き取るうえでのトラブル，発話を理解するうえでのトラブルがつきまとう．これらのトラブルは，いつ誰によってどのように検知され，どのように修復されるのか．それによって，相互行為の進行が滞ってしまう事態はどのように防がれ，相互理解はどのように維持されたり回復されたりするのか．これらの問題を解決する手続きのセットを，「修復組織（repair organization）」と言う．

第5は，言葉の選択（word selection）の問題である．言葉を用いた相互行為においては，話し手は何かを言うために，どんな言葉を用いるかをそのつど選択しなくてはならない．そうした選択は，どのようになされるのか．話し手に

よる言葉の選択は，発話の受け手の理解をどのように導き，どのように形作るのか．これらの問題を解決するのは，言葉の選択の組織である．

第6は，相互行為の全域的構造の組織化に関する問題である．ある相互行為は，どのようにしてその前後の出来事から区別された1つの全体として組織されるのか．相互行為の全域的構造にはどのような種類のものがあるのか．1つ1つの発話や連鎖が全域的構造の中で占める位置は，どのようにそれらの発話や連鎖の構成や理解にかかわるのか．これらの問題を解決する手続きのセットを，「全域的構造組織（overall structural organization）」と言う．

ここで，2つの点に注意を促しておきたい．第1に，以上のような相互行為の組織のそれぞれは，互いに複雑な形で依拠し合い，絡み合い，交差し合っている．たとえば，第5章で詳しく述べるが（124-127 ページ），順番交替という課題の解決においては「隣接対」という連鎖組織の1タイプが用いられる．また，第8章で詳しく述べるが（198-205 ページ），相互行為におけるトラブルを修復するために利用できる複数の方法は，順番交替組織との関係で序列化されている．第2に，シェグロフは，上にあげた6つの一般的秩序現象の中で，行為の構成という問題にかんしては，それを解決する固有の組織を挙げていない．それは，行為の構成の問題には他のすべての組織が関与するからである．行為の構成という問題は，他の5つの問題領域と並列に位置するのではなく，それらすべてを統括する特別な位置にあるのである[*11]．

本書は，この整理を踏まえつつ，以下のように構成されている（表1を参照）．

[*11] 会話分析の研究主題を以上のように整理すると，会話分析は人々が話す内容には興味を持たないように見えるかもしれない．だが，そうではない．相互行為の方法を探究することは，ある内容が人々にとって持つ意味を調べることに繋がる．たとえば，サックスは暴走族の少年たちが車の部品交換についてどんなやり方で話しているかを調べ，それは大人が車の部品交換について話すやり方と大きく異なることを指摘している．大人の会話では，たとえば1人が「先日車のエンジンを交換した」と言えば，相手は「どこが故障したのか」と質問するというやり方で話題が進行する．大人にとって，部品交換を行う理由は車の故障しかないからだ．だが，暴走族の少年たちの会話では，1人が「先日エンジンを交換した」と述べるなら，相手は「俺なら ABC 社の新型エンジンに変えるけどな」などというやり方で話題が進行する．同じ内容について話すにしても，大人たちと暴走族の少年たちとではやり方が違う．そうした方法の違いに注目することで，同じ話題が大人たちと暴走族の少年とでは異なった意味を持つことが明らかになる（Sacks 1992: 2: 75-83; 串田 2006a: 210-268）．つまり，相互行為の方法を探究することは，人々が話す内容についてより深い理解に達する道でもある．

まず,第2章と第3章は,第4章以降の章に対して序論的な役割を果たす.第2章では,会話分析の研究主題の中核をなす行為の構成という問題について論じることで,本書の議論を貫く縦糸を提示する.第3章では,会話分析の方法論や分析手順について,初学者がしばしば突き当たる疑問に答えながら解説する.

表1

相互行為の一般的秩序現象	中心的に扱う章	関連の深い章
順番交替組織	第5章, 第6章	第7章
行為の構成	第2章	
連鎖組織	第4章	第7章
修復組織	第8章	
言葉の選択の組織	第9章	第10章
全域的構造組織	第11章	

第4章から第11章までの大部分は,上に整理した相互行為の一般的秩序現象のそれぞれを正面から取り上げた章から成る.第4章では連鎖組織について解説し,相互行為を連鎖組織に注目して分析するやり方を例示する.順番交替組織については,第5章で主に発話順番の割り当てについて,第6章で発話順番の構築について論じる.第8章では,修復組織について論じる.第9章では,言葉の選択にかんする2つのトピックを選んで解説する.第11章では,全域的構造組織について論じる.これらに加えて,上の整理には直接対応はしないが,会話分析のトピックとして重要なものを2つ選んで論じているのが,第7章と第10章である.第7章で扱う「物語を語る」という活動は,第4章で扱うのとは異なる種類の連鎖組織の例であるとともに,発話順番交替の特別なあり方の例でもある.連鎖組織と順番交替組織の応用編のトピックとして論じる.第10章で扱う「成員カテゴリーの使用」は,言葉の選択の組織と部分的に交差しつつもそれをはみ出す重要なトピックなので,第9章のあとにその関連トピックとして位置づけている.

最後に,第12章は,以上の議論を踏まえ,会話分析が社会学のさまざまな研究領域に対してどのような貢献ができるのか,を論じることを目的としてい

る．医療，教育，司法などの社会制度に対して会話分析はどのようにアプローチするのか，また，会話分析の近年の研究は社会生活のさまざまな領域にどのようにその研究の射程を広げて行っているのか，これらのことについて，近年の日本での研究成果を盛り込みながら論じる．

【読書案内】
　会話分析およびエスノメソドロジーに関して日本語で読める入門書や概説書として，Coulon（1995=1996），Psathas（1995=1998），好井・山田・西阪（編）（1999），山崎（編）（2004），前田・水川・岡田（編）（2007），串田・好井（編）（2010），Francis & Hester（2004=2014），高木・細田・森田（2016）がある．会話分析の学問的背景や基本的考え方について，また，エスノメソドロジーと会話分析の関係や相違について，さらに理解を深めるうえで役に立つだろう．

第2章　行為の構成と理解

> 「このプロジェクトは，社会的（諸）行為の詳細を，厳密に，経験的に，形式的に扱うことのできる自然主義的観察学の実現可能性を探る……研究計画の一部をなしている」
>
> （Schegloff & Sacks 1973: 289-290）

第1節　はじめに

　相互行為とは，読んで字のごとく，人々が互いに行為を遂行することである．相互行為の方法を研究する会話分析にとって，1つの行為がどのようにして構成され理解されるのかという問いは，もっとも基本的なものである．では，行為とは何だろうか．

　ウェーバー（Weber, M.）は，行為を行動から区別した．彼によれば，「行為」とは，主観的意味が込められている限りでの行動である．そして，行為の中でも「社会的行為」とは，他者のふるまいが考慮に入れられ，この考慮によって行為の過程が方向づけられているものである（Weber 1922=1968）．この定義に含まれる「主観的意味」という概念はいくつかの解釈の余地があるが，ここでは次の例で示すような「社会の成員に理解できる意味」だと解釈しておきたい．いま，道を走っている人がいるとする．この人のことを「時速20kmで移動している」と述べるなら，それはたんなる行動の描写である[*1]．この描写は，天体のような命も心もない物体にも適用できるからである．これに対し，その人が「駅に向かって急いでいる」と述べるなら，それは1つの行為，それも社会的行為の描写になっている．この描写においては，「電車に乗るため」という社会の成員の理解できる意味が，その人のふるまいに結びつけられているからである．さらに，この描写において，この行為の過程は，他者（たとえば運転手）のふるまいを考慮に入れそれによって方向づけられている（たとえば，

[*1] 特別な文脈においては，これが行為の描写となることも不可能ではない．たとえば，マラソン選手がきっちり時速20kmのイーブンペースを保つ練習をしているといった場合は．

運転手が電車を発車する時刻を予期して，それに間に合うように走る）．

　以上の意味での社会的行為のうち，会話分析の主たる研究対象は，複数の人々が互いの反応をリアルタイムに感知できる状況——同じ空間にいたり，電話などの通信機器でつながっていたりする状況——にいるときに行われるもの，と考えてよい．そうした状況において，人々は言葉や身体動作や道具などを用いて，誰かに対して理解可能な意味を持つ働きかけを行ったり，そうした働きかけに応じたりする．たとえば，呼びかける，挨拶する，質問する，報告する，依頼する，提案する，相談する，評価する，共感する，非難する，文句を言う，褒める，励ます，無視する，からかう，冗談を言う，等々である．これらの総体が，本章の考察対象である．

　さて，ウェーバーは，社会学者がどうやって研究対象たる社会的行為を理解できるかという方法論的問題に取り組んだ．だが，シュッツの論じたように，社会的行為は，社会学者が研究のために理解しようとする以前に，そもそも社会の成員同士によって互いに理解されている（Schutz 1932=1982）．会話分析の関心も，シュッツによって開示されたこちらの問題圏にある．相互行為を通じて社会生活を営むために，人々はお互いが何をしているのかをそのつど理解できなければならない．また，他者が理解できるような形で行為を構成することができなければならない．たとえば，自分の好きな相手をデートに誘うためには，いくらその相手を心の中で想っていてもダメである．相手にデートの誘いだとわかるようにふるまわなければ，デートに誘うという社会的行為は実現されない．

　理解可能な行為は，一定の・や・り・方でなされる必要がある．ある行為が，社会の成員に誘いだとわかる一定のやり方で行われているとき，会話分析ではそれを「誘いでありうるもの（possible invitation）」もしくは「認識可能な誘い（recognizable invitation）」などと表現する．「ありうる」「認識可能な」などの回りくどい表現を用いるのは，あるふるまいがなされただけではそれはまだ特定の行為として発効したとは言えないからである．たとえば，デートの誘いのつもりで言ったことを，相手が誘いだと正しく理解しなければ，結果的には，誘う‐誘われるという事実は実現されない可能性がある[*2]．だが，こう言った

[*2] 相手が受け入れるか拒否するかどちらかの反応を返したなら，そこで誘いという行為が発効した

からといって，相手は1つのふるまいをどのようにも自由に解釈できるということではない．第1章で紹介した「期待に背く実験」を思い起こしてほしい(11-12ページ)．われわれは，自分が一定のやり方でふるまえばどんな行為をしているのかが相手に分かるはずだ，という強い規範的期待を持ち，相手がそれを理解できなければ不当に感じる．

では，行為はどのようにして社会の成員に認識可能なやり方で構成され，またそれはどのようにして理解されるのか．第1章で述べたように，この問題は，相互行為の6つの一般的秩序現象の中でも特別な位置を占めている．そこで，会話分析を学ぼうという人には，まず行為の構成という問題を念頭において実際のデータを観察し始め，行為の構成にさまざまな資源——他の5つの一般的秩序現象を構成する諸資源——が関与していることを知ってほしい．それによって，それらの資源を体系的に探究する必要があることを感じ取ってほしい．この狙いを果たすため，本章ではまず，なるべく専門的な術語を用いず，実際の相互行為において行為がどのようにして構成されているかを例示しながら，このトピックに関わる主要な論点を紹介していこう．

第2節　認識可能な行為の構成

2.1　状況と行為のたえまない相互彫琢

行為の構成という問題にアプローチするとき，会話分析の基本的視点は，行為が刻一刻変化する状況によって形づくられ，同時に，それ自身もまた状況を新たに形づくっていく，という見方である．これは，ガーフィンケルから会話分析が継承したもっとも重要な視点である．この視点の妥当性は，録音・録画された実際の相互行為を注意深く観察することによって，誰にでも実感できる．

以下に示す(1)は，大阪のある学童保育所で平日の午後3時頃に行われた会話である．この時間帯，学童保育所には学校を終えた低学年児童がすでにやって来ているが，高学年児童はまだ全員揃っていない．児童たちは宿題をやったり，

とさしあたり記述することができる（第4章 78-82ページ「隣接対」を参照）．「さしあたり」と限定をつけるのは，こうして示された相手の理解が，そのあとで誤解として取り扱われる可能性も残されているからである（第8章 202-204ページ「第3の位置での修復開始」を参照）．

第2節　認識可能な行為の構成

各自で好きなことをして遊んだりしている．さきほど，遊んでいた1年生児童3人のあいだでもめごとが起こり，シンサクの「くっせー」という声が聞こえ，ナオキが泣いているので，指導員のユリエ先生は何が起こったのか事情を聞きに，保育室の隅にいる3人のところへ行った．先生がシンサクになぜ「くっせー」と言ったのか尋ねると，シンサクはそんなことは言っていないと主張した．(1)では，これを聞いたユリエ先生が，シンサクに向かって「言うた」(01行目)，「言うた.>先生聞こえたよ<.」(03行目)と述べている．そのとき，やや離れた場所から，4年生のカスミが「ユリエ先生：：：.」と発話する．なお，02行目と03行目の「[」という記号は，その位置で上下の発話が重なり始めたことを示す．

(1)
01 ユリエ：　　言うた.((シンサクに向かって))
02 カスミ：　　ユリエ先生：：[：.
03 ユリエ：　　　　　　　　　[言うた.>先生聞こえたよ<.((シンサクに向かって))

　ユリエ先生は01-03行目で，シンサクの主張に《反論している》とひとまずいえる[*3]．だが，カスミの発話（02行目）は，以下に述べるように，ユリエ先生が置かれた状況を劇的に変化させている．カスミは，ユリエ先生に《呼びかけている》．カスミのこの行為は，まずカスミ自身にとって，《ユリエ先生が事情聴取をしており自分は無関係であった状況》を《自分がユリエ先生にかかわりを求めた状況》へと変化させている．この新しい状況において，カスミはユリエ先生から返事をしてもらう権利があると見なすことができる（第4章95-97ページ，第11章第3節参照）．

　カスミの呼びかけは，ユリエ先生を1つの選択に直面させる（Heritage 1984a: 106）．返事をするかしないかという選択である．ユリエ先生にとって，いま自分が直面している状況は複合的である．先生はすでに，01行目の開始時点で1つの選択に直面していた．シンサクの主張を容認するかそれに反論するかという選択である．カスミの発話は，先生がシンサクに反論することを選んでそれを実行している途中で，もう1つ別の選択にユリエ先生を直面させた

[*3] 行為と状況が互いに互いを形づくる関係を示すため，以下の論述ではそのつどの行為と状況を《　》で括って示す．

ことになる．返事をするならば，ユリエ先生はカスミが《かかわりを求め》たのに《応じる》ことになる．カスミが呼びかけたのは，当然，何か用件があるからである．呼びかけに返事をするなら，ユリエ先生は《カスミが用件を切り出すことのできる状況》を作り出すことになる（第4章89-97ページ「前置き連鎖」参照）．このことは同時に，《シンサクたちへの事情聴取が一時的に中断された状況》を作り出すだろう．こうして，ユリエ先生が返事をすることを選ぶならば，先生は自分とカスミと1年生児童3人の全員を含む状況を変化させることになる．

このように立ち現れつつある状況のもとで，03行目の発話は産出されている．したがって，それはたんにシンサクに反論しているだけではない．それは同時に，カスミの《呼びかけに応じていない》ものとして，少なくともカスミによって認識されうる．これによって，今度はカスミの前に《呼びかけたのに返事が返ってこないという状況》が作り出されている．今度はカスミが選択に直面している．先生にかかわりを求めることを追求するか，それを諦めるかである．

(2) ((1)の続き)
02 カスミ：　　ユリエ先生::[.
03 ユリエ：　　　　　　　　[言うた.>先生聞こえたよ<.((シンサクに向かって))
04 カスミ：　　ユリエ先生::::.
05 ユリエ：　　はん？

この状況のもとで，カスミの04行目の発話は，《呼びかけをやり直した》ものとして認識可能となる．それによってカスミは，実際にユリエ先生の発話を，たんにシンサクに向けられた反論としてではなく，自分の《呼びかけに応じていない》ものとして理解したことを示している．先ほどと同じ選択にふたたび直面したユリエ先生は，今度は《返事をする》ことを選んだ（05行目）．これによって先生は，カスミとの《かかわりを開始することを承認》し，それとともに《事情聴取を一時的に中断する》という形で，状況の全体を変化させた．

この簡単な例示を通じて伝えたいのは，次のことである．第1に，行為が認識可能なものとして構成されるのは，刻一刻変化する状況の意味に照らしてである．第2に，ある行為が認識可能な形で産出されると，それは新たな状況を

作り出し，しばしば次の行為に対する新たな期待が生み出される．第3に，行為に対する反応が相手から返されることで，その行為がどのように理解されたかが分かる．このような状況と行為の相互彫琢（mutual elaboration）は，一刻も途切れることがない．

2.2 位置と組み立て（"Why that now?"）

　このプロセスにおいて，行為がどのように構成されるかを厳密に形式的に記述しようとしたとき，行為は「位置（position）」と「組み立て（composition）」によって構成されるという，会話分析の中心的な考え方が出てくる．この考え方を端的に表す標語が「なぜいまそれを（Why that now）？」である．私たちが行為するときには，もしも「なぜいまそれをするのか」と問われたならば説明できるようにふるまっている．相手の行為を理解するときも，なぜ相手はいまそれをしたのかを参照して理解する．要するに，特定の位置（＝いま）で特定の組み立てのふるまい（＝それ）がなされることで，特定の行為が認識可能になるのである．カスミとユリエ先生の会話の続きを見ながら，この点を示していきたい．

```
(3) ((2)の続き)
04 カスミ：　　　ユリエ先生：：：：．
05 ユリエ：　　　はん？
06　　　　　　　(1.9)((ユリエ先生は背後にいるナオキの方を一瞬振り向いたあ
　　　　　　　　と，カスミの声のした方に顔を上げる))
07 カスミ：→　何時におやつな：：ん？=
```

　「何時におやつな：：ん？」（07行目）という発話によって，カスミはどんな行為を行っているのか．まず，カスミは質問していると言えそうだ．「何時」という疑問詞と「な：：ん？」という尻上がりの抑揚が使われているからである．発話の組み立てにこれらの特徴が見られるとき，その発話は質問になりうることを私たちは知っている．だが，この組み立てを持つ発話がいつも質問として扱われるとは限らない．
　下に示す(4)は，アメリカ在住の2人の主婦（夫はともに会社員）の電話会話

である*⁴．この直前にナツミは，「日本から来た医者の奥様たちはブランドものに身を包んでいて，英語が話せると仲間はずれにされる」という噂を話す．これを聞いたマチコは「こわ：：：：：」（01 行目）と感想を述べ，続いて「何のために来てるの：：：：¿」（04 行目）と言う．なお，「¿」はやや尻上がりの抑揚を表す．

(4)[JAPN2167 26:29] ♪
```
01 マチコ：  　こわ：：：：：=
02 ナツミ：  　=↑こわいでしょ：：：：!=
03         　=だ[から - .hhh
04 マチコ：→     [何のために来てるの：：：[：¿       ]
05 ナツミ：                     [>でしょ<]
06          >あたし[もほんと<そう↑思うでしょう?]
07 マチコ：        [あたしたちだって英語ぐらい  ] 覚えたいよね：：：．
```

　マチコの「何のために来てるの：：：：¿」（04 行目）は疑問詞を含みやや尻上がりだが，質問としては理解されていない．ナツミは，「>でしょ<」（05 行目）と言うことで，この発話を自分への同意として取り扱っている．

　ある発話がある行為として認識可能になるためには，たんに発話がしかるべき組み立てを持つだけでなく，それがしかるべき位置において発せられることが重要である．では，(3)におけるカスミの発話（07 行目）はどんな位置にあるだろうか．第 1 に，カスミの発話は呼びかけた相手が返事をしたあとの位置において発せられている．相手が呼びかけに応じたら，呼びかけた人には用件を言うことが期待される（第 4 章 95-97 ページ，第 11 章第 3 節参照）．第 2 に，カスミの発話が置かれた位置は，ユリエ先生に事情聴取という進行中の相互行為を中断させたあとでもある．このことは，プラスアルファの期待をもたらしている．カスミの用件は，先生に事情聴取を中断させていいくらい優先性を備えたものであることが期待される（第 11 章 265-266 ページ参照）．ユリエ先生は，これらの期待を満たしているものとして「何時におやつな：：ん？」という発話を理解するように方向づけられる．

*⁴ 「データについて」（ivページ）で述べたように，♪マークを付したデータはインターネットサイト TalkBank において音声ファイルが公開されている．このデータは，CallFriend の中の JAPN2167 という音声ファイルの，開始後 26 分 29 秒付近の会話である．読者はぜひ音声を聞いてみてほしい．

さらに，ここで「組み立て」「位置」と呼んでいるのは，たんに発話がある文法的特徴を持つとか，ある出来事のあとで発せられているとか，そういうことだけではない．この２つの用語は，ある具体的な場面の中にいる参与者が「いま」と「それ」として認識できるあらゆる特徴を含んでいる[*5]．たとえば，カスミの発話の組み立てにかんする特徴としては，「おやつ」という語によってこの場面で毎日一定の時間帯に生じている出来事が指し示されている，という点も重要である．また，この発話の置かれた位置が，その出来事がいつも生じるくらいの時間帯（低学年児童は下校してきたが高学年の子どもは揃っていない時間帯）だという点も重要である．これらの特徴を参照することで，カスミの発話は，質問であると同時におやつの催促という行為を行っているものとしても理解可能になる．このように，発話は，ある位置に結びついた期待を満たすように組み立てられることで，特定の行為として認識可能になるのである（Schegloff 1984: 46）[*6]．

2.3 証拠としての相手の反応

ここで読者は，以上の記述が妥当だという証拠はどこにあるのかと問いたくなるかもしれない．カスミの発話は催促だと分析者が解釈しているだけではないのか，客観的証拠はどこにあるのかと．この疑問には２段階で答える必要がある．第１に，以上の記述は，たんなる主観的な解釈とは区別されねばならない．それは，われわれが社会の一員として身につけている常識に基づいて，この状況ならこの社会の成員にとってこういう行為に見えるという，カスミの発話の常識的合理性（第１章11, 18-19ページ参照）を記述したものである．読者

[*5] したがって，発話の組み立てと位置を十分に捉えるために，会話分析研究者は，参与者が参照できる相互行為の民族誌的背景（ethnographic backgrounds）にできるだけ通じておくことが望ましい（詳しくは第３章55ページ参照）．

[*6] 行為の構成には位置と組み立て以外に，誰がその発話（もしくは，ふるまい）を行っているかも重要である．たとえば，カスミの発話が催促になるのは，それが児童から指導員に向けられているからにほかならない．別の言い方をすると，カスミの発話が催促として理解され反応されるとき，「児童」と「指導員」という成員カテゴリー（第10章参照）がこの相互行為に関連するものとして取り扱われている．ただ，ここでの議論のポイントは，学童保育所で「児童」「指導員」という成員カテゴリーに結びつけて理解される行為が無数にある中で，この特定の行為を「催促」として理解させるものは何なのか，という問題である．

はそれを社会の成員としての自分の常識に照らして吟味することができる．

だが，さらにこう問いたくなるだろう．分析者や読者の常識が，参与者たちにも当てはまるという証拠はどこにあるのかと．この疑問はもっともである．そこで第2に，カスミの発話が，参与者たちにとって実際に質問かつ催促として認識可能である，ことを裏づける証拠を見つけなければならない．この条件を満たす証拠としてもっとも基本的なものは，会話の相手が実際にその発話をどう認識したかである（第3章 63-64ページ参照）．

(5) ((3)の続き)
07 カスミ：　　何時におやつな::ん？=
08 ユリエ：　　=いま何時::？
09 カスミ：　　↓ええ：3::時ごろ．
10 　　　　　　(1.8)((ユリエ先生は考えている表情))
11 ユリエ：→　まだ．3時半ごろにするわ．
12 　　　　　　(1.3)((ユリエ先生はふたたび1年生に向き直る))
13 ユリエ：　　ちょとちょと，

　カスミの07行目の発話の直後には，ユリエ先生が時間を尋ねてカスミが答えるやりとりが生じている（08-09行目）．これは「挿入連鎖」と呼ばれるもので，第4章で取り上げるので（97-100ページ），ここでは次のことを観察するに留めよう．08行目の質問は，カスミの07行目の質問・催促に応じるための準備であって，最終的な反応は11行目でなされている．このことをわれわれはやはり常識を用いて即座に理解することができる．その11行目で，「3時半ごろにするわ．」という部分は，カスミが「何時に」と尋ねたのに適合した応答になっている．先生はカスミの発話を質問として理解したことを示しているわけだ．だが，先生はその前に「まだ．」といっている．この部分は，たんにおやつの時間を答えるには不要な部分である．これによって，先生はカスミが早くおやつにすることを催促したと理解したことを示すとともに，その催促を却下している．これらのことを観察することで，カスミの発話が質問および催促でありうるものとして構成されているという記述が，参与者たち自身のふるまいによって支持されていることがわかる．

第3節 行為構成の諸相

ところで，言葉を発することが行為を遂行することだという考えは，言語哲学者オースティンによって最初に提唱された（Austin 1962=1978）．この着想を言語行為論として体系化したサール（Searle, J. R.）は，ある発話があるタイプの行為（「約束」「依頼」など）となるための諸条件を「構成的規則」と呼んで定式化し，それらの諸条件が変わると行為のタイプがどのように変わるかを理論的に考察した（Searle 1969=1986）．これに対し，会話分析では，前節で行ったように，特定の具体的状況における特定の発話が，ある行為を遂行していると理解できる，という常識的観察から出発する．そして，その発話がいかにしてその状況のもとでそのように認識可能になるのかを，あくまでも具体的データの観察を通じて，組み立てや位置に注目して記述する．

このやり方のメリットは，実際に行為の構成される仕方が，優れた理論的直観によっても見通せない多様性や複雑さを持つことに目を開かせてくれることである（Schegloff 1992a）．そうした多様性・複雑さの中に分け入ることは，会話分析の醍醐味であるとともに，難しさでもある．録音・録画された相互行為を分析していると，ある発話がどんな行為を遂行しているのかを言い当てることが難しいと感じることがよくある．たとえば，ある発話が行為Xと行為Yの両方であるように見える，という場合がある．カスミの「ユリエ先生：：：」は迷いなく呼びかけと記述できるが，「何時におやつな：：ん？」は質問かつ催促という2つの行為を遂行していると記述したくなる．2つでは済まないことも多い．また，複数の分析者が同じデータを見て議論すると，同じ発話が遂行している行為について異なった解釈が出てくることがよくある．本節では，行為を記述しようとしたときに立ち現れてくるそうした難しさを手がかりとして，行為構成の多様性・複雑さに1歩踏み込んでみたい[*7]．

3.1 行為の複数性

第1に，ある相手に向けて1つの行為を行う発話が，それによって，同時に

[*7] 本節の論述は Schegloff（2008）の整理を参考にしたものである．

別の参与者に対して別の行為を行っていると認識可能になる場合がある．シェグロフはこの現象を「派生的行為（derived action）」と呼んだ（Schegloff 1984: 49）．上に見た(4)におけるナツミの「何のために来てるの::::¿」は，その1例である．ここでナツミは，相互行為の現場にはいない「医者の奥様たち」に向けた質問もしくは非難になりうる発話を行うことで，マチコに対する同意を示している．ただ，この例はその場にいない人に向けられた発話なので，いささかわかりにくいかもしれない．そこで(6)を見よう．

　大学の同級生3人が，真紀のアパートで宅配ピザを食べながら会話している．真紀がタマネギが苦手なので，3人はタマネギ抜きのピザを頼んだ．だが，この断片の直前で，陽子がやはりタマネギ入りの方がよかったというと，沙織も同感だという．2人はタマネギ入りだとどのようにおいしいかを描写し始め，01行目で陽子が，シャリシャリした食感がいいと評価すると，沙織はそれに同意している（02-03行目）．沙織の発話が同意として理解されたことは，陽子の反応（05行目）に表れている．なお，03, 04行目の「< >」という記号は，あいだに挟まれた部分がゆっくり発話されていることを示す．

(6)
01 陽子：　　<u>シャリシャリ</u>って[ゆうの(あ::れ)が]いいんだよね.=
02 沙織：→　　　　　　　　[そうそうそうその-]
03 沙織：→　=<u>口</u>の中で[<u>出会</u>う<ハーモニー[::>.
04 真紀：　　　　　　　　[　< は い は い　[は い は い は い>.]
05 陽子：　　　　　　　　　　　　　　　　[<u>そうそ</u>(h)::　　].hh
06 陽子：　　hah hah.hh [hah hahh
07 真紀：　　　　　　　[言うとっていいよ別に．

　だが，沙織の02-03行目の発話がしている行為は同意だけではない．沙織は02行目の「その-」のあたりで陽子から真紀へと視線を転じ，03行目の「口の中で出会う」の部分を真紀の方を向いて言い，「<ハーモニー::>.」の途中で陽子の方に顔を戻している．沙織は発話を陽子の発話への反応として組み立て（「そう」「その」），陽子に視線を向けて言い終えることで，まずは陽子に対して行為している．だが同時に，沙織は発話途中の顔の向きによって，真紀に対しても派生的に何かをしていると認識可能なようにふるまっている．タマネギが嫌いな真紀の前で，タマネギがおいしいという陽子の評価に大げさに同意して

第3節　行為構成の諸相　　　　　　　　　　　　　　　　　　39

みせることは，真紀への当てこすりとなりうる．じっさい，真紀はこれを当てこすりとして理解したことを，2つの形で示している．まず，沙織の発話に覆い被せるタイミングで「＜はいはいはいはいはい＞．」とゆっくり言い，沙織の発話よりも自分の発話を長引かせることによって，沙織の発話を自分が聞きたくないものとして扱っている．また，自分はそんなことを言われても平気だということを「言うとっていいよ別に．」(07 行目) とわざわざ宣言することで，それが本来ならば聞き捨てならない発話だという理解を示している[*8]．

　第2に，ある発話が同じ相手に対してもう1つ別の行為を遂行するための「媒体（vehicle）」になっている場合がある（Schegloff 2007a: 73）．先ほど見た(3)のカスミの「何時におやつな：：ん？」(07 行目) がその1例である．この発話は言語形式としては質問になっているが，前述のような位置においてなされているために，質問の形式を通じてじつは催促をしていると認識可能である．カスミの最終目的は，おやつの時間についての情報を得ることではなく，早くおやつにしてもらうことだと感じられる．このような二重の行為の場合，相手が行為を正しく理解したことは，最終目的の方に適合した反応を返すことによって示されるだろう．ユリエ先生の「まだ．3時半ごろにするわ．」という複合的反応は，この意味で正しくカスミの行為を理解したことを示している[*9]．もしもユリエ先生が時間を答えるだけであったなら，それは不十分な（不親切な）反応として認識可能になるだろう．

　二重の行為に対する不十分な反応の実例として，(7)を見てみよう．アメリカに住む日本人留学生同士の電話会話の冒頭部分である．この断片の直前に，この電話を録音している研究プロジェクトの説明音声が終わり，01-03 行目では

[*8] 実際には，ここで生じていることはさらに複雑である．沙織はこの発話を笑顔で演技的な口調で言っており，真紀は苦虫をかみつぶしたような表情を大げさにしながらこれに応じている．これらの身体的資源を用いて，2人はこの当てこすりとそれへの反応が「まじめな」ものではないことを示し合っている．

[*9] Schegloff（2007a: 128）は，複合的反応がなされる場合，媒体（いまの事例なら質問）への反応が行為（いまの事例なら催促）への反応よりも先になされるのが通例だと述べているが，「まだ．3時半頃にするわ．」にはこの指摘は当てはまらない．また，この事例で複合的反応が必要なのはユリエ先生が催促を拒否しているからであって，催促に応じる（すぐにおやつにする）なら，時間を答える必要はなくなるように思われる．これらの点を含め，複合的反応がどのような場合にどんな順序でなされるかについては，まだ解明されていないことが多い．

電話がつながったことを確かめ合っている．

(7) [JAPN1773 0:00] ♪
01 ユリ：　　　°n°スタートされたと思う::
02　　　　　　(0.3)
03 コウジ：　　され [た::?
04 ユリ：　→　　　[↑こないだ電話してくれたんでしょ:う?
05 コウジ：　　う::ん．
06　　　　　　(0.2)
07 ユリ：　　　う:::ん．
08　　　　　　(0.2)
09 コウジ：　　あ::あれ:，
10　　　　　　(0.2)
11 ユリ：　　　う:[:ん.]
12 コウジ：　　　 [あ::]手紙届いたからさあ，

　04行目のユリの発話は，「でしょう？」という組み立てから，1つの質問であり，とくに自分が不確かながら知っていることについて相手の確認を求める質問だといえる．だが，この発話はたんに確認を求める以上のことをも行っているように見える．それは，なぜこのあいだコウジが電話をかけてきたのかを，直接そう尋ねることなしに，探り出すという行為である．

　ポメランツは，「探り出す（fish）」という行為がどのように構成されるのかについて説得的な分析を行った（Pomerantz 1980）．人が知っていることの中には，自分の直接経験として知っていることと，何らかの形で知る機会があったために間接的に知っていることがある．たとえば，コウジが電話をかけたことはコウジにとっては直接経験であるが，ユリにとっては留守番電話や伝言などの形で間接的に知ったことである．探り出しという行為は，相手にとっては直接経験であることがらに関して，自分が知りえた限られたことを報告するというやり方によって可能となる．なぜなら，限られた知識を披露することで，自分がより詳しい事情を聞きたがっているということを，相手に示すことができるからである．04行目のユリの発話は，報告ではなく質問の形式をとっている点が異なるが，話し手と聞き手が持つ知識の非対称性という点では，探り出すという行為の1例と見なすことができる．

　このため，コウジにはたんに「う::ん．」（05行目）と確認を与えるだけで

なく，続けて，なぜ電話したのかを話すことが期待されていると感じられる．じっさい，そのあとの展開を見ると，コウジはユリの発話の二重性に気づいて（「あ::あれ:,」09行目），電話をかけた理由を話し始めている（12行目）．コウジはこれらの反応によって，たんに確認を与えるだけだった最初の自分の反応（05行目）が，04行目のユリの発話への反応として不十分だったという理解を示している．すなわち，ユリの発話が二重性を持っていたのに，自分が媒体の方の行為だけに反応し，最終目的の方に反応していなかったことを認めているわけである．

3.2 行為の多義性

　ある発話が複数の行為を遂行しているように見える事態は，以上２つに尽きない．第３に，ある発話が遂行している行為が参与者自身にとって「多義的 (ambiguous)」，すなわち行為Xなのか行為Yなのかどちらにも見える，という場合もある（Schegloff 1984）．この場合，分析者がその発話に対して１つの行為ラベルを確定しようとすると，かえって事態を見誤ることになる．実際に生じていることをありのままに記述しようとするなら，ときには，行為のラベルを１つに確定しないことが妥当な記述となる．

　(7)をもう１度見てみよう．コウジはユリの発話に対して，最初は確認を与えるだけの反応を返した（05行目）．このとき，コウジはユリの発話をどう理解したのだろうか．

(7) (部分再掲)[JAPN1773 0:00] ♪
```
01 ユリ：　　　°n°スタートされたと思う::
02　　　　　　(0.3)
03 コウジ：　　され [た::?
04 ユリ：　　　　　 [↑こないだ電話してくれたんでしょ:う?
05 コウジ:→　う::ん.
06　　　　　　(0.2)
07 ユリ：　　　う:::ん.
08　　　　　　(0.2)
09 コウジ：　　あ::あれ:,
```

　じつは，ユリの「こないだ電話してくれたんでしょう？」という質問は，コ

ウジが電話をかけた理由を探り出すという行為の媒体ではなくて，別の行為の媒体になっていると見える可能性がある．この発話は，電話がつながったことを確かめたあとの，かけ手の最初の発話である．この位置は，ふつうかけ手が用件を切り出す位置である（第11章参照）．ただ，通話に特別な事情がある場合（たとえば，相手からかかってきた電話にかけ直したときなど），その事情についてのやりとり（たとえば，留守だったことの謝罪）は電話の最初に行われるのがふつうである（Schegloff 1986）．このことを考慮すると，ユリの質問は，コウジが先日電話をくれたという事実を確認してもらったうえで，自分の方から先日の電話について何かを続けて話す——たとえば，伝言を聞いたことを伝える，留守だった事情を釈明する，など——ための準備にも見える（第4章110ページ参照）．ユリは確認を求めることによって，自分が話を続けるための準備をしているのではないか．これが，この発話のもう1つの認識可能性である．

　ユリは探り出しているのか，自分が続けて話す準備を行っているのか．この2つの行為は，一方が他方の媒体になっているという関係にはなく，むしろ対立する関係にある．なぜなら，コウジが「う::ん.」（05行目）と確認を与えたあと，前者であれば引き続きコウジが話すことが期待されるのに対し，後者であればユリが話すことが期待されるからである．この2つの可能性は，分析者にとっての行為記述の困難である以前に，参与者自身が会話を先に進めるために解決しなければならない多義性として存在する．こういう場合，分析者の仕事は，行為の名前を1つに確定することではなく，いかにしてある発話が多義性を帯びることが可能になっているか，また参与者はそれにどう対処したかを記述することである．

　では，2人はこれにどう対処しているか．「↑こないだ電話してくれたんでしょ:う？」という質問によってユリのしていることが，コウジの先日電話した理由を探り出すことであるなら，06行目のわずかな沈黙は，ユリの期待する「う::ん.」の続き（コウジが先日電話をくれた理由）をコウジが産出していないこととして，ユリに認識可能となる．このとき，ユリがコウジに続きを話させるにはどうしたらよいか．1つの方法は，もちろん，コウジが先日電話した理由を明示的に尋ねることである．だが，「↑こないだ電話してくれたんでしょ:う？」が多義的であることにユリが注意を向けるなら，もう1つの方法

がある．それは，多義性を除去することである．ユリの「う :::ん.」（07 行目）はこれをしている．この位置は，もしもユリが「↑こないだ電話してくれたんでしょ : う？」によって自分が続けて話す準備をしていたのであれば，続きを話し始めることのできる位置である．そのような位置で「う :::ん.」とだけ言って発話の機会をパスすることによって，ユリは自分の発話がもう終わっていることを示すことができる（Hayashi & Yoon 2009）．これを見たコウジは，「あ :: あれ :.」（09 行目）ということで，ユリが「あれ（＝先日の電話）」について自分に話させようとしていることにいま気づいたことを，表明している．

　以上のように，06 行目から 09 行目までのこの会話のわずかな「乱れ」は，行為の多義性にユリ自身が注意を向け，多義性を解消したために，コウジがユリの行為についての理解を変更することのできたプロセスとして，記述できる．この記述において，われわれは，行為の構成における発話の位置の重要性も再確認した．というのは，ユリの「↑こないだ電話してくれたんでしょ : う？」の発せられた位置が，特別な事情のある通話においてその事情にかかわる発話をかけ手がしてもよい位置であることが，この発話に多義性の生み出される鍵だからである．

3.3　状況に固有な行為構成

　ここでもう 1 度，本節冒頭に述べたことを思い起こそう．言語行為論を体系化したサールは，「約束」「依頼」などあるタイプの行為から出発して，その行為が成立する一般的条件を構成的規則として定式化した．たとえば，Z が相手の所有物で，何も言わなければ自分が Z を手に入れることはないという条件のもとで，自分が Z を求めていることを表現した発話を行うなら，その発話は「依頼」という行為になる，という具合である．だが，このように行為タイプから出発する場合，状況に固有の行為構成と呼ぶべき事態が視野から抜け落ちてしまう．

　最初の事例に出てきた催促という行為について考えてみよう．最初から「催促について研究しよう」という形に問題を立てて，事例を収集する場合，まず思いつくのは「早く取ってくれ」とか「荷物がまだ届かないんですけど」などだろう．これらと並んで「何時におやつな :: ん？」のような発話に思い至る

こ␣とも，難しくないかもしれない．だが，ここでもう一度，(7)の07行目を見てほしい．

(7) (部分再掲)[JAPN1773 0:03] ♪
04 ユリ:　　　　　　[↑こないだ電話してくれたんでしょ:う?
05 コウジ:　　う::ん．
06　　　　　　(0.2)
07 ユリ:→　う:::ん．
08　　　　　　(0.2)
09 コウジ:　　あ::あれ:．

じつはこの「う:::ん．」もまた，1種の催促として認識可能である．だが，催促という行為タイプの事例を集めようとして作業を進めても，また，「うん」という言葉の意味や働きを直観に基づいて検討することからも，「うん」が催促をする1方法になるという洞察は導き出せそうもない．この発話が催促として認識可能なのは，以下に述べるような，この事例に固有の事情ゆえである．行為は，定型化した言語形式を用いて構成されるだけでなく，ときには状況に固有の事情によって利用可能になる資源を用いて構成されることもある．

先に述べたように，07行目の「う:::ん．」によって，ユリはまず話す機会をパスしている．そして，パスすることによって，自分の先行発話がもう終わっていることを示している．さて，この会話においては，その先行発話が一種の探り出しであった．この固有の文脈ゆえに，自分の先行発話が終わっていることを示すことは，最初の探り出しによって引き出せなかったことを，あらためて引き出す機会を作ることになる．なぜなら，自分の求めていることに相手が応じる機会がすでに一度あったのだということに注意を喚起することができるからである．「う:::ん．」とパスすることは，この事例に固有のこうした事情ゆえに，05行目で電話をかけた理由を述べなかったコウジに向けて，それを述べるようユリが非明示的に催促するための媒体にもなっている (Hayashi & Yoon 2009) [10]．

[10] ただし，(1)～(4)の学童保育の事例と(7)とでは，催促の種類は異なっている．前者では，あらかじめ計画されていること（したがっていつかは行われること）をいま行うことを求めている．これに対し，後者では，自分が一度求めて相手が応じなかったことについて，いま応じるよう求めている．このように，催促にもいろいろあるし，質問にもいろいろある．行為の記述は「質問」「催促」などの名前をつけることで終わりではない．行為が状況とどのように相互彫琢しているのか

会話分析は、こうした、状況に固有の事情によって行為構成が成し遂げられる事例も含めて、実際に人々が用いているやり方を自然主義的精神を持って記述することを重視する。シェグロフは、「行為を記述したり、行為がどのように成し遂げられるかを記述したりすることは、多くの、必ずしも予測できない方向へと広がっていく」と述べているが（Schegloff 1996a: 171）、この言葉はそうした精神の端的な表明である．

3.4 名前のない行為

現実の行為構成の諸相は，社会の成員の蓄えている行為の名前のストックからはみ出すこともある．本章ではこれまで「質問」「反論」「呼びかけ」「催促」「同意」「当てこすり」など，日本語に蓄えられている行為の名前を用いて，行為を記述してきた．一般に，ある言語が持つ行為名称のストックは，その言語を話す人々が形成する社会における行為を記述するさいにかなり有用だと思われる．だが，人々が実際に行っている行為の中には，必ずしもその社会において名前を与えられていないものもある．シェグロフの「ほのめかしの確認（confirming allusions）」に関する研究は，英語の行為名称のストックの中に存在しない行為を記述することで，当該社会の成員が名前を持たない行為というものも存在することを明らかにした研究である（Schegloff 1996a）．日本語の具体例を用いて，議論のポイントを説明しよう．

(8)はアメリカで働いている同じ会社の社員同士の電話会話である．人事異動の話などをしていると，途中で電話にノイズが入る．ハルキが自分のコードレスフォンのせいだろうといったことから，コードレスフォンのことが話題となり，ハルキのコードレスフォンはファックス兼用ではないことがタカシに知らされる（01-04 行目）．

(8) [JAPN4164 12:01] ♪
01 タカシ：　　　[あれっ !(.)]↑今それファックス兼用じゃないの¿
02 ハルキ：　　　これはね別．あの留守番電話．
03 　　　　　　　(.)
04 ハルキ：　　　これは韓国製の :(0.4) 留守番電話です．
05 　　　　　　　(0.3)

```
06 タカシ:     あ↑れっ!(0.4)<↑ていうことは:,>
07             (1.8)
08 タカシ:     あの:↑回線2つ持ってんだっけ?
09             (.)
10 ハルキ:     回線2つ持ってるよ.
11 タカシ:     で::::ひと::つはパソコンにつないで↓て:,
12 ハルキ:     うん.
13             (0.5)
14 タカシ:     そっちにもなんかついてんの?あ消えた.
(( 9行省略:ノイズが消えたことについてのやりとり ))
24 ハルキ:     いやでもねぇあの電話-(.)電話回線にはねぇ(0.2)電話機ねぇ
25             .hh 1個2個3個4個:.h 5個つな(h)が(h)っ(h)て(h)るよ:.=
26 タカシ:     =なに1個の回線に?
27 ハルキ:→   1個(h)の(h)回(h)°線(h)°
28 タカシ:     で↑もう1個の回線はパソコン専用.
29 ハルキ:     そ(h)う.
```

　ハルキの電話がファックス兼用ではないことを知ったタカシは，ハルキが回線を2つ持っているのかを尋ねる（06-08行目）．この質問に肯定の応答が得られると（10行目），タカシは「ひと::つはパソコンにつないで↓て:,」（11行目）「そっちにもなんかついてんの?」（14行目）と続けることで，ハルキの家の電話回線の状態について，コードレスフォンがつながっている回線とパソコンがつながっている回線は別々だと理解し，パソコンの方の回線にそれ以外の機器もつながっていると予想していることがわかる．

　さて，考えたいのは，27行目のハルキの発話が行っている行為である．この発話はまず，26行目のタカシの質問への応答である．26行目の質問は，ハルキが直前に言ったこと（24-25行目）について自分の理解を確かめている．そこで，27行目の応答は，相手の理解に確認を与える行為をしている（第8章213-214ページを参照）．だが，ここで話は終わらない．シェグロフの分析を踏まえるなら，27行目のハルキの発話は，さらに「ほのめかしの確認」と彼が名づけた行為の1例として記述できる．それは，次の点を観察することによってである．

　ハルキの2つの回線のうち，1つはパソコンにつながっているという知識が

第3節　行為構成の諸相

共有されたあとで，24-25行目でハルキが「電話回線に」電話機が5個つな
がっていることを笑いながら伝えるとき*11，ハルキはコードレスフォンがつ
ながっている方の回線1つに5つもの電話がつながっていることを，おかしな
こととして伝えていると聞くことができよう．したがってハルキは，「電話回
線」が「1つの回線」だということを，自分がすでに伝えたことだと見なす
ことができる．だが，ハルキは明示的に「1つの電話回線に」と述べているわけ
ではない．26行目のタカシの質問によってハルキが置かれた状況は，自分が
非明示的に伝えたことを相手が明示的に言語化して理解を確かめている（遠
藤・横森・林 2018），というものである．このとき，相手の理解に確認を与え
る行為を2種類に区別できる．1つは，たんに確認を与える行為である．もう
1つは，自分がそれをすでに伝えていたことを引き立たせながら確認を与える
行為である．シェグロフによれば，27行目のように，相手が明示的に言語化
した言葉を（ほぼ）そのまま反復するというやり方をとる場合，それはたんに
相手の理解に確認を与えるのではなく，相手の言ったことは自分がすでに伝え
ていたことだということを引き立たせ，自分がほのめかしたことを相手が理解
したのだということに確認を与える方法となる*12．

　シェグロフの分析において重要なことは，英語を話す社会の語彙ストックの
中にはこの行為に貼りつける名前が存在しないが，そうした行為であっても，
発話の位置や組み立てに注目して厳密に形式的な記述を施すことは可能だとい
うことである．社会の成員が一定のやり方で合理的に構成している行為のレ
パートリーの中には，名前のない行為も含まれている．

　最後に，シェグロフの記述の厳密さを確認するために，08-10行目のやりと
りを振り返ってみよう．10行目のハルキの応答は，08行目の質問でタカシが
用いた言葉をほぼそのまま反復している．では，これもほのめかしの確認だろ
うか．答えは否である．林は，質問の末尾に付された「っけ？」という助詞が，

---

*11　ハルキは10行目ではたんに「回線」と言っているのに対し，24行目では「電話回線」と言葉を変えていることに注意しよう．

*12　27行目で確認を与えるとき，ハルキがふたたび笑いを重ねていることも重要な特徴である．ハルキは先ほど自分が笑いながら伝えたことのやり直しだと聞こえるように，この発話を組み立てている．この特徴もまた，ハルキの行っていることがほのめかしの確認だという記述を支持する証拠である．

自分が過去に得た知識を確かに思い出せないことを主張するものだと論じている（Hayashi 2012）．08行目の質問も，ハルキが直前に言ったことを踏まえて（「ていうことは」06行目），自分が過去に得た知識が正しいかどうかを調べる質問になっている．つまり，この質問の焦点は直前の発話が非明示的に伝えていたことではない．27行目と10行目とのこの比較によって，たんに質問を反復して応答するという組み立てを持つだけでは，ほのめかしの確認という行為になるとは限らないことが分かる．シェグロフの記述は，発話の置かれた位置のこうした微細な相違をも組み込んで厳密に構成されているのである．

第4節　結論

　行為の構成の問題とは，どのようにして社会の成員に認識可能な仕方で行為を産出することができ，またそれを理解することができるか，という問題である．これは，まずは相互行為の参与者自身にとっての問題である．この問題にそのつど何らかの形で答えを出していかなければ，人々は相互行為を行うことはできない．会話分析の仕事は，人々がこの問いに答えを出していくそのやり方を，厳密に，経験的に，形式的に記述することである．

　行為は，刻一刻進行する時間の流れの中で，変化する状況とのあいだに，相互彫琢の関係を作り出しながら構成されていく．このため，行為が構成されるやり方を記述するには，あるふるまいの組み立てだけでなく，進行する相互行為の中でそのふるまいが置かれた位置に目を向けることが決定的に重要となる．あるふるまいを向けられた相手は，リアルタイムの時間の中で，ふるまいの位置と組み立てを観察することによって，どんな行為がなされたのかを理解し，反応を返す．これに対し，行為者は，相手の反応を見ることによって，自分の行為が正しく理解されたかどうかがわかる．これが，行為の構成のもっとも基本的な仕組みである．

　実際の行為構成は，いろいろな仕方で複雑化しうる．本章ではその中の主要なパターンを整理して紹介した．第1に，ある発話が遂行している行為は1つとは限らない．1人の相手に対してある行為を行うことを通じて，別の相手にも派生的行為を行っていることがある．また，ある行為が同じ相手に対するも

う1つの行為の媒体になっていることもある．第2に，行為が参与者自身にとって多義的なものとして生み出されることもある．第3に，行為は必ずしも定型化したやり方で構成されるとは限らない．ときには，ある状況に固有の事情を利用して，行為が構成されることもある．第4に，行為は必ずしも，当該社会の成員が持つ語彙で名指すことのできるものとして構成されるとは限らない．形式的に記述可能なやり方で構成されつつも，名前のない行為というものが存在する．

　認識可能な行為は，一定のやり方に従って方法的に生み出されるが，その方法はきわめて多様である．会話分析は，この多様性をありのままに記述することを重視する．この容易ではない課題に取り組むうえで，あらためて強調しておくべきことが2つある．1つは，同じ組み立てを持つふるまいであっても，それが置かれた位置に応じてさまざまに異なった行為を構成しうるということ．もう1つは，同じタイプの行為であっても，それを構成するためのやり方は1つではなく，きわめて多様だということ，である．

　したがって，会話分析が行為を記述する分析能力を高めるためには，あるふるまいの位置と組み立てを記述する枠組みを整備することが決定的に重要である．相互行為の中の位置にはどんな種類のものがあるのだろうか．この問いに関しては，連鎖組織（4章），順番交替組織（5章），物語を語る活動（7章），全域的構造組織（11章）などのトピックにかんして重要な研究成果が積み重ねられてきた．発話の組み立てにはどんな種類のものがあるのだろうか．この問いに関しては，発話順番の構築（6章），表現の選択（9章），成員カテゴリーの使用（10章）などのトピックに関する研究成果が重要である[*13]．本書では第4章から第11章まで，参与者たちが行為を構成し理解するために用いているこれらの方法・手続き・組織について1つ1つ解説していく．それに先だって，次章では，会話分析の方法論や研究手順について解説しよう．

[*13] ただし，成員カテゴリーの使用は，発話の組み立ての問題を超えた広がりを持つトピックである．詳しくは第10章を参照してほしい．

【読書案内】
　ウェーバーに由来する社会学的行為論と対比させて，シュッツから会話分析にいたる行為の捉え方を論じたものとして山崎（2004）の第4章が，行為の構成に関する優れた概説としてして前田・水川・岡田（2007）の第2章がある．会話分析が行為を記述する視点が言語行為論とどのように異なるかに関しては，Levinson（1983=1990），西阪（1988），串田（2006a）の第1章で論じられている．また，行為の構成に関する近年の研究動向については串田（2018）を参照されたい．

第3章 分析の手順と方法論

　本章では，会話分析の具体的な研究方法を実際の分析例に沿って紹介する．レポートや論文の執筆に会話分析を使うことを考えている読者は，この章の分析の進め方を参考にしてほしい．まず第1節では，データの集め方を説明する．第2節では，集めたデータの書き起こしについて述べる．第3節では，実際の分析例に沿って分析の仕方を概説する．そのさい，会話分析における分析の適切性を確かめるための方法論的手順も紹介する．第4節では，分析を通じて構築した行為の記述を見直す方法を論じる．第5節では，分析結果を論文やレポートにまとめるさいに注意すべき点を述べる．最後に第6節でまとめを行う．なお，各項目の最後には，よく寄せられる質問とそれへの回答をQ＆A形式で載せている．

第1節　データを集める

1.1　調査計画と同意書の作成

　会話分析を始めるには，データを集めなければならない．そのさい気をつけるべきなのは，データの収録がプライベートなものではなく学術的な調査であり，したがって調査倫理の問題に気を配る必要があるということである．所属機関を通じて行う調査の場合，まずその機関に倫理委員会——提出された調査計画に基づいて，当該の調査が調査倫理の観点から実施可能かどうかを審査する委員会——があるかどうかを調べ，ある場合には書類審査を通じて承認を受けなければならない．倫理委員会がない場合や所属機関を通じて行う調査でない場合でも，調査目的，データの使用範囲（誰が，どんな目的でデータを利用できるか），被調査者のプライバシー保護の方法（画像処理を行う，任意の時点で被調査者が同意を破棄できる，等々），問い合わせ先などを明記した同意書を作成

し，被調査者全員にサインしてもらう必要がある[*1]．同意書は被調査者1人につき同じものを2通用意し，そのうち1通を被調査者に渡すとよい．なお，章末に同意書のサンプルを載せておくので参考にしてほしい（76ページ）．

Q 調査対象が団体（営利企業，非営利組織，公的機関，等々）の場合，団体に撮影許可を得ておく必要はあるのでしょうか．
A 会話分析を使う調査に限りませんが，調査対象が団体の活動の場合には，収録に先立って団体の代表者に撮影許可を得る必要があります．一般的には，調査の初期段階からビデオデータを収録するのではなく，まず団体のキーパーソン——典型的には組織のトップ——と接触し，その団体の活動について情報を得るなかで徐々に信頼関係を形成していき，ビデオデータの収録につなげるというステップを踏みます（南出・秋谷 2013; Heath, Hindmarsh & Luff 2010）．

Q 博物館や美術館のような，不特定多数の人が出入りする場所での収録においては，すべての被調査者から同意書を得ることが現実的に困難なように思いますが，どうしたらよいでしょうか．
A まず，被調査者全員から同意書を得た場合に比べて，調査に伴うリスク（収録後に被調査者からクレームが来てデータを破棄せざるを得なくなる，プライバシー情報の取り扱いに関する責任を問われる，等々）は大きくなります．これを踏まえたうえで言えば，すべての人が閲覧できる場所（たとえば入り口の壁）に趣旨説明文——記載事項は一般的な同意書と同じ——を掲示し，調査協力できない場合は調査員にその旨伝えるようそこに記載して，掲示の脇などの人目につきやすい場所に調査員を配置しておくという方法があります．

1.2 データを収録する

会話分析は録音・録画データを使うので，ICレコーダーやビデオカメラを

[*1] 「日本社会学会倫理綱領にもとづく研究指針」(https://jss-sociology.org/about/researchpolicy/)（2021年6月23日閲覧）を参照のこと．

用意して収録を行うことになる．最近は，動画の撮影が可能な調査対象[*2]であれば，ビデオカメラを用いるのが一般的である．というのも，録音データだけでは現場で生じることの一部しか収められないので，分析に限界があるからである．加えて，近年は小型で収録可能時間の長いビデオカメラが手頃な値段で入手可能になり，現場に録画機器を持ち込みやすくなった．ビデオカメラを持ち込むさいには，あらかじめ長時間の撮影に備えて長持ちするバッテリーパック——ビデオカメラ本体とは別売りのことが多い——を用意し，充電しておくとよい．収録を行う場所に電源があればそれを使うこともできるが，これはビデオカメラを配置できる位置と角度を制限してしまうし，伸ばしたコードは何かの拍子に引っかかりやすい．

収録する対象となる活動が部屋の中などの固定された場所で生じるなら，ビデオカメラは三脚などを用いて固定しておく．可能であれば，撮影者は収録中その場を離れ，被調査者の視界から外れるのが好ましい．被調査者に与える心理的なプレッシャーを軽減することができる．また，ビデオカメラの音声はあとで差し替えることもできるので，ICレコーダーを併用してよりクリアな音声を拾っておくと，書き起こしのさいに役に立つ．あるいは，ビデオカメラ本体から離れた場所の音声を収録することができるワイヤレスマイクの利用も効果的である．

被調査者が1箇所に留まらずに移動する現場では，調査者がビデオカメラを構えて追尾する必要が生じる．そのさい，ICレコーダーやワイヤレスマイクを被調査者のシャツの襟首などにクリップで挟んでおけば，被調査者の音声をクリアに拾うことができる．ただし，録音機器をきちんと固定できていなかったり，ジャケットなどの上着と密着しているために衣擦れの音を拾ってしまったりすることがあるので，注意が必要である．また，小型の三脚を携帯しておけば，被調査者の動きが止まったときにそれを使用して，ブレの少ない映像が撮れる．カメラの角度，高さや構図などの細かな撮影技法については，南出・秋谷（2013）の第3章に詳しい．

[*2] 調査倫理に鑑みて，あるいは秘密保持の必要から，録画データの収録が許可されず音声のみを収録する場合もある．

Q どのくらいの量のデータを収録すべきでしょうか．
A とくに基準はありません．量よりも，被調査者の人数および状況の多様性を確保することを考えた方がよいでしょう．同じ組み合わせの人が何時間も会話しているデータよりは，性別や年齢，参与者の人数，状況などが異なる会話を何組も収録したほうが，文脈にかかわらず繰り返し現れる現象を抽出できるという意味で好ましいものになります．どんな対象を収録するかにもよりますが，こうしてさまざまな状況のデータを集めていくと，データの量としても自然と十分な時間を超えるものになると思います．ただし，研究の目的によっては，人数および状況を固定したほうがよい場合もあります．たとえば，初対面の人同士がどうやって自己を呈示していくか，3人会話において話者がどの時点で誰に視線を向けるか，等々を調べたい場合です．

Q ビデオカメラがあると自然に生起した会話の収録にならないし，不自然なやりとりになるのではないでしょうか．
A たしかに，被調査者がビデオカメラの存在を意識することはあるでしょう．同意を得ずに収録を行うことができない以上，これは避けられないことです．ただ，収録するときに，小型のビデオカメラを用いる，ビデオカメラを参与者の視界の周辺に置く，三脚を小型化するために現場の棚や壁面の窪みを利用する，などの工夫によってカメラの影響を一定程度抑えることができます．また，分析においては，もしもカメラを意識していることが被調査者のふるまいに表れないなら，相互行為の相手には当人がカメラを意識しているとはわからないので，その人は当人がカメラを意識していない場合と同じように反応するはずです．したがってこの場合，カメラを意識していることは，行為と行為の連鎖的結びつき（とくに第4章を参照）のあり方を左右するものではありません．一方，もしもカメラを意識していることがふるまいに表れているなら（たとえば収録されていることが話題の糸口になる），そのこと自体を相互行為の分析に組み込む（たとえば，話題を開始するときにその場の環境がどのように使われるかを分析する）ことがで

きます.

Q データ収録のさいに,録音・録画データだけではなく,インタビューを行ったり新聞記事を集めたりして,相互行為の民族誌的背景(参与者たちが共有知識として持つ社会的・文化的・歴史的・個人的事象の総体)にかんする資料を収集する必要はないのでしょうか.また,行為の記述の正しさを確かめるために,事後インタビューをする必要はないのでしょうか.

A その場で人々が何を行っているのかを大きな問題なく理解できるようになるくらいには,民族誌的な資料は集めるべきです.会話分析研究者が行うことは行為の記述ですから,たとえばある地方だけで行われている遊びの場面を分析するさいに,その遊びのルールを知らなければ分析になりません.収録の現場には必ずフィールドノートを持っていき,そうした情報を書き取れるようにしてください.また,参与者はときに写真や図などを使って相互行為を行うことがあります.そういうデータを分析するさいには,写真や図に何が描かれていたかを知る必要があります.ただし,そうした民族誌的な情報は,あくまで行為の記述を行うさいの参考資料として用いてください.この情報を分析の根拠にしてはいけません.何を分析の根拠にすべきかは,第3節以下で詳しく説明します.たとえば,ある人の発話を「命令」だと記述するときに,その分析の根拠はその人が社長で他の平社員より偉いからだ,というのは会話分析ではありません.また,事前・事後のインタビューで被調査者がXのつもりでふるまう(った)と言ったからXという記述ができる,という分析の仕方も会話分析とは相容れないものです.というのも,インタビューにおける被調査者の供述は,データの中で実際にその人のふるまいが持っている意味や働きと,同じとは限らないからです.ただし,データの分析において民族誌的な情報が必要になることはよくあるので,この情報を得るためにはインタビューを行うべきでしょう.

1.3 既存のデータを使う

ここまで調査者自身がデータを収録することを念頭において話を進めてきたが,他の誰かが収録したデータを利用することもできる.とくに電話会話や対

面会話などの日常会話のデータは，言語学の領域でコーパス——自然言語処理研究のための大規模な事例集——の形をとって，学術利用のために一般公開されていることがある．「データについて」で述べたように，本書でも公開されているコーパスの中の事例を用いている箇所がたくさんある．既存のコーパスを使ってレポートや論文を執筆するさいには，各コーパス使用のルールを守り，また出典の明記を忘れないようにしよう．

Q　テレビや映画などの会話を分析対象にしてもよいのでしょうか．
A　分析は可能です．メディアの相互行為を対象にした代表的な会話分析研究の例として，クレイマンとヘリテイジのニュースインタビューの分析 (Clayman & Heritage 2002) があります．彼らの研究では，インタビュアーの中立性がどう保たれているかなど，マスメディアが報道を行うときに現れる相互行為上の課題がどう解決されているかを明らかにしています．またモンダダによる分割スクリーン技法の研究 (Mondada 2009a) では，TVの討論番組で討論者たちを分割スクリーンの技法で表示することにより，論者間の敵対関係が示されたり，不同意の意見が強調されたりしていることが分析されています．しかしながら，メディアの相互行為を分析しようとするときには，いくつか注意すべき点もあります．第1に，テレビドラマや劇映画における登場人物の相互行為を分析しようとした場合，台本があるので，発話がどこで終わるか，次に誰が話すか（第5章参照）があらかじめ決まっていますし，台本にない言い間違えや聞き間違え（第8章参照）もふつう生じません．そのようなデータは，相互行為を刻一刻進行させていく手続きを探究するという会話分析の目的に適したものではないので，分析の結果見いだされたことを，そのまま台本のないふつうの相互行為に当てはまると考えることはできません．第2に，トーク番組やリアリティショーであっても，テレビや映画の会話は台詞がカットされたり，間が削られたり，笑い声が挿入されたりといった編集・加工が施されている可能性があります．その場合にも，第4章以降で説明していく相互行為の組織の分析を，そのままの形で行っていくのは難しいものになります．

第2節　書き起こしをする

　保存したデータは随時書き起こしを進めていく．ただしすべてのデータを，レポートや論文に掲載する水準の細かさで書き起こす必要はない．じっさい，データの量が数十時間にも達すると，そのすべてを細かく書き起こすのは現実的に困難である．

　転記記号にはジェファーソンシステム（Jefferson 2004a）を利用するのが一般的である．本書で使用する転記記号もジェファーソンシステムに準拠しているので，「データについて」の記号一覧を見てほしい．

　トランスクリプトは，いったん作ったらそれで終わりではない．観察と分析を進めるなかで，何度も修正することになる．付言すると，トランスクリプトは会話分析のデータ＝分析対象ではない．データはあくまで収録した相互行為自体であって，トランスクリプトは分析を提示するさいの道具に過ぎないことを覚えておこう．

Q　何を，どのくらいの細かさで書き起こすべきでしょうか．
A　書き起こしの対象となりうる要素は，発話された言葉だけでなく，抑揚，声の大きさ，視線，顔の向き，姿勢など無数にあるので，トランスクリプトは細かくしようとすればいくらでも細かくなります．しかし，何が起こっているかを読み取りやすいトランスクリプトであることも重要です．何をどのくらいの細かさで書き起こすべきかは，参与者がどんな要素を使ってどんな細かさでふるまいを調整しているか，および，研究目的は何か，に応じて異なってきます．参与者が何をどのくらいの細かさで調整しているかは，分析を始めてみないとわからない面がありますが，それでも，大雑把に何が起こっているかがわかる程度——たとえば，間の秒数や笑い声の長さまでは記さなくても，どこに間や笑い声があるかがわかる程度——のトランスクリプトは，最初から作成しておくべきです．(1)に大雑把な書き起こしの1例を示しておきます．

(1) [JAPN1684 01:32] ♪
01 アユミ： 　日本人の声を調べたいんだ．
02 　　　　　　((間))
03 ヨウコ： 　ん：まよくわかんないんだけど：，((おちゃらけた声で))
04 アユミ： 　((笑い))
05 ヨウコ： 　でもまそんなの気にしないでしょ：？((途中から笑い))

　(1)における，間の秒数と笑い声の詳細，オーバーラップの開始位置と終了位置などの発話の諸特徴をより精確に記すと(2)のようになります．

(2) [JAPN1684 01:32] ♪
01 アユミ： 　日本人の声を調べたいんだ．
02 　　　　　　(0.7)
03 ヨウコ： 　ん：>ま<よくわかんないんだけど：，((おちゃらけた声で))
04 アユミ： 　　uh [u h u h u h uhuhu　　]
05 ヨウコ： 　　　　[>でもま<そんなの気に]しな(h)いでしょ：？

　細かく書き起こすと，01行目の質問に対してヨウコの返事がなかった時間が0.7秒とある程度長いものであったこと（02行目）や，04行目のアユミの笑い声の途中でヨウコの発話が始まり，アユミが笑うのにつられる形でヨウコも笑っていること（05行目）などがわかるようになります．

　トランスクリプトに含めるべき要素と書き起こしの細かさを決めるうえで，次節の3.1で説明する観察のステップは重要な意味を持ちます．なぜなら，データを観察することは，参与者たちが相互行為上のどんなことがらを気にかけてふるまっているかを理解する第1歩になるからです．

Q　発話以外の非音声的なふるまいはどう書き起こせばよいでしょうか．
A　標準的なものはありませんが，Luff & Heath（2015）に効果的な書き起こしフォーマットがいくつか紹介されています．日本語会話の例としては，城（2018）や城・平本（2015），本書第12章の(15)（303-304ページ）を参照してください．基本的には，その場での行為の構成に寄与しているもの（視線，身ぶり，うなずき，等々）を取り上げ，それを発話行の上または下に，どのタイミングで生じたかがわかるように記載することになります．57ページのQ&Aで述べたこととかかわりますが，どの要素が行為の構成

に寄与しているかは，分析を進めるなかで明らかになっていくことに注意してください．分析に先立ってこれを取り上げるべき，という一般的基準は存在しません．

第3節　分析する

ここからいよいよ分析の段階に入っていく．まず3.1では，どのようにデータを観察するかを説明する．3.2では，観察の結果として特定のふるまいに注目したとき，そのふるまいが遂行している行為をどのように記述するかを述べる．3.3では，記述された行為を参与者の理解と照らし合わせて確かめることについて説明する．3.4では，コレクションを作成して分析を精緻化していくという手順を紹介する．なお，3.2から3.4にかけての論述は，会話分析において記述の適切性を裏づけるための方法論的手順に対応している．

3.1　観察を行う

集めたデータを前にして最初にすべきことは，それを観察することである．まずは先入観をもたずに，データを何度も再生してその細部に目を通そう．第1章で紹介したサックスの言葉にあるように，会話分析が見出したい相互行為の秩序は「あらゆるところ」にある（20ページ）．話題が大きく変わるところからちょっとした言い間違いまで，あらゆる部分が会話分析の観察対象である．データのすべての箇所を，「特定の問題意識に動機づけられずに（unmotivated）」(Sacks 1984: 27) 観察することが肝要である．もちろん，ジェンダーや社会階層，特定の話し方や身ぶりの特徴など，あらかじめ分析の焦点を定めて調査に臨む人も多い．調査者は多くの場合，家族社会学を学ぶ者であったり労働問題の専門家であったり，言語学や認知科学の立場からアプローチしていたりなど，何らかの学問的背景を備えているから，このこと自体を否定する必要はない．その意味で，研究対象や収録する対象の選択は「動機づけられて」いてよいだろう．だが，観察の段階で特定の問題意識に基づいてデータを見ると，見ている対象に対する観察が歪められる．たとえば教師と生徒の権力差を問題にしていると，教師のなんでもない行いでも権力差を反映したものに見える．また，

ぱっと見ただけで自分の問題意識と関係なさそうだと判断されたデータが，以降の分析から抜け落ちてしまい，観察の範囲が限定されてしまう（第2章43-45ページを参照）．第1章の，社会生活がまずは相互行為の参与者にとって秩序だっているという議論（20-21ページ）を思い出そう．先入観をもってデータを観察し，特定の問題意識を参与者のふるまいの記述に結びつけようとすることは，現実に生じていることを歪めてしまいかねない．

　観察するときには，そのときどきに参与者が直面しうる相互行為上の課題は何か，そしてその課題がどんなふるまいによって解決されているのか，ということに注意する．たとえば次の(3)では，1人の参与者が個人的な経験を語るなかで披露した見解や態度に，どうやって他の参与者が共感を示すかという相互行為上の課題が解決されているようにみえる*3．ここでは，まず遠野が，1人暮らしを始めたときにテレビを「いっつも」「つけっぱなしにしてた」（07行目）という自身の経験を語っている．この語りの中で,「音がない」状態が「いや」（03行目）だったという彼女の態度が示されている．

(3)
((1人暮らしをしている2人が，家でテレビを見るかどうかを話している))
01 遠野：　　>あたしは<なんか(.)基本:(0.6)あんま見ないんだけど:,
02 竹林：　　あん
03 遠野：　　1人暮らしになってから，なんかとりあえず音がないといやだった
04 　　　　　から
05 　　　　　(.)
06 竹林：　　はいはいはい　[はいはい
07 遠野：　　　　　　　　　[なんかとりあえずつけっぱなしにしてた.いっつも
08 　　　　　(0.3)
09 遠野：　　イヤホ　[ン( )
10 竹林：→　　　　　[それはわかるわ.おれも::(.)音楽ずっと聴いてるもん
11 　　　　　(.)
12 遠野：　　ん°だよ[ね:°
13 竹林：　　　　　　[ずっと流しっぱな°し°

　いま，この遠野の語りに対して，聞き手の竹林が共感を示したい場合に，彼に何ができるだろうか．語られているのは，遠野の個人的な経験——01行目

---

*3　この現象のより詳細な分析としては，平本（2011a）を参照のこと．

第3節　分析する

で彼女が「あたしは」と，個人的なことがらとして経験を語り始めていることに注意しよう——とそれに結びついた彼女の態度なので，これに対して端的に「共感するよ」「なるほど」などと言っても，うわべだけ共感しているのではないか，心がこもっていないのではないかという疑念が拭えないだろう．(3)では，どれだけうまくいっているかはともかくとして，この相互行為上の課題が解かれているようにみえる．その解決においてはどうやら，10行目で竹林がたんに「それはわかるわ」と言うだけではなく，それに加えて自分自身の経験を披露している（「おれも」「音楽ずっと聴いてるもん」）ことが重要なようである．この観察が，「特定の問題意識に動機づけられずに」行われたものであることに注意しておこう．ここで観察されているのは，相互行為参与者による課題の解き方である．それはけっして，分析者がこの相互行為の外部から持ち込んだ問題意識に基づくものではない．

Q 「特定の問題意識に動機づけられない」観察をしろと言われても，見るべきものが多すぎてどう観察すればよいのかわかりません．
A たしかに，慣れないうちは，相互行為上の課題の解決という観点からデータを観察するのは難しいでしょう．次章からは，相互行為の各組織（第1章23-26ページ参照）——たとえば，誰が，いつ話し出すかをどうやって決めるか（順番交替組織），発話の聞き取りや産出，理解に問題が生じたらどうするか（修復組織），など——を学んでいきますが，そこで学んだことを念頭に置きながらデータを見ることが，観察の手助けになるはずです．とりわけ，第4章で学ぶ連鎖組織の諸概念を使い，「質問」と「応答」などの行為同士がどう組み合わせられているかに注意を払いながら観察を行うことが肝要です．第4章4節では，具体的なデータに基づいてこの観察の仕方を示しますので参考にしてください．また，漠然としたものでも何かしら興味を引かれることを見つけた段階で，データを切り出してデータセッション——研究者が複数人でデータを検討し，観察を述べ合うセッション——に持って行くのがよいかもしれません．複数人でデータを見ると，1人では気づかない点にかんする観察が出てきます．データセッションは，観察より先のステップ——行為の記述を行う段階や，コレクション

を作成する段階——でも効果的です．なお，「エスノメソドロジー・会話分析研究会」のWebサイトに，定期的に開催されているデータセッション（および研究会）の一覧があります（http://emca.jp/learn/collegia）（2021年6月23日閲覧）．このような会は活動を休止・停止することがあるので，利用のさいには情報の確認が必要ですが，参考にしてください．

3.2　行為を記述する

　3.1で述べた相互行為上の課題を，竹林はどう解決しようとしているのか．観察に続いて行うべきことは，注目したふるまいが遂行している行為を記述（第1章17-19ページ参照）することである．行為の記述にあたっては，そのふるまいの組み立てと位置（第2章33-35ページ参照）に鑑みて，それが何を行っているものと常識的に理解できるものかを検討する．

　ここでは，遠野の語り（01-09行目）に続く10行目の竹林の発話の組み立てに注意しよう．ここで彼は，まず「それはわかる」と遠野が語ったことへの理解を主張し，続けて「おれも」「音楽ずっと聴いてる」と自分の側の経験を語っている．この組み立ての発話をこの位置に置くことを通じて，竹林は何を行っているのだろうか．彼は理解の主張に続けて自分の経験を語ることで，「わかる」と言える理由を説明している．つまり，竹林が遠野の語りに「わかる」と理解を主張することができるのは，彼が同じ（ような）経験をもっているからだということが示されている．この記述は，分析者の主観的な解釈から導き出されたものではなく，竹林の発話の組み立てに基づいている．彼の発話の末尾についている「もん」は，彼自身が理由の説明を行っていることを知ってふるまっていることを示している．竹林が語った「おれも」「音楽ずっと聴いてる」という経験は，じつは，遠野の「テレビ」を「つけっぱなしにしている」という経験とは微妙に異なっている．だが，この微妙な違いが，相手の語りに共感を示すという行為を成し遂げるために重要である．遠野の経験と微妙に異なりながらも，彼女の言いたいこと——1人暮らしをすると音が欲しくなる——を的確に捉えているものであるがゆえに，竹林の語った経験は適切に遠野の語りに対する共感の提示たりえている[*4]．

[*4]　このような，具体的に理解の証拠を挙げることを，サックスは理解の「例証（prove）」と呼んで

まとめると，相手の経験の語りに対して，その次の位置で「わかる」と理解を主張し，それに続いて自分の側の経験を語って「わかる」理由を説明することは，語り手に固有なはずの経験にどうやって共感を示すかという相互行為上の課題を解くための，手続きの1つになっている．このように，ある発話が遂行している行為を記述するとき，記述の適切性を裏づける第1の方法は，その発話がその固有の文脈において，その行為を行うための常識的に合理的な方法になっていること，つまりその固有の文脈において問題の解決として利用できることを示すことである．

　これに対し，行為を記述するときに避けるべきなのは，注目したふるまいの後に生じたことをその行為の記述の資料にしてしまうことである．分析においては，注目するふるまいよりもあとの行を隠して見えなくしてしまう心構えで臨むべきだろう．というのも，データの中の人々は，あるふるまいがなされたまさにその時点で，そのふるまいをある行為として理解しているからである．次の行以降で生じていることがらは，その場の人々にとってはまだ生じていない未来の出来事である．たとえば，ある人が知人に会って「こんにちは」と挨拶したら，相手は開口一番，先日働いた非礼を詫びはじめたとする．この一事をもって，最初の「こんにちは」がじつは相手への非難だった，と記述してはならない．なぜなら，この記述には，「こんにちは」という言葉がいかにして相手を非難するための合理的方法になるのかが，何も示されていないからである．

3.3　参与者の理解を調べる

　「わかる」という理解の主張とそれに続く自分の側の経験の語りが，先立ってなされた相手の経験の語りに「共感を示す」という行為として記述できることを示した．次に行うべきことは，こうして構築した記述が，その発話に関する参与者の理解と一致していることを示すことである（第2章35-36ページ参照）．とくに，注目する発話の次の位置に置かれた聞き手の発話にどんな理解

いる（Sacks 1992: 2: 252）．これに対し，「わかる」「なるほど」「了解」などの発話は，たんに自分が相手の発話を理解したと述べているだけだという意味で，理解の「主張（claim）」と呼ばれる．

が示されているかを調べることが重要である．この点を検討することは，記述の適切性を裏づける第2の方法となる．(3)では，10行目で竹林が自分の側の経験を語った次の位置で，遠野が「ん:°だよね:°」(12行目)と言っている．「よね」という表現が，相手の語った経験について相手と同等のアクセス権を主張している（Hayano 2011）ことに注意しよう．遠野は，たんに竹林の語った経験が自分の語りへの理解を示すものとして適切であることを認めるのみならず，2人が経験を共有していることを認めている．このように，(3)では，あるふるまいについての分析者の記述が，そのふるまいに対する聞き手の理解によって裏づけられている．

ここまでの分析をまとめて図の形で示すなら，次のようになるだろう．

このうち②と③は，立て続けに（第5章の言葉を用いれば，同じ発話順番内で）発せられる．

3.4 コレクションを作成する

3.4.1 同じ現象の候補を集める

あるデータを観察した結果，分析したい現象が定まり行為の記述を行ったなら，次に行うべきことは，収集したデータからその現象の候補をできるだけ多く見つけ出し，1つのファイルにまとめてコレクションを作成することである．コレクションを検討することによって，記述された相互行為上の手続きが繰り返し利用可能なものであることを示す．これは，記述の適切性を裏づける第3の方法である．もしも，3.2で記述した手続きが「共感を示す」という行為を

第3節 分析する

行うための合理的方法であるなら，それはさまざまな異なった人々によって，さまざまに異なった場面で，繰り返し用いられるはずである．例として，(3)と類似した現象を観察できる断片を1つ挙げよう．(4)では，4人の参与者が，ふだん聴く音楽の趣味について話している．竹林と内川は楽器を演奏しており，音楽に詳しい．内川は01行目から04行目にかけて，「カラオケ」で歌うために「RADWIMPS」という日本のロックバンドの曲を聴こうとしていることを述べる．この途中で竹林が，内川の語りに「わかる」(03行目)と応じる．

(4)
01 内川：　°うん°. 最近カラオケ用に()RADWIMPS 聴こうかな:と
02 三角：　uhuheheh [e
03 竹林：→　　　　　[あ (0.2) わかる.
04 内川：　思うわ＝
05 竹林：　＝おれも最近(.)あの:最近じゃないけどまあ(.)半(.)
06 　　　　年前ぐらいに RADWIMPS を初めて:
07 　　　　(.)
08 内川：　うん
09 　　　　(0.2)
10 竹林：　入れて.
11 内川：　う　[んうん
12 竹林：　　　[アイポッドに. まあ (.)(いっ／きい)(h)てへんけど
　　　　　　　((後半は「聴いてないけど」という意味のように聞こえる))
13 　　　　(0.5)
14 竹林：　そう
15 　　　　(1.8)
16 竹林：　(°　　　　°)
17 内川：　うん (0.9) まあ (0.5) 長くなりそうやから
18 竹林：　そ　[やな:
19 三角：　　　[ahah [aha
20 遠野：　　　　　　[huhu [hu
21 竹林：　　　　　　　　　[そや音楽の話してたらな

　ここでも，内川の経験の披露 (01, 04行目) に対して，竹林は「わかる」と理解を主張し (03行目)，続けて自分も RADWIMPS を聴こうとしたという経験を語っている (05-06, 10-12行目)．ここで注意を向けておくべきなのは，RADWIMPS を聴くという経験の，彼らにとっての意味づけである．竹林と

内川はこの断片の前から，他の者とくらべて音楽に造詣が深く，とりわけ洋楽ロックミュージックを好むことを印象づけていた．その文脈で，内川が「カラオケ用」（01 行目）に日本のロックバンドの曲を聴こうとしていることを伝えるとき，それは，自分が本当に好む音楽とは違う種類のものをつきあいのために聴くという，妥協にも近い経験を語るものになっているだろう．内川と同様に音楽好きであることを主張していた竹林も，自分の経験を語る際に，RADWIMPS という（この当時）流行していたアーティストの曲を，「最近」——もしくは「半年前ぐらい」——に「初めて」聴こうとしたことを伝えることにより，音楽好きとして積極的にそうしたわけではないことを印象づけている．竹林は 12 行目で，RADWINPS の曲を結局は聴いていないという意味のことを（おそらくは）述べているが，このことはいまの観察の証拠になりうるだろう．こうして竹林が自分の側の経験を語り，少し間が空いた（13, 15 行目）あとで，内川はいったん「うん」と竹林の話を受け止め，少し経ってから「長くなりそうやから」と言って話を終わらせようとする（17 行目）．この言い方が，ふたたび，竹林と内川との経験の共有を前提にしたものであることに注意しよう[*5]．このまま続けると話が「長くなりそう」なのは，彼らのあいだに話すことがたくさんあるからである．

3.4.2 例外事例を検討する

以上のようにコレクションを作成していくと，最初の断片で観察した手続きがたんにその場面で 1 度だけ見られたものではなく，会話の中で繰り返し利用可能なものであることがわかる．ただし，ある手続きが繰り返し利用可能だということは，たんに数多くの場面で使えるということだけでなく，それぞれの場面に固有の特徴に適応しながら柔軟に用いられうるということも含んでいる．(5)では，これまでの事例とは少々異なることが生じている．ミサトが突然会話の文脈と関係なく笑い始め（05 行目），その理由を「たまに笑ってしまうことがあ」（11 行目）ると自分の経験を踏まえて説明すると，その少しあとでトモ

[*5] ただし，(3)では，参与者に共有された経験は直前で話された内容だったが，(4)で共有されている経験は「音楽全般について話すことがたくさんある」ということである．この意味で，(3)と(4)には相違もある．

第3節 分析する

カが，「あでもちょっとにんまりする気持ちわかるかもしれん」(16行目)と理解を主張している．

(5)
((ミサトが05行目で脈絡無く笑い始める))
01 ユウカ：　あたし応募とかあんまりしいひん人やからな：．
02 　　　　　(0.3)
03 ユウカ：　はじめてかもしれん
04 　　　　　(.)
05 ミサト：　hu
06 　　　　　(.)
07 ユウカ：　何？
08 トモカ：　hh=
09 ミサト：　=な(h)んもな(h)い
10 トモカ：　hh　[huhu
11 ミサト：　　　[.hh ちとたまに笑ってしまうことがあん[ねん.huhuhuhu=
12 トモカ：　　　　　　　　　　　　　　　　　　　　　[e hu
13 ユウカ：　=.hh やばい思い出し笑いし　[て　[る：
14 トモカ：　　　　　　　　　　　　　　[.hh huhu
15 ミサト：　　　　　　　　　　　　　　　　　[huhuhu
16 トモカ：→ .hh あ[でもちょっとにんまりする気持ちわかるかもしれ[ん．
17 ユウカ：　　　　[.hh
18 ミサト：　　　　　　　　　　　　　　　　　　　　　　　　　　[やろ？
19 トモカ：　e huhu(1.0) いいことあった日いとかにんまりしながら
20 　　　　　帰っててあ,>やばいやばい<って思う (h) huhu

(3)と(4)では，「わかる」に続けて聞き手が自分の経験を語ったあとで，最初の語り手が経験の共有を表明していた．これに対し(5)では，聞き手トモカが16行目で「あでもちょっとにんまりする気持ちわかるかもしれん」と言ったすぐあとに，最初の語り手ミサトがこれに「やろ？」と応じている（18行目）．しかしこの違いは，次に述べるように，同じ手続きが(5)のやりとりに固有の事情に合わせて柔軟に用いられたものとして記述できるように思われる．ミサトが「たまに笑ってしまうことがあ」（11行目）ると言ったあと，聞き手トモカが理解を主張する（16行目）より前に，別の聞き手ユウカがミサトを「やばい思い出し笑いしてる：」（13行目）とからかっている．これにより，少なくともユウカは，ミサトが披露した経験に共感を示すどころか，むしろ距離のある態

度を示していることがわかる．この状況において，トモカの「あでもちょっとにんまりする気持ちわかるかもしれん」(16行目) という理解の主張は，ユウカとは逆の態度をとっているものとして聞かれるだろう．じっさい，トモカは「でも」と逆接の言葉を用いるとともに，「ちょっと」「わかるかもしれん」と表現を和らげることによって，ユウカがすでに示した態度とは逆の方向を向いていることを示している．この文脈があるために，トモカの「わかるかもしれん」という理解の主張に対して，ミサトが「やろ？」と同意を求めることが，自然なものになっている．

このように，コレクションを作成すると，最初に観察した断片に見られたパターンとは異なるものが見つかってくる．このとき，会話分析の研究の進め方として重要なことは，これらの例外的な事例をたんに通常の事例からの逸脱や誤差と見なしてしまうのではなく，どのような事情のもとで，何を気にかけて，参与者がやりとりを例外的な形で組み立てたか，これを詳細に検討することである．例外事例の検討は，大きく分けて次の5つの帰結をもたらしうる (cf. Clayman & Maynard 1995; 串田 2006b)．

［1］それまでの記述の正しさが確認される．
［2］例外的な特徴が，その事例に固有の文脈により生じたことが示される．
［3］それまでの分析が間違っていたことが示される．
［4］それまでの記述に修正が迫られる．
［5］サブグループ作成の必要が生じる．

［1］は，一見したところ例外事例に見えていたものが，じつはこれまでの記述の範囲に収まるものであったことがわかるという場合である．この場合，参与者たちが，まさにそれまでの分析で明らかにしたことがらを気にかけてふるまっていることが確認される．［2］については，上で(5)の検討を通じて示した．［3］-［5］は単純に分けられるものではないが，(6)の検討によりその1例を示そう．(6)では，柏が，朝の服装のコーディネートにおいて「靴下」(01行目) の選択を間違えると「1限目の終わりらへんに」「後悔する」(06行目) という経験を語っている．

第3節　分析する　　　　　　　　　　　　　　　　　　　　　69

(6)
((服装のコーディネートについて，靴下の選択を間違えた場合が話題になっている．この話題は元々，足立がその日履いてきた靴下を脱いだというエピソードから始まった．))
01 柏：　　　　く[つ履いてたら靴下とかそこまで意識せんから [：．
02 足立：　　　　[hh
03 中森：　　　　　　　　　　　　　　　　　　　　　　　[しな[いね：
04 柏：　　　　　　　　　　　　　　　　　　　　　　　　　　[なんか
05　　　　　　(0.4)
06 柏：　　　　1限目の終わりらへんに (0.5) 後悔する (h)hu
07　　　　　　(.)
08 中森：→　　ﾟわか[るﾟ
09 柏：　　　　　　[.hh ミスったこの色ね[：とか] 思う (.) うん：
10 中森：→　　　　　　　　　　　　　　[わかる]
11　　　　　　(1.0)((中森が足立の足下に視線を落とす))
12 足立：　　　a-な [あ．
13 中森：　　　　　　[服ってさ i- とかさ ,(0.4) 小さいものに：,
14　　　　　　間違えるといちんち後悔するよ．
15 柏：　　　　後悔する (0.2) うん

　柏の語りに対して，中森は 08 行目で「わかる」と理解を主張している．だがそのあと，(5)のような特別な事情があるわけではないのに，すぐには中森の側の経験が語られていない．この事例は，「わかる」に続いて聞き手の側の経験が語られる，というこれまでの記述に再考を迫るものであり，その意味で部分的には分析の誤りを示している（上記［3］）．
　では，(3)から(5)の検討を通じて作り上げてきた記述は撤回されるべきなのだろうか．(6)をもう少し詳しく調べてみると，次のことがわかる．柏の語りはじつは中森がはじめに「わかる」(08 行目) と言った時点では終わっておらず，さらに拡張されている (09 行目)．そして，柏が拡張された語りを「うん：」と言って終了させたあとで，中森は「服ってさ」「小さいものに」「間違えるといちんち後悔する」(13-14 行目) と，自分の側の経験を語っている[6]．コレクションを作成すると，この断片のように，最初の語りがまだ終わっていない時点で

---

[6] ここで中森は足立の足下を見てその様子を確認している (11 行目)．足立が靴下を脱いだことにこの場で最初に気づいたのは，中森だった．だが，この時点まで中森は，そのことに意見や感想を表明していなかった．このことが，ここで中森が足立の足下を確認してから自分の側の経験を語ることの背景になっているように思われる．

聞き手が「わかる」と理解を主張する事例がいくつか集まった．(6)は完了したかに見えた語り（06行目）が拡張されたケースだが，明らかに語りの途中で聞き手が「わかる」と理解を主張するケースも観察された．そして多くの場合，それらのケースでは，語りが終わった時点で聞き手側が経験を語っていることがわかった．

これらの変種は，断片ごとの個別の事情により生じたものではなく，むしろ，「わかる」という理解の主張に加えて聞き手側の経験を語るという手続きに，体系的に含まれている選択肢であるように思われる．聞き手が「わかる」という発話によって理解を主張したい対象は，ときには，語り全体というよりもむしろ語りの中の1要素であるかもしれない．また，「わかる」と言った時点で相手の語りが終わっているかどうかは，不明瞭なこともある．これらの場合には，「わかる」という理解の主張と聞き手側の経験の語りがひと続きに発せられない事態が，体系的に生じる．こうした体系的な可能性に気づいた時点で，コレクションを少なくとも2つのサブグループ——「わかる」に続いて聞き手側の経験が語られるものと，この2つが分離しているもの——に分ける必要が生じる（上記［5］）．

第4節　構築した記述を見直す

分析を通じて一定の知見が得られたら，データから言えないはずのことを記述していないか，丹念に見直してみよう．データから言える／言えないという区別は，具体的には，データの中の人々が，当該の記述の対象となっている瞬間において，その記述に基づいて合理的にその場で起きていることを理解できるかどうかを意味する．

かつて，男性のほうが女性より相手の発話に割り込む（第5章参照）頻度が高いという統計的事実から，ジェンダー間の支配関係を結論づけた研究がなされたことがあった（Zimmerman & West 1975）．これに対して，シェグロフは会話分析の立場から，性別を所与のものと見なし分析に使うのではなく，個々の事例において男性であることや女性であることがどう割り込みと関連づけられているかを示すべきだと批判している（Schegloff 1987=1998）．たとえば本章

第4節　構築した記述を見直す

の(3)では，遠野（女性）の「イヤホン(‥)」(09行目) という発話の途中から，竹林（男性）が割り込んで「それはわかるわ」(10行目) と話し始めている．だが，この割り込みは，竹林が男性であり，遠野が女性であることと関係があるだろうか．すでに分析したように，竹林の「それはわかるわ」という発話は，遠野が語った経験に共感を示す手続きの一部だった．遠野がさらに別の発話（「イヤホン(‥)」以降）をつけ加えた後まで待ってしまうと，竹林が共感を示す機会は失われてしまう可能性がある．それゆえここでは，「わかる」に続けて自分の側の経験を語って共感を示すという行為を行うにあたって，遠野の発話に割り込む合理的な理由が存在する．これに対して，竹林が男性であり遠野が女性であることは，この場の相互行為上の課題との関連性は見出せない．

こうして1つ1つの記述とデータとの対応関係を精査していって，最終的に残ったものを分析上の知見として採用すべきである．本章では，「わかる」のあとに語られる聞き手の側の語りが，たんに聞き手の経験を語るだけのものではなく，最初の話者が経験を語ることを通じて示した見解や態度への共感を示す行為になっている，という記述を構築してきた．この記述は，語り自体の組み立て方や，それに対する受け取りのあり方などを調べることによって，データに基づいた記述であることが確かめられた．

Q　会話分析では，社会階層や支配-被支配の関係などの社会構造の問題を取り扱わないのでしょうか．個別の相互行為の場で起きていることは，社会構造の影響を受けているように思うのですが．

A　社会学を学んでいる読者の中には，社会構造が個別の相互行為の背後にあって，これが相互行為のありさまに影響を及ぼしているという考え方に馴染みのある人も多いと思います．この考え方のもとでは，会話分析は個別のミクロな相互行為だけを見ていて，社会構造を視野に収めることができない枠組みであると位置づけられがちです．しかしながら，ミクロな相互行為とマクロな社会構造という区別は，それ自体，研究者が定めた理論的構成物です．この区別が特定の相互行為の分析にどのような意味でかかわってくるのかは，そのつど参与者の指向に基づいて吟味されなければなりません．

男性や女性，日本人と外国人，そのあいだの権力差などは，それらのことがらに参与者が注意を向けてふるまっていることを例証できる限りにおいて，会話分析の記述に組み込まれます（第10章参照）．たとえば西阪（1997）は，外国人留学生に対するラジオのインタビュー番組の分析から，「日本人」や「外国人」であることがいかにしてその場の相互行為を通じて成し遂げられているかを明らかにしています．会話分析は，ミクロ対マクロという区別を含めて，参与者の指向に基づかないありとあらゆる社会の概念的把握を分析の前提としないので，そうした概念的把握に立脚して社会がどのようなものであるかを論じることもありません．その代わりに，社会にかんするどのようなものの見方についても，それが人々のふるまいの中でいかにして成立しているのかを問います．

Q　会話分析では定量的分析を行わないのでしょうか．たとえば，データの中に見られる無音状態の長さや語の使用頻度の分布を調べたりはしないのでしょうか．

A　本章で説明してきた手順に沿って分析を進めれば，そのなかに定量的な分析（統計的検定など）は必要ありません．コレクションを検討するさいに，どのグループに入るケースの数が多いかを調べることはあります．本章の分析でいえば，「わかる」に続いて聞き手側の経験が語られるケースとこの２つが分離しているケースのどちらが多いか，ということです．これは，参与者の常識的理解——たとえば何を「典型的」な現象として理解しているか，何を「めったにない」こととして理解しているか，等々——のあり方を示す一助にはなりますが，分析的主張の統計学的根拠を得ることを目的としたものではありません．

　　一方，会話分析研究の成果を使って定量的分析を行うことは可能ですし，その種の研究は最近行われるようになっています（Stivers 2015）．この動向は，次のような形で会話分析の利点を生かそうとするものです．定量的分析を行うためには，研究者はデータ中のどのふるまいとどのふるまいが同じものかを識別する基準を持っていなければなりません．それができてはじめて，何かの頻度を数えたり分母や分子を定めたりすることができる

ようになります（Schegloff 1993）。ところが，あるものとあるものが同じか違うかは，研究者が線引きを行う前に，相互行為の参与者自身が区別していることがらです．たとえば，会話における「うん」の用法を定量的に研究することを考えたとき，質問のあとの「うん」とそれ以外の位置の「うん」が同じものかどうかを，参与者自身がすでに区別しています（第2章43-45ページの(7)の分析を参照）．会話分析はそうした参与者自身の区別に基づいた記述を構築するので，定量的分析を行うためのある種の基盤を提供することができます（Stivers 2015）．ただし，そのような定量的分析は，会話分析とは異なった目的で行われるものであることを覚えておくべきです（Nishizaka 2015）．

第5節　研究成果をレポートや論文にまとめる

　分析を通じて記述を洗練させたら，得られた知見をレポートや論文の形でまとめる作業に入る．会話分析において記述されたふるまいは，参与者が特定の相互行為上の課題を解くための合理的な方法になっているので，問題設定とそれへの解という一般的な学術論文における議論の筋を組み立てることは，難しくないはずである．本章で行った分析の例でいえば，他者に固有の，簡単にわかるはずのない経験とそれに結びつく見解や態度に対して，共感を示すことはいかにして可能かという問いを立て，この問いを参与者が解いている方法を具体的に例示していくことを通じて，議論の筋を組み立てることができよう．

　当該の相互行為上の課題を定式化するに当たっては，既存研究を参考にしながら論点を整理する．日常会話の分析であれば既存の会話分析や談話分析，言語学，コミュニケーション論などにヒントがあるだろうし，医療や教育などの制度的場面（第12章参照）の分析であれば，それらの場面を対象にした会話分析研究のみならず，医療社会学や教育社会学など，その応用分野の既存研究にもヒントがある．本章で扱った複数の者が各自の経験を隣接させて語っていくことについては，英語会話（Sacks 1992, 1: 764-772; Ryave 1978）および日本語会話（串田 2001, 2006a）にかんして，先行研究の積み重ねがある．

　なお，レポートや論文に目を通して評価する人の多くは，会話分析の専門家

ではない．したがって，当該のレポートや論文で得られた知見が，会話分析だけでなく，他のどんな学問分野に対してどんな学術的貢献をなしうるのかも考えなければならない．

Q　レポートや論文を書くときには載せる断片を選ばなければなりませんが，どのような基準で選ぶべきでしょうか．
A　研究の目的による，と答えておきましょう．会話分析は，一方で，個別の具体的な場面の詳細な分析を通じて，さまざまな場面で繰り返し使われる手続きを取り出すことを目的とします．他方では，このような分析により明らかになった手続きの数々が，どのように組み合わさって単一の事例の秩序を作り上げているかを示す――これを「単一事例分析（single case analysis）」と言う――ことも目的としています（Schegloff 1987a）．前者の目的に用いる場合，分析を通じて言いたいことがわかりやすく伝わる，短めの断片を選ぶべきでしょう．読者がその断片で生じていることを理解するために，複雑な背景知識を必要とするものは適していません．また，断片を掲載するとき，最初の断片は記述したいことがもっともクリアに現れている例を選び，続けて当該の手続きが繰り返し使われることを示すために，場面や人数などの文脈が異なる事例を並べるのが効果的です．後者の目的で研究を行う場合には，会話分析がこれまで明らかにしてきた相互行為の諸手続きが，単一の事例に固有の秩序を作り上げるために参与者によって複合的に利用されているありさまを描き出すことが重要ですから，それに適した長い断片を使うとよいでしょう．

第6節　まとめ

　この章では，調査計画の立案からデータ収録，書き起こし，分析とレポート・論文執筆まで，会話分析の具体的な研究の進め方を概観した．またそのさいに，分析の適切性を確保するための5つの方法も紹介した．会話分析の方法論的構えが，他のさまざまな定量的および定性的研究方法のそれと異なるものであることが理解できたと思う．「特定の問題意識に動機づけられない」観察

第6節 まとめ

を推奨することや，参与者自身の観察可能な指向に分析的主張を基礎づけることなどからわかるように，会話分析は徹底的にデータ駆動型の分析プログラムであり，データに対して厳密な態度で臨むことを研究者に求める．

　会話分析は歴史や権力，アイデンティティ，学習などのことがらを扱うことができず，ミクロな会話の構造を見ることに終始していると批判されることがよくある．だがこれは，データから言えないことは記述しないという会話分析の方法論的構えを，誤解していることに由来する批判である．データ中で参与者が歴史や権力，アイデンティティ，学習などのことがらに指向してふるまっているなら，その指向の仕方を観察することを通じて，会話分析はそれらの事象を研究することができる．会話分析はデータの中に備わっている秩序を取り出す研究プログラムなのである．この秩序をうまく取り出すためには，本章で紹介した方法論的構えに習熟するとともに，次章以降で学ぶ相互行為の諸組織についての知識を備える必要がある．

調査ご協力のお願い（同意書）

この度は，○○○調査にご協力いただきありがとうございます．以下をお読みいただき，同意いただける場合は，下記利用範囲項目にチェックを入れていただいたうえで，ご署名をお願いします．

調査の目的
（調査主体）は，（調査対象）の相互行為に注目したフィールド調査を行っています．今回の調査では，○○○を目的としています．

調査概要
- ○○○を行っていただき，その様子をビデオカメラで記録いたします．
- 必要に応じて，簡単なインタビューを行うことがあります．
- 録画・調査への参加同意は，同意書提出後であっても撤回できます．
- 録画を一時的に止める必要がある場合は，お伝えいただければすぐに対応いたします．

秘密保持
- 本調査で収集するデータ（インタビュー内容，ビデオ映像，アンケート）は，（調査主体）の調査チームのみで共有します．
- 調査結果を研究発表（論文として刊行・学会報告等）する場合は，個人情報を削除または編集し，匿名化します．データを参加者の方々の同意なく，ウェブなどの不特定多数が見る場で公開・配布することはありません．

利用範囲項目（同意していただける項目にチェックを入れてください）
☐ データを研究に使用することを認めます．
☐ データを研究発表（論文として刊行・学会報告等）に使用することを認めます．
☐ データを教育のために授業で使用することを認めます．

御 署 名 _____ _____ 年 ___ 月 ___ 日

```
調査担当：○○○
〒（郵便番号）（住所）
Tel（電話番号）
E-mail（メールアドレス）
```

第4章　連鎖組織

第1節　はじめに

　山びこを体験したことがあるだろうか．山の頂で「ヤッホー」と叫ぶと「ヤッホー」と返ってくるあれである．「山びこ」という名は「山彦」と呼ばれる山の神，あるいは妖怪に由来し，返ってくる「ヤッホー」はその山彦が返す声だと考えられている．山肌にこだました「ヤッホー」が聞こえてくると，相手（山彦）から返事が返ってきたようで，少し面白い．ところで，もし「ヤッホー」ではなく「いま何時ですか？」と山頂で叫んでみたらどうなるだろうか．もちろん返ってくるのは「いま何時ですか？」になるわけだが，この「いま何時ですか？」の交換は，「ヤッホー」の交換と同じような面白さをもたらしてくれるだろうか．おそらくそうはならないに違いない．そうならないのは，「いま何時ですか？」「いま何時ですか？」が，「ヤッホー」「ヤッホー」と違って，やりとりとして成立しているように聞こえないからである．このことからわかるように，投げかけた言葉に対してどんな言葉が投げ返されてもよいわけではない．発話と発話は，最も基本的には，［挨拶 - 挨拶］や［質問 - 応答］のように，行為として適切に結びつく形に組み合わせられる．この行為の結びつきを秩序だてている仕組みのことを「連鎖組織（sequence organization）」という（Schegloff 2007a）．

　連鎖組織は，何らかの活動を成し遂げるための，2つ以上の行為の規範的な連なりである（Schegloff 2007a: 2）．ひとたび挨拶や質問などの発話によって連鎖が開始されると，それが組み合わせられるべき発話（挨拶，応答など）が生起するための位置（第2章33-35ページ参照）が作り出される．現在時刻が知りたくて「いま何時？」と人に質問したなら，私たちは相手がそれに答えるのを待つだろう．質問のあとは，相手が応答を返すことが期待される位置である．

このようにして作り出される位置は，そこで発せられた発話が何を行っているものとして理解されるかを条件づける．「5時」と返ってきたとき，私たちはそれを応答として聞くだろう．連鎖組織は，人が［挨拶-挨拶］という連なりを通じて他者との相互行為を開始したり，［質問-応答］という連なりを通じて情報を得たりなど，さまざまな活動を成し遂げるための手段となる．

　この章では連鎖組織の概要を学ぶ．第2節では，連鎖組織のもっとも基本的な単位である隣接対を紹介する．続く第3節では，隣接対が拡張されて，より長い連鎖が形成される仕方を説明する．隣接対の拡張には，前方拡張，挿入拡張，後方拡張の3種類がある．第4節では，隣接対とその拡張の概念を用いて，より長い相互行為のデータをどのように分析できるかを例証する．

第2節　隣接対

2.1　隣接対の基本的性質

　「いま何時？」「5時」は，質問と応答の交換である．このような，2つの発話が行う行為のカップリングによる連鎖を，「隣接対（adjacency pair）」という（Schegloff 1968; Schegloff & Sacks 1973=1989）．隣接対は，もっとも典型的で単純な形をとる場合，以下の性質を備える．

①2つの発話[1][2]からなる．
②各々の発話を別の話者が発する．
③2つの発話は隣り合う．すなわち，1つ目の発話の直後に2つ目の発話が配置される．
④2つの発話は順序づけられている．
　隣接対の構成要素は，1つ目の発話→2つ目の発話の順で発せられるべきものとして扱われる．たとえば，応答は質問のあとに，謝罪は不平のあとに来るべきである．隣接対の1つ目の発話のことを「第1成分（First Pair Part：

---

[1]　厳密にいうと隣接対を構成するのは「発話」ではなく「発話順番」（第5章参照）である．
[2]　「その醤油を渡して」と言われて無言のまま手渡すときのように，身体動作を使って隣接対のようなやりとりがなされる場合もある．このやりとりがどう組織されているかは，発話とは別の水準で調べて明らかにすべき課題である．

以下 FPP と略す)」，2 つ目の発話のことを「第 2 成分（Second Pair Part：以下 SPP と略す)」という．

⑤ 2 つの発話の組み合わせは適合的である．

質問に対しては応答，勧誘に対しては受諾または拒否というように，FPP はそれに適合する SPP を要請する．したがって，SPP が返されるべき位置において，適合的な SPP ではないと聞かれうる発話が発されたときには，FPP が聞こえなかったのだろう，理解できなかったのだろう，適合的な発話を返す準備をしているのだろう，等々の推測が可能になる*³．

隣接対は連鎖組織のなかでも最小の連鎖であり，FPP に対して SPP が返されると，いったんそこで，FPP によって開始された活動が完了しうるものとして扱われる．会話を眺めてみると，さまざまなタイプの隣接対を見つけることができる．[質問 - 応答] のほかにも，「遊びに行こう」と誘って「よし行こう」と答えるような [勧誘 - 受諾（または拒否)]，「もう一杯コーヒーをいかが？」ときいて「いただきます」と答えるような [申し出 - 受諾（または拒否)]，「山田くん」と呼びかけて「何？」と返すような [呼びかけ - 応答] なども隣接対の例である．さきほど，連鎖組織はある発話が行為を行うための位置を作りだすと述べたが，隣接対の場合，FPP が SPP 産出のための位置を用意する．(1) の 06-08 行目を考えてみよう．

(1)
((自動車修理工のトシキが職場の愚痴をこぼしたのを聞いて，兄のダイゴが「やりがいのある仕事」を尋ね，トシキはそれに答えている．))
01 トシキ：　　キャビン積み替えとかやな：ああいうでかい作業はやっぱ (0.3)
02 　　　　　　.hhh それとかクラッチ交換とかはまあそこそこやりがいのある
03 　　　　　　仕事°(や)°．
04 ダイゴ：　　あんなんしたいん°トシキ (そんなに)°
05 　　　　　　(0.3)
06 ダイゴ：→　何がおもんないん．((「おもんないん」は「面白くないの？」の意))

---

*³ 「FPP が聞こえなかった」という推論に基づく発話の例として，206-207 ページ(13)の 10 行目，「FPP が理解できなかった」という推論に基づく発話の例として，同じ断片の 12 行目を見てほしい．また，「FPP に適合的な発話を返す準備をしている」という推論を体現する相互行為の進行の例としては，99 ページ(16)の 07-09 行目を見てほしい．

07   (0.3)
08 トシキ:→   車検.
09   (.)
10 ダイゴ: 車検って何するん.

　この断片に見られる隣接対は，［質問 - 応答］である．08 行目の「車検」という発話が，応答という行為を行っているものとして理解できるのは，「何がおもんないん」(06 行目) という質問のあとに置かれているからである．
　FPP が SPP 産出のための位置を用意するということは，言い換えれば，FPP が SPP の生起を条件づけるということである．この性質を，「与えられた条件のもとでの関連性 (conditional relevance)」という (Schegloff 1968). ある位置で何らかの行為がなされるはずだという期待が生み出されていることを，その位置はその行為の生起に「関連性がある」と表現することができる．たとえば，質問の次の位置は，応答という行為の生起に関連性がある.
　FPP が用意した位置で生じたことがらは，この関連性に基づいて理解されることになる．たとえば，FPP が発せられたあとにしばらく無音状態が続けば，参与者はその状態を，適合する SPP の不在として理解することができる．1 例として，次の(2)では，質問のあとの無音状態が応答の不在として扱われている．アメリカ在住で友人同士のアユミとヨウコが，ペンシルバニア大学の研究に協力すると電話代が無料になることについて話しており，72 行目でアユミは，この仕組みを使ってヨウコが誰に電話をかけたかを当てようとしている.

(2) [JAPN1684 00:22] ♪
01 ヨウコ: ち-あのこっちのダラスの,日[ほん]人新聞:,
02 アユミ: [うん]
03   (0.2)
04 ヨウコ: みたいのにのっ(0.5)てて:,
05 アユミ: うんうん
06 ヨウコ: ↑で:あの::(0.8)なんか(今)ひと募集してるから:,
07   かまわないんだったら:,
08 アユミ: うん
09 ヨウコ: かけてもらう:¿(も)らえる:¿とかいって:,=

((61 行分省略. ヨウコが電話をかけるに至った経緯が語られ，続けて同じ仕組みを使うようヨウコがアユミを誘う))

```
71 ヨウコ:     だからあたし日本に1回かけたのね:?
72 アユミ:     うん(.)ヒ[ロミ>か]けた<¿         FPP
73 ヨウコ:       [.h で  ]
74      →     (0.6)                          反応の不在
75 アユミ:     お:かあさん¿                    反応の追求
76           (0.4)
77 ヨウコ:     >ううん<ヒロリンはこの前話したから:,  SPP
78 アユミ:     うん
79 ヨウコ:     他の:友達にかけたんだけど:        SPP
```

　アユミは，ヨウコが誰に電話をかけたかを当てようとして「ヒロミ〉かけた〈¿」（72行目）と質問するが，このあとに0.6秒の無音状態が生じている（74行目）．無音状態は，会話のなかで頻繁に生じるものである．たとえば，先に挙げた(1)の01行目のトシキの発話にも，「ああいうでかい作業はやっぱ」のあとに0.3秒の無音状態が見られる．だが，私たちはこの0.3秒を，会話相手＝ダイゴが話すべき機会に話さなかった間だとは理解しないだろう．それに対し，(2)の74行目では，質問によって与えられた関連性に基づいて，私たちはヨウコが応答していないのだと理解することができる．じっさい，質問したアユミ自身がそう理解している．0.6秒の無音状態に続いて，彼女が「お:かあさん¿」（75行目）と問い直していることに注意しよう．こうして問い直すということは，アユミが74行目の0.6秒の間を，適切なSPPが返されていない状態として理解したことを示している．このような，与えられた条件のもとでの関連性に基づいて可視化される，発話（や身体的ふるまい）の不在のことを総称して，「公的な不在（official absence）」という．また，不在の反応を引き出そうとしてFPPをやり直すことを「反応の追求（pursuit of response）」という（Pomerantz 1984a）[*4]．

　先に述べたように，原則として隣接対の2つの発話は隣り合い，またその2つの発話の組み合わせは適合的なものになるわけだが，実際には，FPPのあ

[*4] 反応の追求を含んだ隣接対の連鎖構造を単純化して示すと，次のようになる．
　　1 話し手： FPP
　　2 聞き手： 適合するSPPの不在
　　3 話し手： 反応の追求
　　4 受け手： SPP

とに SPP ではない発話が来る場合もある．(3)を見てみよう．

(3)
01 ミサト：　　あれが，あの (0.2) お鍋にゴキブリが入ってた人がハシモトくん？=
02 ユウカ：→　＝ え (h) え (h) 汚な (h)
03 ミサト：　　.hh [hh
04 トモカ：　　　　[え，ちゃ (h) う hu((「ちゃう」は関西方言で「違う」の意))

　会話している 3 人と同じクラスの「ハシモトくん」(01 行目) が話題になっている．ミサトは「ハシモトくん」の顔と名前が一致せず，「お鍋にゴキブリが入っていた」というエピソードの持ち主が「ハシモトくん」かどうかをトモカに尋ねる (01 行目)．この質問に続くユウカの「え (h) え (h) 汚な (h)」という発話 (02 行目) に注目しよう．こう言うことによって，ユウカは，ミサトの発話に含まれていた「お鍋にゴキブリが入っていた」という事態に，「汚い」という評価を冗談まじりに与えている．この評価は，質問への応答には見えない．だが，事実として 01 行目と 02 行目の発話は隣り合っており，しかも 02 行目の発話は 01 行目の発話への反応になっている．連鎖組織を学び始めた人が間違いやすいことの 1 つは，2 つの発話が隣り合っており，かつ 2 つ目の発話が 1 つ目の発話への反応になっているという事実をもって，この組み合わせを隣接対だと見なしてしまうことである．02 行目の評価は，01 行目の発話の次に発せられているという意味で 01 行目と隣接する関係にはあるが，隣接対の SPP ではない[*5]．だからこそ，トモカは 04 行目で「え，ちゃ (h) う hu」と 01 行目の質問にあらためて応答している．つまりトモカは，02 行目のユウカの発話を質問への応答とは見ていないのである．

2.2 非典型的な隣接対

　2.1 では，［質問 - 応答］［勧誘 - 受諾／拒否］［申し出 - 受諾／拒否］［呼びかけ - 応答］などを典型的な隣接対の例として挙げた．以下では，これらほど典型的ではない隣接対の例として，［評価 - 同意／不同意］［気づきの表明 - 気づきの共有］［情報提供 - 情報の受け取り］を紹介する．

[*5] もしも，ミサトが 01 行目で質問を向けたのがユウカで，それにユウカが「え (h) え (h) 汚な (h)」と応じたのだとしても，これは質問への応答ではないので SPP にはならない．

第2節　隣接対

誰かが何かを評価すると，しばしばそれに同意／不同意が行われる(Pomerantz 1984b).(4)では，姜，郷，長友の3人の女性が神社で狛兎（狛犬の兎版）を見ており，姜がそれを「かわいいなあ」（01行目）と評価することによって，連鎖を開始している．

(4)
((姜，郷，長友の3人が神社の狛兎を見ている))
01 姜：　→かわいいな[あ
02 郷：　→　　　　[ん：[：かわいい
03 長友：→　　　　　[ね [かわいい

姜の評価に続いて，郷と長友も「ん：：かわいい」「ねかわいい」と同意の評価を下し，開始された連鎖に応じている（02-03行目）．
　また，(5)の01, 03行目に見られるような［気づきの表明 - 気づきの共有］，(6)の05-06, 08行目に見られるような［情報提供 - 情報の受け取り］も，2つの発話による適合的な行為の組み合わせを形成する．

(5)
((母と父がスーパーで買物をしている．「ご当地グルメ」コーナーにさしかかる))
01 母：→　　　ご当地グルメやって．
02　　　　　　(0.5)
03 父：→　　　わお．

(6)[JAPN1841 06:07] ♪
((ツグミが読んだ江戸川乱歩の短編『心理試験』のあらすじを有田に説明した後))
01 有田：　　↓ふ：[：んなか]なかそれは：でもi-よく：作ってあるじゃない
02 ツグミ：　　　　[なんか]
03 ツグミ：　　そうだよね[：¿
04 有田：　　　　　　　　[け]っこうね＝
05 ツグミ：→　＝なんかそれがね(h) え(h):¿hh あの江戸が(h)わ乱歩の
06　　　　　　作品で一番い(h)いって言われてるんだって
07　　　　　　(0.2)
08 有田：　→　あそう：＝
09 ツグミ：　＝う：[ん .hh
10 有田：　　　　　[.hh 江戸川乱歩の作品って .hh なんか子↑ど↑も用に
11　　　　　　したやつでさ：

　しかし，［評価 - 同意／不同意］［気づきの表明 - 気づきの共有］［情報提供 -

情報の受け取り］などの隣接対においては，FPP によってもたらされる SPP の関連性が，典型的な隣接対ほど強くない可能性があると近年指摘されている (Stivers & Rossano 2010)．1 例として(7)を見てみよう．動物園で 3 人の男性がミニブタを見ている．寺里がそれを「かわいいなけっこう」(01 行目) と評価するが，これには誰からも反応がなく，そのまま彼らはその場を離れる．

(7)
((寺里を含む 3 人が動物園でミニブタを見ている))
01 寺里： かわいいなけっこう
((他の 2 人の反応はなく，3 人はその場を去る))

このように，評価に対して同意／不同意がもたらされないこともある．また，この断片で 3 人がそのままその場を離れていることからわかるように，SPP が産出されなくても，それが公的な不在として扱われないこともある．以上のような非典型的な隣接対においては，発話の文法的デザインや音調，話者の視線の向きなどの要素に応じて，SPP の関連性の強さが異なることが示唆されている (Stivers & Rossano 2010)．ただし，［評価 - 同意／不同意］などを典型的な隣接対と並べて論じている研究者もおり (Schegloff 2007a: 59)，この点は研究者間で見解が分かれている．

2.3 選好

隣接対は，適合的な SPP が何種類あるかに着目すると，次の 3 つのタイプに分類できる．

【1】SPP が 1 種類しかないもの
　　［出会いの挨拶 - 出会いの挨拶］［別れの挨拶 - 別れの挨拶］など
【2】SPP にプラスとマイナスの 2 種類があるもの
　　［勧誘 - 受諾（＋）／拒否（－）］［提案 - 受諾（＋）／拒否（－）］［依頼 - 受諾（＋）／拒否（－）］［同意の求め - 同意（＋）／不同意（－）］など
【3】SPP が 3 種類以上あるもの
　　［不平 - 謝罪／釈明／反論／等］など
　ここでは，このうち【2】について説明しよう．プラス SPP は，FPP が開

始した活動の実現を促進する．このことを，FPP はプラス SPP を「選好する（prefer）」と表現する*6．逆に，マイナス SPP は，開始された活動の実現を促進しない．このことを，FPP はマイナス SPP を「選好しない（disprefer）」と表現する．すなわち，「選好」「非選好」とは，FPP が開始した活動の実現に対してそれぞれの SPP が持つ関係の非対称性を指す用語である．それは，人の個人的な好みや思想などの心理的なことがらを表す概念ではないことに注意してほしい．

選好される SPP とされない SPP とのあいだに非対称的な関係があることは，SPP の産出のされ方に反映される．具体的には，選好される SPP は(a)直ちに，(b)簡潔に（たとえば「うん」や「はい」），(c)直接的に，産出されるのに対し，選好されない SPP は (a′) 遅れて，(b′) 複雑に，(c′) 間接的に，産出される．

(8)は，(a)〜(c)の特徴を備えた選好される SPP 産出の例である．

(8)
((4 人が動物園で，元気に走り回るレッサーパンダを見ている．事前に寺里が，この動物園のレッサーパンダはサービス精神が旺盛だという話をしていた))
01 寺里：　　　ね：なんか(.)サービス精神旺盛でしょ？レ[ッサー]パン[ダ
02 春田：→　　　　　　　　　　　　　　　　　　　[うん：]　　[確かに

01 行目の同意の求めと 02 目の同意に注目しよう．寺里の「サービス精神旺盛でしょ？」に対して，春田は(a)直ちに*7，「うん」とプラスの SPP を産出している．すなわち，「うん」は，間を空けることなく，春田の発話の冒頭に配置されている．また，それは，真偽質問の形を取った FPP に対するもっとも(b)簡潔で，(c)直接的な肯定応答になっている*8．

---

*6 "prefer" という用語は「優先する」と訳される場合もある．本書でこの訳語を用いないのは，「優先」という言葉がふつう，潜在的に競合関係にある事象のあいだの選択にかんして用いられる（例：「優先座席」「家庭よりも仕事を優先する」）からである．これに対し，プラス SPP とマイナス SPP のあいだには，潜在的競合関係があるわけではない．だから，たとえば，誘いを「拒否することよりも受諾することを優先する」という言い方は少し奇妙である．ただ，「選好」という訳語にも，すぐ次に述べるように，心理的含意を持ちうるという難点はある．
*7 春田の SPP は寺里の発話と一部重なっている．これは，寺里が「サービス精神旺盛でしょ？」と問いかけた後に「レッサーパンダ」をつけ加えたからである．この種の付加については第 5 章（128-129 ページ）で学ぶ．
*8 真偽（Yes/No）疑問文を用いた FPP に対しては，"Yes" や "No" などの応答詞を用いて肯定や否定を行うのではなく，他の表現を用いて肯定または否定の内容を伝えることもできる．たとえば，

これに対して，選好されない SPP が産出されるときには，(9)の 04,06,08 行目のように，SPP は（a′）〜（c′）の特徴を帯びる傾向がある．

(9)
((関東地方に住む千加は，大阪に住む息子夫婦のところに泊まりに来ており，この日はそこから息子の妻の両親の鉄雄道子夫妻の家を訪ねている．この断片の前で，千加が明日朝 9 時半くらいに息子の家を出発する予定であることが述べられ，それを聞いた道子は，もっと出発時刻が遅いなら途中まで一緒に行くのにと残念がる．04 行目の「鶴橋」は大阪の駅名．))
01 道子：　　　へえ::え．.hhh ほんなら::それやったらもう::
02 　　　　　　汽車の時間決まってるから(.) 9 時には家を出んなりません°↓の°
03 　　→　　　(0.5)
04 千加：→　　s::[そうですね 9 時半::_ あの - (0.5) 鶴橋を::(.)
05 道子：　　　　[(いっ-)
06 千加：　　　10 時 6 分ていうのに，
07 道子：　　　鶴[橋で::　　10]時 [(6 [分]
08 千加：→　　　 [乗ることになってる]　　 [[はい．
09 鉄雄：　　　　　　　　　　　　　　　[あ：特急にね：.=
10 千加：　　　= はい

選好されない SPP を返すときの第 1 の特徴は，SPP の本体を（a′）遅延させることである（Sacks 1987）．遅延はいくつかの方法で生み出される．1 つの

⑿では，有田がツグミに「エイリアン 3」を一緒に観に行かなかったかどうかを尋ねる（01-02 行目）．ツグミは「いや」「ううん」などの否定応答詞を用いずに，「あたし観てないよあれ」という形で否定応答を返している（03 行目）．

⑿ [JAPN1841 15:40] ♪
((有田とツグミが映画について話している))
01 有田：→　　エイリアンさん((3 の意味))ってツグ - あの：
02 　　　　　　ツグミと観に行かなかったっけ
03 ツグミ：→　あたし観てないよあれ．
04 　　　　　　(.)
05 有田：　　　.ss 誰かと見に行ったなぁ：．
06 　　　　　　(1.5)
07 ツグミ：　　ダリアと見に行ったんじゃないの？

レイモンドは，Yes/No 疑問文を用いた FPP に対して "Yes" や "No" などの応答詞を用いて答えることを「型一致反応（type-conforming response）」，それ以外の答え方をすることを「型不一致反応（nonconforming response）」と呼び，型一致反応は型不一致反応よりも選好されることを指摘している（Raymond 2003）．

方法は，FPPのあとで間を空けることである．(9)では，道子の質問（01-02行目）に対して，千加はすぐには答えず，0.5秒の間が空いている（03行目）．また別の方法は，非流暢な仕方で発話を開始することである．千加は04行目の発話を開始するさいに，「そ」の子音「s」を引き伸ばすという非流暢さを見せている．さらに，いったん相手の言うことを受け入れることも，遅延の方法となる．千加は「そうですね」と言い，まずは道子が提示した内容（= 9時には家を出なければならない）を肯定しているように発話を開始している．これらの仕方によって，選好されないSPPを返すときには，SPP本体の産出が遅延される．これは，(8)のように選好されるSPPがすぐに産出されるのとは対照的である．

第2に，選好されないSPPが産出されるときには，(c′) 表現が間接的になり，ニュアンスが和らげられるという特徴も見られる．たとえば，(9)では，道子の「9時には家を出んなりません↓の°」という質問（01-02行目）に，千加は端的に「違う」と答える——千加はこの断片の前の部分ですでに「9時半」頃に出発することを伝えていた——のではなく，いったん「9時半」と正しい時間を答えはじめたあとで，発話の軌道を修正し（「あの」），乗る予定の電車の時間を伝えるという間接的な答え方を選んでいる（04, 06行目）．またそのさいに，「乗ることになってる」（08行目）と，あたかもその計画が自分の主体的な判断で立てたものではないような言い方をする．これらの形で，千加のSPPは和らげられている．

第3に，選好されないSPPは，理由説明や言い訳を伴って詳述されることによって，(b′) 複雑な形を取る傾向がある．その1例が前掲の(2)に含まれていたので，下に部分再掲する．

(2) [JAPN1684 01:41] ♪
71 ヨウコ: だからあたし日本に1回かけたのね:?
72 アユミ: うん() ヒ [ロミ>か] けた<¿   FPP
73 ヨウコ: [.hで]
74   →   (0.6)   反応の不在
75 アユミ: お:かあさん¿   反応の追求
76   (0.4)
77 ヨウコ: >ううん<ヒロリンはこの前話したから:,   SPP

78 アユミ：　　うん
79 ヨウコ：　　他の：友達にかけたんだけど：　　　　　　SPP

　先に述べたように（81ページ），アユミの72行目の質問に対して，すぐには応答が返ってこない（74行目）．アユミはこの遅延を，選好されないSPPが返される兆候と捉え*9，反応を追求する（75行目）．が，これにもすぐには応答がもたらされない（76行目）．最初の質問に込められたアユミの推測――ヨウコはヒロミに電話をかけたという推測――は誤っており，ヨウコはようやく77, 79行目で，これに対する否定応答（＝選好されないSPP）を返している．このとき，ヨウコはただ「＞ううん＜」と否定するだけではなく，「ヒロリンはこの前話したから」（77行目）「他の：友達にかけた」（79行目）のだと，詳しく複雑な応答を産出している．とくに「ヒロリンはこの前話したから」という部分では，自分がヒロミ（＝ヒロリン）にかけなかった理由をわざわざ説明することで，アユミの推測をもっともなこととして扱っている．

　以上のように，ある種の隣接対においては，FPPが開始した活動の実現を促進する反応（＝選好されるSPP）と促進しない反応（＝選好されないSPP）と，2種類の適合するSPPがある*10 *11．両者の非対称的な関係は，相互行為の形式的特徴に体系的に反映される．選好されるSPPは直ちに，簡潔に，直接的に産出されるが，選好されないSPPは遅延を伴い，複雑な形を取り，間接的に表現される．

---

*9　SPPにプラスとマイナスの2種類がある隣接対におけるSPP産出の遅延は，選好されないSPPが産出されることを相手に推測させる働きをもっている．

*10　FPPでなされる行為によっては，より複雑な形で選好が働くことがある．たとえば，誰かが「どうせ僕なんか駄目だよ」と言って自己卑下したときに，それに「そうだね」と同意したらどうだろうか．あるいは誰かが「君って賢いね」と褒めたときに，それを「そうとも」とすぐに同意することはできるだろうか．「どうせ僕なんか駄目だよ」「君って賢いね」等の発話においては，評価に同意することへの選好と，この発話を媒体として行われている（第2章39ページ参照）自己卑下や褒めという行為を否定することへの選好が，交差する形で作用する（Schegloff 2007a: 73-78）．つまり，2種類の選好が反対向きに作用するので，受け手はそれにどう応じたらよいか，1種のジレンマに直面することになる（Pomerantz 1978; 張 2014）．

*11　選好される／されないという区別は，このほかにも，相互行為のさまざまな手続きとかかわりを持つ．そのうちの1つとして，第9章では，人を指示する表現の選択において作用する選好を取り上げる．

第3節　隣接対の拡張

　隣接対は，下に矢印で示した3つの箇所（前方，挿入，後方）において，その隣接対と関連をもつ発話や連鎖を伴うことがある．これを隣接対の「拡張（expansion）」という（Schegloff 2007a）.

　　　←前方拡張
　FPP
　　　←挿入拡張
　SPP
　　　←後方拡張

　FPPが発せられる前に置かれ，FPPが産出されるための前提条件を調べたり，その他の形でFPPの準備をしたりする発話や連鎖を，「前方拡張（pre-expansion）」という．FPPの産出後に発せられ，SPPが産出されるために必要な条件を整える発話や連鎖を，「挿入拡張（insert expansion）」という．最後に，SPPの産出後に置かれ，FPPが開始した活動を終わらせたり，さらに続けたりする役割を担う発話や連鎖を，「後方拡張（post-expansion）」という．
　拡張は隣接対と緊密に結びつき，そこで行われている活動の一環となることで，より大きな連鎖的まとまりを形成する．隣接対とその拡張こそが，会話における行為の流れを形作るもっとも基本的な連鎖組織である．

3.1　前方拡張

　まずは前方への拡張を考えてみよう．いま述べたように，前方拡張は，隣接対FPPを発する前に，そのためのさまざまな準備を行うために産出される（Schegloff 2007a: 28-57）．ここではその代表例として前置き連鎖のみを説明し，他の種類の前方拡張の例は本章第4節（110-112ページ），第6章（151-155ページ），で扱う．また，前置き連鎖の別の例は第7章（174-177ページ）でも扱う．

第4章　連鎖組織

まずは(10)を見てみよう．この事例で生じていることを直感的に，もっとも大づかみにいうと，竹林が遠野を勧誘し（09, 13, 16行目），遠野がそれを受諾している（18行目）ということになるだろう．このやりとりは一見したところ雑多なものに見えるが，よく調べてみると，この［勧誘 - 受諾］という本題の隣接対が拡張され，拡張された連鎖により行為の流れが形成されていることがわかる．以下では，本題の隣接対のことを「ベース隣接対」と呼び，その第1成分と第2成分のことを「ベース FPP」「ベース SPP」と呼ぶ．トランスクリプト中では，「Base-FPP」「Base-SPP」と表記する．

(10)

((竹林と遠野は授業で同じ班に所属しており，次週に文献発表が控えている．この断片の前では，竹林が最近学業に真摯に取り組んでいることが話題になっていた．その成果を次回の文献発表でみせるよう茶化され，竹林はすでに本を借りているので「いい滑り出し」だと応じる．本は竹林の手元に置かれている．))

```
01 竹林：    もうこれ終わったらさ,ちょっとコピーして
02          (0.3)
03 遠野：    うん
04 竹林：    で(1.3)ま空いてる?>その<(.)>今日の<(.)>あの<,この後.      Pre-FPP
05          (.)
06 遠野：    ろ<く>じまで(.)ぐらいまでやったら大 [丈　夫].              Pre-SPP
07 竹林：                                      [お：ん]
08 遠野：    それまでだっ°たら°=                                        Pre-SPP
09 竹林：    =その前に図書館行って,                                     Base-FPP
10          (0.3)
11 遠野：    °うん°
12          (.)
13 竹林：    コピーして,                                                Base-FPP
14 遠野：    °うん°
15          (0.7)
16 竹林：    やっておこう                                               Base-FPP
17          (0.2)
18 遠野：    うん                                                      Base-SPP
```

09行目で勧誘というベース FPP が開始される前に，竹林は遠野にこのデータ収録後の予定を尋ね（04行目），遠野が応答している（06行目）．これは［質問 - 応答］の隣接対なので，［勧誘 - 受諾］というベース隣接対の前にもう1つ

の隣接対が置かれていることになる．この2つの隣接対をよく見ると，これらが独立しているわけではなく，何らかの関係を持つことがわかるだろう．具体的に言えば，最初の［質問‐応答］の隣接対で得られた答え（「ろ<く>じまで(.)ぐらいまでやったら大丈夫」「それまでだっ゚たら゚」06, 08行目）を踏まえて，ベースFPPである勧誘が行われている（「その前に図書館行ってコピーしてやっておこう」09, 13, 16行目）．つまり最初の隣接対は，ベース隣接対を開始するために使われている．このような，ベース隣接対の前に置かれ，ベースFPPを行う前提条件が整っているかどうかを調べるための隣接対のことを，「前置き連鎖（pre-sequence）」という（Schegloff 1988b, 2007a）．以下では，前置き連鎖の第1成分と第2成分のことをを「前置き連鎖FPP」「前置き連鎖SPP」と呼び，トランスクリプト中では「Pre-FPP」「Pre-SPP」と表記する．前置き連鎖を伴うベース隣接対は，簡略化して示すと次のようになる．破線の矢印は，前置き連鎖のあとでつねにベース隣接対へ進むとは限らないことを表すが，この点については93-97ページで説明する．

    1 話し手： Pre-FPP
    2 聞き手： Pre-SPP
    3 話し手： Base-FPP
    4 聞き手： Base-SPP

図1　前置き連鎖を伴う隣接対

　ここで注意すべきは，会話の参与者も，図1の最初の発話をリアルタイムで——つまり2→3→4と進むのを見る前に——前置き連鎖FPPだと理解できるということである．⑽の場合，竹林に「ま空いてる?>その<(.)>今日の<(.)>あの<,この後」（04行目）と聞かれたとき，ほかならぬ遠野自身が，この質問をベース隣接対に進むための準備として理解可能である．なぜなら，相手の予定が空いていることは，勧誘が成功するための前提条件だからである．予定を尋ねるという行為は，相手が勧誘に応じる余地（availability）があるかどうかを調べるという仕方で，勧誘という行為に対して論理的な関係を持っている．じっさい，遠野は6時ぐらいまでなら「大丈夫」と答える（06行目）ことで，ただ空いているかどうかを聞かれているのではなく，ベース隣接対に進むため

の準備として自分の都合が調べられているのだと理解していることを示している．さらに，遠野の「大丈夫」という応答は，勧誘がなされたならばそれを受け入れる用意があることも伝えている．

次の(11)でも，前置き連鎖FPPを向けられた聞き手が，それはベース隣接対へ進むための準備だと理解している反応を返す．この断片では，突然ダイゴに「↑車↑買わへんの」（01行目）と尋ねられた弟のトシキが，03行目で「なんで:?」と聞き返している．この会話の背景として，ダイゴは今度，大学院に入学するために引っ越しをする必要がある．そして，以前トシキは自分でトラックを運転して引っ越し荷物を運んだことがあり，ダイゴはその引っ越しを手伝っていた．

(11)
((ダイゴのアパートにトシキが泊まりに来た翌朝，2人は出かける支度をしている．直前では，ダイゴが靴下をはいていることにかんするやりとりが行われており，01行目の発話は何の前触れもなくなされている．))
01 ダイゴ：　　今度(.)↑トシキ↑車↑買わへんの．　　　Pre-FPP
02　　　　　　(0.5)
03 トシキ：→　なんで:?　　　　　　　　　　　　　　Pre-SPP
04　　　　　　(1.1)
05 トシキ：　　[かえ-
06 ダイゴ：　　[車買ったら(1.2)>あっていうか<トシキ:
07　　　　　　あれ引っ越しんとき頼むで:たぶん．
08　　　　　　(1.7)
09 トシキ：　　どこ引っ越すん．

「なんで?」（03行目）と尋ねることによって，トシキはダイゴの「今度(.)↑トシキ↑車↑買わへんの」という質問（01行目）が，何か質問自体には表されていない別の意図のもとに発せられたものだという理解を示している．言い換えれば，01行目で開始されたのが前置き連鎖FPPであることを，トシキ自身が理解している．じっさい，ダイゴは引っ越しのときにトシキに運転をしてほしくて質問したのだということが，あとで明らかにされている（06-07行目）[12]．

---

[12] 06-07行目でダイゴは，最初はトシキが車を買っていたら引っ越しの荷物運びを頼もうとしていたが，この計画を変更して，トシキが車を買っていなくても，引っ越しに使う車をトシキに運転してもらうことにしたのだと思われる．

第3節 隣接対の拡張　　　　　　　　　　　　　　　　93

　ところで，(11)の「なんで？」(03行目) という聞き返しは，(10)の「ろ<く>じまで(.)ぐらいまでやったら大丈夫」(06行目) とは異なることを行っているように見える。「ろ<く>じまで(.)ぐらいまでやったら大丈夫」という応答のあとでは，ベース隣接対に進んで勧誘が行われていたが，「なんで？」は違う仕方で連鎖を進めるだろう。これらはどちらも前置き連鎖SPPだが，種類が異なる。

　前置き連鎖SPPには，(ア) ベース隣接対に進むように促すもの (go ahead)，(イ) それをブロックするもの (blocking)，(ウ) 即答を回避するもの (hedging)，の3種類がある (Schegloff 2007a: 30-32)。「ろ<く>じまで(.)ぐらいまでやったら大丈夫」は，ベース隣接対に進むよう促すものの1例である。「なんで？」は，即答を回避するものの1例である。これに対し，ベース隣接対に進むことをブロックするSPPの1例は，(12)に見られる。

(12)
01　　　　　　((呼び出し音))
02　新井：　　もしも::し．
03　花田：　　もしもし::，ア[ライ君おはよございます　]::．
04　新井：　　　　　　　　　[はいお世話んなります:．　]
05　新井：　　[はい．]
06　花田：　　[.hh　]h [今日::っ　　　　]て:::(m-)(.) [うち]::に =　　Pre-FPP
07　新井：　　　　　　　　[>おはよございます<．]　　　　　　[はい]
08　花田：　　= お越しいただくんですか:?　　　　　　　　　　　　Pre-FPP
09　新井：　　はい．[そ，]お，>ですね<たぶん．　　　　　　　　Pre-SPP
10　花田：　　　　　　[うん．]
11　花田：　　もう出ちゃいました::?　　　　　　　　　　　　　Pre-FPP
12　　　　　　(0.4)
13　新井：→　はい．　　　　　　　　　　　　　　　　　　　　Pre-SPP
14　　　　　　(0.2)
15　花田：　　あそっ↓か::．
16　　　　　　(.)
17　新井：　　はい．
18　　　　　　(0.2)
19　花田：　　戻らないよな (h)．
20　　　　　　(0.6)
21　新井：　　そ(h)う(h)>で(h)す(h)[ね(h)<もお．]

```
22  花田：                              [huh    ha  ]h hah hah hah
23  新井：    [huh hah hah]
24  花田：    [.hhh <あり  ]がと>ごめん．.hh [ちょっ   ]と倉庫に行って＝
25  新井：                              [いえいえ．]
26  花田：    ＝点検口持って来て欲しいなと思った[んだけど．  ]
27  新井：                                      [あ：：：ほんと](で)[すか．
28  花田：                                                      [.hhh
29          う：ん[ごめんね：：．  ]
30  新井：        [あ：：あすいませ]ん．
31          >いえいえ<＝あっ.hh で：：>花田さん<
32          あの↑伝票の件なん>です<けど：：．
```

この断片は，建材を販売する商店で働く花田が，仕入れ先の建材メーカーの営業マン新井の携帯電話にかけた通話である．花田はまず，新井がこの日，花田の会社に来る予定があるかどうかを尋ねている（06, 08行目）．これを新井が「たぶん」（09行目）と肯定すると，花田はさらに新井がもう会社を出発したかどうかを聞いている（11行目）．このとき花田が「出ちゃいました：：？」と，まだ新井が出発していないことを期待しているように聞こえる表現を使っていることに注意しよう．これに新井が「はい」（13行目）と答えると，花田は残念そうにそれを受け取ったあと（15行目），会社に戻る可能性がないことを笑いながら確かめる（19行目）．新井がこれに笑いながら確認を与えると（21行目），花田は新井がまだ出発していなければ頼みたい用事があったことを伝える（24, 26行目）．

以上のやりとりで，花田は2つの前置き連鎖を用いている．まず，1つ目の前置き連鎖FPP（06, 08行目）には，新井から，ベース隣接対に進むことを促す反応（09行目）が返されている．だが，花田が2つ目の前置き連鎖FPP（11行目）を発した[*13]あとの，新井の「はい」（13行目）は，花田がベース隣接対に進むことをブロックする働きを持っている．じっさい，この前置き連鎖SPPのあと，もしも新井がまだ会社を出発していないと答えたならば行われたであろう依頼は，行われていない[*14]．このように，前置き連鎖はベース隣

[*13] 新井が09行目でベース隣接対に進むことを促しているので，花田は11行目でベースFPPに進むことが期待される．だが，実際には花田は，そうする代わりに，2つ目の前置き連鎖FPPを発しているわけである．

[*14] その代わりに花田は，新井が会社に戻るという別の可能性に望みをかけている（19行目）．この

接対に無条件に移行するのではなく，その連鎖の中でベース隣接対に進むか否か，あるいは進むとしてどう進むか*15，が交渉される．

　ところで，(10)(11)(12)の3つの断片に見られた前置き連鎖は，勧誘や依頼などの特定のベース隣接対FPPを産出する前置きとして使われるものだった．これを「タイプ特定型の（type-specific）」前置き連鎖という．(10)で見た予定を尋ねる発話のように，受け手がベースFPPに応じる余地があるかどうかを調べる前置き連鎖の場合，その結果を踏まえて話し手が勧誘，依頼，提案などを行うであろうことが，前置き連鎖FPPを聞いた時点で受け手に予測可能である．これに対し，特定のベースFPPと結びついていない「汎用的な（generic）」前置き連鎖として，［呼びかけ-応答］連鎖を挙げることができる（Schegloff 1968; Lerner 2003）．次の(13)にその1例が見られる．

(13)
```
01 生徒 :→    先生                          Pre-FPP
02 先生 :→    はい                          Pre-SPP
03            (0.3)
04 生徒 :     ワイイコール,                  Base-FPP
05 先生 :     °うん°
06 生徒 :     マイナス (.)[にいてんよんいち, プラス , いってんぜろさん (0.2)
07 先生 :                 [°うん°
08 生徒 :     エックス (.) っていうのが,
09 先生 :     う[ん
10 生徒 :       [回帰式なんですか?         Base-FPP
11            (0.9)
12 先生 :     うん                          Base-SPP
```

　これは，教師が5, 6人の生徒の自習につきあう形で，同じテーブルに着いて指導を行っている場面である．生徒の1人が「先生」と呼びかけると（01行目），教師が「はい」と応答している（02行目）．これに続いて，生徒は教師に統計学についての質問を始める（04行目）．

　「戻らないよな (h)」が，冗談めかして笑いながら，かつ「戻らない」という答えがYesになるように発せられていることに注意しよう．花田は自分が無理を言っていることに自覚的であることを示している．

*15 たとえば，前掲の(10)では，「ろ<く>じまで(.)ぐらいまで」（06行目）という条件を踏まえて，「その前」（09行目）に図書館に行くことが提案されている．

この断片では，生徒が教師に質問する準備として呼びかけているが，呼びかけを聞いただけでは，まだどんなベースFPPが次に来るのかは予測できない．生徒が呼びかけに続いて，質問ではなく依頼，提案，不平などの行為を行うことも自然であろう．これに対して，(10)で見た予定を尋ねる質問はどうだろうか．このあとに，勧誘ではなくたとえば不平が来ることは考えにくいだろう*16．つまり，[呼びかけ-応答]連鎖は，あらゆるタイプのベース隣接対の前置きとして使える．質問であれ，依頼であれ，不平であれ，あらゆる種類のベースFPPは，相手が自分に注意を向けていることをその効果的な産出の前提条件としている．[呼びかけ-応答]連鎖の汎用性は，このことに基づいている．また，[呼びかけ-応答]連鎖は，必ず前置き連鎖として使われるという特徴を持つ．「ただ呼んでみただけ」という言葉がおかしなことを言っているように聞こえるのは，このためである．

　呼びかけに対してなされる「はい」や「なに？」などの反応は，ベース隣接対に進むことを促すSPPとして聞かれる．たとえば，(13)の02行目の「はい」がそうである．これに対して，こうした反応を差し控えて，いま相手とやりとりをする準備が整っていないことを伝えることは，ベース隣接対への進行をブロックするものとして理解される．(14)を見てみよう．

(14)
((家族3人がスーパーで買物をしている．父と母が弁当のおかずを検討しようとするが，子どもはその背後の乳製品の棚に関心がある．))
01 父：　　　弁当のおかず買わなあかん
02 母：　　　うん＝
03 子：　　　＝パパ(0.2)来て？(.)パパ(.)来て　　　　　Pre-FPP
　　　　　　((子どもが乳製品の棚に歩いていく))
04　　　　　(1.1)
　　　　　　((子どもが乳製品の棚に向かう一方，父は弁当のおかずの棚に向かう))
05 父：→　　待って？((子どもに向かって))　　　　　　Pre-SPP
06　　　　　(1.8)((子どもが引き続き乳製品の棚に向かう))
07 母：　　　弁当のおかず((父に向かって))

---

*16 もちろん，相手の予定が塞がっていたときに不平を言うことはありうるだろう．しかし，この不平はベースFPPではない．不平を言う前提条件を調べるために，予定を尋ねたわけではないからである．

03行目で子どもが父親を呼んで乳製品の棚に来てもらおうとするが，父親は「待って」（05行目）と言って子どもの相手をせず，母親と弁当のおかずを選び始める（07行目）．子どもは乳製品の棚のヤクルトを欲しがっているのだが，これを買ってもらうためには，まず別の所に向いている父親の注意を自分に引きつけ，父親との相互行為を開始しなければならない．03行目の「パパ」「来て」は，依頼の形式を使って，親との相互行為を開始する呼びかけを行うものである．それへの父親の反応「待って」は，呼びかけに続いて子どもが行おうとしている行為に進むことをブロックしている．

以上，ベース隣接対の前方に拡張される連鎖の代表例として，前置き連鎖を紹介した．前置き連鎖は，ベース隣接対に進むか否か，進むとすればどう進むかを交渉する機会を提供するという意味で，ベース隣接対が行う活動と密接に結びついている．次の3.2では，ベース隣接対のFPPとSPPのあいだで拡張が行われる連鎖を見よう．

3.2 挿入拡張

ある種の連鎖（たとえば［質問 - 応答］［確認の求め - 確認］）は，ベースFPPとベースSPPのあいだにはさまれる．このとき，ベース隣接対は，実際には隣接しなくなる．ベース隣接対のあいだに挿入されることによって連鎖を拡張する隣接対を，「挿入連鎖 (insertion sequence)」という（Schegloff 1972, 2007a: 97-114）．以下では，挿入連鎖の第1成分と第2成分を「挿入連鎖FPP」「挿入連鎖SPP」と呼び，トランスクリプト中では「Ins-FPP」「Ins-SPP」と表記する．挿入連鎖を伴うベース隣接対の連鎖構造を簡略化して示すと，図2のようになる．

```
1  話し手：  Base-FPP
2  聞き手：  Ins-FPP    ⎤
3  話し手：  Ins-SPP    ⎦
4  話し手：  Base-SPP
```

図2　挿入連鎖を伴う隣接対

挿入連鎖の代表的なものには，［１］ベースFPPに発見された問題を解決するものと，［２］ベースSPPをどう返すかを決めるための準備をするもの，の2種類がある．

[1]のタイプの挿入連鎖から見ていこう．(15)では，「焼肉屋」（01行目）でアルバイトをしているという遠野に，竹林がその店では「なんぼぐらい」（02行目）払えば「腹いっぱい」（06行目）食べられるかを尋ね，遠野は「1人3千円ぐらい」（11行目）だと答えている．

(15)
01 遠野：　　　°うん°．焼肉屋よ:. もし金がたまったら．ぜひ
02 竹林：　　　あ[れなんぼぐらい (0.2) なんぼぐらいで　　　Base-FPP
03 遠野：　　　　[(　　)
04 　　　　　　(0.2)
05 遠野：　　　sh[h
06 竹林：　　　　[腹いっぱい食えんの？　　　　　　　　　　Base-FPP
07 　　　　　　(0.3)
08 遠野：→　　腹いっぱ[い？　　　　　　　　　　　　　　Ins-FPP
09 竹林：→　　　　　[うん　　　　　　　　　　　　　　Ins-SPP
10 　　　　　　(.)
11 遠野：　　　2人やったら:. まあ (0.3) 1人3千円ぐらいだったら
　　　　　　　　　　　　　　　　　　　　　　　　　　　Base-SPP

竹林の質問（02，06行目）と遠野の応答（11行目）からなるベース隣接対のあいだに，2つの発話（08行目と09行目）がはさまっている．この2つの発話は，それ自体として，「腹いっぱい？」という確認の求めと「うん」という確認から成る隣接対を形成している．重要なことは，前置き連鎖の場合とは結びつき方こそ異なるが，ここでも2つの隣接対が相互に結びつく形で構造化されているということである．つまり，挿入された［確認の求め‐確認］の隣接対は，値段を尋ねるベースFPPに答える――つまりベースSPPを発する――ために必要なある種の問題解決作業を行っている．遠野は，竹林のベースFPPの一部を繰り返して確認を求めることで，ベースFPPの聞き取りもしくは理解が確かではないことを示している．そして，竹林がこれに「うん」と確認を与えることによって，この問題が解決されている．このような，ベースFPPに発見された問題を解決するタイプの挿入連鎖FPPには，(15)に見られたベースFPPの（部分的）繰り返しのほかに，「え？」「何？」などの聞き返し，「○○ってこと？」のような理解候補の提示などがある．これらについては，第8章4節で詳しく論じる．

第3節　隣接対の拡張

次に，上記［2］のタイプの挿入連鎖の例として，(16)を見よう．これは，第2章で検討した断片（36ページ）を再掲したものである．ここでは挿入連鎖が，ベースSPPをどう返すかを決めるための準備に使われている．

(16) [Gakudo133(続き)]
```
07 カスミ：     何時におやつな::ん?=           Base-FPP
08 ユリエ：→   ＝いま何時::?                 Ins-FPP
09 カスミ：→   ↓ええ:3::時ごろ.              Ins-SPP
10             (1.8)((ユリエ先生は考えている表情))
11 ユリエ：    まだ.3時半ごろにするわ.          Base-SPP
12             (1.3)((ユリエ先生はふたたび1年生に向き直る))
13 ユリエ：    ちょとちょと,
```

学童保育所で，4年生のカスミが指導員のユリエ先生に「何時におやつ::ん?」(07行目) と尋ねた場面である．ユリエ先生はすぐにはこれに答えず，カスミに「いま何時::?」（08行目）と問い返し，これに「3::時ごろ」（09行目）という返事を得てから，最初の質問に「まだ.3時半ごろにするわ」（11行目）と答えている．この08-09行目の挿入連鎖は，07行目のベースFPPに対してどんなSPPを返すかを決めるのに必要な情報として，時間を調べるために使われている．第2章で述べたように（33-35ページ），カスミの07行目の質問は，ユリエ先生に催促を行うものだった．それゆえ，時間を調べた結果いつものおやつの時間をすでに過ぎているなら，ユリエ先生はカスミに謝りながら答えるかもしれないし，逆にまだ早い時間であれば，おやつを後回しにしてもよいだろう．この意味で，挿入連鎖は，ユリエ先生がカスミにどんなSPPを返すべきかを決めるための準備に用いられている．

以上，挿入拡張を行う連鎖（挿入連鎖）の概要を説明してきた．挿入連鎖は，ベースFPPが開始した活動の途上で，ベースFPPに発見された問題を解決したり，ベースSPPをどう返すかを決める準備をしたりするために産出される．挿入連鎖が閉じられた時点は，まだベースFPPによって与えられた条件のもとでの関連性が解除されていない位置なので，ベースSPPが産出されることが期待される．そして，ベースSPPが産出されたとき，ようやくベースFPPが開始した活動は完了可能となる．ただし，ベース隣接対は，しばしばその後方へとさらに拡張されることもある．次に，隣接対の後方拡張について説明す

る．

3.3 後方拡張

　本章の最初に述べたように（79ページ），SPPが産出されればその連鎖は完了可能な状態になるが，実際には，連鎖はさらに後方に拡張されることもある．連鎖の「後方拡張（post-expansion）」とは，ベースFPPに対してベースSPPが与えられたあとの第3の位置で，ベース隣接対に連鎖上結びついて産出される発話や，その発話によって開始される連鎖のことである．後方拡張には，（i）第3の位置で連鎖を終わらせるように働く「最小限の（minimal）」後方拡張と，（ii）さらに連鎖を続けるように働く「最小限でない（non-minimal）」後方拡張がある（Schegloff 2007a: 115-168）．

　まず，（i）最小限の後方拡張とは，「連鎖を閉じる第3要素（sequence closing third）」（以下，SCTと表記する）と総称され，その連鎖を閉じようとする働きを持ついくつかの発話タイプである（Schegloff 2007a: 118-148）．つまりSCTが使われる場合，FPP+SPP+SCTの3つの成分で連鎖が形成されることになる．これを図示すると図3のようになるだろう．

```
1  話し手：  Base-FPP   ]
2  聞き手：  Base-SPP   ]
3  話し手：  SCT        ]
```

図3　SCTによる後方拡張

　最小限の後方拡張の例を見よう．(17)では，ユウカの依頼（01行目）をトモカが受諾（03行目）する隣接対が形成されたあと，トモカの受諾に対してユウカが「センキュー」（05行目）と感謝している．この感謝が，SCTの1例である．

(17)
((ユウカがトモカのペットボトルを手に取る))
01 ユウカ：　　トモカもらっていい？　　　　　Base-FPP
02　　　　　　　(0.2)
03 トモカ：　　あいいよいいよ　　　　　　　　Base-SPP

第 3 節　隣接対の拡張　　　　　　　　　　　　　101

```
04                  (.)
05 ユウカ：→    センキュー．                SCT
06                  (2.2) ((ユウカが飲料を飲み始める))
07 トモカ：      °ん：ふ::::::::ん:::::::°
```

　「センキュー」は 03 行目の SPP の内容を受ける以上のことを行っておらず，それ自体にさらに連鎖を展開させる性質は含まれていない．じっさい，この「センキュー」のあとにユウカは飲料を飲み始め（06 行目），しばらく会話が途切れている．
　また，(18)では，中森が家にいるときに窓を開けたくない理由を話しており，この話を理解するために，足立は中森の部屋が何階にあるのかを質問する（08 行目）．これに中森が「1 階」（10 行目）と答えると，この情報を足立が「あ：いっかいか::」（11 行目）柏が「あ::」（12 行目）と受け取っている．この 2 つの発話も，SCT である．

(18)
((中森が家にいる時に窓を開けたくない理由について話している))
```
01 中森：     あたし自分の部屋の音も聞こえるから：いやだ
02 柏：       ああ：逆にね＝
03 中森：     ＝そうそ[うそう[そ] う
04 柏：              [なるほ[ど]
05 足立：             　　　 [え]
06            (.)
07 中森：     ど[t: ]
08 足立：       [何] か：い？              Base-FPP
09            (.)
10 中森：     1 階                          Base-SPP
11 足立：→   あ：い [っかいか]：＝          SCT
12 柏：  →          [あ：：　]              SCT
13 中森：     ＝＞っていう＜[けっこうねえ：，なんか色々だ[い] 音量 - で＝
14 柏：                                                [ん]
15 柏：       ＝sh(h)＝
16 中森：     ＝かけちゃう子 (h) なんだよ色々
```

　「あ：いっかいか::」「あ::」はどちらも，もたらされた情報により自分の知識状態が変化したことを示す「あ：」という発話標識を含んでいる．これを

「知識状態の変化標識（change-of-state-token）」という（Heritage 1984b）．これらの発話は，中森が窓を開けたくない理由に2人が納得したことを示しており，それ以上に連鎖を拡張しようとするものではない．じっさい，足立と柏がこうして納得を示すと，中森は13行目で，01行目の話の続きを話すことに戻っている．

　これらのSCTによる後方拡張の特徴として，2点に注意しておこう．第1に，SCTは連鎖を完了させるために不可欠の要素ではない．どちらの断片においても，SPPが返された時点で連鎖は完了しうる．すなわち，FPPが開始した活動はすでにSPPによって達成されている．(17)でトモカが「あいいよいいよ」（03行目）とユウカの依頼を受諾したあとで，ユウカが感謝の言葉を述べずにペットボトルの飲み物を飲み始めたり，話題がまったく別のものに変わったりしても，すでに依頼に対する受諾がなされている以上，おかしくはないはずだ．同様に，(18)で中森が「1階」（10行目）と足立の質問に応答したあとで，足立が別の質問を繰り出したり，あるいは自分が何階に住んでいるかを語り出してもよいだろう．言い換えれば，SCTがない状態は，FPPのあとにSPPが産出されない場合のような公的な不在（81ページ参照）ではない．第2に，SCTは，直前に産出されたベースSPPに基づいて，それを理由として産出されている．(17)では，依頼が受諾されたので，それを根拠として感謝を行っている．(18)では，質問に対して応答が返され，これが十分な情報をもたらしたことに基づいて，情報を受け取っている．

　次に，(ii) 最小限でない後方拡張について考えよう．最小限でない後方拡張とは，ベースSPPのあとで行われる発話が，それ自体隣接対のFPPとなっており，適合するSPPを要請しているもののことである．トランスクリプト中では，これらの後方拡張の第1成分と第2成分を，「Post-FPP」「Post-SPP」と表記する．最小限でない後方拡張を図示すると図4のようになるだろう．

```
1  話し手：  Base-FPP  ]
2  聞き手：  Base-SPP
3  話し手：  Post-FPP  ]
4  聞き手：  Post-SPP
```

図4　最小限でない後方拡張

第3節　隣接対の拡張　　　　　　　　　　　　　　　　103

(19)は，最小限でない後方拡張の1例である．

(19) [JAPN1841 27:59] ♪
01 有田：　　　　.hhh(.) あ：：口蓋って英語でなんていうの：？　　Base-FPP
02 ツグミ：　＜口蓋は：：：：＞　す-.hhh(0.2) どっちだったかな：：
03　　　　　　あたしあれは：：laryngeal だと思ったん°ですけど°
　　　　　　　　　　　　　　　　　　　　　　　　　　　　　Base-SPP
04 有田：→　リンガル？　　　　　　　　　　　　　　　　　Post-FPP
05　　　　　　(0.6)
06 ツグミ：→ larynk- larynx かな．　　　　　　　　　　　　Post-SPP

　この断片では，有田の「口蓋って英語でなんていうの：？」（01行目）という質問に，ツグミが「laryngeal」（03行目）と答えている——ちなみに「laryngeal」は喉頭音を意味する——．このSPPのあとに，最初に質問を行った有田は「リンガル？」[*17]と聞き返し，修復を開始する（第8章参照）．隣接対はSPPが与えられると終了可能になることを繰り返し述べてきたが，この断片においては，ツグミの産出したSPPが質問への応答としてまだ不十分なものと見なされ，有田はSPPをターゲットにして聞き返している．このような聞き返しはそれ自体が隣接対FPPになるので，06行目でさらにツグミがそれに答えることが必要となり，連鎖が最小限以上に後方に拡張されることになる．
　次の(20)では，より長い後方拡張が生じている．

(20) [JAPN1773 09:35] ♪
01 ユリ：　　　［いいなあ：．］
02 コウジ：　　［お-o- 俺も車］買った
03　　　　　　(.)
04 ユリ：　　　ええ？
05 コウジ：　　うん．
06　　　　　　(0.5)
07 ユリ：　　　°u-°嘘：何：¿.　　　　　　　　　　　　　　Base-FPP
08　　　　　　(0.4)
09 コウジ：　　買った買ったうれしい．
10　　　　　　(0.5)
11 コウジ：　　［.hh］安くてよかった：みたいな[(.) 安＞くてか＜-]

[*17] この有田の発話は，laryngeal をカタカナで発したもののように聞こえる．このように，書き起こしを行うにあたって発音の仕方によって原語表記にするか，他言語の発音に合わせて表記するかを書き分けることがある．

第 4 章 連鎖組織

```
12 ユリ:      [(.hh)]              [ ↑何 買ったの]:¿        Base-FPP
13            (0.3)
14 コウジ:    ん?(0.2) スポーツカーみたいのん.=              Base-SPP
15 ユリ: →   =嘘なに教えてよ.カ [マロ  ]とか:¿              Post-FPP
16 コウジ:                        [あ¿ ]
17                                (.)
18 コウジ:→  あそ:んなんそういう >買わない< ガス欠<ガ>ス-
19      →   アメ車(だ:-) 日本車日本車.=                    Post-SPP
20 ユリ: →   ↑な[に:. ]                                    Post-FPP
21 コウジ:→     [ミツビ]シのスタリオンっていうね           Post-SPP
22                                (.)
23 ユリ: →   へえ (h):                                     Post-SCT
24 コウジ:→  ミチ-ミツビ<シ車>の初めてのスポーツカーみたいな h
                                                           Post-SPP
```

　コウジが車を買ったことを報告する (02 行目) と, ユリがそれに驚いて「何」(07 行目) を購入したのかを質問している (Base-FPP). だがコウジはこれを聞き取れなかったのか, 応答を返さない (09-11 行目). これを見てユリは, 質問をやり直して応答を追求する (12 行目). これを聞いて, コウジは質問されていることを認識し (14 行目冒頭の「ん?」),「スポーツカーみたいのん」と答える (Base-SPP). だがこの応答は, ユリが聞きたかった具体的な車種ではなかった. ユリは, コウジが答えをはぐらかしているものと捉え (15 行目冒頭の「嘘なに教えてよ」),「カマロ」という候補を挙げることによって, さらにコウジに質問する (Post-FPP). これに対して, コウジは「日本車」(19 行目) と応答するが (Post-SPP), この答えもまた, ユリの聞きたかった具体的な車種にはならなかった. そのため, ユリはさらにこの連鎖を後方に拡張し, もう 1 度「↑なに:」(20 行目) と尋ねる (Post-FPP). この質問の途中で, コウジはやっと「スタリオン」(21 行目) と車種を答え (Post-SPP), ユリはこれを聞いて「へえ(h):」(23 行目) と SCT を産出する (Post-SCT). 要するに, この例では, ベース SPP の返され方にベース FPP の話者が満足せず, 最小限でない後方拡張が生じている.

　以上 2 つの事例に見られたように, 参与者のあいだで何らかの不調和があるときには, それを解決するために, 隣接対は最小限以上に後方に拡張されやす

い．⑲の場合には，ベース SPP が十分に聞き取れなかったかあるいは理解できなかったという不調和が見られた．⑳の場合には，ベース SPP として産出された応答が，質問者の必要とする情報を含んでいないという不調和が見られた．

　以上，後方拡張の2つのタイプを説明してきた．ある隣接対が SPP の後方へと拡張されるということは，SPP を踏まえて次の連鎖が始まること（たとえば，本章80ページ⑴の10行目「車検って何するん」）とは異なる．拡張が最小限のものに留まる場合も，それ以上の拡張がなされる場合も，後方拡張の根拠はベース SPP に見出される．たとえば，SCT が情報の受け取りを行う場合，SPP でもたらされた情報にその拡張が行われる理由が見出せる．また，何らかの不調和を解決するために最小限でない拡張が行われる場合，その不調和が観察可能になるのはベース SPP においてである．

第4節　データに切り込む糸口としての連鎖組織

　本章ではここまで，連鎖組織の基本的な概念を解説してきた．だが，本書の読者が，相互行為データをいざ分析しようとしたなら，すべての発話が FPP や SPP や SCT などにきれいに分類できるわけではなく，相互行為の軌跡はしばしば錯綜していることに直ちに気づくだろう．このとき，連鎖組織の諸概念が使えるのは「きれいな」データの場合だけだ，と諦めてしまうには及ばない．重要なのは，連鎖組織が参与者の用いている規範的装置だということを忘れないことである．相互行為の中で人びとは，自分たちがいまどんな位置におり何をすべきなのかをそのつど見いだすために，連鎖組織を参照している．人びとは，必ずしもつねに典型的な FPP や SPP や SCT などを産出しているわけではないが，実際の発話はしばしば，これらの成分からなる連鎖組織に指向しながら生み出されている．

　本節では，このことを例証するために，1つの電話会話を取り上げ，そのいささか入り組んだ相互行為の軌跡を，連鎖組織に注目して分析する．第3章で述べたように（61ページ），相互行為データを連鎖組織の観点から解きほぐしてみることは，その相互行為の中で実際のところ何が生じているのかに見通し

を与えるうえで非常に有益である．この作業は，それぞれの相互行為がもつ個別的な彩りや複雑さを損なうことなく，相互行為を分析するための，重要な糸口となる．参与者が連鎖組織に指向している仕方に目を向けることで，隣接対とその拡張は，たんに相互行為の形式的構造を記述する道具であることを超えて，相互行為の機微に切り込んでいくための道具となる．

4.1 断熱材の納品ミスの事例

(21)は，住宅建設会社 YY の営業マン森本が，取引先の XX 商事にかけた電話である．XX 商事は，住宅建設会社などから注文を受けて建材を販売する商店であり，建材を指定された建設現場に配達する形で納品している．この電話の用件は，山本邸の建設現場に XX 商事から納品された断熱材に間違いがあったので，対処してほしいということである．以下では，07-65 行目の相互行為の軌跡が，依頼（15, 17, 20-21 行目）と応諾（37 行目）というベース隣接対とその拡張によって作り出されていることを示す[*18]．

(21)
```
01              ((着信音録音されず))
02 花田：       XX 商事でございま::す．
03 森本：       あっ,YY の森本です．
04 花田：       お世話になって(おり)[ます::::      ]．
05 森本：                          [お世話んなります:.]
06              (0.7)
07 森本：       >花田<さん [::,    ]やまも -ZZ 建築山本邸なんですけど:,
08 花田：                  [はい．]
09              (0.2)
10 花田：       山本邸さんはい．
11 森本：       今日断熱行ってもらいましたね:.= [>ありがと]ございます<.
12 花田：                                       [え:え．  ]
13 花田：       もいま帰って参りました．
14              (0.4)
15 森本：→    それがですね: [hah   ] hah .hhh(0.6) いま:::現場の監督さん =
16 花田：                    [はい．]
17 森本：→    =>のほう<から電話ありまして::,
```

[*18] 01-07 行目はこの相互行為の開始部，65-74 行目までは終了部である．相互行為の開始部と終了部については第 11 章で詳しく扱う．

第4節　データに切り込む糸口としての連鎖組織

```
18 花田：    はい．
19          (0.8)
20 森本：→  その１階と２階のがちょっと::(2.0)>違うよ<::
21      →  ってゆわれて::,
22          (0.9)
23 花田：    °えっ°(0.3) それは商品が違う．
24 森本：    あの::::_
25 花田：    ２階に上げるものが違[った．
26 森本：                        [２階に上げ<るもの>が::,
27          (0.6)
28 花田：    違ってた¿
29 森本：    ええ, １階にあ->２階に上げるものがまだ１階に<
30          あるんやけど::って言って,
31 花田：    あらっ(0.3)そhhうです,.hh で,商品的にもそちらに
32          全部<届い>-[(.)てるってゆう   ]ことですね．
33 森本：              [ええ.商品的には,]
34 森本：    全部:お-合ってるんですけど::,
35 花田：    上げるものを>間違えたってゆうことです[ね<.
36 森本：                                        [あの:::::,
37 花田：⇒  うかがって参ります．
38 森本：    すいません２階の方がね:,
39 花田：    はい．
40 森本：    多いんですよ．
41          (.)
42 森本：    あの::=
43 花田：    =そうです[か
44 森本：            [２階の壁と天井の分がありますん[で::,
45 花田：                                          [(あ)わかりました．
46 花田：    [もういちど:-  ]
47 森本：    [もういっかい明]細ファックスしましょうか．=
48          =[わかり(やす-)]
49 花田：     [い::や  い]やいや.
50          もちろん,あの::::伝票の方ちょうだいしておりますので．
51 森本：    あ::そですか．
52 花田：    その通りに:_あの:::_商品を::::,=
53 森本：    =ええ．
54 花田：    もう１度確認して.hh うえした::入れ替えて参りま [す.
55 森本：                                                  [申し訳
```

```
56              ない(h)で(h)[す(h)け(h)ど(h):>°お願いします°<.]
57 花田：              [あ(hh)は(h)い..hhh  hih         ]
58              聞こえました:?(.)運転手がすいませんって
59              ゆってま  [す:.
60 森本：              [いえいえ [いえいえごめんなさい.ちょっと:::]
61 花田：                     [a hah hah huhuh huhuh         ]
62 森本：     ねえ.
63 花田：     は(h)い.
64 森本：     ごめんなさいね  [ほんと.
65 花田：                [い(h)えい(h)え¥とんでもないです¥.
66              じゃあ(.)今からうかがい [ますの [で.
67 森本：                       [あっ   [すいま [せん.]
68 花田：                                   [は: ]い.
69 森本：     ど [うも:.
70 花田：       [は:い.ありがとう
71              ございま [ました:::.ご迷惑かけ[ました:::.
72 森本：            [失礼します:.       [はい.すいませ::ん.=
73 花田：     =は::い.失礼いたしま::[す.
74 森本：                      [°はい.°
75              ((電話切れる))
```

4.2 ベース隣接対：非明示的依頼と応諾

　かけ手森本は，07行目から電話の用件を切り出している．その中心部分は，山本邸の建設現場の監督から断熱材の納品の仕方が違うという連絡を受けた，というニュース告知の形を取っている（15-21行目）．このニュース告知は以下に述べるように，デリケートな依頼（＝ベースFPP）を遂行するための媒体になっている（第2章39-41ページ参照）．

　第1に，告知されているニュースは，森本の会社による過去の依頼——山本邸の建設現場へ断熱材を納品するようにという発注——に応じて花田の会社が行った行為（＝配達）が，依頼通りには実行されていなかったという内容である．それは，受け手が対処する責任のある問題の告知であることによって，問題への対処を求める非明示的な依頼であると理解可能である．

　第2に，これは受け手の会社の過失を指摘している点で，文句とも聞かれる可能性のあるデリケートなニュースである．そして，取引先にあからさまに文

第 4 節　データに切り込む糸口としての連鎖組織　　　　　　　　　　109

句を言うことなく，過失に対処してもらうように話を進めることは，営業マンの重要な職務の一部だと考えられる[*19]．発話を明示的依頼としてではなくニュース告知としてデザインし，そこから（依頼という）主旨を読み取る作業を受け手のほうに委ねるやり方（Kendrick & Drew 2014）は，森本が自分の職務を果たすために行っている工夫の 1 つである．また，過失を第三者（現場監督）の言葉の引用（20 行目）[*20] という形で伝えること（Clayman & Heritage 2002），笑い（15 行目）を差し挟むこと（Jefferson 1984a），たび重なるポーズ（15, 19, 20 行目），「ちょっと」という緩和の言葉（20 行目）などさまざまな資源を駆使して，自分がいまデリケートなことを言っていると気づいていることを示すことも，文句だと聞かれる可能性を低減する工夫になっている[*21]．

　以上から，15-21 行目の発話において，森本は 3 種類の隣接対に指向していると言うことができよう．第 1 に，それは［ニュース告知 - ニュース受理］という隣接対の FPP としてデザインされている．第 2 に，このようにデザインされた発話は，［依頼 - 応諾／拒否］という隣接対の FPP のための媒体だと理解できるように産出されている．すなわち，依頼という行為はニュース告知の形式を通じて非明示的になされている．第 3 に，それは［文句 - 謝罪／釈明／等］という隣接対の FPP としても聞かれる可能性があるので，その聞き取りを避けるように産出されている．森本はこうして，明示的依頼を避けつつも，事実上依頼という行為が花田に認識可能になるように発話している．そしてこの発話の仕方は，森本の職務上のジレンマ——花田の会社に文句を言っていると思われないようにして，花田の会社が犯したミスに対処してもらう——を解決するための，合理的工夫になっている．

　そこで，花田がこれを的確に認識するなら，花田はたんにニュースを受理するのではなく，依頼に適合的な反応を返す必要がある．森本の FPP に対応す

[*19] 相互行為を通じて職務が遂行されることについては，第 12 章でも詳しく扱う．
[*20] 20 行目で「>違うよ<」の部分が速く言われていることに注意しよう．前後の自分の発話と速度を変えることで，森本は，この部分が現場監督のセリフの実演だと聞かれるようにデザインしている．
[*21] ちなみに，これらの仕方でこの依頼のデリケートさに対処するとき，森本は 2 つの会社の取引関係，建設現場の作業者たちと両会社との仲介役としての営業マンの役割などを，この相互行為に関連する社会的文脈として扱っている．

る花田のSPPは，まず37行目で産出されている．花田は「うかがって参ります」と建設現場に行く意思表示をすることで，森本の15-21行目の発話を，たんに受理されるべきニュースとしてではなく依頼として聞き，それを受諾している．この電話の用件は，基本的にはこのやりとりに尽きている．それ以外の部分は，このベース隣接対の拡張として産出されている．以下，前方拡張，挿入拡張，後方拡張の順に見ていこう．

4.3 前方拡張

まず，07-13行目は，3.1で取り上げた前置き連鎖とは異なるが，ベース隣接対の準備をしているという意味で，前方拡張の1種である．前置き連鎖はベース隣接対のFPPに進むための前提条件が整っているかどうかを調べる手続きだった（91ページ）．これに対し，ここで行われているのは，FPPにおいて「現場の監督さん」という言葉で特定の人を指示（第9章218ページ参照）したり，「1階と2階の」（20行目）という言葉で特定の物——花田の会社が山本邸建設現場に納品した断熱材——を指示したりするための準備として，それらにかんする共有知識を受け手とのあいだで確立する作業である（串田2008）．このように，前方拡張には前置き連鎖以外のサブタイプもある．森本はベースFPP（＝非明示的依頼）を行う準備として，まず建設現場の名前をあげて花田がその場所を認識するように誘い（07行目），花田はこれを受けてどの場所のことか分かったことを伝える（10行目）．次に森本は，「今日断熱行ってもらいましたね：」と配達の事実について確認を求め（11行目），花田はこれに「え：え．」と確認を与えている（12行目）．この2つのやりとりを通じて，森本はベースFPPに進むために必要な共有知識を確立し，FPPで上記のような特定の指示表現を用いるための準備を終えている．

だが，07-13行目の前方拡張に含まれているのは，それだけではない．森本は「>ありがとうございます<．」（11行目）とも言っており，花田は「もいま帰って参りました．」（13行目）とも言っている．これらの発話は，この前方拡張の中においてどんな働きを持っているのだろうか．

森本の「>ありがとうございます<．」（11行目）は，花田の会社がこの日に断熱材を建設現場に配達したことを，森本が感謝すべきことがらだと見なしている

ことを示している．この配達は，過去に森本の会社が花田の会社に対して行った依頼（＝断熱材の発注）を受けてなされた行為である．したがって，森本がそれに対して感謝を表明することは，花田の会社がその依頼にきちんと応じ，森本の会社はそこから利益を得たと認めることである．森本は，「＞ありがとうございます＜．」をこの位置で発することで，いま確認されている事実が持つそうした社会関係的な意味合いを表示している．そしてそれによって，ベースFPPが（依頼に応じていない相手への）文句として聞かれる可能性を，あらかじめ最小化している．

　花田の「もいま帰って参りました．」（13行目）は，森本の前方拡張FPPが持つ以下のような性質に合わせて，森本がベースFPPに進むことを援助する性質を持つ．これは「今日断熱行ってもらいましたね:．」（11行目）に対する「え:え．」（12行目）という応答への補足だと見なせるが，花田はなぜこの補足を行っているのか．森本による前方拡張FPP（＝配達事実の確認要求）は，ベースFPPへの準備であることは分かるものの，どんなベースFPPがそれに続くのかはあまり明白でないという性質を持つ．たとえば，実際の相互行為の進行とは異なり，山本邸に別の建材を配達してほしいという追加発注の電話だという可能性も十分にあるだろう．森本のベースFPPがどんなものかまだわからない状況で，花田の方から自発的に，配達した運転手がすでに帰社していると知らせることは，森本がベースFPPに進むうえで考慮に入れることのできる情報を増やすという意味がある．たとえば，森本が急ぎの発注をしたいなら，花田の会社はそれに応じられる状態にあると分かるわけだ．実際には，森本の用件は断熱材の納品ミスに対処してもらうことだったので，森本が知ったのは，いったん帰社した運転手にもう1度現場に行ってもらわなければならないということだった（115ページの57-59行目に関する分析を参照）．これはこれで，森本がベースFPPをどう組み立てるべきかを知るうえで，有益な情報である．以上の意味で，「もいま帰って参りました．」（13行目）は，ベースFPPに進むうえで有益な情報を，受け手の方から自発的に提供しているものとして特徴づけられる．

4.4 挿入拡張

　ベースFPPのあと，23行目から挿入連鎖が始まる．ここに見られるのは，ベースFPPにおける問題を解決するためになされる方の挿入連鎖（98ページ参照）の1例である．だが，その軌跡はかなり錯綜している．その理由は，何がベースFPPの問題なのかに関して，森本と花田のあいだに理解の食い違いがあるためである．

　花田の方は，ベースFPPで用いられた「1階と2階のが〜違う」（20行目）という表現が十分に理解できないので，その不明確さを解決しようとしている．花田は，23行目で自分の1つの理解候補（「商品が違う」）を提示して確認を求め，25行目ではもう1つの理解候補（「2階に上げるものが違った」）を提示している．さらに28, 31-32, 35行目にかけて，「違う」という語の主語が何であるかを明確化する作業を継続する（以上については，第8章第4節も参照）．そして，花田がようやく理解に達したことを示すのは，37行目でベースSPPを発することによってである．

　これに対し，森本はたんに「違う」（20行目）という言葉の主語を明確化することではなく，「違う」という言葉を使わずに「1階と2階のが〜違う」（20行目）をパラフレーズすることが必要だと見なしている（24, 26, 29-30行目）．そもそも，森本は「違う」（20行目）という部分を現場監督の言葉の引用としてデザインすることで，自分のベースFPPを花田への文句だと聞かれないように工夫していた．しかし花田のほうは，誰が「違う」と言ったのかにとくに注意を払うことなく反応している（23, 25, 28行目）．そこで森本にとっては，たんに「違う」の主語を明確化するだけでなく，花田の会社のミスを含意する——それゆえ，自分が文句を言っているという聞き取りの可能性をもたらす——この言葉を使うことなしに，明確化を果たすことが肝要なのである．花田にとって「違う」の主語が明確になり，挿入連鎖が終了可能になった時点（37行目）でも，森本にとってはまだ，挿入連鎖は終了可能ではない．こうして，花田のベースSPP（37行目）は，森本が挿入連鎖のSPPをまだ産出している途上（36行目の「あの::::.」）に置かれることになった．

　花田のベースSPPを挟んで森本が産出している発話（36, 38, 40, 42, 44行目）

第4節　データに切り込む糸口としての連鎖組織　　　　　　　113

は,「2階の方が」「多いんですよ」と情報提供としてデザインされている.この発話は,「間違えたってゆうことですね」(35行目)という確認要求(＝挿入連鎖FPP)に示された花田の理解が正しいことを内容的には伝えているが,確認要求への適合したSPP(たとえば,「はい」という確認)としてはデザインされていない*22.むしろ森本はここで,必要な情報が花田の会社にすべては伝わっていなかったものとして事態を取り扱うことで,相手の責任を軽減し,自分のベースFPPが文句であったかのように理解されること——森本自身も花田の会社のミスだと見なしているというふうに思われること——を避ける工夫をしている(36-44行目).森本は,挿入連鎖SPPを発するべき位置で,それをストレートに行わないことによって,ストレートなSPPの産出がもたらしうる含意を避けているのである.

　森本のこの情報提供を,花田は「そうですか.」(43行目),「(あ)わかりました.」(45行目)と受理することで,「間違えたってゆうことですね」(35行目)という自分の確認要求へのSPPとして遡及的に取り扱っている.つまり,これらの花田の発話は,花田にとって十分な地点を越えて森本が引き延ばした挿入連鎖を,あらためて終了させる第3要素(SCT)である.そのことは,すぐ続いて花田が「もういちど::-」(46行目)とベースSPPをやり直し始めているように見える——それは54行目の「もう1度」を言い始めたものに見える——ことからも,裏づけられる.

　ただ,「そうですか.」(43行目),「(あ)わかりました.」(45行目)という花田の反応は,それらの情報を花田が知らなかったことを含意するものでもある.このことは,自分が花田の会社へ文句を言っているのだと聞かれることを先ほ

---

*22 これはまず,注8で導入した言葉を用いるなら,この発話が確認要求に対する型一致反応ではないということである.だが,「～としてはデザインされていない」という言い方をしたのは,それを型不一致反応のほうだと言い切ることもできない曖昧さがここにはあるからだ.じつは,36行目の森本の「あの::::-」には2つの可能性がある.1つは,35行目の花田の確認要求に反応するに当たって発話の組み立て方を探しているという可能性,もう1つは,森本はここで34行目の自分の発話を継続しており,その続きとしていうべき言葉を探しているという可能性だ.後者の場合,この発話はそもそも35行目への反応ではないものとして産出されていることになる.ただポイントは,いずれであるにせよ,ここで森本は,事態を花田の会社の過失として特徴づける「間違えたってゆうことですね」という発話に,ストレートに確認を与えることは避ける工夫をしているということである.

どから一貫して避けている森本に，花田が進もうとしているのとは別の道筋を可能にしている．すなわち，どういう手違いがあったのかがはっきりしたいま，それを解決する責任を自分の会社の方でも分担することを申し出る（47 行目），という選択肢である．だが花田はこれに対し，森本の申し出を断り（49-50 行目），ベース SPP をやり直すことでベース連鎖をあらためて完了させている（52, 54 行目）．この花田の反応には，2 つの重要な特徴がある．第 1 に，花田は森本が明示的に述べなかった依頼内容を，自分から明示的に言語化する（「商品を」「もう 1 度確認して」「うえした」「入れ替えて」52, 54 行目）ことで，自分の側の能動的行為として SPP をデザインしている．第 2 に，森本の申し出への「い：：やいやいや」（49 行目）という強い否定や，自分の会社の過失を強調する「もちろん」（50 行目）「その通りに」（52 行目）などの表現を通じて，あくまでも自分の側に責任があるという社会関係的スタンスが保持されている．

4.5 後方拡張

最後に，55-65 行目までは，3.3 で取り上げたものとは種類が異なるが，ベースの［依頼 - 応諾］連鎖で行われたことに根拠を持っているという意味で，ベース連鎖の後方拡張の 1 種だと見ることができる．

非明示的依頼に花田が応じたあとで，森本が「申し訳ない (h) で (h) す (h)」（55-56 行目）と言うとき，それは依頼に応じてもらったことへのお礼だと理解できる．それは，3.3 の(17)で見た「センキュー」（101 ページ）と似ているが，違いもある．第 1 に，たんなるお礼の言葉と比べ，「申し訳ない (h) で (h) す (h)」は相手への負債を認めた言い方になっている．この言い方は，花田が自分の側の能動性を前面に出す形に SPP をデザインしている点や，その中の「もう 1 度」（54 行目）という表現が花田の側のプラスアルファのコスト――2 度手間になるということ――に言及していると聞きうる点に注目するなら，ベース連鎖の SPP に敏感に選択されていると言えよう．

第 2 に，そのため，「申し訳ない (h) で (h) す (h)」は，さらに後方へと連鎖が拡張される余地を作り出している．3.3 で，ベース連鎖において何らかの不調和が示された場合には，それを解消するために，より長い後方拡張が行われることが多いと述べた（105 ページ）．この議論はこの事例にも当てはまる．「申

し訳ない (h) で (h) す (h)」のあとへとさらに連鎖が拡張されているのは，この発話に示された負債感が，ベース連鎖のあいだに2人が繰り返し示してきた責任を巡るスタンスの食い違いを，引き継いでいるからである．森本は花田の会社の責任を問わないようにベース隣接対を進め，花田は自分の側の責任を引き受ける形でそれに応じてきた．このような責任の所在をめぐる両者のスタンスの食い違いゆえに，依頼が受諾されるという実務的な活動が終わるだけでは適切に終了できない性格を，このやりとりは孕んでいたわけである．

ところで，森本が表示している負債感は，とりわけ，SPPに含まれた「もう1度」(54行目)という言葉を聞いて，すでに帰社している運転手をもう1度現場に行かせる必要があるとわかったことに向けられているかもしれない．少なくとも，運転手の帰社を自ら知らせた (13行目) 花田は，その可能性に注意を向けることができる．花田が「あ (hh) は (h) い．」(57行目) と応じたあと，背後にいる運転手の謝罪の言葉を伝えるとき (58-59行目)，花田は森本の負債感をそのように取り扱っている．そして，森本の負債感を軽減し自分の会社の責任をあらためて明確化するために，この発話によってさらに連鎖を後方へ拡張しているわけである．

花田が運転手の謝罪を伝えることは，納品ミスをした花田の会社の責任を認めるものなので，森本は当然これを強く否定する (60行目)．そして，自分のほうから謝罪の言葉を述べることで，花田の会社の運転手をもう1度建設現場まで行かせることへの負債感をあらためて表明する (60, 64行目)．だが，花田のほうもこれを強く否定する (65行目)．こうして，相手が負債を感じる必要はないと見なしていることを互いに表明し合うことで，この連鎖は終了に持ち込まれている[23]．そして，花田が「じゃあ (.) 今からうかがいますので．」(66行目) と言うことで，この電話の全体を終了させるための手続き (第11章第4節参照) が始まる．

以上のように，この事例ではFPPやSPPなどの連鎖組織の概念をきれいに

---

[23] この事例の後方拡張において，2人は笑いを交えながら発話している．このことは，断熱材の納品ミスというトラブルを軽微なこと (＝2人の関係を脅かすような一大事ではないこと) として取り扱う手続きになっていると思われる．ジェファーソンは，人がトラブルについての話をするときに，笑いによって事態の重大さに抵抗を示すことを「トラブルへの抵抗 (troubles resistance)」と呼んだ (Jefferson 1984a)．

当てはめることのできない箇所がたくさんある．しかしながら，それらの箇所は同時に，参与者が隣接対とその拡張という連鎖組織に指向しているさまざまな証拠を含んでいる．参与者がこの組織に指向しながら，それをストレートな形で実現させないのは，職務上の実際的課題が，ストレートに実現させないことを必要としているからである（第12章第2節の分析も参照）．この意味で，連鎖組織の概念をきれいに当てはめることのできない発話も，やはり連鎖組織との関係において合理的に産出されている．そうした合理性を記述することは，人びとの相互行為の微妙なニュアンスを記述することにつながるのである．

第5節　結論

　言葉を用いた相互行為は，参与者たちが互いの発する発話のあいだに何らかの「一貫性・整合性（coherence）」を作り出していくことによって，秩序だったものになっている．この秩序はどのようにして作り出されるのだろうか．この問いは，会話分析研究者の問いである以前に，まずは参与者たち自身が相互行為の中でいつも解いている問いである．本章では，もっとも基本的な連鎖組織である隣接対とその拡張について解説することで，参与者たちがどのように発話と発話のあいだの一貫性・整合性を作り出していくのか，またそれを通じて相互行為のなかの連鎖的位置を認識可能にしているのかを，解説してきた．
　連鎖組織とは，参与者たちが何らかの活動を開始してから終了するまでの，密接に結びついた複数の行為のセットである．隣接対は，もっとも基本的な連鎖組織であり，ある活動を開始する行為（FPP）と，それに適合し，その活動を完了可能にする行為（SPP）から成り立つ．この装置は「FPPのあと」と「SPPのあと」という2つの連鎖的位置を作り出し，これらの位置に異なった規範的期待を結びつけ，それによって相互行為を組織化する．すなわち，前者においては適合したSPPが産出されることが期待されるのに対し，後者においてはそうした期待がなく，その位置で連鎖が完了可能となる．ある種の隣接対には，適合的なSPPとして，FPPが開始した活動を促進するもの（＝選好されるSPP）と促進しないもの（＝選好されないSPP）との2種類がある．これら2種類のSPPは，体系的に異なった特徴を持って産出される．

隣接対が前方，挿入，後方の3つの位置で拡張されることによって，より長く複雑な，発話の連なりが作り出される．前方拡張とは，ベースの隣接対のFPPに先だって配置され，ベースFPPに進むためのさまざまな準備を行う発話連鎖である．その典型的な例は前置き連鎖である．前置き連鎖では，ベースの隣接対のFPPに進むための前提条件が満たされているかどうかを調べる作業がなされる．挿入拡張とは，ベース隣接対FPPのあとで，SPPに取って代わって産出され，SPPを発するための条件を整える発話連鎖である．挿入連鎖には，ベースFPPの問題を解決するものと，どんなベースSPPを返すかを決めるための準備をするものの2種類がある．後方拡張は，ベース隣接対のSPPのあとに配置され，その連鎖を閉じたり，ベースFPPによって開始された活動をさらに継続したりする発話や連鎖である．ただし，ベースSPPのあとの位置は，ベースFPPのあとほど，行われるべきことへの強い制約はない．そのため，後方拡張は多様な軌跡をとりうるものであり，それを記述する分析道具の整備はまだ今後の課題として残されている．

　連鎖組織にかんする研究は，相互行為のもっとも基本的なまとまりが，行為の形式的構造を通じて作り出されていることを明らかにしてきた．このことは，会話分析が，人間的感情や思惑にあふれた実際の相互行為の機微を無視して，相互行為を無味乾燥な形式に還元してしまうことを意味するものではない．本章の最後に例証したように，形式的構造に参与者自身が指向している仕方を見ることで，連鎖組織は，分析者が相互行為の生き生きとしたニュアンスに切り込むための強力な道具となるのである．

【読書案内】
　連鎖組織についての研究のうち，日本語会話を対象に行われたものはそれほど多くない．概念の説明を含んだ研究例として増田（2018），西阪（2015），高木（2009），応用的な研究例としてHayano（2011），平本（2015），Mori（1999），西阪（2008a），Takagi（1999），社（2014），戸江（2008b），横森（2011）などを見てほしい．また日常会話以外の場面も含む研究例としては，早野（2015），平本・山内（2017a），西阪・川島（2007），西阪・早野・黒嶋（2015）などがある．

第5章　順番交替組織

第1節　順番交替

　トランプでババ抜きを始めると，誰が誰の札を引くのかわからなくなることがある．グループで入ったレストランで注文するとき，誰から注文するのか譲り合ってしまったりする．チケットを買うために行列に並んでいると，横から人が割り込んでくる．多くの読者がこうした経験を持っているだろう．これらのケースで問題になっているのは，ものごとの順番（turn）とその交替（turn-taking）の仕方を決め，それを守っていくことである．何が1つの順番を構成するかは，場面ごとに異なる．ババ抜きなら，相手の札から1枚を引いて，揃いの札が持ち札にあればその2枚を場に置くところまでが，チケットを買うための行列なら，前の人の次に自分がチケットを買うまでが，1つの順番になるだろう．1人の順番が終わったなら，次に別の人が順番を取り，またその次に誰かが，というふうに順番は交替していく．順番の交替の仕方には決まりがある．ババ抜きなら，前もって右回りか左回りかを決めるだろうし，行列なら，列に並んだ順に順番を取ることが決まっている．

　会話にも順番があり，順番が交替するための決まりも——ババ抜きや行列のそれとは違い，その場その場で誰が次に順番を取得するのかを決めていく形で——存在する．自分がまだ喋っているのに他の人がそれを遮って話し始めたとき，おそらく人は，行列に横から入られた場合と同様に「割り込まれた」と感じるのではないだろうか．とすれば，会話の中で人が交替で話すとき，われわれはそれを順番の入れ替わりと捉えていることになる．発話の順番は各人に保証された権利である．この権利は，会話が行われるとき，何らかの仕方で会話参加者のあいだに配分されているはずである．発話の順番なので，これを「発話順番（turn または turn-at-talk）」と呼ぶ．この語は，発話できる機会を指す

第1節　順番交替

場合（たとえば「発話順番を割り当てる」などの表現）と，その機会に発せられる発話を指す場合（たとえば「発話順番を構築する」などの表現）の両方に用いる．

　発話順番の交替にさいして問題になるのは，順番の長さと割り当てが前もって決められていないことである．漫画やドラマ，映画や舞台などの創作物の中での会話なら，誰が，どのくらいの長さで話すかを作者が決めるから，話は簡単である．(1)は，宮沢賢治の小説『銀河鉄道の夜』から取った，主人公ジョバンニとその母との会話である．

(1) [『銀河鉄道の夜』から]
01 母：　　　　「そうだ．今晩は銀河のお祭りだねえ」
02 ジョバンニ：「うん．ぼく牛乳をとりながら見てくるよ」
03 母：　　　　「ああ行っておいで．川へははいらないでね」
04 ジョバンニ：「ああぼく岸から見るだけなんだ．一時間で行ってくるよ」
05 母：　　　　「もっと遊んでおいで．カムパネルラさんといっしょなら
06 　　　　　　　心配はないから」
07 ジョバンニ：「ああきっといっしょだよ．お母さん，窓をしめておこうか」
08 母：　　　　「ああ，どうか．もう涼しいからね」

　これと対比させるために，実際の会話の一部も挙げてみよう．(2)は，大学生4人の会話から取られたものである．

(2)
((女優の「上野樹里」の出演作が話題になっている))
01 左近：　　　オレンジデイズも：出てたし
02 　　　　　　(.)
03 鹿島：　　　うそ！
04 中山：　→　(お／え)? オ [レンジ] [デイズ：?] [上 野 樹 里が]
05 左近：　→　　　　　　　[あの：] [あのね：] [あんね>あた]し
06 　　　　→　[全然<知らなか]ったんだけど：,
07 鹿島：　→　[上 野 樹 里：?]

　ざっと見たときに，(1)の小説の会話のほうが，発話順番の交替という点ですっきりしていることが明らかだろう．小説は，誰がどのくらいの長さで話すかを作者が決めているから，作者が意図的に重ねなければ発話が重なることはない．これに対し，実際の会話においては，作者のような誰かが決めてくれるわけではないから，誰がどのくらいの長さで話すかを，そのつど自分たちで管

理する必要がある．このため日常会話においては，04-07行目のように，誰が発話順番を取得するかをめぐって，参与者のあいだで競合が生じることがある．

しかし，驚くべきは，作者のような存在が管理してくれなくても，日常会話においてはだいたいのところ，1度に1人が話し，発話が重ならない状態が守られているということである．つまり，(2)の04-07行目のような状況は，経験的事実として，それほど頻繁に起こるわけではない[*1]．私たちはどのようにして，秩序立った発話順番交替を生み出しているのだろうか．本章では，この問題について論じる．第2節では，会話の順番交替を管理するために私たちが用いている仕掛けの骨格を述べる．第3節では，上の(2)に見られるような発話の重なりとそれへの対処に焦点を当て，秩序立った順番交替を作り出している手続きをさらに掘り下げて考える．

[*1] より詳しくいうと，サックスらは，会話の順番交替には以下のような経験的事実が観察されるとしている．(Sacks, Schegloff & Jefferson 1974: 700-701=2010: 16-17)
[1] 順番交替は繰り返される．少なくとも1度は起きる．
[2] 1人ずつが話すということが，圧倒的に多い．
[3] 複数の人が同時に話すということは，確かに，よくあることである．が，いずれも短い．
[4] （1つの発話順番から次の発話順番への）移行にさいし，切れ目や重なりが生じたりしないのが，普通である．あるとしても，ほとんどの場合，わずかな切れ目とわずかな重なりがあるだけである．
[5] 発話順番の順序（誰がどういう順序で発話順番を取るか）は決まっていない．それはさまざまである．
[6] 発話順番の大きさ（長さ）は決まっていない．それはさまざまである．
[7] 会話の長さは，あらかじめ特定されてはいない．
[8] 会話者たちが語る内容は，あらかじめ特定されていない．
[9] 発話順番の相対的な分布（誰がどれだけ発言する機会があるか）は，あらかじめ特定されていない．
[10] 会話者の数は多様でありうる．
[11] 語らいは連続的なこともあれば，不連続のこともある．
[12] 発話順番割り当てのためには，特定の技法が明らかに用いられている．現在の話し手が次の話し手を選ぶかもしれない（質問を特定の誰かに宛てるときのように）．あるいは，会話者は，次に話し始めることを自分から選ぶかもしれない．
[13] さまざまな「順番構成単位」（本文2.1を参照）が用いられる．たとえば，発話順番は，あらかじめ「単語1つ分」だとわかることもあれば，文になっている場合もある．
[14] 順番交替の誤りや違反に対処するための，回復メカニズムが存在する．たとえば，もし2人が同時に話していることが明らかになったならば，そのいずれかが話を途中で止めることで，トラブルを修復するという具合である．

第2節　会話の順番交替組織

　秩序立った順番交替を成し遂げるために相互行為の参与者が用いている仕掛けのことを，「順番交替組織（turn-taking organization）」という．そのうち，本節で取り上げるのは，会話の順番交替組織である．それ以外の相互行為における順番交替組織については，最後の第4節で言及する．

　本節で述べる内容の大半は，「会話のための順番交替の組織：もっとも単純な体系的記述」（Sacks, Schegloff, & Jefferson 1974=2010）という論文に書かれたことである．この論文の基本的アイデアは，1つ1つの発話ごとに，い・つ・，誰・が・，次の話し手になるのかを決める仕掛けがあるだけで，会話における秩序だった順番交替が可能になるということである．この論文では発話順番交替の問題を，①開始された発話が発話順番として完了可能になるのはいつか，②次の発話順番をどう割り当てるか，の2点に分けて論じている．以下では，①の問題を 2.1 において，②の問題を 2.2 において説明していく．

2.1　第1の構成要素：順番の組み立て

　順番交替の仕掛けを構成する第1の要素は，いつ順番交替が可能になるかにかかわっている．順番交替が秩序立って行われるには，1つの発話順番が終わりそうな時点が聞き手にわかる必要がある．この場所のことを「完了可能点（possible completion point）」という．そして，完了可能点を迎えた，1つの発話順番を構成しうる言語的単位のことを「順番構成単位（turn-constructional unit：以下 TCU と略す）」という．以下では，TCU の完了可能点がどうやって示されるかを学ぶ．

　まず，文法単位の観点から発話順番を見てみよう．「1つの発話順番が終わる」と言うと，読者のなかには，述語が産出されることで，文法的に1つの文が完成されることを想像する人がいるかもしれない．実際はどうだろうか．(3) を見てみよう．これは，第2章で詳しく検討した事例（39-44 ページ参照）である．

(3) [JAPN1773 0:00] ♪
01 ユリ: → °n°スタートされたと思う::
02   (0.3)
03 コウジ: され[た::?
04 ユリ: [↑こないだ電話してくれたんでし:ょう?
05 コウジ: う::ん.
06   (0.2)
07 ユリ: う:::ん.
08   (0.2)
09 コウジ: あ::あれ:,
10   (0.2)
11 ユリ: う:[:ん.]
12 コウジ:→   [あ::]手紙届いたからさあ,
13   (0.2)
14 ユリ: あ:::お↑行った::?
15 コウジ: うん>行った行った<ミッカぐらいで届いたね:.=
16 ユリ: =↑うそ::.

　まず，ユリによる「°n°スタートされたと思う::」(01行目) という発話に注目しよう．「思う」という述語が産出されることで，この発話は文法的に完結した文の形を取っている．そして，このあと03行目で，聞き手のコウジは「された::?」と応じている．コウジは，01行目の発話が発話順番として完了していると理解したことがわかる．述語によって完成された文は，たしかに，TCUの1例であることが確認できる．

　次に，コウジによる「あ::手紙届いたからさあ,」(12行目) という発話を見てみよう．ここでコウジは，「手紙届いたからさあ」と理由を述べる節を完成させただけで，その帰結を述べる主節は産出していない．つまり，文法的には文は完成していない．だが，これを聞いたユリは，「あ:::お↑行った::?」(14行目) と応じており，節だけでも発話順番として完了していると理解している．つまり，節でもTCUとなりうることがわかる．

　同様にして次の(4)を見るならば，ユリの「どこであった話↑:?」(01行目) のような1つの句や，さらには，「コーダーレーン?」(04行目) のような1つの単語さえ，TCUとなりうることがわかる．

(4) [JAPN1773 07:03]　♪
((04行目の「コーダーレーン」は地名))
01 ユリ：　→　どこであった話↑:？
02　　　　　　(0.3)
03 コウジ：　どこであった - もう:．
04 ユリ：　→　コーダーレーン？
05　　　　　　(0.4)
06 コウジ：　コーダーレーンの話じゃねえよもう．

　これらの事実から，TCU が文だけではなく，少なくとも，節，句，語，という文法的なまとまりにより構成されうることが明らかである．

　文法的な資源に加えて，韻律的な資源 (Ford & Thompson 1996) も，TCU の完了可能点を示すために使われる．韻律とは，発話における音の強弱や抑揚，リズムのことである．また，その発話が遂行している行為 (Ford & Thompson 1996) も，完了可能点の表示に貢献する[*2]．たとえば(3)の 12 行目「あ::手紙届いたからさあ，」がここで終わりうるように見えるのは，ここまででコウジがユリに電話をかけた理由が述べられており，それゆえユリの 04 行目の質問に適合した行為を遂行したものとして理解可能だからである[*3]．さらにつけ加えれば，発話に伴う非音声的資源も，完了可能点の表示に貢献する．たとえば，発話の特定の時点で聞き手を見ることや，身振りを引っ込めることなどが，TCU の完了可能点を告げる非音声的資源として使われうる (Goodwin, 1979; Mondada, 2015)．

　このように TCU の完了可能点は，文法的・韻律的・非音声的な資源や，その発話が行う行為を通じて示される．注意すべきは，TCU の完了可能点が，実際にそれが訪れる前に予示されているということである．あらゆる TCU は，誰が話し手となり聞き手となるかとかかわりなく，その完了可能点を予示す

[*2] 第 2 章で述べたように，発話は何らかの行為を遂行する．発話が行為を遂行するのに，その発話が完了可能かどうかが行為によって決められる，と言われると，矛盾しているように聞こえるかもしれない．だが，発話が行為を遂行することと，行為がその発話の完了可能性を決めることは，互いに互いを支え合う関係にある．このような，何かと何かが互いの理解可能性を支え合う性質のことを「相互反映性」という（第 1 章 12 ページも参照）．

[*3] 04 行目のユリの質問は，たんにコウジに確認を求めているだけではなく，なぜコウジが自分に電話したか，その理由を探り出す性質をもっている．この点については第 2 章 39-41 ページの分析を参照のこと．

る[*4]性質を持つ．この性質を，完了可能点の「投射可能性（projectability）」という．この性質があるからこそ，聞き手は，どこで現在の発話順番が完了するかを予測し，この予測に基づいて，ほとんど間を空けることなく次の発話順番を発することが可能となる[*5]．

2.2　第2の構成要素：順番の割り当て

　以上のように，TCU の完了可能点はいろいろな仕方で示されうる．ただ，いずれのやり方にせよ，1つの TCU が完了可能点にいたるならば，原則としてそこは，順番交替に適した場所——これを「移行適切場（transition relevance place：以下 TRP と略す）」という——となる[*6]．TRP は適切な仕方で順番交替が生じる可能性がある場所だが，いつも実際にそこで順番が交替するとは限らない．TRP が訪れるたびに，誰が次の発話順番を取得するか，さらには，そもそも順番が交替するかどうかについて，そのつど交渉が行われる[*7]．

　十字路での交通の優先規則のように，TRP における発話順番の割り当てにも，誰を優先するかにかんする規則がある．ある発話順番が TRP にいたったとき，その次の発話順番は，次のやり方で割り当てられる．

【規則1】
　（1-a）現在の発話順番が「現在の話し手による次の話し手の選択」技法を含

[*4]　これが完了可能な点の予示であることに注意しよう．実際に TCU が予示された位置で完了するかどうかは，その位置が訪れてみないとわからない．

[*5]　SVO（主語—動詞—目的語）型言語である英語では，TCU の冒頭付近に配置される言語成分が，完了可能点の予測にとって重要な働きを持つという（Schegloff 1987b）．これに対し，SOV（主語—目的語—動詞）型言語である日本語会話の場合，TCU の冒頭では英語ほど強い投射が行われず，助詞などのはたらきによって漸次 TCU を拡張していける柔軟性がある可能性が指摘されている（Tanaka 1999）．

[*6]　TRP に至るまで，聞き手に話す機会がまったく与えられないわけではない．日本語会話の場合，TCU 構築の途中で聞き手が短い反応を返す機会（反応機会場）が用意されることがわかっている．この点については第6章 155-158 ページで説明する．

[*7]　第6章と第7章で説明するように，物語が語られるときなどは，長めの発話スペースを使って語ることが予告され，それにより各 TCU の完了可能点を TRP として聞くことができないようにする工夫がなされる．

んで組み立てられていたなら，選択された者に次の発話順番を取得する権利と義務が与えられる．

（1-b）現在の発話順番が「現在の話し手による次の話し手の選択」技法を含んで組み立てられていなかったなら，現在の話し手以外の者が自己選択を行うことができ，そのうち最初に話し始めた者が発話順番を取得する．

（1-c）現在の発話順番が「現在の話し手による次の話し手の選択」技法を含んで組み立てられておらず，かつ（1-b）による現在の話し手以外の者の自己選択が生じなかったなら，現在の話し手が話し続けてもよい．

【規則2】

もしも上記（1-c）の適用によって現在の話し手が話し続けたなら，次のTRPにおいて再び（1-a）～（1-c）が適用される．この再適用は話し手の順番交替が生じるまで行われる．

2.2.1　現在の話し手による次の話し手の選択：（1-a）

（1-a）から順に説明していこう．まず発話順番は，現在の話し手が次の話し手を選択するための技法を含んでいることがある．もっとも基本的な技法は，特定の聞き手に宛てて隣接対のFPP（第4章78-79ページ参照）を産出することである．(5)にその1例が見られる．

(5)
((自転車駐輪場で自動的に鍵がかかるシステムの話をしている))
01 近藤：→　　だって田舎ってさ,((中森を指差す))ないよね．
02 中森：　　　ないないない．確実にうん

近藤が中森を指さして「だって田舎ってさ，ないよね」と同意を求めると，02行目で中森が次の発話順番を取得している．同意の求めは隣接対のFPPなので，次の位置において適合するSPPが産出されることを要求している．言い換えれば，隣接対FPPは，自分以外の者に発話順番を明け渡すように作用する．これに加えて，発話の宛先を示す手続き——名前を呼ぶこと，視線を向けること，上の断片のように指差しすることなど——が用いられると，現在の話し手が聞き手の1人を次の話し手として選ぶ技法になる．隣接対FPPだけでは，誰がそれに応じてSPPを発するべきかが定められないので，次の話し

手を選ぶ技法としては十分でない．また，宛先を示す手続きも，それだけでは次の話し手を選択できない．この2つが組み合わされる必要がある．

　上で述べたような発話の宛先を明示的に示す手続きに加えて，非明示的な形で発話の宛先を示すやり方も存在する（Lerner 2003）．たとえば，成員カテゴリー（「性別」や「職業」などの，人に与えられる社会成員としてのカテゴリーのこと．詳しくは第10章参照）を用いるというやり方である．その1例が(6)に見られる．

(6)
((スーパーで家族が買い物をしている．母と子の前を父が歩いている))
01 父：→　　冷凍食品は?((斜め後方を振り返りながら))
02　　　　　(1.0)
03 母：　　　↑は：い：らん：：
04 父：　　　いらん？
05 母：　　　うん

　家族3人がスーパーマーケットで買い物をしている場面である．前を歩いていた父親が，子どもと母親のいる斜め後方に顔を向けながら「冷凍食品は?」と尋ねる（01行目）．このとき父親の視線は2人のどちらにも向いていない．だが，母親はこの発話が自分に向けられたと理解し，次の発話順番を取得している（03行目）．これが可能なのは，父親の発話が「一家の食生活を管理する者」というカテゴリーの担い手に向けられていると理解でき，それに該当する人物がこの場に母親1人しかいないからである．つまりこの断片では，成員カテゴリーを使用した宛先の暗示と隣接対FPPとを組み合わせることで，次の話し手を選ぶ技法が構成されている．

　また，発話の宛先を以上のいずれの形でも示さないにもかかわらず，連鎖的位置関係を利用して次の話し手を選ぶ技法もある．それは，直前の発話に対して聞き返しているとわかる質問を行うことである．この種の質問は，直前の発話の話し手を次の話し手として選択するための技法となる．たとえば，上記(6)の04行目では父が「いらん？」と聞き返し，母が次の順番を取得してそれに答えている（05行目）．ただし，この技法によって選ぶことのできる相手は，直前に話していた人に限られる．言い換えれば，この技法は，誰かを先行発話の話し手という資格において，次の話し手に選択する方法である．

第2節 会話の順番交替組織

上記(5)(6)の 01 行目のように,発話順番に次の話し手を選択する技法が含まれているなら,選ばれた者が次に話す権利と義務を得る.もちろん,実際には,選ばれた者以外の者が話し始めることもある.だがそのときには,ふつう,「割り込んで悪いけれど」と謝ったり,選ばれた者が何らかの理由(たとえば,質問にうまく答えられない)で話せないことを確認してから話し始めたり,というやり方がとられる.つまり,自分が次の話し手として選ばれていないのに発話を開始するときには,本来なら選ばれた者が話すべきであるということに配慮しながら話し始める (Stivers & Robinson 2006).たとえば,(7)を見てみよう.

(7)
((親族6人の食事場面.両親とともに祖父母の家を訪ねている2歳の幼児ケンが,以前にこの家に来たとき「豆ごはん」を食べたのを記憶しているらしいことがわかり,大人たちが盛り上がっている.))
01 道子: 　　　　[ah hah hah
02 千加: 　　　　[ケンくんすごいね::お豆食べたの:. ((ケンの方にかがみ込んで))
03 　　　　　　　(.)
04 千加: 　　　　ここで:. ((ケンの方にかがみ込んで))
05 ケン: 　　　　[おまめ.
06 母親:→ 　　　[おいしかったね:. ((波線下線は高く丸みを帯びた声質を示す))
07 千加: 　　　　(そ[う)だったの:?((ケンの方にかがみ込んで))
08 鉄雄: 　　　　　　[そうだね:.

2歳の幼児ケンとその両親,母方祖父母の鉄雄と道子,および父方祖母の千加が会食している場面である.02 行目で千加は,「ケンくんすごいね::お豆食べたの::」と言ってケンの方にかがみ込み,幼児ケンを次の話し手に選択している.だがケンはこれにすぐには応じず,続けて千加は「ここで:.」(04 行目)とつけ加える.すると,それを見てケンの母親が「おいしかったね:.」(06 行目)と,ケンに確認を求める形で順番を取得している.この母親の発話は,02 行目の質問のすぐあとでケンが順番を取得しないのを見たうえでなされており,本来は選ばれたケンが話すべきであるという理解を表示している.つまり母親は,選ばれたケンがうまく千加の質問に答えられないので,ケンの代わりにそれに応じているとわかるようにふるまっている.じっさい千加は,次の 07 行目で「そうだったの:?」とケンに確認を求めることで,母親がケンの代わりに答えたものとして扱っている.

2.2.2 聞き手による自己選択：(1-b)

　現在の発話順番に次の話し手を選択する技法が含まれていない場合，まずは現在の話し手以外の者が自己選択を行うことができる．「自己選択」とは，自分から発話順番を取得しにいくことである．そのもっとも基本的なやり方は，最初に話し始めることである．(8)に見られるように，通常は，最初に話し始めた者が次の発話順番を取得する．

(8)
((中森が家にいる時に窓を開けたくない理由について話している))
01 中森：　　あたし自分の部屋の音も聞こえるから：いやだ．
02 柏：　→　ああ：逆にね＝
03 中森：　　＝そうそ[うそう[そ]う
04 柏：　　　　　　　[なるほ[ど]
05 近藤：　　　　　　　　　　[え]

　3人の会話場面である．01行目で中森は，家にいるときに窓を開けたくない理由を，外の音が部屋に入るのみならず「自分の部屋の音も聞こえる」からだと説明している．この発話順番は，視線のような宛先を示す手続きを含まず，隣接対FPPでもないので，誰も次の話し手として選ばれてはいない．中森の発話順番が終わるやいなや，2人の聞き手のうち柏が「ああ：逆にね」(02行目)と反応し，次の話し手として自己選択している．

2.2.3 現在の話し手による発話順番の継続：(1-c)

　(1-a)と(1-b)は，現在の話し手以外の参与者に次の発話順番を割り当てる手続きだった．こうしてTRPにおいて，まずは聞き手が発話順番を取得する機会が存在する．そうでないと，現在の話し手がいつまでも話し続けることができてしまうだろう．現在の話し手が話し続ける機会は，現在の話し手が次の話し手を選択せず，かつ現在の話し手以外の者が自己選択もしなかった場合に与えられる．言い換えれば，(1-a)および(1-b)が適用されなかったときに，(1-c)が適用され，現在の話し手の発話順番が継続される．

　その1つのやり方は，TRPにおいてそこまでのTCUのつけ足しであることがわかる発話を行うことである．(9)を見てみよう．

第2節　会話の順番交替組織

(9)
```
01 柏：       なんや:イベントの(0.2)企画とかで忙し<かった>もんで,
02            部屋:めっちゃ散らかってたもんで:
03            (0.3)
04 近藤：     うん:=
05 柏：       =片付け:て
06 中森：     自宅だよ?
07 柏：       自宅自宅.
08            (0.2)
09 柏：  →  ん:だから,今むっちゃ綺麗よ
10            (0.4)
11 柏：  →  ほんま:((「本当に」という意味の関西方言))
12 中森：    みっかに片付けたって°こと°?
```

　この断片では柏が部屋を片づけたことを伝えている (01-02, 05行目). 09行目で柏は, 部屋が「今むっちゃ綺麗よ」と言うが, この発話は次の話し手を選ぶ技法を含んでいない. また, 続く10行目の0.4秒の間において, 聞き手は誰も自己選択していない. これを見た柏は, 11行目で「ほんま:」とつけ加え, 自分の発話順番を拡張している. この「ほんま:」は, 独立したTCUではなく, 09行目へのつけ足しである. なぜなら「ほんま:」という発話は, 先行する「今むっちゃ綺麗よ」を文法的に修飾している副詞として理解可能だからである. 柏は, このつけ足しを加えることで先行するTCUを拡張し, それをあらためて完了させているのである. この「ほんま:」のような付加的な発話のことを, 「付加要素 (increment)」と呼ぶ.
　現在の話し手が発話順番を継続するもう1つの方法は, TRPにおいて新たなTCUを開始することである. (10)にその1例が見られる.

(10)
```
((ユウカ, トモカ, ミサトの3人が, 夜間に街を散策するイベントを企画している))
01 ユウカ：    u [huhuhu [hh
02 トモカ：       [(ま)   [趣旨は肝試しじゃないもんね.
03 ユウカ：→  うん
04              (0.9)
05 ユウカ：→  そうだ↑よ
06              (0.5)
```

07 ユウカ：→　親睦会やで．

　ユウカの 03 行目の「うん」は 1 語で構成された TCU だが，その完了可能点＝TRP では聞き手が誰も自己選択を行っていない．ユウカは，0.9 秒の間（04 行目）においてそれを見て取ったあと，「そうだ↑よ」（05 行目）と新たな TCU を産出している．その結果，03 行目の末尾は TRP であるにもかかわらず，順番交替は生じず，この TRP を超えてユウカの発話順番が継続されている．
　この断片にはまた，（1-c）が発効したあとに何が生じるか，すなわち【規則 2】の適用例も含まれている．ユウカの発話順番は 05 行目で継続されるが，「そうだ↑よ．」まででこの新たな TCU の完了可能点が訪れ，2 回目の TRP が作り出されている．だが，ここでふたたび，次の話し手が選ばれておらず，かつ，聞き手も誰も自己選択しないために，0.5 秒の間（06 行目）が空く．ユウカはふたたび（1-c）に基づいて「親睦会やで．」と新たな TCU を産出し（07 行目），03 行目から始まった自分の発話順番をさらに拡張している．こうして，結果的に，07 行目まででユウカは，3 つの独立した TCU を含む 1 つの発話順番を継続していることになる．
　このように，（1-c）が選択されると，次の TRP においてふたたび（1-a）～（1-c）が作動する．この再作動は，順番交替が生じるまで繰り返されることになる．かくして，（1-a）～（1-c）と【規則 2】の作動によって，順番交替が生じる可能性が体系的に用意されることになる．
　以上のように，順番割り当ての手続きは優先順位を持っている．もしこの優先順位がなかったなら，現在の話し手と次に話そうとする者，あるいは次に話そうとする者のあいだで，無秩序に，頻繁に発話の重なりが生じてしまうだろう．優先順位があるからこそ，秩序だった話者交替が可能になるのである．

2.3　発話順番構成単位の拡張

　ここまで，①開始された発話が発話順番として完了可能になるのはいつか，②発話順番をどう割り当てるかの 2 点について説明してきた．そのうち②のポイントの 1 つは，（1-a）～（1-c）の優先順位の存在によって，TRP において，まずは現在の話し手以外の参与者に発話順番を取得する機会が与えられるとい

第2節　会話の順番交替組織　　　　　　　　　　131

うことであった．だが，これに対して，現在の話し手が話し続けるための方法も存在する．その1つは，TCUの完了可能点が近づいたときに，そこをTRPにしない工夫を行うことである．例として(11)を見てみよう．

(11)
((ユウカ，トモカ，ミサトの3人が，夜間に街を散策するイベントを企画している))
01 ユウカ：　　でもさあ，どこを出発地点にしてどこを到着地点にしたらいいのか
02　　　　→　が>わからn<= まあ，出発地点は立命でいいかもしれんけど＝
03 トモカ：　　=うん
04　　　　　　(.)
05 ユウカ：　　また：立命に帰ってくるってかんじで>いれ<ようかな(h)
06 ミサト：　　え::::？

　01-02行目のユウカの「どこを出発地点にしてどこを到着地点にしたらいいのかがわからn」までの発話は，完了可能点を迎えたTCUである．いま，ユウカがこの完了可能点で話を終えたくないとしたらどうだろうか．じっさい，ユウカはこれに続いて「まあ，出発地点は立命でいいかもしれんけど」(02行目)と言っている．「>わからn<」の部分に注目してほしい．この部分は，相対的に速く言われているうえに，「n」の部分は「わからん」のように最後までしっかり発音されてはいない．そして，02行目の冒頭の「まあ」は，この速められ切り詰められた部分の直後に間髪を入れず開始されている．これは「駆け抜け (rush-through)」と呼ばれる手続きである (Schegloff 1982)．ユウカは，1つ目のTCUの完了可能点から2つ目のTCUの冒頭部分へと，ひと続きのものに聞こえるように駆け抜けている．

　駆け抜けの手続きにかんして重要なのは，話し手が急いでいることを聞き手に理解可能にするための方法である．もしもユウカが01行目の発話全体を速く発していたなら，「>わからn<」の部分でユウカが急いだとは聞き手に聞こえないだろう．TCUの完了可能点付近だけをそれ以前の部分と比べて速く発することによって，ふつうならTRPになりうる位置でユウカが急いだことが観察可能になる[*8]．

[*8] ユウカが発した2つ目のTCU(「まあ，出発地点は立命でいいかもしれんけど」)は，「どこを出発地点にしてどこを到着地点にしたらいいのかがわからん」という1つ目のTCUで述べたことを部分的に翻している．このような翻しが行われることによって，なぜユウカが急いだかがわかるようになっている．

以上のように，駆け抜けは，発話順番の産出途上で TCU の完了可能点が間近に迫った・とき・，そこを TRP だと見なされないようにする手続きである．この手続きによって，話し手は，1 つの完了可能点を超えて，「複数の TCU からなる発話順番（multi-unit turn）」を組み立てることができる．これに対し，発話順番を開始するときに，それが複数の TCU からなることを前・もっ・て予・告するという方法もある．こちらの手続きは，物語を語るときや長い説明を行うときなどによく用いられる．これについては，第 6 章（151-155 ページ）と第 7 章（174-177 ページ）で論じることにする．

第 3 節　オーバーラップとその解決

　順番交替組織にかんするサックスらの記述は，どのようにして 1 度に 1 人が話す状態を維持しながら話し手が交替するかを，説得的に述べている．だが，順番交替組織の意義はこれにとどまらない．実際の会話では頻繁に発話の重なり，すなわち「オーバーラップ（overlap）」が生じるが，それらの多くは参与者が順番交替組織に指向しながら産出しているものとして理解できる．以下では，オーバーラップの開始とその処理にかんして，このことを見ていく．

3.1　オーバーラップの生じる場所

　発話順番の割り当てに優先順位があっても，複数の人が同時に発話を開始する可能性は完全に排除されるわけではない．むしろ，前節で述べた順番交替組織は，オーバーラップがいくつかの形で体系的に生じる可能性を作り出している．

　第 1 に，規則（1-b）を適用して，複数の聞き手が自己選択を行う可能性がある．（1-b）には，誰かが明確に先んじることなく複数の人が同時に話し始めたとき，誰が次の順番を取得するかが述べられていない．したがって，（1-b）の規則が適用された結果として，複数の人が発話順番を取り合う状態が生じる可能性がある．この可能性は，順番交替組織そのものに体系的に組み込まれている．⑿の 11-12 行目は，そのようにして生じたオーバーラップの例である．この断片には矢印のついているオーバーラップ箇所が 2 箇所あるが，まず

第3節 オーバーラップとその解決

は2つめのオーバーラップ(11行目と12行目)に焦点を当てよう.

(12)
((柏が飲み会に参加したものの,バイクで来ていたために飲酒しなかったという話をしている))
01 柏:　　　　いっぱいも飲んでない(.)ほんとに=
02 中森:　　　=真面目だね=
03 柏:　　　　=真面目だよ.
04　　　　　　(0.2)
05 中森:→　　ま[じめだね
06 柏:　→　　　[>もう<ずっとラムネとコーラを交互に飲んで[°た°うん
07 中森:　　　　　　　　　　　　　　　　　　　　　　　　[hahaha [hahuhu
08 近藤:　　　　　　　　　　　　　　　　　　　　　　　　　　　　[he
09 近藤:　　　hu=
10 中森:　　　=.hh
11 近藤:→　　で[あれ炭酸だしね
12 中森:→　　　[(真面目)すぎて(　)
13 近藤:　　　そうそうそうそう

　06行目の柏の発話は,次の話し手を選択する技法を含んでいないので,その完了可能点では規則(1-b)を適用することができる.そのあと(より正確にいうと,07-09行目で笑いがあったあとに),中森が吸気音を発し(10行目),続けて近藤(11行目)と中森(12行目)がほぼ同時に話し始めてオーバーラップが生じている.

　第2に,規則(1-b)と(1-c)が同時に適用されるという可能性もある.すなわち,聞き手が誰も発話を開始しないのを見て現在の話し手が発話順番を継続した——(1-c)の適用——とき,同時に,聞き手の1人が,ほかの誰も話し始めないことを確認して発話を開始する——遅れた(1-b)の適用——,という場合である.たとえば,上の(12)の05-06行目のオーバーラップは,そのようにして生じている.03行目の柏の発話には次の話し手を選択する技法が用いられていないので,03行目末尾の時点で規則(1-b)が適用されうる.だが,聞き手は誰もすぐには発話を開始しない(04行目).これを見た柏は自分の発話順番を継続する(06行目)が,これより一瞬早く05行目で中森が次の話し手として自己選択しており,2人の発話がオーバーラップしている.

　第3に,投射されたTRPを超えて現在の話し手が話し続けたときにも,聞

き手の発話開始とオーバーラップが生じうる．たとえば，(13)では，アユミが「つながったよ：.」（01 行目）という TCU の完了可能点に続けて，すぐ次の TCU を開始している．それにより，アユミの発話順番の最初の完了可能点において開始された 02 行目のヨウコの発話とオーバーラップが生じている．

(13) [JAPN1684 02:03] ♪
01 アユミ：→　つながったよ：.=い[ま先輩と話してたんだ]よ．
02 ヨウコ：　　　　　　　　　[いつもいないんだもん]

このように，参与者が順番交替組織に指向してふるまう結果として，いくつかの仕方でオーバーラップの可能性は体系的に生じる．もちろん，オーバーラップは以上の 3 つ以外にもいろいろな仕方で生じる．だが，その多くもやはり無秩序に生じるのではなく，なぜその時点でオーバーラップが生じるのかがその場の参与者に理解できる形で生じることが明らかにされている．その代表例を 2 つ紹介しよう．

まず，ある発話を聞いている最中に話し手が何を言いたいかがわかると，聞き手がその時点で発話を開始することがある．これを「言いたいことがわかった時点でのオーバーラップ開始（recognitional onset）」という（Jefferson 1984b）．次の(14)にこれが見られる．

(14) [JAPN6805 17:41] ♪
01 トシエ：　　あそこにね：：,お不動様があって：,
02 ミチエ：　　おん．
03 トシエ：　　ほらシムラの家で：,あそこ祀っててあの.h　いっちばん奥に：：,
04 　　　　　　あそこの：：：,
05 ミチエ：　　°お:[ん．°
06 トシエ：　　　　[一角のいっちばん奥.=川のね？　[上流の方の.
07 ミチエ：　　　　　　　　　　　　　　　　　　　[うん．
08 ミチエ：　　うん．
09 トシエ：→　°あそこに°お不動様をま　[つってあ-]
10 ミチエ：→　　　　　　　　　　　　　[<あるわ]ね.>=[うん
11 トシエ：　　　　　　　　　　　　　　　　　　　　 [うん！
12 　　　　　　()
13 トシエ：　　うん．
14 ミチエ：　　うん．

トシエがミチエに「お不動様」(01 行目)の場所を説明しようとしている．なおこの土地のことはミチエも知っている．細かな場所の説明 (03-06 行目) に続き，09 行目でトシエが「°あそこに°お不動様をま」まで言ったときに，ミチエは「まつる」という産出途上の動詞の途中で，「<あるわね.>」(10 行目) とオーバーラップして発話を開始し，トシエの言っているお不動様を認識したことを示している．

　また，現在の話し手の発話産出が何らかの理由で滞る（たとえば言葉が出てこない）と，聞き手が手助けのためにそこに入ってきてオーバーラップが生じることがある．これを「進行性にかかわるオーバーラップ開始（progressional onset）」と呼ぶ（Jefferson 1984b）．⒂にその 1 例が見られる．

⒂
((関西の大学の同級生 3 人の会話．美紀は大分出身．陽子は静岡出身．関西から九州各県への交通の便のことを話している．なおこのデータの収録当時，九州新幹線はまだ開通していない.))
01 陽子： 　　で (0.6) 鹿児島もそうだよ[ね.]
02 美紀： 　　　　　　　　　　　　　　[<そ]う.>
03 　　　　　　(0.4)
04 陽子： 　　で (0.5) 熊本：：：：は：:(.)[こう行ってまっす -]
05 美紀： →　　　　　　　　　　　　　[熊本はず：： 　]：っと -
06 　　　→　まだ曲がるけど：：でも基本的に：:(.)熊本大分間は近いねん．

　この断片の前に，大分県出身の美紀は，九州のなかで関西への交通の便が 1 番悪いのは長崎県だという話をする．それを聞いた静岡出身の陽子は，九州各県から関西への交通の便にかんする自分の知識を，1 県ずつ確かめていく．関西から大分は船で行きやすく，宮崎も同じで，鹿児島県も同じだ (01 行目) と順に述べていったあと，熊本県のことを話す段になって，「熊本：：：：は：:(.)」と発話産出が滞る (04 行目)．これを見て，美紀が手助けのために話し始めると (05 行目)，自分で続きを話した陽子とのあいだにオーバーラップが生じている．

3.2　オーバーラップへの対処

　以上のように，オーバーラップの多くは，なぜいまそれが生じるのかが相手にわかるように，秩序だった仕方で産出される．これに加えて，ひとたびオー

バーラップが生じるなら,この事態に対処するための秩序だった手続きが存在する[*9].それらは大きく2つに分けることができる.第1は,発話の重なりを解消し,1度に1人が話す状態を回復させるための手続きである.これを「オーバーラップ解決装置(overlap resolution devices)」と呼ぶ(Schegloff 2000).第2は,発話の重なりが解消されたあとで,オーバーラップによって損なわれた(可能性のある)発話を回復させる手続きである(Schegloff 2000; Jefferson 2004b).以下,3.2.1で前者について,3.2.2で後者について説明する.

3.2.1 オーバーラップ解決装置

ひとたびオーバーラップが生じたなら,その状態を解消するための手続きは,TCUよりも小さな「ビート」という単位ごとに行われる(Schegloff 2000).「1ビート」が何を具体的に意味するかは,シェグロフが扱った英語と日本語とでは異なる可能性があるが,日本語の場合,およそひらがな1つ分の音のことだと考えておけばよいだろう.オーバーラップ中の話し手たちは,1ビートが重

[*9] ただし,オーバーラップの中には,そもそも発話と発話が重なったことが問題と見なされないものもある.次の(22)には問題にならないオーバーラップの例が2つ見られる.

(22)
((内川と堂本は同じ大学の音楽サークルに所属している.内川は複数の大学の音楽サークルで形成する「連盟」にも所属している.01行目で,二者が所属するサークルの電子掲示板の書き込みの数より,「連盟」の電子掲示板の方が書き込みが多いことを内川が報告する.))
01 内川:→　　あの :(.) 掲示板より,連盟の方が書き込み (.) [多いみたいな (h)
02 堂本:→　　　　　　　　　　　　　　　　　　　　　　　[uhuhuhu huhu
03 内川:→　　な[ぞのげ]ん象 .>でも<結局考えたらさ,
04 堂本:→　　　[すごい]

01行目の内川の発話の末尾と02行目の堂本の笑いがオーバーラップしている.また,03行目の内川の発話の冒頭と04行目の堂本の「すごい」という感想もオーバーラップしている.だがいずれの場合も,内川と堂本の両者は淀みなく発話している.つまりこれらのオーバーラップは,参与者にとって問題だとは見なされていない.Goodwin & Goodwin (1987: 25-26) によれば,04行目の「すごい」のような,現在の話し手の態度に合致した評価を行う聞き手の発話は,オーバーラップしても問題とは見なされない.このほか,Schegloff (2000) では,問題と見なされないオーバーラップとして,a) 発話末オーバーラップ,b) 継続を促す要素(第7章181ページ参照)によるオーバーラップ,c) 発話順番への「条件つきのアクセス」(たとえば,発話の先取り完了(第6章163-177ページ参照))が認められたときのオーバーラップ,d)「合唱」(たとえば笑い)の4つを挙げている.

第3節 オーバーラップとその解決

なるのを聞いて,瞬時に次の1ビートで自分がどう出るかを選び,次の1ビートも重なったならそこでまた同じことを繰り返し,その交渉を通じてオーバーラップを解消することができる[*10]．

この交渉は,相手に譲るための手続きと自分が生き延びるための手続きの2つを用いて行われる．相手に譲るための手続きはシンプルである．1例として(16)を見てほしい．

(16) [JAPN1684 02:55]　♪
```
01 アユミ：    あら?(0.3)トッドとも会ってない-あ会ったよ:．
02 ヨウコ：    トッドは会ったよ::?
03           (0.2)
04 ヨウコ：    で[も そ]こ-そこまでしか会ってな:い．
05 アユミ：→     [で m-]
06 ヨウコ：    ジョージとかなんて会ってな:い．=
07 アユミ：    =<ジョージ>はね>でもね<,トッドが来た-(0.2)日にもういた
08           の．
```

ヨウコとアユミが電話で話している．04-05行目の冒頭で,2人はほぼ同時に発話を開始する．ヨウコは規則(1-c)に基づいて,マユミは規則(1-b)に基づいての発話開始である．05行目でアユミはおそらく「でも」と言いかけ,「で」という最初の1ビートが重なったのを見て,次の1ビートを「も」と母音まで産出する前に「m-」と中断している．これによって,ヨウコ1人だけが話している状態が作り出され,ヨウコの発話順番が継続されている．オーバーラップを解決する手続きの1つは,このように,単純に発話を中断し,相手に発話順番を譲ることである．

これに対し,自分が生き延びるための手続きはいくつかある．その1つは,オーバーラップ中の言葉を強い語気で発し,そのあとは通常の語気の強さで発話を続けてTCUを完了させるというものである．次の(17)では,04-05行目でヨウコとアユミがほぼ同時に発話を開始している．アユミは,最初の「>でも<」が重なったのを見ると,次の1ビートを占める「どっ」の音を発するとき

[*10] この「1ビート」毎のオーバーラップ解消に向けた交渉は,断片(16)(17)を見ればわかるように,日本語会話においても行われていると考えられる．ただしこの交渉の単位が,厳密にどのような単位なのかは,今後の研究によって究明される必要がある．

に語気を強め，自分がこのオーバーラップを生き延びる工夫をする．それと同時にヨウコが発話を中断したのを見ると，それ以降は通常の音の強さに戻して発話を続けて発話順番を拡張し，完了可能点まで発話している．

⒄ [JAPN1684 27:00] ♪
01 ヨウコ：　　　[んん::
02 アユミ：　　　[ちょっとオフシーズンに ,(0.5)<会おう>よ .
03　　　　　　　(0.4)
04 ヨウコ：　　ま[あ(ね / で-)]
05 アユミ：→　　[>でも<どっ]かに行く予定はないの¿カリフォルニアとか .
06　　　　　　　(0.2)
07 アユミ：　　.hhhh=
08 ヨウコ：　　=今年の: ,(0.2) しょ -(0.2) 正月::?

　このほかに，自分が生き延びるための手続きとしては，高い音（トランスクリプト記号の「↑」）で発話すること，オーバーラップ中の語句をすぐに繰り返すこと，語句の音を引き延ばすこと，発語の速度を速めたり遅らせたりすることなどが指摘されている（Schegloff 2000）．

3.2.2　オーバーラップした発話を回復させる手続き

　以上の手続きによってオーバーラップが解決されると，今度はそのオーバーラップ中に起きたことがらをどう処理するかが問題になる．たとえば，どちらかが発話を中断し脱落したとき，その発話はどのようにしてふたたび会話の中に姿を見せるのか．あるいは，オーバーラップした発話は十分に聴取・理解されなかった可能性があるが，そうした可能性にどう対処するのか．

　これらの問題に対処してオーバーラップした発話を回復させる手続きは，それを誰が主導するかに注目すると，（ⅰ）自己回復（自分で自分の発話を回復させる手続き）と（ⅱ）他者回復（発話を回復させるよう相手に求めたり促したりする手続き）の2つに大別できる．また，回復のやり方に注目すると，有標な（問題が生じたことを公然と認め，明示的に発話を回復させる）やり方と，無標な（問題が生じなかったかのようにふるまい，明示的な回復の工夫はしない）やり方を区別することができる（Jefferson 2004b）．

　まず，（ⅰ）自己回復の例を2つ示そう．⒅は，オーバーラップした発話の

自己回復が，有標な手続きを用いて行われた例である．

⒅ [串田 (2006a:88-89) を一部改訂]
((後藤は，ある私鉄の駅の食堂で出されるエビ天の様子を説明している))
01 後藤：　　　エビのこう尻尾が出てる．((尻尾をつまむ動作))
02　　　　　　(0.5)
03 後藤：　　　んでこ (h) ん (h) な (h) こ (h): ん (h) な (h)((両手を大きく広げる))
04　　　　　　つ (h) い (h)[て (h) る (h) hah hah[hah hah hah hah=
05 小山田：　　　　　　　　[hu ha ha ha:hah　[.hh
06 後藤：　　　=hah hah で：↑ピッて抜くとエビが ((つまんで引き抜く動作))
07　　　　　　こ (h) れ (h) ぐ (h) ら (h) い (h) ((5センチぐらいの長さを示す))
08　　　　　　[な (h) ん (h) な (h).
09 小山田：　　　[ha:h ((手を合わせてたたく))
10　　　　　　(.)
11 後藤：　　　↑逆に↑が(h) っか (h) [り (h) す (h) る (h) パターンやね．]
12 大沢：→　　　　　　　　　　　[<あ　れ　は：：　もう:>　　]あれは
13　　→　　　もう：,=
14 後藤：　　　=かたち似[てるんやけど．
15 大沢：→　　　　　　[ジャロに訴えなあかんと思う[(んやけど).
16 後藤：　　　　　　　　　　　　　　　　　　　　[あれほんまやな．

　後藤は，ある私鉄の駅の食堂で出されるエビ天が，衣ばかり大きくてエビはほんの少ししか入っていないことを説明している（01-08行目）．この説明を終えると，後藤は「↑逆に↑が(h) っか (h) り (h) す (h) る (h) パターンやね」と笑いながら自分の話のポイントを要約する（11行目）．このエビ天のことを知っている大沢は，後藤の発話の途中から「<あれは：：もう:>」（12行目）と発話を開始し，2人の発話はオーバーラップする．大沢は音をゆっくりと引き延ばしてオーバーラップを生き延びる工夫をするが，最初の「あれはもう」が終わるまで後藤の発話は続く．そこで，大沢は後藤の発話が完了すると同時に，オーバーラップした発話部分「あれはもう」を冒頭から繰り返し（Schegloff 1987b），そのあと「ジャロに訴えなあかんと思う（んやけど）」と発話を完成させている（15行目）．
　大沢はこうして，オーバーラップした発話部分を回復させる工夫を自ら行っている．この意味で，それは自己回復手続きである．また，大沢は繰り返すことで，オーバーラップによって問題が生じたことを公然と認め，明示的に発話

順番をやり直しているとわかる工夫をしている．この意味で，それは有標な自己回復のやり方である．

これに対し，無標な形での自己回復とは，(19)に見られるように，オーバーラップした発話の続きをそのまま言って発話を完成させることである．

(19)
((共通の女性の知人の名前が，男性のようだということが話題になっている))
01 足立：　　　.hh[h
02 柏：　　　　　　[>いや<でも[:．
03 中森：　　　　　　　　　　　[マコトくん:()て [呼びた]い
04 柏：　　　　　　　　　　　　　　　　　[なんか]
05 柏：　→えっとね．[これは:．]
06 足立：　　　　　　[マコトに]ん形
07 柏：　→ s 主張したいんだけど,1980 年代は ,()
08 　　　　　　男が女呼ぶ時もくんで呼んでたんだよ．

柏は 02 行目で発話を開始するが，すぐに 03 行目の中森の発話とオーバーラップして中断され，04-05 行目でふたたび発話を開始して「これは:」まで言うが，今度は足立の発話とオーバーラップして中断されている．だが，柏は中断してそのまま諦めるのではなく，07-08 行目で「これは:」の統語的続きを産出して発話を完成させている．

これはラーナー (Lerner 1989) が「遅れた完了 (delayed completion)」と呼んだ手続きである．遅れた完了は，あいだに挟まった発話——この場合は足立の 06 行目「マコト人形」——を自分の発話順番への割り込みと見なし，この発話の影響力を消去する手続きである．柏は足立の「マコト人形」という発話には反応を示さず，自分の発話を完了可能点まで発することで，後続するやりとりに自分の発話のほうが影響を持つようにしている．この意味で，それはオーバーラップした発話を回復させている．ただ，(18)の場合とは異なり，何もなかったかのようにたんに続きを産出するという無標なやり方が取られている．

次に，（ⅱ）他者回復の例を2つ見よう．(20)では，有標なやり方で，オーバーラップした発話の他者回復がなされている．

(20) [JAPN1773 01:04] ♪
01 ユリ：　　　.hh そっか:(0.2) ん: [:][(たっ -)]

第3節　オーバーラップとその解決

```
02 コウジ：          [そ][  っ  ]ちのほうはどう？
03 ユリ：  →  .hh え？
04                  (.)
05 コウジ：   そっちのほうは．
06                  (.)
07 ユリ：    元気だよ:¿げ[ん気]だよ:
08 コウジ：          [(あ.)]
```

　オーバーラップは01-02行目で生じているが，このあとにユリは「え?」（03行目）と言い，オーバーラップ中に相手が何を言ったかを質問することにより，相手の発話の回復を求めている（第8章201-202ページ参照）．つまりここでは，ユリの質問によってやり取りの進行がいったん止まっている．これに対しコウジは02行目の発話のうち，オーバーラップにより聞こえなかった可能性がある部分を05行目で繰り返している．オーバーラップ中に相手が何を言ったかを質問するということは，オーバーラップによって問題が生じたことを公然と認め，それを回復させるためにやりとりの進行を止めているという意味で，有標なやり方である．

　これに対し，無標な他者回復とは，(21)に見られるように，何もなかったかのように相互行為を先に進めるなかで，オーバーラップした発話が回復されるように取りはからうことである．

(21) [JAPN2167 01:55] ♪
```
01 マチコ：    .hh [ [そ]れ-
02 ナツミ：       [で [も -]
03 マチコ：→  うん
04 ナツミ：    >だいぶん<(0.3) ねえナーサリーも好きになったから
```

　01行目のマチコの発話と02行目のナツミの発話がオーバーラップし，両者とも中断したあと，マチコは03行目で「うん」と続きを促している．続きを促すことは，(20)のような仕方でやりとりの進行を損なうものではないという意味で，無標な手続きである．だがそれは，04行目でナツミが発話順番を取得して，いったん中断した自分の発話の続きを言って完成させることを可能にしている．

第4節　まとめと順番交替の諸相

この章では「会話のための順番交替の組織：もっとも単純な体系的記述」(Sacks, Schegloff & Jefferson 1974=2010) の議論を軸に，日常会話における順番交替の手続きを見てきた．ひとまとまりの発話を発話順番として完了させることや，参与者間に発話順番を割り当てること，順番交替において問題と見なされるオーバーラップの解決などが，秩序だった仕方で成し遂げられて，1度に1人が話す状態が維持されることを解説した．

この章で述べてきた順番交替の基本的な仕組みは，多種多様な会話状況において用いることの可能なものである．会話参与者の数は2人だけのこともあれば，4人のこともあれば，もっと多いこともあるだろう．話の内容も，その夜の祭りのことだったり，俳優のことだったり，もう少し真面目な話だったりといろいろである．実際の会話のこうした多様性にもかかわらず，またその多様性に柔軟に対応する形で，順番交替組織の基本的な仕組みは働くことができる[*11]．これを，会話の順番交替組織の，「文脈から独立している（context-free）」と同時に「文脈に感応的である（context-sensitive）」性質 (Sacks, Schegloff & Jefferson 1974: 699 =2010: 14) という．

もちろん，1度に1人が話す状態だけが会話のすべてではない．会話が複数の組に分裂 (Egbert 1997) した場合は，それぞれの組に順番交替組織が働いて，何人かが同時に話す状態が出現するし，注9で述べたように，あらゆるオーバーラップが解決を要するものであるわけではない．また議論が白熱しているときや喧嘩しているときのように，互いに発話順番に割り込みあう状態も存在するだろう．重要なのは，このようなときでも，順番交替組織が作用していないわけではなく，むしろそれがあるからこそ，議論が白熱していることや喧嘩していること，誰かが傲慢で人の話に割り込んでくることなどが，われわれに認識可能になるということである．第4章で見た連鎖組織と同様に，順番交替

[*11] 参与者の数にかんしては，2人の場合と3人の場合，4人以上の場合で発話順番交替上の大きな差異が生じる．2人の場合は，ある発話の次の発話順番を聞き手に割り当てるとき，誰に渡すかは問題にならないが，3人以上ではこの問題が生じる．また4人以上になると，会話が2組以上に分かれ，順番交替が各組で行われる可能性が生じる．

第4節 まとめと順番交替の諸相

組織も，会話中の出来事の理解可能性を支える規範的な組織なのである．

本章では会話という活動における順番交替の仕組みを述べてきた．だが，順番交替が行われる活動は会話だけではない．発話によって順番が構成される活動に限っても，たとえば裁判や授業や会議には，会話とはまた異なった形で話し手の交替が観察される．本章を終える前に，これらの活動における発話順番交替のバリエーションを一瞥しておきたい．

まず，会話の順番交替は一方の極に位置づけられる．会話の順番交替組織の特徴は，誰がいつ話すかが前もってまったく決まっておらず，そのつど，次の発話順番だけを割り当てていくということである．他方の極には，誰がいつ話すかがすべて前もって決まっている活動が位置づけられる．たとえば，結婚式でのスピーチのように，各種の儀式においては，話す順序をあらかじめ割り当てておく形で順番交替が行われる．この両極のあいだには，順番交替のある側面だけが前もって決まっていて，あとはそのつど決められるさまざまな活動がある．たとえば，会議室の中で行われている会議の場合，フォーマルなものであれば，議長が存在していて，発話順番は議長が割り当てることになる（Boden 1994）．つまり，発話順番はそのつど割り当てられるものの，発話順番の交替を誰が管理するかはあらかじめ決められている．こうしたさまざまな場面における発話交換の仕組みの諸相を明らかにしていくことが，今後の研究で求められている．その1部については第12章（278-280ページ）で触れる．

この章では順番交替の側面のみから発話順番を組み立てる方法を説明したが，発話順番が具体的にどのような構成をとるかは，その発話をどんな文脈のもとで産出しようとしているかなど，さまざまな要因により決まる．この点については次の第6章で紹介する．また，2.3においてTCUの完了可能点をTRPにしない工夫に言及したさい，そのような工夫の1つが物語を語るさいに行われることを述べた．会話の中での物語の語られ方については第7章で説明する．

【読書案内】

日本語で書かれた順番交替組織関連の論文はそれほど多くないが，いくつかの本や雑誌はまとまった数の論考を収めている．まず串田・定延・伝編『シリーズ文と発話』（ひつじ書房）には，既存の言語学における文を単位とした統語研究を会話分

析の順番交替の立場から捉え直す試みとして,『活動としての文と発話』に林（2005），串田（2005a），西阪（2005），『「単位」としての文と発話』に岩崎（2008），森本（2008）が収録されている．また雑誌『社会言語科学』の第 10 巻第 2 号（2008）の特集「相互行為における言語使用：会話データを用いた研究」には，西阪（2008b），林（2008a），初鹿野・岩田（2008）が収められている．日本語会話におけるオーバーラップについては，串田（2006a），平本（2011b）などがある．概説的な文章としては小宮（2007），山崎・好井（1984）を見てほしい．

第6章 発話順番の構築

第1節 はじめに

　前章で順番構成単位（TCU）の組み立てについて触れた．そこでは，順番交替組織の観点から，発話順番がいつ完了可能となり話者交替が適切になるかという側面を中心に，TCU の組み立てを論じた．本章では発話順番の完了という側面のみならず，発話順番がその冒頭から末尾まで，相互行為のなかでどのように構築されていくのかを詳しく検討していきたい．

　発話順番の構築にはさまざまな文法的資源が用いられる．ゆえに，発話順番の構築プロセスの分析は，そこで用いられる文法的資源——たとえば，日本語という言語に特有の文法的資源——の分析と不可分である．本章では，言語学において広く「文法」と呼ばれる主題を会話分析の観点から考察した場合，どのような現象が分析の射程に入ってくるのかを，具体例を紹介しながら示したい．

　相互行為の中で発話順番がどのように構築されるかを分析する視点としてもっとも重要なのは，そこに現れる構造が，会話の参与者たちの相互行為の産物として立ち現れるという点である．文法研究においては，何の文脈も与えられない単文を用いて議論がなされることも多いが，実際の相互行為には文脈なしに産出される発話は存在しない．発話はつねに進行中の相互行為の状況の中に埋め込まれており，その場その場の相互行為の流れと不可分に結びついた形で組み立てられる．第2章で述べたように，相互行為のなかで構築される発話はつねに何らかの行為を行うために産出されるのだが，その構築のプロセスは刻一刻変化する状況によって形づくられ，同時に，それ自身もまた状況を新たに形づくっていく．つまり，いま産出される発話は，つねに前に産出された相互行為の流れ（＝先行文脈）と結びつく形で組み立てられるとともに，次に産

出される相互行為の流れ（＝後続文脈）を形づくっていくのである（cf. Sacks, Schegloff & Jefferson 1974=2010）.

　いまの発話が前に結びつけられ，次を形づくるということが，具体的に発話順番の組み立てにどのように反映されるかを，(1)を用いて簡単に例示してみよう．ここでは大学院生3人が院生室で雑談しており，断片の直前で，アキラが以前に提案した研究仮説が話題となる．注目したいのは，06行目のハルミの発話の組み立てである．

(1)
```
01 セイジ：    .hh (で) もそれおもしろいよな::[::::  ]
02 アキラ：                                  [hehh ] hehh
03             .hhh hehh あ(h)れ(h)っき(h)り(h)¥なにも考えた
04             ことがないんだけど.¥.hh hehh hehh
05             (0.5)
06 ハルミ：→   え それはやめたの¿
07 アキラ：    やめたというか:(1.8) 思いつきだったから(hh).
```

　まず，06行目のハルミの発話は「え」で始められている．これはハルミが直前のアキラの発話に対するある種の反応――相手の直前の発話や行動が自分の想定と食い違っていたというスタンスを示す反応（Hayashi 2009）――として発話を組み立て始めていることを示す．つまり，この発話は，直前の発話に対してどのような関係を持つのかを示す形で始められている．また，ハルミは指示代名詞「それ」を用いて，直前で話題になっていたこと，つまりアキラの研究仮説を指している．このように，聞き手が指示対象を理解するにあたって先行文脈を参照する必要のある形式を用いることも，いまの発話内で用いる語の選択が先行文脈に結びつけられていることの1つの表れである．さらに，指示詞「それ」を「は」でマークすることは，先行文脈で話題になっていたことをこの発話の主題として提示し，それについて何かを述べる述部が産出される構造を投射している．その述部では，アキラの先行発話に対する理解の候補（「やめた」）を提示し，終助詞「の」をやや上昇調に発話する．これによって，次にアキラが応答することを適切にし，あとに続く相互行為の流れを形づくる組み立てとなっている．ハルミのこのごく短い発話の組み立てが示すように，発話順番の構造は先行文脈に結びつけられるように形づくられ，後続文脈を形

づくるものとして構築されるのである．

　第2節ではまず，発話順番の組み立てが先行文脈に結びつけられるやり方を，いくつかの言語資源に着目して検討する．そして第3節では，発話順番の組み立てが後続する相互行為の流れを形づくる側面に焦点を当てて記述する．

第2節　先行文脈との結びつきを示す発話順番の組み立て

2.1　発話順番冒頭の要素

　発話順番が先行文脈とどのように結びつくかを明示するのに繰り返し用いられる言語資源として，発話順番の冒頭に置かれる要素が挙げられる．発話順番の冒頭には，(1)で見た「え」のほかにも「あ」「へえ」等の感動詞や，「いや」「うん」等の応答詞，「でも」「だって」「だから」等の接続詞などが置かれることが多い．これらの要素は，発話順番冒頭の位置において，先行発話に対するさまざまなスタンスや接続のあり方を示す重要な資源となる[*1]．

　たとえば，上で述べたように，「え」は先行発話が自分の想定と食い違っていたというスタンスを表示するマーカーであるが，(2)に見られるように，先行発話で評価がなされたあとの発話順番冒頭に置かれた場合，それはその評価に対する不同意を示す反応が産出されることを予示する（Hayashi 2009）．

(2)
((ハルが首都圏での満員電車での通勤の苦痛の話をした後，アイが自分の地元の話を開始する.))
01 アイ：　　　田舎だから：：：[あんまりそ-]交通網発達してない．=
02 ハル：　　　　　　　　　　　[°う：：：：ん°]
03 ナナ：　　　=じゃなにバス：?=
04 アイ：　　　=クルマクルマ．
05 ハル：　　　え！[クルマ：?]
06 アイ：　　　　　[　仕事　]行くのもクルマ．

[*1] 感動詞・応答詞・接続詞はあくまでも，発話順番冒頭に置かれうる言語的資源の一部に過ぎず，これら以外の言語的要素が置かれることもある．たとえば，「それはそうと」，「そう言えば」などの言語的要素も，文法的には感動詞・応答詞・接続詞に分類されるものではないが，発話順番冒頭に置かれ，先行発話（群）との接続のあり方を示す資源として用いられる．なお，発話順番の冒頭という位置は，発話順番が先行文脈とどのような関係にあるのかを示す要素が置かれるだけでなく，冒頭部分以降に産出される発話によってどのような行為が遂行されるのかを投射する要素が置かれるという点でも，相互行為上重要である（Heritage & Sorjonen 2018）．

```
07              (0.8)
08 ハル：       いい::ね:[::  じゃアメリ]カみたいじゃない＝
09 アイ：→            [え いいかな-  ]
10 アイ：       ＝渋滞でもするよ:::
```

　アイが車で通勤する（06行目）と聞いたハルが「いい::ね:::」（08行目）と肯定的に評価すると，アイは09行目の発話順番冒頭に「え」を配置し，直前の発話が自分の想定と食い違っていたというスタンスを表示する．そして「いいかな-」と発話を続けてハルの評価に疑義を提示し，10行目で疑義の根拠を述べる．

　また，(3)では，05-06行目のいわゆるWH質問への応答の冒頭に「いや」が置かれている（08行目）．「いや」を応答の冒頭に配置することによって，応答者が質問に対して何らかの問題を見い出したというスタンスを表示し，それがどのような問題であるかをそれに続く応答部分で明らかにすることを予示している（串田・林 2015）．

(3) [串田・林 2015:195　一部改訂]
((ダイゴのアパートに弟のトシキが訪ねてきている．この会話の前日，ダイゴは部屋にたまっていた古新聞・古雑誌をひもで括ってベランダに出していた．この断片の少し前では，トシキが部屋に置いてあったコミック雑誌を読んでいた．01-04行目はそれまでの話題が終了したと見なせる時点.))
```
01 トシキ：     ＝.hhh ha ha: .hh
02              (1.0)
03 トシキ：     ghh ghh ((咳払い))
04              (0.5)
05 トシキ：     えっ-(0.3)↑これって↑この前のさっ-(0.4)
06              き-分はどこにあるん.((前方を指差しながら))
07              (0.7)
08 ダイゴ：→   いやもう括ってもうたわ．
09              (0.3)
10 トシキ：     .hhh
11              (0.3)
12 トシキ：     ツマキさんがどうなったか僕知らへんわ.＝(読んでたのに)
```

　トシキは05-06行目で，読み終わったコミック雑誌のあたりを指差しながら，その雑誌の1つ前の号の所在を「どこ」を含んだWH質問で尋ねている．この質問は，もしも1つ前の号の所在が分かれば，それを読ませてくれと依頼す

る，あるいは依頼する代わりに自分でそれを取りに行く，という相互行為の展開を投射している．そうした場面でダイゴは，雑誌の所在を答える代わりに，発話順番冒頭に「いや」を配置し，トシキの質問に何らかの問題を見出したことを示す．それに続けて，予想されるトシキの依頼に応じられない理由を述べるという形で，トシキの質問が投射する相互行為の展開をブロック（第4章93-94ページ参照）している．

2.2　助詞で始まる発話順番

「え」「いや」などの感動詞・応答詞・接続詞は，それらが用いられるときには，通常，発話順番冒頭に置かれる要素である．これに対し，通常は発話順番冒頭に置かれない言語要素が発話順番冒頭に配置され，感動詞・応答詞・接続詞などとは異なる形で先行発話とのつながりを作り出すこともある．それは，「に」や「は」などの助詞が発話順番冒頭に用いられる場合である[*2]．助詞はいわゆる「後置詞」であり，別の要素（たとえば名詞）のあとに置かれることで，その要素とともに1つの文法的なまとまり（たとえば名詞句）を形成するものである．したがって，一般的な日本語文法の知識からいえば，発話の冒頭に現れるものではない．しかし，相互行為における実際の言語使用の場面を観察すると，後置要素であるはずの助詞がときに発話順番の冒頭に置かれ，先行発話とのつながりを構築する資源として用いられることがある[*3]．(4)を見てみよう．この断片では3人の女性の友人同士が話しており，ここでは夫の会社の借り上げ社宅のマンションに最近引っ越したアサミの家賃が話題となっている．

(4)
((アサミはマンションの正規の家賃と共益費等を足すとひと月14万円強と述べた後，そのうち会社の負担は4千円であると聞こえるような発言をする．驚いたキョウコが確認を求めると，アサミは会社の負担は12万円であると述べる．))

[*2]　厳密に言えば，ここで記述するのはいわゆる格助詞（「が」「を」「に」等），副助詞（「まで」「だけ」等），係助詞（「は」「も」「しか」等）で開始される発話である．

[*3]　このように，通常は発話冒頭に置かれない言語形式で発話を始めて先行発話とのつながりを構築する方法一般を，シェグロフは「開始要素ではない要素で発話を開始する方法（starting with a non-beginning）」と呼び，英語会話からの具体例を提示している（Schegloff 1996b: 73-83）．本文中で記述している「助詞で始まる発話」は，言語を超えて見られるこうした発話構築の方法の，日本語に特徴的な1つの用いられ方だと位置づけることができる．

第6章 発話順番の構築

```
01 キョウコ：　すごいな::.すごい-負担してくれん [(ねん) な:.]
02 アサミ：　　　　　　　　　　　　　　　　　　[そうや　]で:.
03 　　　　　　　(0.3)
04 チカ：　　てことは::自ぶん:では２まん:か
05 　　　　　　[３万ぐらいすんの:?　]
06 アサミ：　[ううん(１回)うんと　]ね:いま１万５千ぐらい出して°
07 　　　　　んねん.°
08 　　　　　　(0.2)
09 チカ：　　→だけで済むん　[やろ:?　　]
10 アサミ：　　　　　　　　　[°うんだけで]済[む:.°　]
11 キョウコ：　　　　　　　　　　　　　　 [すごい　]やん
```

　09行目のチカの発話順番は副助詞「だけ」で開始されている．助詞で発話を開始する方法は，日本語話者がもつ［名詞＋助詞］という句構造の知識を利用することで，発話冒頭の助詞を直前の発話の中に見られる名詞とつなげる形で聞くことを聞き手に促す．上の断片の場合，09行目冒頭の「だけ」がアサミの先行発話の中の直近の名詞（06行目の「１万５千」）につなげて聞かれるように組み立てられている．

　この組み立ては，09行目でチカが遂行している以下のような行為の資源となっている．この断片の前では，14万円近い家賃のほぼ全額をアサミ夫婦が自己負担しなければならないという誤解が生じたあと，それが解消されている（01-02行目）．その直後にチカは，アサミの家賃の自己負担額の確認要求を行っている（04-05行目）．この文脈でのこの確認要求は，月々14万円近くではなく２〜３万円の支出をしていることに向けられており，ひいてはアサミ夫婦が会社から割の良い待遇を受けていることを主旨としている（01行目のキョウコの評価も参照）．これに応じて，06行目でアサミは自己負担額にかんしてより正確な数字を出すが，この訂正はチカの確認要求の主旨――アサミ夫婦が割の良い待遇を受けていること――には影響しないし，むしろそれをより強く裏づけるものである．ゆえに，チカはアサミが訂正して提示した「１万５千」という数字を新情報として受け取る反応（たとえば「へえ」）をしたり，評価（たとえば「すごいね」）をしたりするのではなく，助詞で始まる発話を用いることでその数字を取り込みつつ（09行目），自分の主旨がより明確に伝わる「Xだけで済む」という形に確認要求を組み立て直している（Hayashi 2003a）．すなわ

ち，アサミの 06-07 行目の応答が的を射たものではなかったので，より主旨を明確にした形で確認要求をやり直し，アサミにより適切な応答する機会を与えている．これを受けて，アサミが「うん」のみならず「だけで済む」を繰り返すことで確認を与えている（10行目）ことは，本来ならば1度目の応答でそう言うべきだったというアサミの認識を示唆している．

第3節　後続文脈を形づくる発話順番の組み立て

　次に，発話順番の組み立てが，どのようにして後続する相互行為の流れを形づくっていくかを見ていこう．第4章では，隣接対の第1成分を産出することによって，次の発話順番で自分以外の参与者がどのような行為を行うべきかを方向づけることができることを述べた．これは，発話順番の組み立てによって後続する相互行為が形づくられるもっとも基本的なあり方である．これに対し以下では，発話順番の組み立てを通じて，自分自身が後続文脈で行う行為が形づくられる場合に焦点を当てよう．

3.1　前置きの提示

　後続文脈で自らが行う行為を方向づける発話構築の典型的なやり方の1つは，あとで行う行為を予示する何らかの前置きを提示することである．第4章で見た前置き連鎖は，あるベース隣接対 FPP を行う準備として，その行為の前提条件が成り立つかどうかを調べる手続きだった．これに対し，ここで「前置き」と呼ぶのは，自分自身の後続する行為を投射することによって，それを行う発話スペースを確保するために用いられる手続きのことである．この種の前置きには，前置き連鎖 FPP ほど明確に聞き手による SPP の産出を必要としないものも含まれる．

　まず，「前置きの前置き（preliminay to preliminary; pre-pre）」と呼ばれる手続きを紹介しよう（Schegloff 1980）．これは，たとえば「ちょっと質問していいですか」や「お願いしたいことがあるんだけど」など，特定の行為をこれから行うことを表明する発話である．重要なのは，受け手が「いいですよ」「何ですか」などと受け入れを表明したあとに話し手が産出するのは，往々にして

予示された行為そのものではなく，予示された行為を行うための予備行為だということである．前置きの前置きは，そうした予備行為（＝前置き）を行う発話スペースを確保するために配置されるのである．(5)を見てみよう．

(5) [JPN1263 11:55] ♪
((直前までは，アメリカに比べて日本の野菜の値段が高いことを話している))
01 ヒトミ：→ ↑ところで変↓なこと聞いてい↑い
02   (.)
03 ユキ：   う：ん．=
04 ヒトミ： =.hhh あのさ：日本にあるさ：, .hhh[ええ]と：：=
05 ユキ：   [゜うん．゜]
06 ヒトミ： =ちっちゃい>ほら<カエルがあるじゃ
07   ない．=緑のカエル．=１センチ四方の．<１センチより
08   小さいかもしれない．=お財布に入れる [やつ．]
09 ユキ：   [う：]ん．
10   (.)
11 ヒトミ： お金がかえるとかさ無事帰るとかさ
12 ユキ：   う：ん．=
13 ヒトミ： =.hhh あれどこに売ってんだろ
14   (0.8)
15 ユキ：   あれって↑なん↓か：(1.0) なんか：(0.2) お寺とか
16   神社とかの：, (0.5)
17 ヒトミ： >おみやげ屋さん<：：：だよ[ね：．]
18 ユキ：   [う：]ん．そう．

　ヒトミは01行目で，ユキに質問があることを表明しつつも，質問内容そのものは明かさない．そこで，03行目でユキは「う：ん．」とヒトミが先に進むことを促す．しかしながら，そのあとにヒトミが産出しているのは予示された質問そのものではなく，財布に入れるカエルのお守りについてユキの認識を求める発話である（04, 06-08, 11行目）．重要なのは，前置きの前置きによって質問がなされることが予示されているがゆえに，ユキはこの認識要求の発話をやがてなされるであろう質問と関連づけて聞き，予示された質問が産出されるまで待つよう動機づけられるということである．じっさい，予示された質問が13行目に現れるまで，ユキは認識を主張する最小限の反応を産出し，ヒトミが発話順番を継続することを促している．このように，前置きの前置きは，や

第3節　後続文脈を形づくる発話順番の組み立て

がてなされる行為を予示することによって通常の順番交替を一時停止することを提案し，予示された行為とそれに必要な予備行為を行う発話スペースを得ることを求める働きを持つ．聞き手がそれを受け入れれば，話し手は確保された発話スペースにおいて，複数の TCU からなる発話順番を産出し（第5章132ページ参照），予備行為および予示された行為を行う[*4][*5]．

日本語会話では，指示詞「あれ」を資源として，前置きの前置きに似た発話を組み立てる手続きが観察される（林 2008a）．指示詞「あれ」は通常，すでに先行文脈で言及された対象を指示したり（文脈指示），その場に物理的に存在する対象を指示したり（現場指示）するさいに用いられる．ところが，(6)に見られる「あれ」はそのどちらでもなく，これから述べることを指すものとして用いられている．

(6) [林 2008a: 21　一部抜粋]
((A はガス会社勤務．Y に仕事内容について聞かれ，研究員としてプラスチックの研究をしていると述べる．それを聞いた F は，プラスチックの研究がガス会社の業務とどう関連しているのかと A に聞く．))
01 A:　　　　いろいろ:プラスチック使ってるとこありますからね::.
02 Y:　　　　あ ほんま:.
03 A:　　　　う:ん. 器具とか:°まあその [:.°]

[*4] 前置きの前置き以外に，後続の行為が十全に行われるための発話スペースを確保するために産出されるものとして，「物語りの前置き（story preface）」がある．これについては第7章（174-177ページ）で詳しく述べる．
[*5] C. Goodwin (1996) は，何か語るべきことがあることを輪郭的に示しつつもそれだけでは具体的な情報を提供せず，後続文脈でその詳細が語られることを予示するような言語資源を「先を指し示す指標（prospective indexical）」と呼んでいる．たとえば，下の(18)の 01 行目もその 1 例である．

(18)((前の話題が終了した後，シホが唐突に目の前のコーラの入ったコップに手を伸ばす．))
01 シホ:→　これちょっと,やばいよね::(.)°さ[っきか(h)ら.°]
02 サエ:　　　　　　　　　　　　　　　[なんでやばい]ん
03 リカ:　　な(h): [(h):ん] でやば(h)い
04 シホ:　　　　　[(　　)]
05　　　　　(0.6)
06 クミ:　　[なにがやばいの]
07 シホ:　　[ゲプゲプしちゃ]:う hh ((「ゲップする」の意))
08 リカ:　　eh [hhuhuhh .hh huh huh!
09 シホ:　　　　[hehh
10 シホ:　　抑えんのにがんばってんだけど.

```
04 Y:                              [器具]とかで::.
05                 (0.4)
06 A:→            その:最近あれなんですよ
07                °あの:::° (0.7) ガス管あるじゃないですか:.
08                (.) >あれ全部いま<プラスチックになりつつあるんですよ.=
09                =どんどん.=鉄から.
10 F:             ほんま::.
11                (0.4)
12 A:             ポリエチレン::[になってるんですよ.]
13 F:                          [ふ:::::::::::::   ]::ん.=
14 Y:             =ほう::::
```

Aが「その:最近あれなんですよ」(06行目)と発話した時点では,「あれ」の指示対象は先行文脈にも物理的な発話場面にも見い出されない.この「あれ」はいわばダミー語,すなわち文構造内のスロットを埋めるために用いられる代用語として06行目の発話に埋め込まれ,その指示対象が後続文脈で特定されることを投射する.さらに重要なのは,「〜なんですよ」という文末表現である.「〜なんですよ」は何らかの情報提供が行われるときに用いられる表現なので,これと指示対象の特定されない「あれ」とが組み合わさることで,後続文脈では「あれ」の指示対象を特定しつつ何らかの情報提供がなされることが予示されている.

この状況のもとで,実際に次に産出されたのは,「ガス管あるじゃないですか」(07行目)という,予示された情報提供そのものとは聞き得ない発話である.だが,これから情報提供が行われることが06行目で予告されているがゆえに,聞き手はこの発話を情報提供のための準備行為と聞き,予示された情報提供そのものと認識可能な発話[*6]が出現するまで発話順番を取ることを控える[*7].こうして,前置きの前置きの場合と同様,「あれ」を用いて特定の行為

[*6] 予示された情報提供と認識可能な発話は08-09行目に現れるが,この発話がそのように認識されることを確かにするひとつの資源として,「あれ」を含む発話と同じ文末表現(「〜(な)んですよ」)を用いて発話を組み立てるという方法が取られている.これは,他の同様の事例にも繰り返し見られる現象である(林2008a).

[*7] 07行目のあとで,聞き手から「うん」のような指示対象がわかったことを主張する反応が返されることは可能である.152ページ断片(5)の09,12行目の聞き手の反応を参照してほしい.しかし重要なのは,この位置での聞き手の発話は最小限に留められ,それによって話し手が続けることを促すということである.

を予示する発話は，2つ以上の TCU からなる発話スペースを確保し，予示された行為を行うための準備活動を行うことを可能にする[*8]．

　ここまで，発話順番の組み立てが先行文脈とのつながりをどのような形で具現化し（第2節），後続する相互行為の流れをどのように形づくっていくか（第3節）を検討してきた．次の第4節では，1つの TCU の構築プロセスにおける，話し手と聞き手の協働作業に目を向けよう．そこで示したいのは，ひとつの文あるいはそれに準ずる文法単位をなす TCU の産出が，話し手のみによって行われるのではなく，そこに聞き手も深く関与しているということである．すなわち，1語1語開示していくリアルタイムの発話構築のプロセスの中で，話し手と聞き手のやりとりの産物として文やその他の文法単位が産出されることを例示したいと思う．

第4節　TCU 構築における話し手と聞き手の相互行為

4.1　反応機会場

　第5章で少し触れたように（124ページの注6），日本語会話における発話順番構築の1つの特徴は，TCU の内部に聞き手が反応してもよい場所——これを「反応機会場」と言う（西阪 2008b）——がしばしば設けられるということである．(7)にその1例が見られる．

```
(7) [JAPN1612 8:54] ♪
01 弟：　　　　ええ：っと¥ママが↑ね¥
02 兄：→　　　う：ん．
03 弟：　　　　¥兄ちゃんが↑ね¥
04 兄：→　　　う：ん．
05 弟：　　　　ハーバード入ったらね
```

[*8] 2つ以上の TCU を産出できる発話スペースを確保するための前置きとして，ここで記述してきたもののほかに，⑲のような「リストの前置き」（Jefferson 1990）がある．

```
⑲ [JAPN1367 7:09] ♪
((トモコが引っ越しを考えていると述べた後))
01 トモコ：→　ってゆうのはね：ふたつ：：理由があっ(.)て：,
02 ユミ：　　　う：ん．
03 トモコ：　　((ふたつの理由を述べる))
```

```
06 兄:→      う:ん.
07 弟:       あの::もしかしてスープラを↑ね=
08 兄:→      =う:ん.
09 弟:       あの:() 変えるのよ新しい車に.
```

　弟は，1つのTCUを細分化し，ときとして助詞「ね」を付加するなどして区切りを示しながら，聞き手に反応の機会を与えつつ漸次的に産出している(01, 03, 05, 07, 09行目)．つまり，TCUの完了可能点に到達して初めて聞き手が反応する場が設けられるのではなく，TCUの内部で聞き手が反応してよい場所が作り出されるのである．そうすることによって，聞き手が現在産出中の発話の受け手としてどのように参加しているか——話し手の発話を聞いている，理解している，話されている内容に対してしかじかの態度を取っている，など——を，発話産出の途上において表示したり主張したりすることを可能にしている．

　反応機会場における聞き手の行動は，話し手によって産出されつつあるTCUの軌跡に影響を及ぼしうる．このことは，次の2つの断片が示している．まず(8)では，反応機会場における聞き手の反応の不在もしくは遅延が話し手によって問題として扱われ，対処されている（西阪 2008 b）．

(8) [西阪 2008b: 88]
```
01             k kr ((何かをかじる音にも聞こえる))
02 A:          もひもひ:
03 B:          もしもし. な - もしかしてご飯食べてた::: ?
04             (.)
05 A:          °んん:°.
06             (0.2)
07 B:          そ(h)う(hh)じゃないの？
08 B:          hh .h h      |
                            |(2.9)
09             (1.2)        |
10 B:          あのさ::: hh
11      →      (0.6)
12 A:   →      °ん°
13 B:   →      も(h)- ¥もしもし:?¥
```

第4節　TCU構築における話し手と聞き手の相互行為

　Bは10行目で電話の要件を話し始めようとTCUを開始し，「あのさ:::hh」のあとに反応機会場を設ける．しかし，Aはすぐには反応せず，0.6秒の間のあと，非常に弱い声で「°ん°」と反応する (11-12行目)．先行文脈においてすでにAの会話への参加の用意が不十分である可能性が示されている状況[*9]において，Bはこの反応の不在もしくは遅延を，進行中のTCUの軌道を中断してでも対処すべき問題と捉え，再度呼びかけを行う (13行目)．そうすることで，Aが聞き手として適切に参加する用意があるのかどうかを確認する[*10]．

　次に(9)では，反応機会場において聞き手の側が問題対処を開始することにより，進行中のTCUの軌道に影響が及んでいる．

(9) [JAPN1684 02:44] ♪
((01行目はアユミとヨウコの共通の友人であるアイビーの近況報告の終了部分))
01 アユミ：　　＝そう それで:-() ちょっとだけ帰ってくんだけど:,

[*9] 02行目のAの「もひもひ:」という変則的な応答から，Aが食事中であった可能性にBは指向するが (03行目)，Aは否定するのみで，Bが気づいた異変への説明は行わない (05行目)．Bはさらに説明を追求するが (07行目)，それに対するAの返答はない．自分の気づいた異変への説明が与えられないまま，Bはとりあえず電話の要件を切り出そうとする．こうした状況ゆえに，11-12行目のAの反応の不在あるいは遅延は，会話への参加の用意が不十分であることの表れだと理解されうる．

[*10] 反応機会場における聞き手の反応の不在が，つねに話し手によって問題として扱われるわけではない．たとえば，⑳の01-03行目の末尾はそれぞれ聞き手が反応してもよい場所だが，そこで聞き手が反応することはなく，話し手もそれを問題としては扱わないでTCUの構築を続ける．

⑳ [JAPN4261 00:56] ♪
((電話会話))
01 ケンタ：　→　もう::: なんか:::(0.8)
02　　　　　→　あのね::,()
03　　　　　→　いま::(0.7)
04　　　　　　　担当のひと::ってゆうか:上司の人が:,
05 ユウジ：　　　うん．
06　　　　　　　(0.5)
07 ケンタ：　　　あの:::出張で::
08 ユウジ：　　　はい．

つまり，反応機会場は聞き手が発話の適切な受け手としてふるまう機会を提供するが，たとえば隣接対FPPへの返答が期待されるのと同程度に聞き手の反応が期待されるわけではない，と言えよう (西阪 2008b)．

```
02             .hhh でジョージがね:?
03       →    (0.4)
04 ヨウコ:→   ジョージってだ [れ
05 アユミ:                  [覚えてる:?
06             (0.2)
07 アユミ:    ライアンの友達なんだけど:,.hh
08             ジョー [ジ-
09 ヨウコ:          [あたし会ってないよジョージなんて.=
10 アユミ:    =あ::ってないか:.
```

アユミは01行目でヨウコとの共通の友人の近況について語り終えたあと，02行目で新たなTCUを構築し始め，「ジョージ」という別の人物を名前で指示（第9章参照）し，文節の区切りで助詞「ね」を配置することで反応機会場を設ける．人の指示における名前の使用は，聞き手がその指示対象を認識できるという話し手の想定を含意している（第9章220ページ参照）が，反応機会場でヨウコは「ジョージってだれ」（04行目）と修復を開始し（第8章4.5節参照），アユミの想定に問題があることを主張する．アユミは，ヨウコが言及された人物を少なくとも過去において知っていたことを前提に問題の解決に当たろうとするが（05, 07行目），ヨウコはそれを否定し（09行目），アユミはそれを受け入れる（10行目）．ここでは，反応機会場を利用した聞き手の問題提起により，話し手が始めたTCUの軌道は大きく変更されている．

4.2　見解交渉

第4章で述べたように（83ページ），ある発話順番において意見や評価が表明されると，次の発話順番で聞き手がそれに対して同意あるいは不同意を表明することが適切となる（Pomerantz 1984b; Mori 1999）．こうした話し手と聞き手の見解交渉のプロセスが構築中のTCUの内部で行われる場合もある（Iwasaki 2008; Nakamura 2009; 中村 2011）．⑽では，話し手が自分の見解の核心を明示した直後，進行中のTCUを完了するまでのあいだに聞き手の反応をモニターする場を言語行動・非言語行動によって作り出し，聞き手の反応を踏まえたうえでTCUを完了させている（Nakamura 2009）．

第 4 節　TCU 構築における話し手と聞き手の相互行為

⑽ [Nakamura 2009: 133- 4　簡略化]
((小さい子どものいる母親の労働状況の問題について話している．トランスクリプト内の↗↘は顎の上がり下がりを示す.))
01 アキ：　　　そうだね＝そう実際問題さ そう保育園でも：：．()
02　　　　　　なんか(ろ)く時とかがさ：限度とかだったりすると [さ，
03 ハナ：　　　　　　　　　　　　　　　　　　　　　　　　　[そうそう
04 アキ：　　　そいで会社を：(0.5) そこで終わら (h) せていくっていう
05　　　　　　[そうゆう
06 ハナ：　　　[定時で走って帰る＝
07 アキ：　　　＝そうそうそう．そうゆう会社かどうかってゆうところ
08　　　　　　[が　[問題だよね．復帰したところ [で．
09 ハナ：　　　[う：ん
10 ヨウコ：　　　　[°そう°　　　　　　　　[°そう．°
11　　(0.3)
12 ヨウコ：　→でそうゆう恵まれた会社やっぱりほんと
　　　　　　　　　┌((アキの方を見る))
　　　　　　　　　│((↗ゆっくりうなずく↘))
13　　　→　すく│ない　[：：　[から：＝ほん：] とに
14 アキ：　→　　　　　　　　　[ない [よ ね：：　　]

　01-02, 04-05, 07-08 行目でアキは，働く母親にとって，子どもの保育園の終了時間に間に合うように仕事を切り上げられる職場かどうかが問題だと述べる．ヨウコはそれに同意を示し（10 行目），さらに，そうした「恵まれた」職場は少ないという見解を述べる（12-13 行目）．この見解の核心部分である述語「少ない」の産出のされ方に注目しよう．ヨウコはこの述語の産出途中でアキに視線を向け，ゆっくりとうなずき始める（13 行目の上の注記を参照）．青木（Aoki 2008）によれば，このような話し手の発話中のうなずきは，聞き手の反応を引き出すために用いられる．そして，述語の末尾の母音「ない：：」を引き伸ばすことで，TCU が完了可能点に到達する前に聞き手の反応をモニターできる場を作り出している．そうした場でアキは同意の反応をし（14 行目），それを受けてヨウコは TCU を完了させている．そのさい，TCU の末尾に「ほん：とに」という強調の付加要素（第 5 章 129 ページ参照）を配置し，聞き手の同意に呼応する形で自らの主張を強めている．

　上の事例では，話し手が聞き手の同意を踏まえて，TCU の完了部分で主張態度を強める組み立てを行うことが観察された．これに対し，次の⑾では，進

行中の TCU 内で見解の核心を明示したあと，聞き手の反応をモニターするも聞き手の同意表明が得られず，それを受けて話し手が TCU 完了部分で主張態度を弱める組み立てを行っている（Nakamura 2009; 中村 2011）[*11]．ここでは，2 人の友人が「町（ちょう）」のつく地名のイメージについて話している．カオリは自分の出身地（○○町）がいかに田舎であるかを語るが，ヒロコは都会では町のつく地名はおしゃれだと述べる．

(11) [Nakamura 2009: 130-1，163 簡略化]
```
01 ヒロコ：   .h [だから町(h)っておしゃれな(h)ん(h)だけど(h).
02 カオリ：      [なんかイメージが違うんだけど.
03            (0.7)
04 ヒロコ：   .h: .h: [Ehah hah .h
05 カオリ：           [イメージが違(h)う(h)んだけ(h)ど(h)
06                    な(h)んか(h).(.) [なんか
07 ヒロコ：                             [駅の名前で(.)あるよ =
08            = 町っていったら．
                              ┌((両手でジェスチャーを
                              │始め視線を手に向ける))
09 カオリ： → あ>でも-< (0.2) それは│名前が
                        ┌((ジェスチャーを  ┌((視線とジェスチ
                        │保ちつつ        │チャーを保ちつつ
                        │ヒロコの方を見る))│うなずく))
10       → たま        │たま      町で終わっ(.)│た,
11            (0.5)
12 ヒロコ： → °そうなのか [な:°
                                    ┌((深く首を傾ける))
13 カオリ： →            [°ってゆう│感じ?°
14            (0.4)
15 カオリ： → あれ わかんない．
```

01-06 行目で「町（ちょう）」のつく地名に対するお互いの見解が異なることが明らかとなるが，ヒロコは大都市の駅名にも「町」がつくものがあると述べ（07-08 行目），「町」がつくのは田舎の地名だというカオリの見解に同意できない根拠を示す．それに対し，カオリは「あ>でも-<」と反論を投射する形で発

[*11] 第 9 章 238-239 ページの断片(14)にも同様の例が見られる．

話を始める（09行目）．その後，カオリは両手で「名前」という概念を抽象的に表すかのようなジェスチャーを始めそこに視線を落とすものの，「たまたま」を発語する途中でヒロコの方に視線を向け，視線とジェスチャーを保ったまま，反論の核心部分の述語「終わった」をゆっくりと促音を長めに取って発する（10行目）．「終わった」は継続音調で産出され，静止ジェスチャーとともに，この時点でカオリのTCUがまだ完了していないことを強く示唆するが，同時にカオリは発話を中断し，聞き手の方を見て少しうなずくことで反応を求める（cf. Aoki 2008）．

こうして作り出されたモニター空間で，ヒロコは「そうなのかな」とカオリの見解に疑義を挟む反応を行う（12行目）．聞き手の不同意を示す反応を受けたカオリは，進行中のTCUを再開し完了部分を産出するが，そこでは断定を避ける表現「ってゆう感じ？」が用いられる（13行目）．小声での産出，上昇調の音調，そして深く頭を傾ける動作などから，この完了部分は自らの見解についての主張態度を弱めるものとなっている．そして，0.4秒の間のあと，新たなTCU「あれ わかんない」（15行目）でカオリは自らの主張を打ち消す．

断片(10)と(11)が示すように，ときとして，聞き手との同意・不同意の交渉が，話し手の見解の核心が明らかにされるTCUの終末部において行われ[*12]，聞き手の反応に対応する形で話し手が構築中のTCUの完了部分の組み立てを調整することがある．

4.3 指示交渉

反応機会場や見解交渉の場面のほかに，TCU内部で話し手と聞き手のやりとりがしばしば観察されるのは，話し手が何らかの対象（人，場所など）を指示するとき，聞き手がその指示対象を認識できるかどうかが不確かな場面においてである．そのような場面において，話し手はしばしば，ある指示表現を上昇調の音調で産出したり，そのあとに間を空けたりして，聞き手がその指示対象を認識したかどうかを表明するスペースを，構築中のTCU内に作り出す．

[*12] 日本語は述部が文や節の終末部に置かれる構造をもち，また発話者の見解の核心は往々にして述部によって明らかにされるため，見解交渉のやりとりは文や節の形を取ったTCUの終末部分で行われることが多い．

こうした指示交渉の1例が(12)に見られる．

(12) [岩崎 2008: 172 一部抜粋]
```
01 ゲン： → いやなんか今日さ，その - (0.4) けいこさん_
02        → (0.3)
03 アミ： → ん::ん [んん．
04 ゲン： →       [がさ [::，
05 アミ：              [ん::ん んん．
06           (0.5)
07 ゲン：    やっぱり:，(0.7) あの:::(1.0) なんか (1.0)
08           その2年いれば::，学費が安くなるので::って言ってたから::．
```

　01行目でゲンはある人物を「けいこさん」と名前で指示し，そのあとに間を空けることで（02行目），聞き手アミが指示された人物を認識できたかどうかを表明するスペースを作り出す．アミは「ん::ん んん」（03行目）と認識を主張し，それを受けてゲンは中断していたTCUを再開する（04行目）．

　ある対象を指示するとき，上昇調の音調——あるいは，(12)の01行目のような平板の音調——を用いるとともに，間を空けて聞き手が認識の主張をできるスペースを作る手続きを「試行標識（try-marker）」と呼ぶ（Sacks & Schegloff 1979）．この手続きは英語会話においても用いられるが，日本語に特徴的なのは，［名詞＋助詞］という句構造を利用して，［名詞］の部分に試行標識を付し（たとえば，「けいこさん_」），聞き手の認識が得られた場合に，［助詞］の部分（たとえば，「が」）を続けて産出することでTCU構築の再開をマークするということである[13]．

　助詞でTCU構築の再開をマークする方法は，試行標識を付した指示のあとに用いられるだけではない．聞き手の認識を確かめる手段として，構築中のTCUから文法的に独立した発話が組み立てられる場合にも，この同じ手続き

---

[13] 上で反応機会場を記述したさいに取り上げた断片(9)でも人の指示が問題になっていたが，断片(12)に見られる試行標識を用いた指示の事例とは異なることに注意しよう．(12)では，「けいこさん」という名前が後続の助詞から切り離されることでその指示形式に焦点が当てられており，聞き手が指示対象を認識できるかどうかが，いま解決されなければならない問題として話し手によって提示されている．それに対して，(9)では「ジョージ」という名前は後続の助詞から切り離されておらず，その指示対象を聞き手が認識できるかどうかを話し手は問題にしていない．しかし，上で記述したように，反応機会場で聞き手が修復を開始することで，聞き手の方から問題が提起されている．

が観察される（林 2008b）．(13)を見てみよう．ここでは，レイコ，クミ，ユカの3人の友人が話している．この断片の直前で，ユカが別の友人にヨーロッパ旅行の写真を見せてもらったと述べる．

(13)
```
01 レイコ：   .hhh (あ) たしもなんか .hh あの - (.)
02           バネッサ覚え -(0.3) てます：?=
03 クミ：    =うん う [ːん.]
04 レイコ：          [うːːːん
05    →      がː：なんか：イギリスに：，行ってきてこと [しのな -]=
06 クミ：                                          [°うːんº]=
07 レイコ：  =あじゃ[ないや  ]冬：.h [hh]
08 クミ：         [うんうん]     [うːː[ːん.]
09 レイコ：                         [>で]なんか<写真を
10          見せてくれº てイギリスの：：º
```

01行目でレイコは「(あ) たしもなんか」と，直前の話題に結びつける形で自らの経験を語り始める．しかしその後，開始された語りの軌道を中断し，「バネッサ」という人物を覚えているかどうかをクミに尋ねる（02行目）．ここで注目したいのは，02行目の聞き手の認識を確かめるための発話が，01行目で始められた語りの発話からは文法的に独立していることである．上述の試行標識を付した指示の場合は，指示交渉が構築中の TCU の文法構造の中に埋め込まれた形で行われたが，ここでは指示交渉がもとの TCU から文法構造上切り離された発話によって行われている．しかしながら，聞き手の認識が得られたあとに話し手が語りを再開する方法（05行目）に注目すると，試行標識を付した指示の場合と同様の方法が取られていることがわかる．つまり，助詞「が」で語りの再開をマークすることで，聞き手の認識を確かめるために独立させた発話で用いた名詞「バネッサ」を，再開された語りの TCU の中に文法的に取り込んでいる．そうすることで，02-04行目で行われた指示交渉が，あくまで語りの TCU を構築するための予備活動だったということを，文法的に示しているのである．

4.4　先取り完了

ここまで，構築中の TCU 内部での話し手と聞き手のやりとりのさまざま形態を見てきた．だが，文あるいはそれに準ずる単位が，話し手と聞き手のやりとりの産物として産出されることをもっとも如実に示すのは，「先取り完了(anticipatory completion)」であろう (Lerner 1991)．「先取り完了」とは，ある話し手が開始した TCU を聞き手が受け継いで，統語的に完了させるプラクティスである．2つ例をあげよう．⑭では C が始めた TCU (06-07 行目) を A が統語的に完了させている (08 行目)．

⑭ [Lerner & Takagi 1999: 54 一部抜粋]
01 C: あの:あたしなんか飲めないたちなのに::,
02   黒ビールって飲みやすいから,
03   [クイクイクイクイ   ]って飲んでて,
04 A: [あ,まあ:,う:::ん,そう( )]
05 B: あ,そう[なんで]すか.
06 C: [.h ほいで]
07 C: かえるころになったら,[.h ひえ:::]
08 A: →   [足 が]取られる.
09 C: そう.

また，⑮ではエイジが始めた TCU (01-02 行目) をミカが統語的に完了させている (05 行目)．

⑮ [Hayashi 2003a: 84 一部抜粋]
((エイジはアメリカ留学時代，手元にパソコンがなかったために，日本から持参した旧式のワープロを使用していた話をしている．))
01 エイジ: .hhh なんせこう::hhh 手元に::(.) なかったもんだから:,
02 ミカ: う:ん.
03   (0.4)
04 エイジ: [hhh
05 ミカ: → [愛するワープロに::溺れてしまってたわけ [(ね)   ]
06 エイジ: [そう:]:ですね

進行中の発話をこのように完了させるためには，産出されつつある発話の統語上の軌道を聞き手がリアルタイムである程度予測できる必要がある．こうした予測を可能にする資源にはさまざまなものがあるが[*14]，その1つとして，

[*14] 先取り完了の資源となるものには，産出中の発話の統語構造のほかに，対比構造，リスト構造な

第4節　TCU構築における話し手と聞き手の相互行為　　　　　165

　ラーナー（Lerner, G.）が「複合構造を持つTCU（compound TCU）」と名づけたTCUのタイプがある（Lerner 1991）。それは，統語構造その他によって「先行要素（preliminary component）」と「最終要素（final component）」からなることが認識可能な形で組み立てられるTCUである。たとえば，[X-たら＋Y]，[X-から＋Y]，[X-けど＋Y]など，従属節と主節からなる複文構造を持つTCUがそうである。これらのTCUでは，[X-たら]等の先行要素が完了した時点で，最終要素[Y]の産出が予測可能となる。したがって，聞き手はその予測可能性を資源として，最終要素を産出する形で先取り完了を行うことができる。上の(14)では[X-たら＋Y]の構造が，(15)では[X-から＋Y]の構造が，それぞれ先取り完了の資源として利用されている*15。

　先取り完了は，つねに[従属節＋主節]のような複合構造を持つTCUを利用して行われるわけではない。産出中の発話が1語1語その構造をリアルタイムで開示していくにつれ，その発話の意味的・統語的軌道の予測可能性は高まる。そのため，TCUが完了可能点に近づけば近づくほど，完了可能点までに産出される発話部分の予測可能性は高くなる。そのように高められた予測可能性を資源として利用し，聞き手が産出中のTCUの末尾部分の1,2語を先取り完了の形で産出するケースも多く見られる。これを「発話末部分の先取り完了（terminal item completion）」と呼ぶ（Lerner 1996）。(16)にその1例が見られる。

(16) [Hayashi 2003a: 88]
((ソウタは1年のアメリカ留学を終えて日本に戻り，友人のコウキと話している))
01 ソウタ：　　オクラホマって::英語で発音したら:
02 　　　　　　全然日本語のオクラホマと　[(ち-)　　]
03 コウキ：→　　　　　　　　　　　　　　[ちゃう　]ねんな

ソウタの発話が「オクラホマって::」「英語で発音したら:」「ぜんぜん」「日

どの談話構造や進行中の行為の軌跡，そして共起する非言語行動などがある（Lerner 1987, 1991; Hayashi 2003a）。
*15　複合構造を持つTCUは，発話の構造上の予測可能性を高めることで先取り完了の資源を提供するが，そうした発話構造上の資源のほかに，たとえば，発話中の間（ま）や言葉の繰り返し，言葉探し，発話中の笑いなど，発話の進行性（progressivity）を遅らせるような産出上の特徴も，先取り完了の機会として利用可能である（Lerner 1996; Hayashi 2003a）。(15)では，TCUの複合構造が発話の構造上の予測可能性を高めていることに加えて，03行目の沈黙が発話の進行性を滞らせ，ミカはその機会を捉えて先取り完了を行っている。

本語のオクラホマと」と開示されるにつれ（01-02行目），これから産出される TCUの残り部分の予測可能性が高まる．それを資源として利用し，コウキはソウタのTCUの末尾部分を先取り完了の形で産出している（03行目）．

　ここまで，先取り完了を可能にする資源について検討した．次に，先取り完了を通じて，聞き手がどのような行為を成し遂げているかについて考えよう．他者の発話をその話し手に代わって完了するということは，相手が言わんとしていることを理解していることを示すきわめて強い方法である．(14)(15)(16)では，先取り完了によって，相手が語っている経験や見解を聞き手が理解したことが示されている[*16]．とりわけ(15)と(16)では，先取り完了はそれぞれ「～わけね」「～ねんな」[*17]という文末表現を伴い，まさに理解の表示として明示的にデザインされている．また，(14)と(15)では，先取り完了のあとにもとの話し手がそれぞれ「そう」（09行目），「そう::ですね」（06行目）と受け入れを表示し，先取り完了によって示された理解が正しいことを認定している[*18]．

　先取り完了は，相手の言わんとしていることに対する理解を表示するためだけでなく，同意あるいは共感を示すために用いられることもある．(17)を見てみよう．この断片の直前で，カンジは歯医者に歯の磨き過ぎだと言われると述べている．

(17) [Hayashi 2003a: 31-2]
```
01 ショウコ：   .hh は-歯茎と歯のここらへんが削られ過ぎとか:?
02 ユリエ：    あ:::::．
03 カンジ：   う::::ん．な-(.)そう-たぶんそうなんでしょう
04           ね::.=
05 ショウコ： =私もそ[う言わ]れる．
06 ムネオ：        [((鼻すすり))]
07          (0.6)
```

[*16] (15)のミカの先取り完了は，エイジの言おうとしていることについて理解を示すことに加えて，「愛する」や「溺れてしまってた」という表現を選ぶことによって，相手をからかうという行為も同時に行っている．

[*17] 「～ねんな」は「～んだよね」に相当する関西弁の文末表現である．

[*18] 串田（2006a）によれば，相手の先取り完了をもとの話し手が「そう」系の応答詞で受ける場合，それは相手の先取り完了を内容的に自分の代弁として認定しつつ，自分の発話順番の完了として承認する手続きとなる．それに対し，先取り完了を「うん」系の応答詞で受ける場合（たとえば，断片(17)参照），それは相手の先取り完了を内容的には自分の代弁と認定しがたいものの，自分の発話順番の完了であることは承認する，という手続きとなる．

第4節 TCU 構築における話し手と聞き手の相互行為

```
08 ムネオ:     [(         )]
09 カンジ:     [ただなんかもう]ツルツルしてないと::(0.3)
10            い [やだから::]
11 ショウコ:      [そうですよ]ね::.
12 カンジ:     やっぱり徹底的に::(0.3)
13 ショウコ:→   磨きますよ   [ね::.]
14 カンジ:                 [゜う::ì:ん.゜
```

　カンジ同様，歯医者に歯を磨き過ぎていると言われるショウコ（05 行目）は，歯が「ツルツルしてないと: (0.3) いや」（09-10 行目）だというカンジに「そうですよね::.」（11 行目）と同意する．そうした文脈で，ショウコはカンジの発話を先取り完了する（13 行目）．ここで注目したいのは，先取り完了に用いられている「よね」という文末表現である．共感を示す表現である「よね」を用いることにより，ショウコは，カンジが自らの歯磨きの習慣について言わんとしたことを理解したことを示しているのみならず，自分も同じ習慣を持つ者としての観点から共感を示している．つまり，(14)から(16)の聞き手のように，先取り完了によって相手の言わんとしていることを代わりに発話したというよりは，いわば相手と自分の共同の発話として先取り完了を組み立てているのである．

　この断片に見られる「よね」や(15)の「わけね」，(16)の「ねんな」などからわかるように，日本語会話における先取り完了では，文末表現を調整することによって，聞き手が話し手の発話に対してどのようなスタンスを取って先取り完了を行っているかを細かく表示することができる（Morita 2002; Hayashi 2003a）．これは，たとえばラーナーが記述した英語の先取り完了には見られない資源である．

　理解や同意・共感を示す以外にも，先取り完了は，語られている内容にかんして独自の知識をもっていることを示すのに用いられたり，第三者に向けられた説明に，共同説明者として参加する方法として用いられたりすることが報告されている（Lerner 1987; Lerner & Takagi 1999; Hayashi 2003a; 林 2017）[*19]．

[*19] 発話が話し手と聞き手の協働作業の産物として産出されることを如実に示すプラクティスとして，先取り完了のほかに，聞き手が話し手とともに発話の完了部分を同時に産出する「共同産出 (choral co-production)」が挙げられる（Lerner 2002）．串田（2006a）も日本語におけるこの現象を「ユニゾン」と呼んで論じている．

第5節　おわりに

　本章では，相互行為のプロセスの中で発話順番がどのように組み立てられるのかを，さまざまな側面から検討した．発話順番を構成するTCUが文，節，句，語などの文法単位を体現するかぎりにおいて，発話順番の組み立ての分析はその文法構造にかんする知見を提供するものであり，その意味で，隣接分野である言語学の文法研究との接点も多い．しかしながら，従来の文法研究では，文やその他の文法単位を，話者個人の心内でまとめられた抽象的な記号の連なりであると捉える見方が根強い．本章で示したように，会話分析の観点からの発話構築の分析がそうした従来の文法研究と一線を画すのは，文やその他の文法単位の構造が会話の参与者たちの相互行為の軌跡と切り離せないものであると捉える点である．つまり，発話がどのような文法単位を体現して産出されるにせよ，その構造はつねに相互行為の時間の流れの中で，前の行為に動機づけられ（2節），聞き手とのやりとりの産物として産出され（4節），そしてあとの行為を形作るものとして産出される（3節）と捉える．こうした観点から発話の構造を検討したときに，従来の文法研究の射程に入っていない現象——たとえば，助詞で始まる発話，文内部の相互行為など——が視野に入ってくる．本章ではそうした現象のいくつかを紹介したが，まだまだ研究の進んでいない現象も多い．今後，相互行為と文法の密接な関係をさらに明らかにする研究が期待される．

【読書案内】
　発話順番構築における冒頭の要素の役割を分析したものにはMori (1999)，西阪 (2013)，高木・森田 (2015)，Hayashi & Hayano (2018) などが挙げられる．発話順番末尾の要素を分析したものには Morita (2005)，森田 (2008)，Hayano (2013) などがある．発話順番内の話し手と聞き手の相互行為のプロセスの記述はIwasaki (2009, 2013) に詳しい．指示交渉を扱ったものには串田 (2008) がある．先取り完了を含む発話の協働構築については，串田の一連の研究（串田1997, 1999, 2002, 2006a）を参照．その他，発話順番構築の諸側面を扱った研究として，Tanaka (1999, 2001a, 2001b, 2005)，森 (2008) などが挙げられる．

第 7 章　物語を語る

第 1 節　会話の中の物語

　会話において，人々はしばしば自分の経験や見聞きした出来事を語る．次の(1)では，05 行目以降で近藤が，アルバイト先で女優の「柴咲コウ」によく似た客を接客した経験を語っている．

(1)
((柏が好きな TV ドラマについて話している))
01 柏　　：　柴咲コウが脇役で出てるらしいんだけど,気づかなかった
02 　　　　　(.)
03 近藤　：　へ[↑:う↓ん::::
04 柏　　：　　　[うん
05 近藤　：　柴咲コウ(.)あそ[う.
　　　　　　((近藤が右手を丸めて開いた左手に打ち付ける))
06 柏　　：　　　　　　　　[うん
07 　　　　　(0.5)
08 近藤　：　ちょっと(.)話の腰折るけど,=
09 柏　　：　=うん[:
10 近藤　→　　　 [こないだ=
11 柏　　：　=OK(.)は(0.2)うん
12 近藤　→　いまさ(.)バイト(.)その<シュ[ークリーム屋さんで=
13 中森　：　　　　　　　　　　　　　　[hh
14 近藤　→　=バイトしてるんだけど:,
15 柏　　：　うん:=
16 近藤　→　=(>やっぱ<)ずっと立ってんだ↑:
17 柏　　：　うん:
18 柏　　：　う[ん:
19 近藤　→　　[でこうたっ-ま立ってるとして:,((身を乗り出す))
20 柏　　：　う[ん:
21 近藤　→　　[台(.)これぐらい

```
                    ((手のひらを左右に水平に動かし,台の高さを表現))
22                  (0.7)
23 近藤:→          で:,
24 柏:             うん:
25                  (0.8)
26 近藤:→          お客さん来て:,
27 柏:             うん:=
28 近藤:→          =あ,(0.3) 十個入りで,十個くださ:い

((62 行分省略:柴咲コウによく似た人を接客したら感じが良かったいう話))

91 近藤:→          でも a-でもあれ柴咲コウだったら:,
92                  (.)
93 柏:             うん:
94                  (.)
95 近藤:→          柴咲コウ:::(0.3) 今でも好きだけど(.)
96    →           >もう<すごい大ファンになると°思う°
97 柏:             あ:=
98 近藤:→          =めちゃめちゃ感じよかったしめっちゃかわいかった.
99                  (.)
100 柏:            ↑へえ:::
```

　この断片において，近藤による経験の語りは，10 行目に始まり 98 行目まで続く．この語りは物語（story）の形をとっている．物語とは，人が経験したことや見聞きした出来事が，時間の流れに沿って（ただし出来事の語られる順序は前後する場合もある）語られるもののことをいう．(1)の場合，10 行目〜28 行目において，状況の説明を交えつつ，近藤が経験した出来事が時間の流れに沿って叙述されている．多くの物語は，複数の TCU からなる発話順番（第 5 章 132 ページ参照）を使うことによって語られる[*1]．

[*1] 複数の TCU からなる発話順番を使って行われる主な活動としては，物語を語ることのほかに，場所や道順，物事の手順などを説明するという活動もある．たとえば，次の(12)では，難波が遠藤に居酒屋の場所を説明しようとしている．そのさいに複数の TCU（01, 04 行目；06-07 行目；09, 12 行目）が使われている．

(12)
((01 行目「四条」，04 行目「新京極」は通りの名称．06 行目「バームス」07 行目「ライトオン」12 行目「ハンジロー」はそれぞれ店名．))

第1節　会話の中の物語

　物語は，会話分析のみならず，人類学，心理学，社会学，哲学，言語学など，さまざまな学問分野で考察の対象となってきた．それらと比べた場合，会話分析のアプローチの特徴は，物語の内容や構造だけでなく，人々が物語を語る(storytelling)方法に重点を置いた分析を行う点にある(Mandelbaum 2012)．この視点は，次の3点に分解して考えることができる．第1に，会話分析では，物語をあらかじめ構造化された産物として捉えるのではなく，相互行為の展開のなかで物語が偶発的に形づくられていく過程を分析する．第2に，物語を構築する語り手（作者）と物語を受容する聞き手（読者）という非対称的立場を分析の前提とするのでなく，物語が語られる過程のなかで，参与者たちの物語への参加の仕方は多様な形で組織されていくと考える．第3に，物語がどう組み立てられどう理解されるかだけでなく，物語を語ることがさまざまな社会的行為――愚痴をこぼしたり，不平を述べたり，誰かを褒めたりなど――を成し遂げるための手段として用いられることにも注目する．

　本章では，紙面の関係で，これら3点のすべてにわたって詳細な解説を行うことはできないが，第1の点を主軸として論述を行うことで，物語に対する会話分析の基本的視点を例証する．以下，物語が相互行為の中で作り上げられていく過程について，物語の開始（第2節），展開（第3節），終了（第4節）の順に説明していく．物語への多様な参加のあり方については，第3節の論述のなかで少し触れ，第5節でも別の角度からやや詳しく論じる．物語を語ることを通じた行為の遂行については，事例(4)と(9)の分析のなかで少し言及する．

```
01 難波：→　なんかあの :(0.5) 四条やねんけど，
02 遠藤：　　うん
03　　　　　(0.4)
04 難波：→　新京極あるやん．
05 遠藤：　　>うんうんう [ ん<
06 難波：→　　　　　　　[新京極あって :,(0.3) パームス :
07　　　 →　あのライトオンあるやん．
08 遠藤：　　はいはいはいはい =
09 難波：→　= でライトオン右に曲がっ(.)た(0.2)ら :,
10 遠藤：　　うん
11　　　　　(.)
12 難波：→　ハンジローとかあるとこない？
　　　　　　((場所の説明が続く))
```

第2節　物語の開始

　会話のなかで物語を語り始めようとする者は，次の2つの問題に直面することになる．①語ろうとする物語を，直前の連鎖ないし話題とどのようにして関連づけるか．②物語を語るのに十分な大きさの発話機会をどのようにして確保するか．

　まず，①の問題を参与者がどのような方法で解決しているのかを概観しよう．第6章で述べたように（145-151ページ），会話のなかで産出される発話は，その先行文脈と結びついた形で組み立てられる．参与者に何か語りたい物語がある場合にも，いまから語る出来事を先行文脈と結びつける工夫がなされる．

　第1の方法は，直前の話がきっかけとなって出来事を思い出したことを示すことである（Jefferson 1978）．上の(1)でもこの方法が使われている．01行目で柏が「柴咲コウ」の名を挙げると，近藤は05行目でいったん「柴咲コウ」と繰り返してから，「あそう」と言い，いかにもいま思い出したというふうに，丸めた右手を開いた左手にぽんと打ちつける．一方で，「柴咲コウ」のような先行発話中の語の繰り返しは，いまから開始する発話が，先行発話をきっかけとしてなされるものであることを示す．他方で，「あそう」とそれに結びつく身ぶりのような思い出したことの表示は，直前の話題の流れからは独立したことについて話し始めようとしていることを示す．話し手はこの2つの手続きを組み合わせることで，もともとは先行文脈とは無関係な出来事を，先行文脈と結びつきのある形で開始することができる．かくして，話し手がなぜいまその出来事を語り始めているのかが，受け手に理解可能となる．(1)の場合，近藤が直前の発話を聞いて「柴咲コウ」に関連する出来事を思い出したために，それを語り始めているのである[*2]．じっさい，近藤の物語のオチは，近藤が「柴咲コウ」によく似た客を接客して，たいへん好感を持ったというものだった．

　第2の方法は，直前の話が他者の経験の語りであったときに，「第2の物語」

[*2] ただしこの種の物語は，思い出すきっかけとなったことがらが語られたあとに続けて開始されなければならないため，先行する話の流れを遮る形で始まることがある．(1)で近藤は「ちょっと話の腰折るけど」(08行目)と「誤置マーカー（misplacement marker）」を使い（Schegloff & Sacks 1973=1989），これから自分が開始する物語が話の流れを遮る可能性に触れている．

第2節 物語の開始

(Sacks 1992: 1: 764-772) を語るというものである．次の(2)を見てみよう．この断片の前では，ミサトが自分の体験談を語っていた．それは，サークルの集まりの最中に寝ていたミサトが，起き出して頓珍漢な挨拶をしてからまた寝たという体験談である．これを聞いたユウカは，ミサトの語った内容を「寝ぼけ」た経験と表現してから（06行目），09-13行目で自分の寝ぼけた経験を語り始める．

(2)
((ミサトが，サークルの仲間の横で寝ていた際に記憶にないまま起き出し，挨拶をしたという経験を語っている．06行目でユウカがそれを「寝ぼける」経験としてまとめる．「<寝ぼける>って言わはるんやろうな」は，「世間ではそれを寝ぼけるというんだろうね」くらいの意味である．))

```
01 ユウカ：   え[錯覚とかそんなんじゃなくって？=
02 ミサト：      [(  )
03 ミサト：   =いやいや(h)錯覚やな[くて．
04 ユウカ：                      [あ:[よかっ　.hh
05 トモカ：                         [hahahahaha
06 ユウカ：   n でも:,>そやったら<まあ<寝ぼける>って言わはるんやろうな
07 ミサト：   寝ぼけるか:.
08           (1.0)
09 ユウカ： → なんか:,(0.6) うちも下で:,コタツの中で寝てしまってて:,
10        → でなんか:,(0.2) 朝起きたらベッドの中なんやんか:,(0.4)
11        → あれあたしコタツの中に>寝てた<よな:,とかってお母さんに:,
12        → あたし昨日どうして寝たん？ゆったら:,あんたムクって
13        → 起き上がって寝るって言って[二階上がったんやで:って言われて
14 トモカ：                           [hh ha  .hh ha
```

このように類似した経験を語ることによって，ユウカはミサトの物語をどう理解したかを明らかにしている．すなわち，ミサトの物語のポイントは，寝ぼけた状態で行ったことを本人は覚えていないが，それを見ていた周囲の人は覚えているという点にあると理解したことを示している．サックスが言うように(Sacks 1992: 1: 764-772)，第2の物語とは，ある参与者が1つの物語を語ったとき，それと話題上のつながりを作り出すかたちで会話を先に進めるやり方の1つである．この意味で，第2の物語も，なぜいまその物語が語られるかを聞き手に理解可能にする工夫となっている．

以上2つの方法は，参与者が自分から物語を語り出すさいにしばしば使われ

るものである．だが，物語は必ずしも自分から語り出されるとは限らない．次の(3)のように，他者に促されて物語が始まるのもよくあることだ（Schegloff 1997a）．この断片では，マナの「このあいだ」の出来事についての問いかけ（03-06 行目）に答えて，アイコが物語を語り始める（07-14 行目）．

(3) [JAPN6698 26:10] ♪
01 マナ：　　　　そ：：：：：．[そうそうそう．
02 アイコ：　　　　　　　　　[おかしいねぇ：：°やっぱ．
03 マナ：　→　う：：：ん．hhh でもなんか：：，みんなあれぇ？こないだ，.hhh
04　　　　　→　¥>なんか<話変わる[けど,¥
05 アイコ：　　　　　　　　　　　　[うんうん．
06 マナ：　→　.hh あれ：：：遅くまでおったのぉ?= 後の人たち．
07 アイコ：　（あそ：：：）たまったもんじゃなかったよ私はぁ：：，あの一時か
08　　　　　二時か：：，それくらいに寝たけどぉ，
09 マナ：　　う：：ん．
10 アイコ：　.hh 最後にいた:wa- あの:あの：：，バン - バーテンダー？
11 マナ：　　↑うん[んうん．
12 アイコ：　　　　[とかさぁその友達ぃ？
13 マナ：　　う：：ん．
14 アイコ：　五時までいた>んだって<．
15 マナ：　　あh らh!

　次に，上述②の点，すなわち，物語を語ろうとする者は，物語を語るのに十分な長さの発話機会をどのようにして確保するのか，という点について考えよう．第5章で説明したように（124 ページ），会話における通常の発話順番の交替においては，TCU の最初の完了可能点が TRP となり，その TRP で話者移行の可能性が生じる．1人の話し手がいくつもの TCU を用いて自分の体験した出来事を語りたくても，そのような長い発話順番は自動的には保証されない．このため，物語を語ろうとする者は，通常の順番交替の仕組みを一時停止して，しばらく自分が話し続けようとしていることを他の者に対して予告し，それを承認してもらう必要がある．

　その1つの方法は，「物語の前置き（story preface）」を使うことである（Sacks 1974）．(4)を見てみよう．06, 08 行目が物語を予示する前置きであり，10-11 行目はその前置きのやり直しである．

第2節 物語の開始

(4) [JPN1607 7:50]　♪
((アキとエリは同じ大学の学生．エリはアキのためにいくつかの授業で代返をした．24行目の「中本」はアキの名字．))

```
01 エリ:     hehehh え 二三個：：．>出[ 席<(.) 出したし =
02 アキ:                              [heh!hh
03 エリ:     = いち(h) お(h) う(h)hhuhhuhh
04 アキ:     hhhhhu [hh!¥ありがとう¥.hihh .hhh   hh
05 エリ:            [heheh heheh heheh heheh heheh .huh
06       →  す[ごい] 辛か(h)って(h)ん い(h)っか(h)い(h)=
07 アキ:       [( )]
08 エリ:   → = な(h)ん(h)か(h)
09 アキ:     え：？
10 エリ:   → .hihh! ¥すごい辛いことあってんから
11        →  [あんた：.¥]
12 アキ:     [なに(h):  ](h):h  [hehheh]
13 エリ:                        [ 出席 ]出してさ：：，
14 アキ:     .hihh!
15 エリ:     なんか質問カードみたい [なん:，]出さな [あ] かん =
16 アキ:                            [hh hh]         [h]
17 エリ:     =っくて[さ：．]
18 アキ:            [う：：ん．
19 エリ:     .hhh(.)でさ：：，(0.3)¥↑出したら や なんか
20           ↑タイミング悪くてさ hh!¥
21 アキ:     うん．
22           (0.2)
23 アキ:     .h [h
24 エリ:        [¥きみ中本さ：ん？
25           [(ゆ(h) わ(h) れ(h) て¥)hihhihhihh!
26 アキ:     [huhh!hehh hehh hehh hehh
27           .h [h ゆわれた：ん？ ]
28 エリ:        [¥はい：：って hh¥] .hhh ¥はい：ってゆって
29           も(h) う(h) た(h)¥ huhhhuhh!
30 アキ:     うそや：ん ほいで：どうしたん：？hh
31 エリ:     hih hih .hhh つ(h) ら(h) か(h) っ(h) た hh
32 アキ:     つっこ [まれん] かった：ん？[ほか
33 エリ:           [.hhh ]              [走るようにして
34           帰ってったわ hhhheh [heheheh]
35 アキ:                         [hihhihhihhihihihh!]
```

エリは大学の授業でアキのために2, 3回代返をしたことを述べたあと (01, 03行目), 「すごい辛か(h)って(h)んい(h)っか(h)い(h)な(h)ん(h)か(h)」(06, 08行目) と発話する. エリは, アキの知らない「辛かった」経験があると告げることで, 語るべき物語があることを予告し, それを語るための発話スペースを求めている. アキの聞き返し (09行目) に対してエリが物語の前置きをやり直すと (10-11行目) ——これは第8章で述べる他者開始修復連鎖である (206ページ参照) ——, アキは前置きへの反応として「なに(h):(h):」(12行目) と言う. このやりとりを通じて, エリが物語を語るために使える発話スペースが保証されている. そして, そのスペースにおいて, エリは複数のTCUからなる発話順番を構築して, 予示された物語を語る (13行目以降).

物語の前置きとそれへの反応は, 前置き連鎖 (第4章89-97ページ参照) の1種である[*3]. したがって, それは隣接対の形を取る (Sacks 1974). (4)における「すごい辛か(h)って(h)んい(h)っか(h)い(h)な(h)ん(h)か(h)」(06, 08行目) とそのやり直し (10-11行目) は前置き連鎖FPPであり, それへの「なに(h):(h):」という反応 (12行目) は, ユリが物語を開始することを促すSPPである. これに対し, もしアキが「この前聞いたじゃんその話」と応じていたなら, その物語の続きは語られないだろう. 物語の前置きへの反応として, 予告された物語をすでに聞いたことがあると述べることは, 物語に進むことをブロックするSPPとなる.

このように, 会話においては, 物語が語られることは決して自明ではない.

[*3] 物語の前置きは語るべき物語があることを前もって伝えるものだが, それより広い概念として, 何らかの経験や出来事が語られることを前もって伝える「語りの前置き (pre-telling)」も存在する (Schegloff 2007a: 37-44). たとえば, (13)では, 「ね, 戸田君て覚えてる:?」という01行目の前置きによって, 「戸田君」にかんすることが何か語られることが予告されている. だがそれは, 出来事を時系列に並べる物語の形で語られるものでなくともよい. ここでは「戸田君」が「転勤」 (05行目) で「ニューヨークにいる」(03行目) というニュースが語られている.

(13) [JAPN2167 07:28] ♪
01 マチコ: →ね, 戸田君て覚えてる::?=
02 ナツミ: =う:ん>うんうん[うん<.
03 マチコ: [あの人いまニューヨークにいるの:.
04 ナツミ: え(h)hほ(h)んとに(h)?=
05 マチコ: =( )転勤.

第2節　物語の開始

物語を語ること自体がまず交渉されなければならないという事実は，物語を偶発性に晒されながら産出されるものと捉える会話分析の視点の重要性を端的に示している．また(4)は，物語が何らかの行為を遂行するための媒体になるという視点の，わかりやすい例証にもなっている．この事例で，エリはたんに自分の体験談をアキに報告しているだけではない．エリは，自分に授業の代返をさせたアキに対して，（冗談まじりの）不平を言うという行為（Drew 1998）を遂行するために，物語という発話形式を用いている．不平のように自分の見解や態度を表明する行為を遂行するとき，物語という発話形式を用いることで，具体的経験によって見解や態度を補強することができるのである．

さて，物語を語るための発話機会を確保する方法は，前置き連鎖だけではない．また別の方法として，語りの冒頭において，出来事が生じる場面の状況設定を話す（Sidnell 2011: 179）というやり方もある．次の(5)では，レストランの料理に髪の毛が混入していたという物語をユウカが語るにあたって，「お店」（03行目）で「スペイン料理」（04行目）を食べていたことが述べられ，「髪の毛の混入」という出来事が生じる場面の状況が伝えられている．

(5)
((01行目ではユウカが，収録が開始されてからどのくらいの時間が経ったかを気にしている．トモカは，飲食店情報が掲載された小冊子を手元に置いている．03行目の「これ」は，小冊子に言及したもの．))

```
01 ユウカ：   hh .hh 今何分ぐらい経ったんやろうね .ahaha .hh
02           (0.2)
03 トモカ： → てゆうかさあ ,(.) これもらったってゆうか取ったお店で :,(0.2)
04         → え：となん>どやった<っけあ ,スペイン料理を食べとってんやん ,
05 ユウカ：  ↑ふん :=
06 トモカ：  =で ,なんかすごいこじんまりした :,(.) 店で :,(.) なんか ,隣の
07           (.) 知らん人ね？
08 ユウカ：  う[ん
09 トモカ：    [でめっちゃ近くって ,
10           (1.2)
11 トモカ：  で :,ごはん食べとってメインディッシュ>に<なったときに :,
12           (0.3) ほっそ :::い髪の毛あって :,あたし明らかに細くないから :,
13 ミサト：  うん
14           (.)
15 トモカ：  けっこうしっかりめの髪の毛やから :,こんな髪の毛入ってる
```

```
16              はずがないと思ってんけど:.,hh 文句言う‐言うのさ:,
17              その三人で食べとったから友達と,(0.2) その子ら(.)が:,
18              わかってくれるのはいいけどさ:,すぐ隣全然なんか,けっこう
19              いい雰囲気で食べてはってんやん,
20 ミサト：      うん
21 トモカ：      そこにさ,めっ[ちゃ聞こえる<や>ん,髪の毛:みたいな(h)
22 ユウカ：                   [あ:::
23 トモカ：      haha .hh ha .hh ゆえんく[って:,
24 ミサト：                              [°ん°
25              (0.9)
26 ミサト：      あ[:
27 トモカ：        [ちょっと損した気分になった ahaha .hh うん
28              (0.2)
29 ユウカ：      あ::たしかに:.hh[>美味しく<食べてるときに
30 トモカ：                      [(け::け::)毛入ってんのに ahaha .hh
```

このような状況設定の伝達は，何かがその場面で生じることを聞き手に予測可能にする．しかし，その中身はまだ明らかになっていないために，そこでどんな出来事が生じたかを語るための発話スペースを語り手に与える．上の断片では，ユウカが「↑ふん:」(05 行目)と物語を聞く姿勢を見せることで，トモカが語る機会が保証され，こうして与えられたスペースにおいてトモカは物語を語っている (06-27 行目)．ここでもやはり，物語が語られることは交渉の産物であることがわかる．

第3節　物語の展開と聞き手の参加

物語が開始されると，語り手がしばらく話し続けることになる．このあいだ，語り手はただ出来事を時間順に並べていくだけではなく，背景情報を説明したり (Goodwin 1984)，話に臨場感をもたせたり，オチを作ったりして，全体を物語として構造化する．(6)を見てみよう．この断片では，俳優の瑛太と歌手の木村カエラの結婚をめぐるやりとりがなされているときに，鹿島が 01 行目で自分が近い過去に経験した出来事を語り始めている．

(6)
((俳優の「瑛太」と歌手の「木村カエラ」の結婚が話題になっている))

第3節 物語の展開と聞き手の参加

```
01 鹿島:→    なん昨日かななんかバスで:,(.) 通学 (0.4)
02     →    [してるときに後ろの方で:,, 女の子二人組が(.)
03 高田:      [hhh    hh   hhh
04 鹿島:→    °瑛太が° (.)°なん°きゃあきゃあ言うてはんねん．
05     →    瑛太が結婚したな:とかって．
06 中山:     うん:hu
07 鹿島:→    で:,, そんときに(.) 妊娠したってなカエラちゃんとか言って．
08          (0.3)
09 鹿島:→    で,>妊娠<(0.5)>なんか<赤ちゃん産まれるのって
10     →    9カ月やんな:とかゆって．
11          (0.4)
12 高田:     n-=
13 鹿島:→    =びっくりした
14          (0.7)
15 中山:     ん？
16          (0.3)
17 高田:     お[う huhu
18 左近:       [え？
((普通は10カ月だ,,と鹿島が言い, オチの意味を説明し始める))
```

　物語を語り始めるにあたって，この断片でも，鹿島はまず物語の時間（「昨日」），場所（「バス」），機会（「通学してるときに」），登場人物（自分と「女の子２人組」）などを説明している（01-02行目）．この状況設定の伝達に続いて，物語は出来事を詳述（Ryave 1978）する局面に入る．鹿島は，「女の子２人組」が話した言葉を引用する形に発話を組み立てることによって（Holt 2000），臨場感をもたせながら出来事を叙述していく（04-05, 07行目）．こうして展開して行った物語は，やがてクライマックス（オチ）を迎える．鹿島の物語りのオチは，一般に受精してから出産までの期間が「十月十日」であると言われているにもかかわらず，その「女の子二人組」は「赤ちゃん産まれるのって9ヵ月やんな:」（09-10行目）と言ったことである．このように，語り手は複数のTCU（01-02, 04行目，05行目，07行目，09-10行目）を使って，クライマックスに至るまで物語を構造化して語っていく．

　ただし，物語の展開は，語り手が１人で作り出すものではない．聞き手はさまざまな形で物語の進行過程に参加し，実際の語りは語り手と聞き手との協働の産物として構造化されていく．

たとえば，上の断片において，語り手が物語のオチとして産出した部分は，実際には聞き手にオチだと理解されず，失敗してしまう．10行目のあとの0.4秒の間において，聞き手は誰も反応しない（11行目）．そこで鹿島は，「びっくりした」（13行目）と言い，物語のポイントを明示的に伝える．ここに至ってやっと聞き手は物語がすでに終わっていたことを理解し，「ん？」（中山の15行目）「おう huhu」（高田の17行目）「え？」（左近の18行目）と反応する．3人とも物語がすでに終わっていたらしいことを理解したが，なぜ鹿島が「びっくりした」のか，その意味は依然として理解できていないように見える．そこで鹿島はさらにこのあと，妊娠期間は「女の子二人組」の言う9カ月ではなく10カ月が正しいと主張し，オチの意味を説明し始めることになる．

聞き手が語りの進行過程に参加するのは，語りのクライマックスにおいてだけではない．語り手が出来事の経過を詳述しているあいだにも，聞き手はさまざまな反応を返している．(7)を見てみよう．タカシが同僚のハルキに，「サンちゃん結婚式事件」（01行目）の顛末を語っている．この物語が語られるあいだ，聞き手のハルキは何度もタカシの話にあわせて「うん」と言っている（06, 11, 13, 16, 18, 20, 25行目）．またハルキは「お：偉いね：」（18行目）と言い，語られた出来事に評価を与えたりもしている．

(7) [JAPN4164 28:33]　♪
((同僚のタカシとハルキの会話.))
01 タカシ：　　そう.>いやだって<サン-サンちゃん結婚式事件とか
02 　　　　　　面白かったもんね.=なかなか.
03 　　　　　　(.)
04 ハルキ：　　え？
05 タカシ：　　え？だからさぁ：,
06 ハルキ：　→うん．
07 タカシ：　　サンちゃんだっけ？=あの：：:(.)
08 　　　　　　おととしの7月に結婚したじゃない？
09 ハルキ：　　うんうん．
10 タカシ：　　で：：：さぁ,確か↑さ↑ん-(.)hh やっぱ3カ月ぐらい前かなぁ：．
11 ハルキ：　→うん．
12 タカシ：　　4月ぐらいに：,
13 ハルキ：　→うん．
14 タカシ：　　あの：：：(.)>司会を頼まれたわけよサンちゃんの

第3節　物語の展開と聞き手の参加

```
15              結婚式のさ:,<=
16 ハルキ：  →=うんうんうん．
17 タカシ：    あの:運用課にわざわざサンちゃんが来てさ:,
18 ハルキ：  →お:偉いね:[うん．
19 タカシ：          [うん．
20 ハルキ：  →う:ん．
21              (.)
22 タカシ：    それで:,
23 ハルキ：    ptn ((奥で扉の閉じる音))
24 タカシ：    それでうんいいよっつって:,
25 ハルキ：  →うん．
```

　これらの発話を通じて，聞き手は大きく2種類の形で，物語の進行にかかわっている．第1に，聞き手は要所要所で，聞き手として耳を傾けていることを示すとともに，そこまで語られた内容は問題なく理解できていることを主張することで，語り手が物語を先に進めるのを促している．上の断片の「うん」(06, 11, 13, 16, 18, 20, 25行目）という発話を通じてハルキが行っていることは，これらの仕事である．これらの「うん」が，語りの特定の位置で産出されていることに注意しよう．たとえば，06行目でハルキが「うん」と言うのは，タカシが「だからさあ:」(05行目）という部分を継続を示す音調で発してから間を空けたときである．第6章で説明したように（155-158ページ），日本語の会話においては，格助詞のあとに間を空けるときなどに，聞き手が反応してよい反応機会場が訪れることがある．タカシの「だからさあ:」は，この反応機会場を形作るものである．また，16行目でハルキは「うんうんうん」と「うん」を3度発しているが，これはタカシが「>司会を頼まれたわけよサンちゃんの結婚式のさ:,<」(14-15行目）と言ってTCUを完了させた位置である．このようにハルキの「うん」は，複数のTCUからなる発話順番を使った物語の展開の中で，各TCUの完了可能点や[*4]，TCU内の反応機会場において発せられて

[*4] 各TCUの完了可能点で聞き手が発する，「うん」のような語りの続きを促す発話のことを「継続を促す要素(continuer)」という(Schegloff 1982)．これは，文法的・韻律的にTCUが完了可能であるように聞こえる時点でも，まだTRPには達していないことを理解していることを聞き手が示す手立てになる．言い換えれば，継続を促す要素の使用は，発話順番を取得する可能性のある位置で，その取得をパスする手続きである．

いる*5.

　第2に，聞き手は，語り手によって示された経験への態度に寄り添ったり寄り添わなかったりすることで，語りの進行に影響を及ぼしている．上の断片の場合，「お:偉いね:」(18行目) という評価的な発話が，この仕事を行っている．語り手タカシは，14-15, 17行目において，「サンちゃん」が「運用課」に来て結婚式の司会を頼んだことを述べているが，その描写に「わざわざ」という言葉を差し挟み，このふるまいを礼儀をわきまえたものだと語り手が見なしていることを示している．「サンちゃん」のふるまいに対するタカシのこの評価に，ハルキは「お:偉いね:」と言うことで同調している．このように，語り手が出来事を詳述しているあいだ，聞き手は物語を正しく理解しながら先に進めることと，語り手によって示された経験への態度に寄り添う（あるいは寄り添わない）ことの2つを通じて，物語の語られ方に影響を及ぼす（Stivers 2008）.

　さらに，出来事が詳述されているあいだに聞き手が発する発話には，以上のようなどちらかといえば受動的な反応だけではなく，より強い形で物語の内容に影響を与えるものもある（Mandelbaum 1989）．たとえば，(8) の11行目の「開いてたん?」という聞き手の質問について考えてみよう．この断片では，ゴールデンウィーク中に何をしていたかを語り合うという流れの中で，柏がテスト勉強をするために休日に大学を訪れたことを語っている．その途中で中森が，大学が「開いてた」かどうかを尋ねる．

(8)
01 柏:　　　で, レポートも (0.2) まあ, 今日は提出じゃないんだけど (0.2)
02　　　　　>なんか<<あさっ>てっ- 明後日金曜日提出のがあったから:(.)
03　　　　　それやってた
04　　　　　(.)
05 近藤:　　え:[ら
06 柏:　　　　 [うん
07 中森:　　ふ:[::ん
08 柏:　　　　 [で学校(.)来たんだよ
09 中森:　　うわ:[:えらい

*5　09行目の「うんうん」は，これらとは異なる．07, 08行目でタカシが「サンちゃん」の結婚について確認を求め，09行目でハルキはそれに「うんうん」と確認を与えている．つまり，09行目の「うんうん」は［確認要求-確認］という隣接対のSPPである．

第3節　物語の展開と聞き手の参加　　　　　　　　　　　　　183

```
10 柏：　　　　　　　　[うん　だ(h)け(h)ど(h)
11 中森：→　開いてた[ん？
12 柏：　　　　　　　　　[うん
13　　　　　　(0.6)
14 柏：　　　＜あ＞いてた開いてた．
15　　　　　　(0.5)
16 近藤：　へ::[:
17 中森：　　　[テストは？
18 柏：　　　＞たしか＜開いてたんだよ
19　　　　　　(0.5)
20 近藤：　ふ:[:ん
21 柏：　　　[でもなんか, すぐ(0.3)＜七時＞半ぐらいに:閉められて:
22　　　　　　(.)
23 中森：　はあ::[:::
24 近藤：　　　　[ふん　ふ[:
25 柏：　　　　　　　　　　[うん　[＞なんか＜おっちゃんが来て(.)
26　　　　　閉められて:(.)であんまり:(0.2)うん, 途中までしかできんくて:
27　　　　　　(0.3)
28 中森：　はあ::[:
29 柏：　　　　　[まあ:(.)テストは(.)駄目だったな
30　　　　　　(.)
31 柏：　　　[うん
32 近藤：　[ふ(h)s(h)↓.hh＞駄(h)目だった＜んだ
```

　大学が「開いてた」(11行目) かどうかを尋ねる中森の質問に対して, 柏は肯定する応答を返す (12行目). 注目すべきは, このあとの物語の展開である. 柏は大学が「開いて」はいたものの「＜七時＞半ぐらいに」「閉められ」(21行目) たおかげで勉強を「途中までしか」(26行目) できず, 結果「テスト」が「駄目だった」(29行目) ことを語る. この展開は中森の, 大学が「開いてた」(11行目) かどうかを尋ねる質問に方向づけられたものだと見ることができる. もともと柏は, 11行目の質問を受ける前に,「学校」には「来た」(08行目) の次に「だ(h)け(h)ど(h)」(10行目) と言いかけており, 勉強はうまくできなかったことを語りかけていた可能性がある. だが柏は, 中森の「開いてたん？」という質問に「うん」という最小限の応答 (12行目) だけしてすぐに語りの先を続けるのではなく, この質問へのより詳細な応答を組み立て (14, 18, 21,

25-26行目),それを組み込んで自分の物語を展開させている.つまりここでは,物語を語る活動(storytelling)の進行過程において聞き手の質問に答えるという偶発的事情が,結果として産出される物語(story)の内容をも左右している*6.以上のように,聞き手の反応しだいで内容が変容を被るという意味でも,物語は語り手と聞き手の協働の産物である.

第4節　物語の終了と聞き手の反応

　語られてきた物語がクライマックスを迎え,オチが語られる位置は,聞き手が物語全体に込められたスタンスに同意するなどして,物語に反応することが規範的に期待される位置である.(9)を見てみよう.

(9)
((大学院生ダイゴのアパートにトシキとユキエが訪ねてきている.トシキはダイゴの弟で,自動車修理工をしている.ユキエはダイゴの恋人で,デパートの化粧品売り場で働いている.トシキとユキエは共に就職1年目である.))
01 トシキ：　　きょう仕事最悪やったわなんか,
02 　　　　　　(0.4)
03 トシキ：　　なんか壊れてなくてや:,
04 ユキエ：　　ん[:.
05 トシキ：　　　[もぼくが見たときにはもうすでに壊れとうところが
06 　　　　　　あってん.

((39行分省略：トシキが,修理伝票に記載されていない故障箇所をそのままにして車を納品したら,客から「修理中に壊された」とクレームが来たという話))

46 トシキ：　　なん他の班にそれを:(.)ただで<直させとったわ>.
47 トシキ：　　[んなもん,]
48 ユキエ：→ [かわ　]い[そ::う.
49 トシキ：　　　　　　[払う必要ないやんけ
50 　　　　　　[ボケ:て感じやけどむかつくわ:.]
51 ユキエ：→ [へえ::.:.:　　　　　　　上:え.

---

*6　一方で柏は,同じ中森の「テストは?」(17行目)という質問には答えていない(18行目).もしもこの質問にここで答えるならば,柏は物語のオチ(テストが上手くいかなかったこと)をこの時点で伝えることになってしまうだろう.つまり柏は,中森の質問が物語の展開に影響を与えるものであることを理解したうえで,これを無視している.

第4節　物語の終了と聞き手の反応　　　　　　　　　　　　185

52　　　　　(0.2)
53 ユキエ :→　やっぱトシキちゃんもあれやな:たいへんやな:.

　トシキは自動車修理工をしており，修理を依頼されていた車をこの日に納品した．この車にはもとから壊れている箇所があった（05-06 行目）が，その箇所の修理は伝票に書かれていなかった——03 行目の「壊れてなくてや」は「修理伝票のうえでは故障箇所ではなかった」という意味だと思われる——ので，トシキはそのままにして納品した．すると客が「修理中に壊された」というクレームをつけて来て，その結果，もとから壊れていた箇所を「他の班」（46 行目）が無料で修理することになった．これが出来事のあらましである．この物語をトシキが語ると，聞き手のユキエは「かわいそ::う」（48 行目）と彼に同情する．また「へえ::::::え.」（51 行目）とひときわ感じ入ったような声を出し，続けて「やっぱトシキちゃんもあれやな:たいへんやな:.」（53 行目）と言う．これらの反応を通じて，ユキエは，ただトシキの直前の発話に応じているだけではなく，物語全体に込められたトシキのスタンスへの同意を表明している．

　トシキの物語が，「きょう仕事最悪やったわ」（01 行目）という前置きによって開始されていることに注意しよう（第2節参照）．物語の前置きは，物語が始まることを予告するだけではなく，いつどのような形で物語が終わりうるか，聞き手はその物語にどのように反応することを期待されているかを，知らせる役割も持っている．たとえば，「きょう仕事最悪やったわ」という前置きによって始まった語りは，仕事中に生じた最悪な出来事が語られたとわかる段階になって終わるだろうし，そのときに聞き手は，事態が語り手にとって最悪であったことを理解した反応を行うことが期待される．

　別の言い方をすれば，先に(4)のところで見たのと同様に，ここでも物語を語ることは行為を遂行するための媒体になっている．したがって，聞き手は物語の終了後に，たんに語られた出来事を理解したことを示すだけでなく，語り手がその物語を通じて遂行した行為に適合した反応を返すことが期待される．その日の仕事で遭遇した「最悪」（01 行目）な出来事を語ることを通じて，トシキは愚痴をこぼすという行為を遂行している．それに対するユキエの反応は，トシキと同じく就職1年目という立場にある者として，仕事をすることのたい

へんさについて共感を表明する(「やっぱトシキちゃんもあれやな:たいへんやな:.」)という形で,トシキの愚痴に適合した反応となっている.

　物語が終了する位置では,聞き手が適切な反応を返すほかに,もう1つ参与者が直面する課題がある.それは,通常の順番交替に復帰するに当たって,復帰したあとの会話と直前まで語られていた物語との関係をどのようにして示すか,ということである.(10)は,先に挙げた(6)の物語が終わる部分である.この断片では,物語が語られる前に話されていた話題に話を戻すことによって,通常の順番交替を用いた会話への復帰が行われている.

(10)
09 鹿島:　　　で,>妊娠<(0.5)>なんか<赤ちゃん産まれるのって
10　　　　　　9か月やんな:とかゆって
11　　　　　　(0.4)
12 高田:　　　n-=
13 鹿島:　　　=びっくりした
14　　　　　　(0.7)
15 中山:　　　ん?
16　　　　　　(0.3)
17 高田:　　　お[う huhu
18 左近:　　　　 [え?

((40行分省略:なぜ鹿島の物語が失敗したかを冗談まじりに話している))

59 鹿島:　　　(うん)(.)[(>でも<) 今の子はそんなことも知らんのかと思って
60 左近:　　　　　　　　[ahuhuhu　　.hh
61 左近:　　　aha [ha　　.hh huhu[hu　.hh
62 高田:　　　　　[そうか huhh
63 中山:　　　　　　　　　　　　[最近の若者は¿
64 左近:　　　ahuhuh[u .hh
65 鹿島:　　　　　　[°そう最近の若者は°=
66 左近:　　　=.hh h[uhu
67 高田:→　　　　　[(おれ)(.) テレビ見いひんな (0.4) あんまり =
68 左近:　　　= う[んうん
69 鹿島:　　　　　[>パソコンやろ?<

　(6)のところで述べたように(178ページ),鹿島が物語を開始する前にこの場の人々が話していたのは,俳優の瑛太と歌手の木村カエラの結婚の話だった.

そしてじつは，瑛太と木村カエラの結婚の話は，この場の人々がテレビを見ているかどうかという話題から派生したものだった．(10)では，鹿島の物語が終了したあとで，高田が「テレビ見いひんな」(67行目)と言ってそこに話題を戻している(「見いひん」は「見ない」という意味の関西方言である)．これは直前の「最近の若者」(63, 65行目)と関連づけられた発話に聞こえる．その前提には，大学生である高田らも「最近の若者」に含まれる存在だということがある(なお，そのために，「今の子」(59行目)「最近の若者」(63, 65行目)という表現が「女の子二人組」((6)の02行目)を揶揄するために用いられていることは冗談として受け取られている(61, 62, 64, 66行目))．つまり，「最近の若者」がしそうなことの1つである，テレビを見ること(この点については第10章250-252ページも参照)を，高田は「あんまり」(67行目)していないというわけである．テレビは見ていなくとも「パソコン」(69行目)を使っているのではないか，と鹿島が推測していることは，この観察と整合的である．言い換えれば，「最近の若者」という発話を橋渡しにして，高田は話題を戻しているのである．これによって，物語と通常の話者交替が行われる会話との関係が形づくられている．

第5節　複数の語り手による物語

　第2節から第4節において，物語を語る活動が開始から終了までどのように連鎖的に構造化されるかを，順を追って見てきた．そのさい，例として用いてきた断片はいずれも，1人の語り手が自分の経験を語り，他の者は基本的に聞き手としてこの活動に参加するものだった．だが，ときには，物語として語られる経験を複数の参与者が一緒に経験していたり，参与者の一部が事前にその物語を聞いたことがあったりする場合もある(Lerner 1992; Mandelbaum 1987)．これらの場合，物語を語る活動はこれまで見てきた事例とは異なる軌跡をたどる．(11)を見てみよう．

(11)
((この断片の前では，飲み物を放置しておくとゴキブリが出るということが話題になっていた．その延長上で，トシキは01行目で，ゴキブリがわく別のものとしてたまねぎに言及している．なお04行目でトシキは，この話とは直接関係ないことを話している．))

```
01 トシキ：    たまねぎとかな .=
02 ダイゴ：→  = た (h) まねぎぼくんちまえすごかったよな :. ((ユキエに))
03                (0.9)((ユキエがうなずく))
04 トシキ：    ちょ :, なんか [↑買いに行こう (ぜ).]
05 ダイゴ：              [  たま [ねぎか  ]らも :: う]
06 ユキエ：                  [ビョ ::: ]:. って ]  [芽が出てき =
07 ダイゴ：                                [huh h h .h
08 ユキエ：    = 出し [てて :: すごい .      ]
09 ダイゴ：          [もネギんなっとった .]
10              [hahaha
11 トシキ：    [hhhhh
12 ユキエ：    huhuhu
```

　この断片の前では，飲み物を放置しておくとゴキブリがわくということが話題になっていた．その進行中の話題を継続する形で，トシキが「たまねぎ」にもゴキブリがわくことに言及すると，それをきっかけとしてダイゴはある出来事を思い出し（第2節参照），「た (h) まねぎぼくんちまえすごかったよな :.」（02 行目）とユキエに話しかけている．その場の 2 人以上の者が知っている出来事を語り始めるさいには，このように共有知識の確認を求める作業が行われる．この作業はいくつかの形を取りうるが，その 1 つは，ここに見られるような「思い出すことの促し（reminiscence recognition solicit）」である（Lerner 1992）．思い出すことの促しは，［促し - 思い出し］という隣接対の形をとり，物語の前置き連鎖の 1 つのバリエーションである．上の断片の場合，02 行目でダイゴがユキエに思い出すことを促すと，続く 03 行目でユキエがうなずき，思い出したことを非言語的に主張している．これによって，2 人はともにいまから開始されつつある物語を知っている立場にあることが確立されている．このように，物語の前置き連鎖は，その場にいる参与者がどのような立場でこれから始まる物語に参加するのかを，互いに示し合う機会として利用されうる．

　2 人の参与者のあいだで物語にかんする共有知識が確認されると，2 人はどちらも，物語の語り手としてふるまうための足がかりを得る．そして通常，思い出すことを促した者かそれに応じた者かどちらかが，実際に物語を開始する．だが，どちらが実際に語り始めるにせよ，物語を語る活動が進行するあいだ，2 人は一緒に語ることのできる候補者（possible co-tellers）であり続け

(Lerner 1992)．たとえば上の断片では，ダイゴとユキエが 05 行目と 06 行目で，それぞれ別の表現を使って出来事を描写し始めることで，2 人がともに語り手になりうる存在であることが示されている．

　一般に，1 人が語り手として物語を展開していくとき，物語を語ることのできる他の候補者は，物語の内容が間違っていた場合にそれを訂正したり，補完的な情報を提供したり，語りの続きを話したりするような補佐的な役割を担うことが明らかにされている（Lerner 1992）．また，すでに語られたことを繰り返したり，語り手の役割を奪ったりするような競合的な存在になりうることも指摘されている（Mandelbaum 1987）．これらの事実は，たんに語り手と聞き手という 2 つの非対称的立場があるだけではなく，物語を語る活動において参与者は多様な立場を占める可能性があり，それらの立場は物語を語るプロセスのなかで交渉されていくのだということを示している．

第 6 節　まとめ

　会話分析の立場からの物語研究は，第 1 に，相互行為の展開のなかで物語が偶発的に形づくられていく過程を重視する．また第 2 に，それは物語を語り手だけが構築するものと見るのではなく，多様な立場の参与者による協働の産物として物語を記述する．さらに第 3 に，会話分析では，物語を語ることでどんな行為が遂行されているかにも注意を向ける．

　本章ではこのうち，物語を語る活動がどのように開始され，物語の内容を構成する出来事の叙述がどのように展開され，語られた物語がどのように受け止められて通常の順番交替のある会話に戻っていくのかを中心に論述した．これを通じて示してきたように，会話においては，物語を語ることそれ自体も，物語の内容も，さらに物語がどこで終わるかも，一定の手続きを用いた交渉の産物として達成される．それらの手続きは，隣接対とその拡張によって構成される連鎖組織（第 4 章参照）とは異なるが，物語を語る活動を連鎖的に構造化するものだという意味で，広い意味で連鎖組織の 1 種をなすものといえる．

　会話の中で物語が語られるとき，それぞれ個別の社会生活を送ってきた人々が，互いの経験を披露し合う機会が与えられる．各人の経験は 1 度きりのもの

であっても，人が社会生活を送る中で経験する出来事は1種の類型性を持つだろうし，それらが帯びる道徳的な意味合いもある程度は共有されているだろう．だからこそ物語は説得力をもって愚痴や不平などの行為の媒体となるのだし，物語の中で意見，見解，態度，感情といった語り手のスタンスが表明され，聞き手がそのスタンスに寄り添ったり，寄り添わなかったりすることが生じる．また，誰かの物語に続いて第2の物語が語られたりするような，経験の語り合いも生じる．人々はこうして，日々の会話のなかで物語を語ることを通じて，それぞれが個別に経験した出来事を同じ社会の成員に共有可能な事象へと転換する．このプロセスもまた，人々が社会生活を作り上げていく重要な1契機である．

【読書案内】
　第3節で述べたように，物語の語りにはしばしば語り手のスタンス（意見，見解，態度，感情など）表明が伴う．語り手のスタンス表明に対し，聞き手が寄り添ったり寄り添わなかったりする手続きが，「わかる」（平本 2011a），台詞発話（山本 2013）といった言語形式の使用を題材に研究されてきた．一方，語りを正しく理解しながら先に進めることについては，串田（2009a）がある．

第8章　修復

第1節　はじめに

　ごく自明のことだが，相互行為が成り立つためには，話し手が発話を組み立て行為を産出し，聞き手がそれを聞き取り理解する必要がある．つまり，1つ1つの行為が十全に構成され，受け取られることが相互行為の成立の前提となる．しかしながら，ときに，相互行為の参与者はこの基本的なプロセスにおいて問題に直面することがある．たとえば，話し手は発話を組み立て産出するさいに，言葉を言い間違えたり，次に言う言葉が見つからなかったりするかもしれない．また，聞き手も相手の言ったことが聞き取れなかったり，理解できなかったりするかもしれない．こうしたトラブルは相互行為のなかでいつどこで起こってもおかしくはなく，もし仮にわれわれがこうしたトラブルへの対処法を知らなければ，相互行為はそこで立ち行かなくなってしまうかもしれない．
　しかし現実には，人と人とのやりとりがその場でずっと停滞してしまうことはほとんどない．なぜなら，われわれの社会生活を支えている，相互行為を行うための能力（第1章第1節参照）の中には，そうしたトラブルへの対処の仕方も含まれているからである．相互行為を成り立たせるための前提となる発話の産出，発話の聞き取り，発話の理解にかかわるトラブルに対処する方法を「修復（repair）」と呼ぶ（Schegloff, Jefferson & Sacks 1977）．この章では，修復が相互行為においてどのように組織だって行われるかについて学ぼう．

第2節　修復の対象

　次の3つの断片(1)(2)(3)に，それぞれ発話の産出，聞き取り，理解にかんするトラブルに対処する修復の例が見られる．(1)は，発話を産出するうえでのトラ

ブル(言い間違い)に対処しているケースである.ここでは大学生のユリとコウジが大学生活について話している.

(1) [JAPN1773 08:29] ♪
01 ユリ:　　　もう u:::(0.3)寝てますね朝(h)
02　　　　　　[hh hh hh hh
03 コウジ:　　[朝寝てます:?
04 ユリ:→　　遅れてもうn なんか み-()よっつ一日授業あるんだ:.=
05 コウジ:　　=う:[ん.]
06 ユリ:　　　　　[は]んぶんしか出なかったり.

04行目でユリは,「みっつ」と言いかけたと思われる語を途中で止め,それによって一瞬ではあるが語りの進行をいったん中断する.そして,次に来るべき音(「みっつ」の「っつ」)を発する代わりにごく短い間をおいたあと,「み」を「よっつ」に置き換える.この置き換えによって発話産出上のトラブル(言い間違い)を解決すると,ユリは「一日授業あるんだ:.」と発話の続きを産出し,語りを再開する.

(2)は発話の聞き取りのトラブルに対処しているケースである.

(2)
((直前でトモミは職場環境が必ずしもよくないことを匂わせるような発言する. 05行目の「(じょうし/どうし)」は,「じょうし」と「どうし」のどちらにも聞こえることを表す.))
01 マサル:　　う:::ん.
02　　　　　　(0.3)
03 トモミ:　　う:::ん.
04　　　　　　(0.5)
05 トモミ:　　°やね°(じょうし/どうし)と折り合いが悪くってね::[:.]
06 マサル:→　　　　　　　　　　　　　　　　　　　　　　　　　[え-]
07　　　→　だr-だれと-な[にと-]
08 トモミ:→　　　　　　　　[上司]と.
09 マサル:　　上司と.
10　　　　　　(0.5)
11 マサル:　　はあ:::::

05行目のトモミのニュース語りは,マサルの受け取りの反応が次に来ることを適切にする.しかしながら,06-07行目でマサルはニュースの受け取りで

第2節 修復の対象

はなく,「え - だ r- だれと - なにと -」と聞き返しを行う[*1]. つまり, [ニュース語り→受け取り] という連鎖の流れをいったん中断し, 聞き取りのトラブルに対処することを相互行為の当面の課題として前面に出している. トモミが08 行目で「上司と」と 05 行目の先行発話の一部をより明確な発音で繰り返すと, マサルは 09 行目でそれを受け取り, そのあと, 保留されていたニュースの受け取りの反応を 11 行目で行うことで, 中断されていた連鎖の流れを再開する.

(3)は発話の理解のトラブルに対処しているケースである. 01 行目はケイタの大学院での勉強の状況についての語りの一部である.

(3) [JAPN4608 00:14] ♪
((ケイタとシュンはアメリカの大学院に通う学生))
01 ケイタ:　　研究室が終わったからさ:.
02 　　　　　　(0.4)
03 ケイタ:　　[んで:]
04 シュン:　→[終わっ]たって:?
05 ケイタ:　→あ だから (0.3) 9月のコンプリの (.) 勉強 (0.3) に入るって
06 　　　　→こと:?
07 シュン:　　あ本当:.

　01 行目のケイタの語りは, シュンの受け取りの反応が次に来ることを適切にする. しかし, 04 行目でシュンは, ケイタの語りを受け取るかわりに, 01 行目のケイタの発話の一部を引用の形で繰り返し (「終わったって:?」), 「終わった」の意味するところが理解できなかったことを示す. つまり, 「語り→受け取り」の連鎖の流れをいったん中断し, 発話の理解の問題に対処することを相互行為の当面の課題として前面に出している. これに対し, ケイタは 05-06 行目で自身の先行発話の意味を明確にする. シュンは 07 行目で語りの受け取りの反応を行うことで, いったん中断されていた連鎖の流れを再開する.

　これらの例が示すように, 修復はそれまでの発話や連鎖の進行をいったん中断し, トラブルの解決に向けて対処する手続きである (この点にかんしてはさらに後述する).

　ここで, 修復における「トラブル」という概念にかんして 2 点ほど注意すべ

[*1] 聞き返しの対象となっている部分が 05 行目で不明瞭に発音されていることに注意.

きことを述べておこう．第1に，修復の組織が対処するトラブルは，上で述べたように，相互行為を成り立たせるための前提となる発話の産出，聞き取り，理解にかかわるトラブルであり，広義の「トラブル」，たとえば意見の相違による言い争いや人間関係のこじれ，苦情，非難などといった問題は含まない．もちろん，往々にして人々は相互行為の中でそうした広義のトラブルに対処するが，それらへの対処の方法はこの章で述べる修復とは区別される．重要な点は，修復は，ある発話を通じて遂行されるはずの行為がそもそも発効しないこと，あるいはその可能性に対処するものだということである．これに対し，言い争いや苦情や非難はそれ自体が発話を用いて遂行される行為の1種であって，そこでは行為は発効しているということである．

　第2に，修復が対処するトラブルは，必ずしも何らかの客観的な間違いや失敗とは限らない．このことは，次の両面から明らかである．一方で，話し手が発音，文法，言葉の意味などの点で明らかな間違いを含んだ発話をした場合でも，必ずしも修復が行われるわけではない[*2]．他方では，一見何の問題もないように思われる発話に対して修復が行われることもある（下の(4)参照）．つまり，修復は「間違い」の「訂正」という行為に限定されない，より広範囲の現象を指す概念であるということを押さえておきたい．

(4)
((直前でユズルは電通が国民の動向にかんする大量の情報を握っていると発言する))
01 マサキ：　　全国民の?=
02 ユズル：　　=全国民．
03　　　　　　(0.5)
04 マサキ：　　ヒエ::::　[:::]
05 ユズル:→　　　　　　[それ]ぐらいデータ入って:, データ >ちゅかもう<
06　　　　　　情報がね:(.)↑デアアアアアって-集められて(ます)

　この断片は修復とその対象との関係を考えるうえで，興味深い事例である．「データ」という語の使用はこの文脈で必ずしも間違いとは思われないが，話し手自身が修復を行い「情報」に置き換えたことで，遡及的に何らかの不適切性があるものとして位置づけられたのである．つまり，修復の対象となるもの

[*2] たとえば，196ページの断片(5)の01行目と04行目では，「東急アメニックス」という会社が誤って「アメックス」と言及されているが，修復は行われていない．

は，何らかの客観的な基準（正誤，適切・不適切等）に照らして研究者が場面の外からそれを判定するものではなく，修復の手続きそのものによって参与者同士が互いに相手に示すものである．その意味では，発話のなかのありとあらゆるものが，客観的な正誤いかんにかかわらず，修復の手続きによって遡及的に修復の対象と位置づけられる可能性があると言えよう．

以下，修復の手続きにおいて修復の対象と位置づけられる発話部分を「トラブル源」と呼ぶ．トラブルとトラブル源を混同しないよう注意しよう．トラブルとは，参与者が直面している問題（たとえば，聞き取りの問題）である．トラブル源とは，その問題に対処するさいに，修復手続きの作業対象となる特定の発話や発話部分のことである．たとえば(2)では，マサルが直面しているトラブルは聞き取りの問題であり，トラブル源は，06-08行目の修復の手続きを通じて修復されている発話部分，すなわちトモミの05行目の発話のなかの「（じょうし／どうし）」の部分である．

次の節では，修復の過程がどのような軌跡をたどるかをトラブル源とのかかわりで記述しよう．

第3節　修復の過程

3.1　自己 vs. 他者

上でも述べた通り，修復はそれまでの発話や連鎖の進行を中断し，トラブルの解決作業を一時的にその場の相互行為の焦点として措定し，この作業に従事するプロセスである．修復の過程は，「修復の開始」の段階，すなわちトラブルの存在をマークする段階と，「修復の実行」の段階，すなわちトラブルを解決する段階に区別できる[*3]．修復の開始によってそれまでの発話や連鎖の進行が中断され，トラブルの解決に従事するプロセスが始まる．そして，修復の実行によってそのプロセスが完了し，修復開始以前に従事していた活動が再開される[*4]．

[*3] あとにも述べるように，トラブルの存在をマークする段階（修復開始）とトラブルを解決する段階（修復実行）が明確に分離していない場合もある．断片(6)を参照．

[*4] ときに，問題解決の試みが成功せず，修復が放棄される場合もある（Schegloff, Jefferson & Sacks 1977: 365）．

修復を開始する人と修復を実行する人は，同じとは限らない．以下に見るように，誰が修復を開始し，誰がそれを実行するかによって，修復過程の軌跡は大きく異なる．修復開始と修復実行は，それを行う人がトラブル源に対してどんな関係を持つかに注目すると，それぞれ2つに区別できる．トラブル源の話し手自身が修復を開始した場合，それを修復の「自己開始」と呼ぶ．トラブル源の話し手以外の参与者が修復を開始した場合，それは修復の「他者開始」と呼ばれる．同様に，トラブル源の話し手自身が修復を実行した場合，それを修復の「自己実行」と呼び，トラブル源の話し手以外の参与者が修復を実行した場合は「他者実行」となる．

　この2つの区別を組み合わせると，修復の過程は4つに分類できる（表1）．この分類から見ると，上の断片(1)と(4)は修復の①自己開始・自己実行の事例であり，(2)と(3)は修復の②他者開始・自己実行の事例である．

表1　修復の開始・実行の組み合わせ

開始＼実行	自己	他者
自己	①自己開始・自己実行	③自己開始・他者実行
他者	②他者開始・自己実行	④他者開始・他者実行

Schegloff, Jefferson & Sacks 1977 に基づいて作成

　修復の③自己開始・他者実行の事例は次の(5)に見られる．ここでは4人の友人が会話をしており，最近それぞれ家を改築したアキとタマエが，改築を担当した会社についてサチに説明している．

(5)
((東急リバブルと東急アメニックス (01行目と04行目では「アメックス」と言い間違えられている) の店舗の場所が話題になっている．「光明台」と「篠原台」は地元の町の名前．18-19行目は目の前のケーキをめぐってのやりとり.))
01 サチ：　　　東急リバブルってアメックスと違う　[の？　]
02 タマエ：　　　　　　　　　　　　　　　　　　　[あの　]ね　]
03 アキ：　　　　　　　　　　　　　　　　　[　ち　]がう]ねん．=
04 タマエ：　=アメックスゆうたあ::あの あっこ [に：　]
05 サチ：　　　　　　　　　　　　　　　　　　[あそ　]こ?=

第3節　修復の過程

```
06 タマエ：    =光[明台-(.)と    ]
07 サチ：         [mm 光-(.)ずー]っとあそこ行くとこ [の あ ]れ?=
08 タマエ：                                        [うん.]
09 タマエ：    =光明[台-
10 サチ：          [みぎっ [かわにある.]
11 タマエ：                [あれがリバ]ブル.
12 サチ：      あれは [リバ  ]ブル?=
13 タマエ：          [で！ ]
14 タマエ：→ =東急[アメ  ]ニックス=
15 サチ：         [うん.]
16 タマエ：→ =ゆう[のは ] [:(.)あ  [の::::    [(あそこや.)   ]
17 サチ：        [うん.]
18 カオリ：              [ごめん.[いただく  [(わ.)
19 アキ：                                  [>あ！どうぞ<]
20 アキ：  → 篠 [原台.   ]
21 タマエ：    [ええ::と ]篠原台.((うなずきながら))
22 サチ：   ↑あ::::::
```

　16行目でタマエは次に述べるべき語（東急アメニックスの所在地）の産出にトラブルがあることを表示し，20行目でアキが地名を出すことで問題を解決している．このように，修復の自己開始・他者実行の事例は話し手が「言葉探し（word search）」を始めたときに，探している言葉を他者が提示することで問題を解決するケースが多い[*5]．

　最後に，修復の④他者開始・他者実行の事例は(6)に見られる．

(6) [JAPN6805 01:58] ♪
((新潟出身でアメリカ在住の2人の会話．2人は学生時代からの友人．トシエは最近里帰りして，親不知（おやしらず）にあるミチエの実家に立ち寄った話をしている．市振（いちぶり）は親不知の隣町．))
```
01 トシエ：    う:ん でもなんか:::.hhh あの:市振も変わってたね::
02              (.)
03 ミチエ：→ 親不知 [よ.
04 トシエ：        [親しら [ず::.
05 ミチエ：              [huhhuhuhh そ(h)う(h).
```

[*5] 多くの場合，トラブル源は修復が開始される時点から見て，それよりも前に産出された発話部分に遡及的に見いだされるが，言葉探しのケースにおいては，トラブル源だと特定できる発話部分——(5)では「篠原台」——が修復開始の時点から見て「これから産出されるべき発話」の中に見出されることに注意しよう．

06 トシエ: [お(h)や(h)し(h)[ら(h)ず(h)::
07 ミチエ: [hhh hhh hhh [なんかね::

03行目は01行目の「市振」をトラブル源とした，ミチエによる修復の他者開始・他者実行のケースである．このように，修復の他者開始・他者実行は，他者による訂正の形を取ることが多い．ここでは，修復開始の段階と修復実行の段階が分離しておらず，03行目のミチエの発話が修復開始と修復実行を同時に行っている．

3.2 修復開始の位置

修復はトラブル源の話し手自身（自己）によっても，その他の参与者（他者）によっても開始されうると述べたが，それらの修復開始が行われる位置はランダムに分布しているわけではない．ここでは，修復の自己開始・他者開始が行われる位置を，トラブル源を含んだ発話順番との関連で見ていく．ここで記述する修復開始の位置とは，参与者が修復を開始するために利用できる機会 (repair-initiation opportunity space) のことであり，そうした機会は以下で見るように連続して立ち現れる．重要なのは，ある機会で修復が開始された場合，それはすなわち，それ以前にあった修復の機会が利用されなかったためにその機会が利用可能となったということを含意する，ということである．具体的に見ていこう．

3.2.1 同じ順番内での修復開始

修復開始のための最初の機会は，トラブル源と同じ発話順番内において，すなわち，トラブル源を含む発話順番がTRP（第5章124ページ参照）に至る以前に訪れる．同じ順番内は，修復の自己開始が行われるもっとも典型的な位置である．つまり，修復開始機会として利用できる最初の位置は，おもに自己開始のための位置なのである．

同じ順番内での修復の開始は，発話の前進をせき止める行動によって行われる場合が多い．たとえば，声門その他の調音器官の閉鎖による発話の中断，ポーズ，音の引き延ばし，「あの::」などのいわゆるフィラーの使用などがそれである．以下の(7)((1)の一部再掲)では，「み」の後のダッシュで示されてい

る発話の中断と，(.)で示されているポーズが修復の予兆として観察される．

(7)[JAPN1773 08:33] ♪
04 ユリ：　　　遅れてもうnなんかみ-(.)よっつ一日授業あるんだ:．

　ここで注意したいのは，発話の中断やポーズ，音の引き延ばしやフィラーが観察されたからといって，必ずしもそのあとに修復が起こるとは限らないという点である．(8)を見てみよう．ここでは，「で，そう．デビーともずっと話してないし．」という発話が産出されている．

(8)[JAPN6149 15:27] ♪
01 リエ：　　　で．そう::．(0.3)デビー∵()とも-(1.0)ずっと
02 　　　　　　話して(h)な(hh)い(hh)し．

　この発話には，音の引き延ばし，ポーズ，発話の中断などが多く見られ，発話の前進は時間的に遅延されているものの，言い換えややり直しなど，発話の構造上の前進を妨げる行動は観察されない．このことからわかるように，発話の前進をせき止める行動は，その産出の時点ではあくまで，そのあとに修復が起こる可能性に向けて聞き手の注意を喚起する（alert）ものである（Schegloff & Lerner 2009）．これらの行動が修復の開始であることが確定するのは，実際に修復の過程が進行していることが観察された時点，すなわち，発話の前進がたんに時間的に遅延されているのみならず，言い換えややり直しなどで構造的にも発話の前進が妨げられたことが明らかになった時点である．そうなった時点で，発話の前進をせき止める行動は遡及的に修復の開始と位置づけられる．

　同じ順番内で修復が開始された場合，(1)(4)(7)に見られたように，その同じ順番内で，トラブル源の話し手自身によって修復が実行されることが多い．つまり，修復の過程が開始されてから修復の実行によって問題が解決されるまでが，1つの発話順番内で1人の話し手によって行われる場合が多い．これは，3.2.3で述べる他者開始修復の過程との大きな違いである．

3.2.2　移行空間での修復開始
　修復の自己開始がトラブル源を含む順番内で行われなかった場合，自己開始を行う次の機会はその順番の移行空間（transition space）において訪れる．移

行空間とは，TRP（第5章124ページ参照）と同じ意味である．(9)を見てみよう．
アメリカ留学中の2人の学生が冬休みの予定を電話で話している場面である．

(9) [JAPN6149 15:16] ♪
01 シン：　　じゃ いつ来んのサンディエゴに．hh hh
02　　　　　　　(.)
03 シン：→　>じゃない=サンディエゴ¥じゃな(い)¥<カリフォルニアに．
04　　　　　　　(0.2)
05 シン：　　行くっぺ [:？]
06 リエ：　　　　　　[う:]う::[::ん]
07 シン：　　　　　　　　　　[.hhh]hh ↑いいじゃん4日か5日ぐらいさ．

　この断片の前では，シンがペンシルバニアに住むリエに対し，冬休みに自分の住むカリフォルニアの町（サンディエゴではない）に来て，そこから一緒に共通の友人が多く住むサンディエゴに遊びに行こうと提案している．だが，リエはまだ予定がわからないと言い，明言を避ける．01行目はそうしたシンの誘いの続きである．質問の形式をとったこの発話は01行目末で完了可能点に到達し，リエが応答することが適切となる．ところが，上で述べたように，シンはリエに対して自分の住むカリフォルニアの町（サンディエゴではない）に来るように誘っているので，01行目の「サンディエゴ」は誤りである．この誤りを含んだ質問にリエが応答し始める前に，シンが誤りを修復することができる最後の機会は，質問の完了とともに始まった移行空間である．この移行空間において，シンは「じゃない」と修復を開始し，「サンディエゴ」を「カリフォルニア」に置き換えることで修復を実行している（03行目）．

　この例が示すように，移行空間における修復開始は，順番交替が起こるぎりぎりのところでなされる修復開始であり，自己開始の機会としては，同一順番内ほどには「十分に当てにできない」（Schegloff, 1979a: 269）機会であるといえる．なぜなら，順番移行がすでに適切となっている場所での修復開始は，つねに次の話し手による発話開始と（実質的あるいは潜在的に）競合しなければならないからである．

3.2.3　次の順番での修復開始
　修復がトラブル源と同じ順番内やそのあとの順番移行空間で開始されなかっ

第3節 修復の過程 201

た場合，次に修復が開始されうる位置は，トラブル源を含む順番の次の順番である．同じ順番内や順番移行空間は修復の自己開始が行われる位置であったが，次の順番は修復の他者開始がもっとも典型的に行われる位置である[*6]．(10)は，次の順番での他者修復開始の1例である．（上記(2), (3)も参照.）

(10) [JAPN0921 00:34] ♪
01 ヒロシ：　　　.hh ［まあ］
02 ミカ：　　　　［さっ］き言おうと思ったんだけどさ:,
03 ヒロシ：　　う:ん.
04 ミカ：　　　(セン／ケン) からEメールが来た.
05　　　　　　(0.5)
06 ヒロシ：→　誰から？
07 ミカ：　　　セン．
08　　　　　　(.)
09 ミカ：　　　センちゃ　［ん？］
10 ヒロシ：　　　　　　　［あ！］.hh そう >来た来た来た<.

[*6] 次の順番の他者修復開始が，トラブル源を含む発話順番と隣接しない順番で行われることもある．以下の(23)では，修復の他者開始（07行目）が，トラブル源「ナイネックス」を含む順番（01-02行目）から数えて4つ目の順番で行われている．重要なのは，「ナイネックスって」という形でターゲットとなる発話順番を特定することにより，この他者開始が01-02行目の発話への反応として組み立てられていることである．この点で，それは01-02行目の発話の次の位置にある発話として産出されていると言える．このように，「次の順番での修復開始」というフレーズにおける「次の順番」という言葉は，厳密には「次の位置」を意味する．（「位置」の概念にかんしては，注7も参照．）

(23) [JAPN4164 22:54] ♪
((タカシとハルキはアメリカの別々の町に住んでいる．この直前に，ハルキは日本に電報を送るのに電話帳で電報を送るサービスを行っている会社を探した話をする.))
01 タカシ：→　あ！.h じゃその::::ナイネックスとかそうゆう::んじゃない
02　　　　→　んだ．
03　　　　　　(0.7)
04 ハルキ：　n あ:::そうゆうんじゃなか［った．
05 タカシ：　　　　　　　　　　　　　　［う:::ん．
06　　　　　　(0.5)
07 ハルキ：→　ナイネックスってなに:？
08　　　　　　(0.5)
09 タカシ：　u- n- ナイネックスじゃないのそこは．
10　　　　　　(0.3)
11 タカシ：　あの:::ローカル::::::［の電話　［会(社)．
12 ハルキ：　　　　　　　　　　　　［あ！　　［あ::::::ちがう．

トラブル源を含むミカの順番（02, 04行目）の次の順番で，ヒロシは「誰から？」と発話することで，先行発話で言及された人への指示（第9章参照）の部分に問題があったことを示す．それに対し，ミカが「セン．」（07行目）および「センちゃん？」（09行目）と発話し，修復を行う．この事例が示すように，修復が他者開始される場合，修復の実行はその次の順番でトラブル源の話し手によってなされることが圧倒的に多い．先に3.2.1において，同一順番内での自己開始修復の場合には，開始のみならず修復の実行もトラブル源の話し手自身によって行われるケースが多いと述べた．これと比較すると，ここで見ている他者開始修復は，開始と実行が別々の話し手によってなされ，隣接対（第4章参照）の連鎖構造を通して遂行されることに注意したい．

3.2.4 第3の位置での修復開始

トラブル源を含む順番の次の順番で受け手が修復を開始しなかった場合，その次に訪れる修復開始機会は2種類ある．そのうち，ここでは第3の位置での修復開始を記述し，次の3.2.5では第3の順番での修復開始を記述する[*7]．この2つに共通するのは，トラブル源を含む発話順番に対し，その受け手がそこに何もトラブルがなかったものとして反応を返したあとに，トラブル源の話し手が修復を自己開始して，自身の先行順番内にトラブル源があったことを遡及的に明らかにする，ということである．

第3の位置での修復開始では，トラブル源となる発話に対する受け手の反応が修復開始（および実行）に直接かかわる．具体的には，トラブル源となる発話（T1）に対する受け手の反応（T2）によって，受け手がT1について何らかの誤った理解をしていることが明らかとなり，それに対してT1の話し手が自身の先行発話内のある要素をトラブル源として修復を自己開始・自己実行する（T3）というものである．(11)を見てみよう．

(11) [JAPN4725 12:12] ♪
((この会話当時，松岡修造は現役のテニスの選手．「カフェルミン」とは松岡の対戦相手カフェルニコ

[*7] 「順番」と「位置」という概念を整理しておこう．第3の「順番」とは，ある順番から数えて物理的に隣接した3つ目の順番を指す．それに対し，第3の「位置」とは，ある順番への反応が産出され（第2の位置），それに対する反応が産出される場所を指す．第3の「位置」は，ある順番から数えて物理的に隣接した3つ目の順番に現れることもあれば，そうでないこともある．

第 3 節 修復の過程

フを指す．松岡はカフェルニコフに準々決勝で敗れ，その後カフェルニコフは決勝まで進んだ．))
01 リョウ：　　　どうでもいいけど 修造あれだな，
02 　　　　　　　　<カフェルミン [:::>(とかって)　　]
03 トシ：　　　　　　　　　[hehhehheh hh ¥で]もさ:¥　　　－T1
04 　　　　　　　あいつ::(.) 決勝まで来てたじゃん．　　　　－T1
05 リョウ：　　　準々決勝だよあれは．　　　　　　　　　　－T2
06 トシ：　→　あ ちがうちがう だからもうひとりのやつ::　　－T3
07 　　　→　その-(.) [相手．　　　　　　　　　　　　　－T3
08 リョウ：　　　　　　　[あ：カフェル::[::
09 トシ：　　　　　　　　　　　　　　　[あいつ↑勝ったの
10 　　　　　　　(.)
11 リョウ：　　　わ-あれはだから修造に勝ったあとはわかんない．

　03-04 行目のトシの発話（T1）に対する 05 行目のリョウの反応（T2）は，04 行目の「あいつ::」が松岡修造を指しているという理解を示しており，この反応によって，リョウが T1 の「あいつ」を誤って理解したことがトシにとって明らかとなる[*8]．こうした誤解に至る以前の段階で，「あいつ」をトラブル源として修復を開始する機会は，自己（トシ）にも他者（リョウ）にも存在していた．たとえば，T1 内，あるいはそれに続く移行空間内で，トシ自身が修復を開始し「あいつ」を「カフェルミン」などに置き換えることによって明確化する機会もあったし，T2 でリョウが「あいつって？」などと明確化を求める機会もあった．しかし，ここではそれらの機会が利用されず，その結果，「あいつ」の指示対象にかんする理解の齟齬が相互行為上の問題として立ち上がる．そこで，その次の修復開始の機会，すなわち第 3 の位置で修復が開始される．トシは T3 で「あ ちがうちがう」（06 行目）とまずリョウの理解を否定し，続いて 04 行目の「あいつ::」を「もうひとりのやつ::」（06 行目）に置き換え，さらに「相手」（07 行目）に置き換えることによって，自身の先行発話（T1）内のトラブル源「あいつ」が指す対象を明確化している．
　このように，第 3 の位置での修復開始では，T1 での自身の先行発話に対す

[*8] 上で，第 3 位置での修復が開始される直前の T2 の発話は，T1 の発話に対して何もトラブルがなかったものとして反応を返すものであると述べたが，断片(11)のリョウの T2 の発話は，T1 のトシの発話に何らかの広い意味での問題（194 ページ参照）を見出しているように見える．しかし，重要なのは，T3 でのトシの修復がトラブル源と扱っている「あいつ」の部分にかんしては，リョウの T2 の発話は何もトラブルを見出していないことである．

る相手の誤解がT2で明らかになったことがきっかけとなって，T3で自身の先行発話内のトラブル源を対象に修復を開始・実行する．注意したいのは，T2で明らかとなる受け手の誤解はT3での修復開始のきっかけとなるものではあるものの，トラブル源そのものではないということである．トラブル源はあくまでその誤解の源であるT1内の要素（(11)では04行目の「あいつ」）であり，T3における修復の実行もその要素を対象に行われる．

3.2.5 第3の順番での修復開始

ここでは，第3の順番での修復開始を記述する．3.2.4で記述した第3の位置での修復開始と同様，第3の順番での修復開始でも，トラブル源を含む発話順番（T1）に対し，その受け手がそこに何もトラブルがなかったものとして反応を返したあとに（T2），T1の話し手がT1内のある要素をトラブル源として修復を自己開始する（T3）．両者の違いは，第3の順番での修復開始の場合，T3での修復開始にT2での受け手の反応が無関係だという点である．具体例を見てみよう．

(12)

((90年代前半の会話．ユズルは最近の若者は新聞を読まなくなったと主張している))
```
01 ユズル：　　(ほ)ん な何に見：して - なにで情報得てんの - (0.4)　　　－ T1
02 マサキ：　　　　う：：[ん．　]
03 ユズル：　　　　　　　[って　]ゆったら (1.9)>やっぱり<テレビと新聞　－ T1
04 　　　　　　　　って言いますね　　　　　　　　　　　　　　　　　　　－ T1
05 　　　　　　　　(0.5)
06 マサキ：　　°ほ：：：[：°　]　　　　　　　　　　　　　　　　　　　　－ T2
07 ユズル：→　　　　　[>あ]ちゃうちゃう<テレビとたぶん<雑誌>　　　　　 － T3
08 　　　　→やって言いますね．　　　　　　　　　　　　　　　　　　　　－ T3
09 マサキ：　　°ほ：：：：：°=
10 ユズル：　　=°う：ん．°
```

01, 03-04行目のユズルの主張（T1）に対し，06行目でマサキは受け取りの応答を行い（T2），ユズルの先行発話に対して何の問題も見出していないことを表示する．それに対し，ユズルは07行目で「>あちゃうちゃう<」と訂正を予示する発話で順番を開始し，03行目の「新聞」を「たぶん雑誌」に置き換える（T3）．前節の第3の位置での修復開始では，T2での相手の反応に表れ

た誤解がT3での修復開始の引き金となったが，ここではT2のマサキの反応はT3のユズルの修復開始に関与していない．つまり，06行目のマサキの「°ほ::::°」が発話されていなくても同じ形で修復が開始されていた可能性がある．この点で，第3の順番での修復開始は，3.2.2で記述した順番移行空間での修復開始と類似している．両者とも，トラブル源を含む順番が完了可能点まで産出され，そのあとに修復が自己開始される．違いは，トラブル源を含む順番と修復開始のあいだに受け手の反応があるか否かのみであり，受け手の反応の有無は修復開始・実行のプロセスに関与していない（Schegloff 1997b）．

この節では，修復の過程にかんして開始と実行の区別を導入し，それぞれが自己と他者によってなされることを示した．さらに，自己開始・他者開始が，トラブル源を含む順番とのかかわりで，それぞれどの位置でなされうるかを概観した[*9]．次節では，修復の他者開始に焦点を当て，他者開始に用いられる発話の形式とそれによって指し示されるトラブル源の所在・トラブルのタイプの関係について考察する．

[*9] この節で概観した修復開始の機会に加えて，さらに「第4の位置での修復開始」(Schegloff 1992b) も存在する．日本語の実例がわれわれの持つデータに存在しないので，Schegloff (1992b: 1323) に掲載されている英語の例の日本語訳で簡単に例示しよう．以下の(24)では，小学生のラスとその母がその夜に小学校で開かれる会合について話している．

(24)
01 母：		だれがミーティングに行くか知ってる？	－ T1
02 ラス：		だれ？	－ T2
03 母：		知らない．	－ T3
04 ラス：	→	あ多分マクオーエンさんと，多分カドリーさんと	－ T4
05	→	先生が何人か．	－ T4

母の最初の発話（T1）を「告知の前置き（pre-announcement）」と聞いたラスは，「だれ？」と母の告知を促す反応を返す（T2）．しかし，T3での母の反応「知らない．」は，T1の発話が告知の前置きではなく，情報要求の質問であったことを明らかにする．つまりラスは，T3の母の反応によって，自身のT2での反応が，T1の母の発話の誤った理解に基づいていたことに気づかされる．自身の誤解に気づいたラスはT4で修復を行い，トラブル源であるT1の正しい理解にもとづいて，母の情報要求に答える．

第4節　他者修復開始の発話形式

　上で述べた通り，他者開始修復においては，他者は修復開始のみを行い，修復の実行はその次の順番でトラブル源の話し手によってなされる場合が圧倒的に多い．言い換えれば，他者は修復開始によってトラブルに直面したことを伝え，修復の実行をトラブル源の話し手に委ねる．多くの場合，他者修復開始に用いられる発話はトラブル源がどこにあるかを示す形でデザインされる(Schegloff, Jefferson & Sacks 1977: 377)．

　他者修復開始にはさまざまな発話形式が用いられる．それらは，トラブル源が先行発話中のどこにあり，それがどんなタイプの問題を引き起こしているのかを示す度合いに応じて，分類することができる．以下に，トラブル源の所在やトラブルのタイプを特定する度合いが弱いものから強いものの順に，他者修復開始の形式を記述する．

4.1　無限定の質問

　トラブル源の所在やトラブルのタイプを特定する度合いがもっとも弱い他者修復開始の形式は，「ん？」，「え？」，「なに？」などの「無限定の質問（open-class repair initiator）」と呼ばれるものである（Drew 1997）．無限定の質問は，先行発話に何らかの問題があったことは表示するものの，先行発話のどの部分にかんして問題があったのか，そしてそれはどのようなタイプの問題なのかは明示しない．ゆえに，どのような修復を実行するのが適切なのかは，かなりの程度まで修復の実行者に委ねられることになる．(13)を見てみよう．

(13) [JAPN4222 05:13] ♪
((タクはもうすぐ引っ越しをするとサトシに告げた))
01 サトシ：　　ひとりで住むん．
02　　　　　　(1.1)
03 タク：　　　ん::たぶんルームメイト取るけど．
04 サトシ：　　おん.hhh
05 タク：　　　い［え-］
06 サトシ：　　　　［そこ］嫌になったん．

第4節 他者修復開始の発話形式　　　　　　　　　　　　　207

```
07              (0.3)
08 タク：→    え？
09              (1.0)
10 サトシ：→  そこ嫌になったん．
11              (0.3)
12 サトシ：→  いま住んでるとこ．
13              (1.0)
14 タク：    いやいや，1軒家の：，家に：，
15              (0.3)
16 サトシ：   あ：(0.4) 1軒家借りるん．
```

　06行目のサトシの質問に対し，タクは無限定の質問「え？」(08行目)を発話し，修復を開始する．この「え？」は06行目の先行発話に何らかの問題があったことは表示するが，その発話のどの部分にどんなタイプの問題があったのかは特定しない．ここで，「え？」に対してサトシがどのように反応しているかに注目しよう．10行目でサトシは「そこ嫌になったん．」という06行目の発話をそのまま繰り返している．この繰り返しによって，サトシはタクが直面した問題が聞き取りの問題であったと扱っていることがわかる．そのあとを見てみよう．10行目の繰り返しの後，タクからの反応を得られなかったサトシは，「いま住んでるとこ．」(12行目)と発話する．これはトラブル源を含む発話内の指示詞「そこ」が何を指すのかを説明したものである．この2回目の修復を実行することによって，サトシはタクが直面している問題が指示詞「そこ」にかんする理解の問題だと扱っていることがわかる．そのあと，タクは06行目のサトシの質問に対する応答(14行目)を提示し，修復開始によっていったん中断されていた連鎖の進行が回復する．

4.2　トラブル源のカテゴリーを特定する疑問詞を用いた質問

　次のタイプは，「だれ？」，「どこ？」，「いつ？」などの疑問詞が単独で他者修復開始に用いられる発話である．無限定の質問が先行発話のどの部分に問題があったかを特定しないのに対し，これらの質問は，先行発話内のどのカテゴリーの語(「だれ？」→人の指示，「どこ？」→場所指示，「いつ？」→時間指示)に

問題があったのかを特定する[*10]．(14)を見てみよう．

(14) [JAPN6707 16:04] ♪
```
01 ヨウコ：    ほらほら．(0.2) おたくの (0.6) チエちゃんとこの
02             ほら (0.7)>チヨコさ：ん<元気でいる？
03                  (0.8)
04 カヨ：  →   だれ？
05 ヨウコ：    チヨコさん．
06 カヨ：      チヨコさん？
07 ヨウコ：    うん．
08                  (0.5)
09 カヨ：      ん：：：(1.6) 去年のクリスマス：．以降ぜ：んぜん会ってない．
10 ヨウコ：    ああそう：：．
```

01-02 行目のヨウコの質問に対し，カヨは「だれ？」(04 行目) という発話で修復を開始し，ヨウコの先行発話中の人の指示に問題があったことを示す．05 行目でヨウコは「チヨコさん」を，02 行目よりは少し明瞭な発音で繰り返し，カヨが直面したトラブルが聞き取りの問題であったものとして扱う．カヨはさらに「チヨコさん」を上昇調で繰り返すことで再度修復を開始し (4.4 参照)，ヨウコはそれに確認を与える形で修復を実行する (07 行目)．09 行目でカヨはヨウコの 01-02 行目の質問に対する応答を提示し，修復開始で中断していた質問 - 応答連鎖の進行を再開する．

4.3　先行発話の部分的繰り返しと疑問詞を用いた質問

4.2 で見た方法は，先行発話内の特定のカテゴリーの語がトラブル源であることを示すが，もしもそのカテゴリーの語が先行発話内に複数あるならば，そのうちのどれがトラブル源なのかまでは特定されない．これに対し，次に記述する他者修復開始の方法は，先行発話内におけるトラブル源の位置を浮き彫りにすることによって，何がトラブル源であるかをより明確に特定する．それは，トラブル源を含む発話の一部を修復開始の発話で繰り返し，トラブル源にあた

[*10] 「なに？」は単独の疑問詞からなる他者修復開始であるが，先行発話内の特定の語を対象にするものではなく，先行発話全体をトラブル源として扱う．ゆえに，「なに？」はカテゴリーの限定を伴う質問ではなく，無限定の質問と考えるべきである．

る部分に疑問詞を用いることによってである．次の事例を見てみよう．

(15)
((最近新婚旅行に行ったユミとケンが，自分たちの利用したハネムーンパッケージについて友人夫婦のシホとトシに説明している))
01 ユミ： <u>普通の</u>::旅行よりは::，ね-設定してる値段は絶対高い
02 　　　ですけど::，実際行ってみてどうかってゆう::
03 シホ： [°n::あ::::::°　]
04 ケン： [う::ん コストパ]フォーマンスという意味では::<u>や</u>すいなっと
05 　　　思いましたねやっぱ　[り．　]
06 シホ：→　　　　　　　　　　[えっ　]= えっ何の意味では?=
07 トシ： =°コストパフォー　[マンス°]
08 シホ： 　　　　　　　　　[あ:::::]::::::

　04-05行目のケンの発話に対し，06行目でシホは「えっ＝えっ何の意味では?」という発話で修復を開始する．ケンの先行発話の「〜意味では」の部分を繰り返し，トラブル源にあたる部分に「何」を置くことで，問題の所在をピンポイントで示している．

　同様に，上の(10)では「(セン／ケン)からEメールが来た．」という先行発話に対し，「誰から?」というように「〜から」の繰り返しに加え，その前にある人の指示の部分に疑問詞「誰」を配置することでトラブル源を特定している．(10)の例からわかるように，「先行発話の部分的繰り返しと疑問詞を用いた質問」は，4.2で記述した疑問詞のカテゴリーを利用する方法と先行発話の部分的繰り返しとを併用することができる点において，4.2で記述した方法よりトラブル源の明確化の度合いが強いといえる．

4.4　トラブル源の繰り返し

　先行発話内のトラブル源となる部分を繰り返す発話も，他者修復開始の方法として用いられる．4.3で述べたトラブル源の位置を特定する質問同様，繰り返しもトラブル源をピンポイントで特定する．そして，繰り返しができる程度にはトラブル源が聞き取れたことを表示する点で，疑問詞を用いてトラブル源の要素を相手が提示することを求める質問より，トラブル源にかんする把握の度合いは強い．

しかしながら，繰り返しにおいても，修復開始者がトラブル源にかんしてどのようなタイプの問題に直面しているのかは，必ずしも特定されるとは限らない．たとえば，上の(14)の 06 行目でカヨが先行発話「チヨコさん」を上昇調で繰り返すとき，それは聞き取りの確認を求めていると聞きうるし，じっさい，ヨウコが次の順番でそうした確認を与えたあと，カヨは中断していた質問 - 応答連鎖を再開する．しかし次の(16)では，繰り返しによる他者修復開始を受けたトラブル源の話し手は，聞き取りと同時に認識の問題（理解の問題の一種）にも指向していることが観察される．

(16)
((アメリカ在住の 3 人の友人の会話．それぞれの日本での地元について語っており，カナコは神奈川県川崎市に住んでいたことをミキとトモヨに告げた．))
01 トモヨ：　　なに区 : ?
02 カナコ：　　あさお区？
03 　　　　　　(0.9)
04 ミキ：　→　あさ↑お(.) [区？　]
05 カナコ：→　　　　　　[うん．]
06 　　　→　麻に : : , [生ま] れる？
07 トモヨ：　　　　　　[うん．]
08 　　　　　　(1.0)
09 ミキ：　　ふ : : : : ん

トモヨの質問（01 行目）に対するカナコの応答（02 行目）を受け取る位置（03-04 行目）で，ミキはカナコの応答を強勢を加えつつ繰り返す．それに対し，カナコはまずミキの聞き取りが正しかったことに「うん．」（05 行目）と確認を与える．さらに，「あさお」の漢字を 1 字ずつ説明することで（06 行目），カナコはミキ（とトモヨ）が「あさお区」にかんする認識上の問題に直面している可能性に指向している．このように，繰り返しを用いた他者修復開始では，トラブル源は明確に特定されるものの，修復の開始者がそれにかんしてどのような問題に直面しているかはある程度の不確定性がある場合もあり，それにどう対処するかは修復実行者の判断に委ねられる．

4.5　トラブル源を標的に定めた内容質問

繰り返し同様，トラブル源を標的に定めた内容質問も，トラブル源をピンポ

第4節 他者修復開始の発話形式

イントで特定する.加えて,そのトラブル源にかんして,修復の開始者が理解の問題に直面していることも明確に示す.次の事例を見てみよう.

(17)
((ナナは01行目を自分の手首を触りながら発話する))
01 ナナ: >なんか< .hhh あたしここ:-が ガングリに .= アメリカ来てから
02   ガングリになっ [て::,]
03 アイ: →   [ガン]グリってなに?
04 ナナ: >なんか< ここに:, >なんかこう< 水みたいなゼリーみたいなん
05   がこうたまる:?
06   (0.3)
07 アイ: ポヨ [ポヨってし]たできものみたい [(なの)
08 ハル: [°ふ::ん°]
09 ナナ: [>できもん.<

　01-02行目のナナの発話に対し,アイは「Xってなに?」という発話形式を用いて修復を開始する.Xの部分にトラブル源となる先行発話部分「ガングリ」を置き,引用の助詞「って」でそれをマークする.そしてその後に疑問詞「なに」を配置することで,「ガングリという語は聞き取れたのだが,それが何を指すのかの理解の問題に直面している」ことを示す.
　このタイプの発話形式は,(15)のように [トラブル源の発話部分の引用 + 疑問詞] の形を取ることもあれば,[疑問詞 + トラブル源の発話部分の引用] (例:「なにガングリって」) という形を取ることもある[*11].また,疑問詞は「なに」に加えて「だれ」,「どこ」,「いつ」なども用いられる (たとえば,第6章157-158ページの断片(9)における「ジョージがね,…」→「ジョージってだれ?」).
　また,疑問詞を用いず,トラブル源の発話部分の引用のみで組み立てられた発話も同様の働きをする (上の断片(3)の再掲).

(18) [JAPN4608 00:14] ♪
01 ケイタ: 研究室が終わったからさ:.
02   (0.4)
03 ケイタ: [んで:]
04 シュン: →[終わっ]たって:?

[*11] トラブル源の発話部分の引用のかわりに,指示代名詞「それ」が用いられることもある (「なにそれ」).

05 ケイタ：　　あ だから (0.3) 9月のコンプリの (.) 勉強 (0.3) に入るって
06 　　　　　　こと:?
07 シュン：　　あ本当:.

　次に，トラブル源を標的に定めた内容質問のなかの，少し異なるタイプのものを見てみよう．これまで記述してきた他者修復開始の方法は，すべて先行発話で実際に言及されたことがらをトラブル源とするものであった．しかし，場合によっては，先行発話で明示的に言及されなかったことが，明示的に言及されなかったがゆえにトラブル源となることもある．そのようなトラブル源を対象とする場合，他者修復開始の発話は［疑問詞 + 助詞］（例：「何が？」）の形式をとることが多い．トラブル源となった発話要素がもし明示的に言及されていたならそれに伴って使われたはずの助詞を疑問詞に付加することで，先行発話の統語構造のどの位置を占める要素がトラブル源なのかをピンポイントに伝える（鈴木 2008; Hayashi & Kim 2015）．(19)を見てみよう．

(19) [JAPN6149 00:24] ♪
01 リエ：　　　決めた？どうするか．
02 　　　　　　(0.2)
03 リエ：　　　°クリスマスに°.=
04 シン：→　　=なにを:?
05 　　　　　　(0.7)
06 リエ：　　　あ:の::(1.1) サンディエゴに行くかどうか　［決めた？
07 シン：　　　　　　　　　　　　　　　　　　　　　　　［.hhhhh
08 　　　　　　(0.2)
09 シン：　　　あ::::-() おれ:, 手紙まだ出してない.= 多分行くと思う．

　01, 03行目のリエの質問に対し，シンは「なにを:?」と修復を開始することで，リエの先行発話で明示的に言及されていない要素——「決めた」の目的語，あるいは，「どうするか」の目的語——にかんして理解の問題が生じたことを示している[*12]．

[*12] (19)に見られる［疑問詞 + 助詞］の発話形式は，4.3で記述した「先行発話の部分的繰り返しと疑問詞を用いた質問」と形式的に類似している（たとえば，(10)の「誰から？」）．この2つの違いは，後者が先行発話の部分的繰り返しを用いてトラブル源を特定するのに対し，前者は先行発話の統語構造にかんする知識を利用して，先行発話で言及されなかった要素をトラブル源として特定する，という点である．

第4節　他者修復開始の発話形式　　　　　　　　　　　　　　　　213

　トラブル源を標的に定めた内容質問は，トラブルのタイプが理解の問題であることを明示し，理解の障害となっている先行発話内の要素（あるいはその不在）も特定される．その一方で，疑問詞の使用からわかるように，トラブル源の要素にかんして修復開始者が何らかの理解を提示するのではなく，理解の障害を取り除く作業は修復実行者に委ねられる．この最後の点が，次の4.6で述べる理解候補の提示とは異なる点である．

4.6　理解候補の提示

　理解候補の提示によって他者修復開始が行われるとき，修復開始者はトラブル源の要素にかんして一定の理解を提示し，トラブル源の話し手にその理解が正しいかどうか確認を求める．理解候補の提示は，トラブル源の所在およびトラブルのタイプを明確に特定し，トラブル源の要素にかんする一定の理解を提示する点において，他者修復開始の方法の中でもっとも強い方法であるといえる．(20)を見てみよう．

(20)
((野球部の部員2人が練習のメニューを相談している))
01 タカシ：　　ふんで：ちょっと思ったんですけど．
02 コウキ：　　うん．
03 タカシ：　　これ：(1.1) あるじゃないすか．
04　　　　　　(0.7)
05 タカシ：　　°こん．°(.) え ウェイトメニューあるじゃないすか．=
06 コウキ：　　=うん．
07 タカシ：　　ウェイトの↑ときに (1.4) あの：↓なんちゅうんすか．
08　　　　　　(1.2)↓こう：:h (0.9) ストレッチとか：．
09　　　　　　(0.5)
10 タカシ：　　やらしたらいいんじゃないすかね．
11　　　　　　(0.3)
12 コウキ：　　ウェイ　[トの-]
13 タカシ：　　　　　　[ケア-]<ケア的>な．
14　　　　　　(0.8)
15 コウキ：→　え ウェイトの-(.) <日に>ストレッチを入れろってこと？
16 タカシ：　　はい．
17　　　　　　(3.0) ((紙にボールペンで書いているよう))
18 コウキ：　　ストレッチは絶対すると．

01, 03, 05行目の前置きのあと，タカシは07-08, 10, 13行目で野球部の練習メニューについての提案を行う．これに対し，15行目でコウキはタカシの提案についての理解の候補を提示し，タカシに確認を求める．このとき，07行目のタカシの「ウェイトの↑ときに」の「ときに」が15行目で「日に」に置き換えられ，音も引き延ばされて強調されており，理解をチェックすべきポイントが明示されている．この理解候補にタカシが確認を与えたあと（16行目），コウキはタカシの提案を紙に書き留め（17行目）復唱する（18行目）ことで提案の受け入れを行い，修復の開始によって一時的に中断されていた［提案→受け入れ］の連鎖の流れを再開する．

理解候補の提示は，先行発話で明示的に言及されなかった要素を対象にして行われることもある．そのさいによく見られるのは，先行発話の統語構造に挿入して意味が成り立つような［名詞＋助詞］の形式の発話を用い，それを上昇調で産出して修復開始を行うというものである（Hayashi & Hayano 2013）．(21)を見てみよう．

(21)
((3人の友人の会話．ミキは宮崎出身で，その後千葉に引っ越したことを語る))
01 カナコ：　　え，どのぐらい住んでたの:?
02 ミキ：　→　千葉に?
03 カナコ：　　う [:ん.
04 トモヨ：　　　[う:ん.
05 ミキ：　　　あたしがちゅう::学の1年生のと [きに来たから:,]
06 トモヨ：　　　　　　　　　　　　　　　　　[あ けっこう長い]じゃない.

01行目のカナコの発話で明示的に言及されなかった要素にかんする理解候補として，ミキは先行発話の統語構造に挿入可能な［名詞＋助詞］の形式の発話（「（どのくらい）千葉に（住んでたの）」）を上昇調で提示し，カナコに確認を求める（02行目）．カナコ（とトモヨ）が確認を与えたあと，05行目でミキはカナコの質問に答え始め，質問－応答連鎖が再開される．

この節では，他者修復開始に用いられる発話形式を，トラブル源の所在の特定，トラブルタイプの特定，そしてトラブル源にかんする理解について，その度合いの弱いものから強いものの順に概観した．次節では，修復と行為の関係について検討する．

第5節　修復と行為

上で述べたように，修復は相互行為を成り立たせるための前提となる発話産出，聞き取り，および理解にかんする問題，すなわち，コミュニケーションのチャンネルに生じた障害を解決するために用いられる方策である．しかしながら，特定の文脈において，修復のプラクティスが発話の産出・聞き取り・理解のトラブルに対処する以外の行為を行うための媒体として用いられることもある（第2章42ページ参照）．たとえば，他者修復開始はしばしば不同意やその他の相手に歩調を合わせない行為（nonalignment）の前触れとして使われ，また受け手にそう聞かれる．㉒を見てみよう．

㉒ [JAPN6739 25:06] ♪
((この断片の直前で，ユキがマリコに翻訳の仕事をするか聞いている))
01 マリコ：　　翻訳はやらない．
02 ユキ：　　ああそうで [すか：？]
03 マリコ：　　　　　　　[う：：：　]：ん．
04 　　　　　あれはねえ：：：[：：う：：　]：：ん．.hh >面白くない．<
05 ユキ：　　　　　　　　　　[う：：：ん]
06 　　　　　(0.3)
07 ユキ：　→ 面白くない：？=
08 マリコ：→ =>だってそうじゃない．<
09 　　　→ 机に向かってただ [：　()　.hhh 原稿見て　]：：．
10 ユキ：　　　　　　　　　　　[まあ：，それはそうだけど．]
11 ユキ：　　[う：：ん．]
12 マリコ：→ [日本語に]直すとか：英語 [に直す-だ　]ま：：：：って =
13 ユキ：　　　　　　　　　　　　　　[う：：：：：ん　]
14 マリコ：→ = やってるわけで[しょう：．　]
15 ユキ：　　　　　　　　　　　[う：：：ん．]それはそうね：：

仕事として翻訳は「面白くない」というマリコの評価的発話（04行目）に対し，ユキは上昇調で評価語を繰り返して修復を開始する（07行目）．次の順番でのマリコの発話に注目すると，08行目でマリコは「だってそうじゃない」と発話を始め，翻訳が面白くない理由を述べている．「だって」は意見が対立した場合に自己の立場を弁護・説明する発話を導入する際にしばしば用いられ

る（Mori 1994）．つまり，08-9, 12, 14 行目の発話から明らかなのは，マリコがユキの修復開始を聞き取り・理解の問題の表示とは受け取っておらず，不同意の可能性を予示するものとして扱い，それに反駁すべく自己の立場を補強する説明を提供しているということである．

第 6 節　おわりに

　修復の組織は，相互行為にとっての「自らの問題を解決するメカニズム（self-righting mechanism）」であり（Schegloff, Jefferson & Sacks 1977: 381），多くの言語，文化を超えて見られる普遍的な組織である．また，本書の第 4 章・第 5 章でも見てきたように，修復の組織は相互行為のその他の基本的な組織（順番交替組織，連鎖組織など）と複雑に絡み合っており，相互行為秩序の根幹をなしている．その意味で，修復は会話分析の中心的な研究テーマの1つであり，これまで多くの研究がなされてきた．しかしながら，まだ解明されていないことも多い．

　修復が発話の産出・聞き取り・理解のトラブルの解決を超えてどのような社会的行為の遂行のための資源として使われるのか，そしてそれが参与者間の社会関係，あるいは参与者それぞれの成員性（第 10 章参照）の構築にどのようにかかわってくるのか，前節で少し触れたが今後のさらなる研究が期待される領域である．

　また，これまでの修復の研究の蓄積は主として英語のデータをもとに行われてきており，本章の記述も英語会話に見られる修復の組織の記述を下敷きにしている．日本語を含めた他言語のデータに基づく修復の研究はまだ蓄積が少ないのが現状である[*13]．修復はおそらく人間の相互行為に普遍的に見られる現象であるが，それぞれの言語・文化の特性によってその働きは少しずつバリエーションがある可能性がある（Sidnell 2008）．今後，日本語会話における修復の働きを精査し，知見を蓄積していくとともに，他言語・他文化との比較を通じて言語間の普遍性ならびにそれぞれの言語での個別性を明らかにしていく

[*13] 近年，修復の組織を多言語比較の観点から系統的に記述する試みが少しずつ始められている．Dingemanse & Enfield（2015）参照．

必要がある．

【読書案内】

　修復にかんするもっとも基本的な文献である Schegloff, Jefferson & Sacks (1977) は，日本語訳 (2010) が出版されている．さまざまな言語に見られる修復についての近年の研究を集めた論文集として Hayashi, Raymond & Sidnell (Eds.) (2013) がある．日本語会話に見られる修復の組織の基本的な記述として，自己開始修復を扱ったものでは Hayashi (1994)，Hayashi (2003b) などがあり，他者開始修復を扱ったものでは西阪 (2007)，串田 (2009b)，鈴木 (2010)，平本 (2016) などがある．発話の組み立て・受け取りのトラブルの解決を超えて，修復のプラクティスが相互行為の資源として用いられることを示した論考としては，串田 (1995)，細田 (2008)，高木 (2006, 2011) などがある．

第9章　表現の選択

第1節　はじめに

　第6章では，1つの発話順番がどのように構築されるかを論じた．また第8章では，発話順番が構築される途上で，話し手が言葉を探したり，言いかけた言葉を中断して言い直したりすることについて見てきた．本章では，これら2つの章に密接にかかわるもう1つのトピックを論じる．それは，話し手が順番を構築するとき言葉をどのように選んでいるのかということである．

　これは第1章で述べた言葉の選択（word selection）の問題である．ただ，「言葉の選択」という用語は，きわめて多様な種類の選択を指すことができる．たとえば，発話順番を「あの」で始めるか「ええと」で始めるかも，広い意味では言葉の選択である．これに対し，本章ではより限定的に，世界のある事象を言い表す（formulate）言葉[*1]，すなわち，事象と正しく対応しているかどうかが原理的に問題にされうる言葉の選択を扱う．

　話し手が発話順番を組み立てるとき，たいてい，人・物・場所・時間・行為・出来事など，世界のさまざまな事象を言葉によって言い表す作業が含まれている．この作業はさらに，2つに区別することができる．第1に，話し手は，言葉を用いて世界のさまざまな事象を指示（refer to）する．「指示」とは，世界の中の特定の事象を同定して受け手の注意を向けさせることを意味する[*2]．

[*1] "formulate" という単語は，会話分析において少なくとも2通りの意味で用いられる．1つは，何ごとかを「あからさまに言う（say in so many words）」という意味で，Garfinkel & Sacks（1970）において最初に用いられ，Heritage & Watson（1979）がこの議論を発展させた．「定式化」と訳されることが多い．もう1つは，ある事象を言葉によって同定するという意味で，Schegloff（1972）において最初に用いられた．本章で用いるのは後者の意味である．

[*2] 指示は必ずしも指示対象を言い表すことによって成し遂げられるとは限らない．後述するように，日本語では指示対象が明示されなくても何のことを話しているのか容易に了解される場合が多い．つまり，指示は対象を明示的に言い表すことなしにも成し遂げられ得る．こうした非明示的指示

第 2 に，話し手は，言葉を用いて世界のさまざまな事象を描写（describe）する．「描写」とは，あらかじめ受け手の注意を向けさせた特定の事象について，その属性や特徴などを言い表すことを指す．たとえば，前章の(6)には「市振も変わってたね::」（01 行目）という発話があったが（197 ページ），この発話は「市振」という言葉で特定の場所を指示し，「変わってた」という言葉でその場所の特徴を描写している．本章では，これらの作業のために言葉がどのようにして選択されるのかという問題を論じる．

ある事象を指示したり描写したりするのは，ふつう，その事象を受け手に正しく認識・理解させるためである．だが，ある事象を正しく指示・描写することのできる言葉は，つねに複数存在する．たとえば，ある人を指示しようとするとき，性別カテゴリーによる指示（例「女」）も年齢カテゴリーによる指示（例「老人」）も，ともに正しい（Sacks 1972a=1989）[*3]．したがって，話し手が実際に発話を組み立てるとき，事象を正しく指示・描写できる——おそらくは無数の——言葉の中から 1 つが（あるいはいくつかが）選ばれなければならない．この選択はどのようにしてなされ，またそれは組み立てられた発話に対する受け手の理解をどのように左右するのだろうか．

まず第 2 節では，この主題に関して研究蓄積が豊富な「人の指示（person reference）」を取り上げる．人の指示は，たんにある人を指示すること（単純指示）と，指示表現を用いて指示以外のことをも遂行すること（複雑指示）に区別できる（Schegloff 1996c）．この区別に言及しながら，人を指示する表現がどのように選択されるかを論じる．第 3 節では，指示と描写の両方にかかわるトピックとして，ある事象を言い表すときに誇張された表現を使うか正確な表現を使うかという選択を取り上げ，上で述べた表現の「正しさ」という概念を再考する．

（tacit referring）に関する会話分析的研究として Oh（2005, 2006），Bolden & Guimaraes（2012）がある．この現象については，「ゼロ照応（zero anaphora）」などの用語で，談話分析や機能主義言語学においても多数の研究がある（Clancy 1980; Hinds 1982; Ono and Thompson 1997 など）．また，指示も描写も言葉だけで行われるわけではない．事象が相互行為の現場にある場合には，指さしなど身体動作を使って指示することができる（第 12 章 303 ページの断片(15)を参照）．また描写においては，現場にない事象に関してもジェスチュアなどの身体動作がしばしば言葉と併用される（平本・高梨 2015a）．

[*3] この点については第 10 章でより詳しく取り上げる（243-249 ページ）．

第2節 人の指示

2.1 認識用指示表現と非認識用指示表現

人の指示に関する研究の土台は，サックスとシェグロフによって作られた (Sacks & Schegloff 1979)．まず，この論文の中心概念である認識用指示表現 (recognitionals) と非認識用指示表現 (non-recognitionals) について説明しよう．「認識用指示表現」とは，話し手が指示しているのは受け手が知っているはずの人だという主張を伴う表現のことである．それは，指示されている人を受け手が認識するように，すなわち，自分の知っている人の中から見つけ出すように，促す働きを持つ．これに対し，「非認識用指示表現」とは，話し手が指示しているのは受け手の知らない人だという主張を伴う表現のことである．それは，指示されている人を受け手が見つけ出さなくてよいことを伝える．

(1)に両方の例が見られる．アユミとヨウコは以前ニューヨークに住んでいたが，ヨウコは現在はテキサスに移っている．アユミは今度引っ越しをすることにしたといい，その理由となる周囲の人々の近況を伝えている．その中で「クミちゃん」「ヒロミ」(01行目)「別の人」(07行目) という3つの指示表現が用いられている．「クミちゃん」「ヒロミ」のような名前は認識用指示表現の例であり，「別の人」という表現は非認識用指示表現の例である．

```
(1) [JAPN1684 2:29] ♪
01 アユミ：→    (>てゅかあの<)<クミ>ちゃんがさ,<ヒロミ>んとこ
02              行っちゃったんだよもお.=
03 ヨウコ：     =あ::::やっぱり:::¿
04 アユミ：     う::ん.
05              (0.2)
06 ヨウコ：     は:::んはん=
07 アユミ：→   =.hhh<だから>::.hhhh あっ-いまはまた別の人が住んでん
08              のね:::? [あそこに::.
09 ヨウコ：             [あん.
```

認識用指示表現には，名前のほかに，下に示す(2)の「あなたのお母さん」(03行目) のような親族カテゴリーを用いた表現や，(3)の「ここら辺にすんで

第2節 人の指示　　　　　　　　　　　　　　221

てよく喋ってた人」（05-06行目）のようにその人の特徴の描写を含む名詞句も含まれる．これらを合わせて「認識用描写子（recognitional descriptor）」と言う．

(2) [JAPN6805 0:21] ♪
((トシエとミチエは同郷の中年女性で，今は2人ともアメリカに住んでいる．トシエは先日久しぶりに帰省したときに，ミチエの母親も訪ねた．))
01 トシエ：　　で::::.hhhh もう::せっかく::::傍まで行った<u>に</u>:::=
02 ミチエ：　　=[°う::ん.°
03 トシエ：→　=[あなたのお母さんに会わないのはもったいないと
04 　　　　　　[おもっ　[て:::,
05 ミチエ：　　[.hhhh　[<u>わ</u>ざわざ会いに行ってくれたんだっ<u>て</u>:::？

(3)
((筒井はある福祉施設の管理者で，田辺は訪問者．田辺はこの日，筒井から施設のメンバー10数名を紹介されたあと，そのうち4人と買い物に行ってきた．))
01 田辺：　　あの:::そうそう<u>買</u>いもんに:行ったでしょう？=
02 筒井：　　=うん.=
03 田辺：　　=であたしの他[に4人いて:::(.)女性2人と男性2人で::,=
04 筒井：　　　　　　　　[ええ.
05 田辺：→　=.hh で1人のあの::(0.3)<u>ここら辺にすんでて</u>
06 　　　→　<u>よく喋っ</u>[<u>てた人が</u>　　]ねえ[:,
07 筒井：　　　　　　　[ええええええ.]　　[ええ.

　非認識用指示表現には，「別の人」のようにその人の種類をほとんど特定しない指示表現だけでなく，「セールスマン」（229ページの断片(7)を参照）のようなカテゴリー名や「こっちで子供を産んだ子」（233ページの断片(10)を参照）のような特徴の描写を含む名詞句──これらを「非認識用描写子（non-recognitional descriptor）」という──も含まれる[*4]．これらの用語を表1に整理しておく．

[*4] 指示表現の中には，認識用指示表現にも非認識用指示表現にもなりうるものがある．たとえば，「うちの弟」という指示表現は，受け手がこの人を知っているならば認識用描写子になるが，知らないならば非認識用描写子になる．この区別は外部の分析者にはわからないこともある．また，ある指示表現がどちらであるかは，参与者自身にとっても曖昧になることがある（Schegloff 1996c: 478; Land & Kitzinger 2007: 499）．

表1 指示表現の種類

指示表現の種類		例
認識用指示表現	名前	「クミちゃん」「ヒロミ」
	認識用描写子	「あなたのお母さん」 「ここら辺にすんでてよく喋ってた人」
非認識用指示表現	単純な非認識用指示表現	「別の人」
	非認識用描写子	「セールスマン」 「こっちで子ども産んだ子」

Sacks & Schegloff 1979, Schegloff 1996c に基づいて作成

2.2 単純指示と複雑指示

　(1)(2)(3)に見られた人を指示する表現は，いずれも，ある人をたんに指示するために用いられている（単純指示）．「たんに指示する」とは，その人について何ごとかを述べるうえで，受け手の注意をその人に向けさせる——知っている人ならば認識させ，知らない人ならばさしあたりその存在を受け入れさせる——ことを意味する．これに対し，指示表現はたんなる指示以上のことをするために用いられることもある（複雑指示）．たとえば，(1)の「クミちゃん」の代わりに「あの気まぐれ娘」という認識用描写子を用いて，「あの気まぐれ娘がさ，ヒロミんとこ行っちゃったんだよお」とアユミが言ったならば，この指示表現はヨウコに特定の人を認識させるだけでなく，その人に関する不平を言うという行為の資源にもなっているであろう．このように，指示表現は対象を指し示すことに加えて，話し手がその発話順番によって遂行している行為の資源となる——指示表現がそれ自体として行為の媒体となる——こともある．そうした複雑指示の具体的事例はあとで詳しく検討する．

　ここで，(3)における「ここら辺にすんでてよく喋ってた人」という認識用描写子は，「あの気まぐれ娘」と同様にその人の特定の特徴を選んでいるので，たんなる指示以上のことをしているのではないか，という疑問がわくかもしれない．だが，この事例で田辺は，その日に紹介された初対面の人を，「1人のあの：：(0.3)」という言葉探し（第8章197ページ参照）を伴って指示している．この手続きによって田辺は，本来ならば名前を用いて指示したいのだが，名前を思い出せないために，次善の策として認識用描写子を用いて指示しているのだということを観察可能にしている．言い換えるなら，ここで田辺は，「ここ

ら辺にすんでてよく喋ってた」という特徴が，もっぱらその人を認識させる手がかりとして選ばれているのだと聞くように，聞き手をガイドしている．この意味で，それはたんなる指示としてデザインされている．

なお，指示表現が「たんなる指示以上のことをする」とか「行為の資源となる」などの言い方について，1つ補足説明をしておきたい．指示は広い意味で話し手がしていることだが，通常は，第2章以来用いている意味での「行為」ではない．本書で行為と呼んでいるのは，ある発話順番を構築する目的になりうることがらである．これに対し，何かを指示することは，ふつう発話順番構築の目的にはならない．つまり，指示がなされただけでは発話順番は完了可能にはならない．指示は，通常の場合，行為未満の水準で話し手がしていることである[*5]．

2.3 人を指示する表現の選択指針

表1に示したようないろいろなタイプの指示表現から，話し手がどのように選択を行っているかについて，2つの基本的指針が提案されている（Sacks & Schegloff 1979）．第1の指針は「1つの指示表現で適切に指示できる」というものである．これを「最小化の選好（preference for minimization）」と言う[*6]．1人の人を正しく指示できる表現は無数にあるが，ある人がたんに指示されたと聞き手が理解できるためには，1つの指示表現（名詞句）を用いるだけでよい．第2の指針は，「可能ならば，認識用指示表現を用いよ」というものであ

[*5] ただし，次に示す(4)のように，対象を聞き手に認識させることを目的として1つの順番が構築されることもある（第6章162-163ページも参照）．この場合，指示を達成すること自体が1つの準備的行為として，通常の発話順番構築の外側へ取り出されているといえよう．なお，言語行為論を体系化したサールは，指示を命題行為の一環として位置づけ，発語内行為の水準未満のものとして扱っている（Searle 1969=1986）．会話分析は指示に関して，この考え方を基本的に引き継いでいると思われる．

[*6] 第4章では「選好」という概念は，ある種の隣接対FPPに適合するSPPの2つのサブタイプ（プラスとマイナス）のあいだの非対称的な関係を指していた（84-89ページ参照）．これに対し，本章の文脈では，「選好」概念はこのような明確な非対称的サブタイプのあいだの関係を指してはいない（cf. Schegloff & Lerner 2009）．これら2つの文脈におけるこの概念の共通点は，参与者が何らかの選択に直面しており，そこにおいて特定の選択肢が無標（unmarked）で理由説明を必要としない性格（＝選好された性格）を帯びているということである．この概念は会話分析において，上記2つ以外にもさまざまな文脈で少しづつ異なる意味合いで用いられているので，注意が必要である．

る．これを「認識用指示表現の選好（preference for recognitionals）」と言う．受け手が知っているはずの人を指示するときには，誰を指示しているのかを受け手が認識できるように指示するのが適切である．上の(1)(2)(3)に見られた表現は，いずれも，これら2つの指針に沿う形で選択されている．すなわち，話し手は，受け手が知っていると仮定できる人を指示するときには，認識用指示表現を1つだけ用いており，そう仮定できない人を指示するときには，非認識用指示表現を1つだけ用いている．

だが，2つの指針はいつも両立させられるわけではない．どちらかを優先させなければならないときには，認識用指示表現の選好が優先される．このことは(4)のような現象によって裏づけられる．これはアメリカで研修旅行中の教員ミノルと日本にいるその妻アケミの電話会話である．

(4) [JPN1041 14:04] ♪
01 ミノル： ほかに変わったことないかなあ::．
02 アケミ： .hh うん別に変わったことは-あ [っ .h]h<それと>ね:，
03 ミノル：   [°うん°]
04 ミノル： う:ん．
05 アケミ：→ .hh<桜川さん>てゆう人？
06   (1.4)
07 ミノル： さ [くらがわ]
08 アケミ：→   [しろがね]の．=うん．
09 ミノル： 桜川って: [あの]:
10 アケミ：   [リカ．]
11   (0.6)
12 ミノル： しろがねの人だね？
13 アケミ： あんあん．
14 ミノル： うん教え子だ．
15 アケミ： うん (n: :) あ:手紙来てる．

アケミはミノルの質問（01行目）に答えて，ミノル宛に来た手紙の差出人をまず「〈桜川さん〉てゆう人」と名前で指示し[7]，語尾を上昇調の抑揚で発話し

---

[7] 厳密には，この指示表現は「名前＋てゆう人」という形式の一種の描写子（名前引用型描写子）である．Kushida（2015）は，名前引用型描写子が，指示対象を認識させる働きに関しては名前と同等であること，および，その1つの用法として，話し手よりも受け手の方が指示対象をよく知っていることを主張するために用いられることを指摘している．

て，ミノルがこの人を認識できるかどうかを調べている（05行目）[8]．ミノルが認識した反応を返さない（06行目）のを見ると，アケミは「しろがねの」（08行目）と住所を表す認識用描写子を付加することで，ミノルが認識する手がかりを増やしている．ミノルはこの手がかりを与えられたことで，認識に至る（12, 14行目）．

このように，受け手がある人を認識できるかどうかに不確実性があるとき，私たちはふつう，不確実であってもまず認識用指示表現を試して受け手の認識を誘い，認識できなければもう1つ認識用指示表現を付加する．つまり，相手が反応できる機会を設けたり指示表現を2つ以上用いたりという形で相互行為の進行を遅らせてでも（第8章193ページ参照），相手に認識させる可能性をまずはできるだけ追求する．この現象は，認識用指示表現の選好が最小化の選好よりも優先されることを証拠立てている．と同時に，それは別の意味では，最小化の選好がたんなる指示の原則であることの裏づけにもなっている．なぜなら，2つ以上の指示表現が用いられるのは，1つで指示が成功しないなどの特別な理由がある場合だ，ということを例示しているからである．

指示表現の選択指針としては，上記2つの選好に加えて，認識用指示表現の中で何を選ぶかにかんする補足的指針も指摘されている．それは，「認識用指示表現の中では，可能ならば名前を用いよ」というものである（Schegloff 1996c）．このことは，(5)のような現象によって裏付けられる．この断片でダイゴは，先日ユキエの部活動の後輩2人に会ったという出来事を報告している．

(5)
((ダイゴは先日ユキエの部活動の後輩2人に会った.))
01 ダイゴ：　　岡田くんと::[あと]もう1人が::,
02 ユキエ：　　　　　　　　[うん.]
03 ユキエ：　　うん．
04　　　　　　(0.8)
05 ユキエ：　　((鼻をすする))
06 ダイゴ：→ **ユキエちゃんの子どもの子**．
07　　　　　　(0.6)
08 ユキエ：→ .hhhh **荻野くん？**
09 ダイゴ：　　荻野くん．

---

[8] これは第6章162ページで述べた試行標識を付した指示の1例である．

```
10 ユキエ：    うん．
11             (0.5)
12 ダイゴ：    荻野くんが来とって::，
```

　ダイゴは1人目を「岡田くん」と名前で指示したあと，2人目を「ユキエちゃんの子どもの子」（06行目）という認識用描写子を用いて指示している[*9]．これを聞いたユキエは，たんに認識を表明するのでなく，それを名前（「荻野くん」08行目）に置き換えている．このことは，ユキエが認識用描写子によるダイゴの指示を次善の策として，すなわち，名前が思い出せないために仕方なくなされたものとして，取り扱っていることを意味する．受け手のこうした取り扱いは，可能な限り名前が用いられるべきであるという指針への指向を示している．

　では，「可能ならば名前を用いよ」という補足的指針に関して，(2)に見られた「あなたのお母さん」のような親族カテゴリーは，どう位置づけられるのだろうか．英語においては，話し手も聞き手も名前を知っている第三者を指示するときに，名前以外の表現を用いることは，たんなる指示以上のことを遂行する方法になると報告されている（Stivers 2007）．たとえば，"your sister" のように聞き手に関係づけた認識用描写子を用いて第三者を指示するならば，その表現は聞き手がその第三者に関して責任を負う立場にあることを主張する働きを持つという．したがって，この種の指示表現は，第三者に関する不平を聞き手にぶつけるときにしばしば利用されるという．名前以外の表現がこのようなプラスアルファの働きを持つことは，「可能ならば名前を用いよ」という指針がたんなる指示のための基本的指針であることを裏づけるさらなる証拠となる．このような仕方で使用される親族カテゴリーは，「可能ならば名前を用いよ」という指針に沿ったものといえる．

　だが，(2)における「あなたのお母さん」には，このようなプラスアルファの働きがあるようには思われない．日本語では，年長の親族（両親，兄姉，祖父母など）を指示するときには，受け手がその人間の名前を知っていても，名前よりも親族カテゴリーを用いるほうがふつうの指示の仕方になるという報告が

[*9] この認識用描写子がどういう意味なのかは不明だが，ユキエに分かるように指示対象（ユキエの部活動の後輩の荻野）を描写していることは確かであろう．

ある（小森 2013）．そして，両親や祖父母に関する限り，事情は英語でもほぼ同様だと指摘されている（Downing 1996）[*10]．これらの事情を勘案するならば，「可能ならば名前を用いよ」という指針には例外があり，ある種の親族カテゴリーはその例外の1つだと思われる．だが，具体的にどんな例外があるのか——どんな第三者を指示するときに，どんな指示表現ならば，名前に代わってたんに指示するために使用できるのか——については，まだこれから解明されなくてはならないことが多いといえよう．

2.4 人の指示の体系

シェグロフは，以上の議論を含む形で，英語の相互行為における人の指示にかんして1つの体系的記述を提案している（Schegloff 1996c）．表2をご覧いただきたい．人の指示は，［A］話し手と受け手への指示，［B］第三者への後続指示，［C］第三者への最初の指示に大別できる（「後続指示」と「最初の指示」という区別については229ページ以下で詳しく説明する）[*11]．このうち［C］は，さらに認識用指示と非認識用指示に区別できる．上で見たのは表2のうちのこの部分である．この部分にかんしては，英語を念頭に提出された記述が基本的に日本語にも適用できると考えられる．だが，以下に述べるように，［A］と［B］に関しては，この記述を日本語に適用できるかどうかにはより慎重な検討が必要となる．

表2　人の指示表現の体系

人 の 指 示 の タ イ プ			例（英語の場合）
［A］話し手と受け手への指示			"I" "we" "you"
第三者への指示	［B］後続指示		"he" "she" "they"
	［C］最初の指示	認識用指示	"Mike" "Susan"
		非認識用指示	"a guy"

Schegloff 1996c に基づいて作成

[*10] Enfield & Stivers（2007）に収められたいくつかの論文も，英語以外の言語で親族カテゴリーが名前と並んで基本的な認識用指示表現であることを例証している．
[*11] ただし，この体系的記述においては，相互行為の現場にいる第三者への指示は扱われていない．このタイプの指示を扱った研究として，Oh（2010）や戸江（2015, 2017）がある．

228　　　　　　　　　　　　　第9章　表現の選択

　まず，[A] 話し手と受け手への指示について考えよう．英語には，話し手と受け手を単純指示するための汎用的な表現として人称代名詞 "I/we" と "you" がある．このため，これら以外の表現を用いて話し手や受け手を指示するなら，それはたんなる指示以上のことを行っていると理解可能になるという (Schegloff 1996c)[*12]．この議論が当てはまる例として，第2章で取り上げた学童保育指導員の発話を思い出してほしい．(6)として部分再掲する．

(6) (第2章の断片(1)の部分再掲)
03 ユリエ：　　[言うた .>**先生**聞こえたよ<.((シンサクに向かって))

　ここで，指導員ユリエは自分を指示するのに「先生」という表現を用いている．この表現は，たんに話し手自身を指示しているだけでなく，聞き手（シンサク）の主張を効果的に否定するための1資源として，話し手自身が聞き手よりも権威のある立場にあることを相互行為の表面に浮かび上がらせていると思われる．

　だが，シェグロフの[A]にかんする議論は，そのままでは日本語に適用できない．まず日本語では，話し手と受け手は明示的に指示されないことが多い．たとえば前掲(2)において，「傍まで行った」(01行目)，「会わない」(03行目)の主語が話し手自身であり，「会いに行ってくれた」(04行目)の主語が受け手であることは，明示しなくても了解される．また，明示される場合にも，使える指示表現が複数（「わたし」「ぼく」「きみ」「あんた」等の人称代名詞，名前，親族カテゴリーなど）存在する．そこで，日本語における話し手と受け手への指示については，指示を明示するかしないがどのように選択されているか，種々の明示的指示表現がどのように使い分けられているか，この2点が今後解明されることが期待される[*13]．

───────────────────────────────────────
[*12] ただし，"you" には受け手をたんに指示する以外にいくつかの用法がある（Sacks 1992: 1: 348-353; Schegloff 1996c）．また，話し手を指示するためにはしばしば "I" と "we" のどちらも使用可能であり，これらの使い分けはたんなる指示以上のことを遂行する手立てとなる．たとえば，"we" を用いて自分を指示することは，話し手が職務上の役割を担いつつ話していることを示す方法になる（Lerner & Kitzinger 2007）．
[*13] 日本語と同様に話し手や受け手が明示的に指示されないことの多い韓国語では，話し手や受け手を明示的に指示することが，たんなる指示以上のこと（自慢する，非難する，相手に責任を帰属する，反対意見を述べる，次話者を選択するなど）を遂行するための資源になっていると報告さ

第2節 人の指示

次に, [B] 第三者への後続指示について考えよう. そのためには, 「最初の指示」と「後続指示」という区別について少し詳しく説明しておく必要がある[*14]. この区別には, 位置と表現の2側面がある.

まず, 位置にかんして. 「最初の指示位置」とは, 何らかの連鎖的まとまり——隣接対を核とする発話連鎖, 物語などその他の発話連鎖, 話題のまとまりなど——において, ある人が初めて指示される場所のことである[*15]. これに対し, 「後続指示位置」とは, 同じ連鎖的まとまりの中で, 同じ人が再指示される場所のことである. たとえば, 次の(7)において「リョウコちゃん」(01行目)と「セールスマン」(06行目)は最初の指示位置でなされた指示であり, 「あの子」(03行目)と「リ(h)ョウコちゃん」「その人」(10行目)は後続指示位置でなされた指示である. なお, 後続指示位置における指示とは, 言語学で「前方照応（anaphora）」と呼ばれて広く研究されている現象を会話分析の視点から捉え直したものである (たとえば Fox 1987; Fox (Ed.) 1996).

(7)
01 ダイゴ: → **リョウコちゃん**おるやん.
02 ユキエ:　　うん.
03 ダイゴ: → **あの子**がね:,
04 ユキエ:　　うん.
05 　　　　　(0.6)
06 ダイゴ: → 家に**セールスマン**が来てんて.
((中略：そのセールスマンは契約が取れないと会社に帰れないと泣きついてきた.))
07 ダイゴ:　　もうそんなんうっとおしいから僕(は)ぜったい断るけどさ:,
08 ユキエ:　　うん.
09 　　　　　(0.7)
10 ダイゴ: → な(h)んか**リ(h)ョウコちゃん**は**その人**が可哀想になった
11 　　　　　らしくてね:,
12 ユキエ:　　うん.

れている (Oh 2007). また, 会話分析とは異なる観点からであるが, 日本語の会話における話し手と受け手への明示的指示が, たんに指示する以上のさまざまな語用論的働きを持つことも指摘されている (Lee & Yonezawa 2008).

[*14] 正確には, 「局所的に最初の指示 (locally initial reference)」および「局所的に後続する指示 (locally subsequent reference)」と言う (Schegloff 1996c).

[*15] ここで言う「連鎖的まとまり」にどのようなものが含まれるのかは, 経験的に見いだされるべき問題である. また, 注16に述べるように, それは実際の指示を通じて再構成されうる.

13   (1.1)
14 ダイゴ: やってあげてんて．契約してんて．

　次に，表現にかんして．「最初の指示表現」とは，先行文脈を参照しなくても指示対象を理解できる表現のことである（例「セールスマン」06行目）．これに対し，「後続指示表現」とは，先行文脈を参照して指示対象が同定できる表現のことである（例「その人」10行目）．
　以上2つの側面にかんする区別を組み合わせると，位置と表現がマッチしている場合とミスマッチな場合が析出される（表3）．この表の2つのミスマッチ領域②③について，次のような議論がなされている．

表3　第三者への指示における位置と表現

	最初の指示表現	後続指示表現
最初の指示位置	①　マッチ	③　ミスマッチ
後続指示位置	②　ミスマッチ	④　マッチ

Schegloff 1996c に基づいて作成

　第1に，後続指示位置において最初の指示表現を用いるというミスマッチは（②領域），たんなる指示以上のことを行うための方法となりうる．この議論が可能なのは，英語には汎用的な後続指示表現として，3人称代名詞 "he/she/they" があるからである．たとえば，下の(8)では，水槽をアレックスの持ち物だと思い込んでいる Ric の「あれはアレックスのじゃないの？」という質問（01行目）に対して，Vic が「いや．アレックスは水槽なんか持ってないよ，アレックスは俺の水槽を買おうとしてるんだよ」と答えるときに（02-03行目），後続指示位置で名前（"Alex"）が用いられている．

(8) [Schegloff 2007a:103]
01 Ric: Weren't-didn' they belong tuh Al[ex?
02 Vic: →   [No. **Alex** ha(s)
03   →   no tanks **Alex** is tryintuh buy my tank.

　このように，後続指示位置で3人称代名詞以外の表現を用いることは，英語の場合，相手の主張に対して不同意を返すときにしばしば見られるという（Fox 1987）．

第 2 に，最初の指示位置において 3 人称代名詞を用いるというミスマッチも（③領域），たんなる指示以上のことを成し遂げる方法となる．たとえば，1 本の電話のなかで初めて（＝最初の指示位置）ある人を話題にするときに，"he"（＝後続指示表現）で指示することは，たんにその人を指示するだけでなく，いまから始まる話題が，近い過去に 2 人で話した話題の続きであることを示す方法になる（Schegloff 1996c; Kitzinger et al. 2012）[*16]．

以上の議論も，そのままの形では日本語に適用できない．まず，日本語では後続指示位置での指示は明示されないことが多い．また，明示される場合にも「あの子」「その人」のように「あ」系と「そ」系と両方の指示表現が利用可能である[*17]．さらに，日本語では，後続指示位置で名前や親族カテゴリーなどの最初の指示表現を使用しても，必ずしもミスマッチを引き起こさないと思われる．たとえば，前掲(7)の「リョウコちゃん」(10行目)——後続指示位置で用いられた最初の指示表現——はミスマッチだとは感じられないだろう．そこで，日本語の相互行為における第三者への後続指示を体系的に記述するためには，指示を明示するしないの選択がどのようになされているか，および，利用可能な指示表現（「あ」系指示表現，「そ」系指示表現，名前，親族カテゴリーなど）からどのように選択が行われているのか，この 2 点の解明が必要である．

2.5　さまざまな複雑指示

以上に見てきたように，ある人をたんに指示する表現があるとき，それ以外の指示表現を用いることは，たんなる指示表現に代わって選択されたものとして聞かれ，たんなる指示以上のことを遂行しているものと理解可能になる（Schegloff 1996c; Land & Kitzinger, 2007; Stivers, 2007; Oh 2007, 2010; Kitzinger et. al. 2012）．このような指示の事例をいくつか見ることで，指示表現がそれ自体として行為の媒体になるとはどういうことかをより明確にしたい．

まず，前掲の(6)と同様に，話し手への複雑指示が見られる事例を見てみよう．(9) は精神科の外来診療場面である．患者は医師に指定されたよりも多量に向

[*16] この場合，指示表現の選択において参照された「連鎖的まとまり」は，実際に用いられた表現を通じて再帰的に再構成（1 本の電話→複数の会話にまたがるひと続きの話題）され，その指示は再構成された連鎖的まとまりにおける後続指示として理解できるようになる．

[*17] この点にかんする重要な言語学的研究として田窪（2010）がある．

精神薬を飲んだため，予定よりも早く薬がなくなり，追加の薬がほしいとやってきた．医師（沢先生）は追加の薬を処方することを決めたあと，この患者が過去にも薬を飲み過ぎたことに触れ，気をつけるように言い聞かせている．その中で，自分のことを「沢先生」（04 行目）と名前で指示している．

(9)
01 医師：　　　[今日はちょっと失敗だったね:.
02　　　　　　　(.)
03 患者：　　　は　[い．
04 医師：→　　　　[うん，失敗が続くとだんだん**沢先生**の口調が：：(.)>厳しく
05　　　　　　なって<き(h)ま(h)す(h)の(h)で,[.hh 　]hh=
06 患者：　　　　　　　　　　　　　　　　　　[はい．]
07 医師：　　　=>よろしくお願いしますよ．<
08 患者：　　　はい．=
09 医師：　　　=もう経験してるでしょ：，わ　[たし　]の厳しい口(h)調(h)は．
10 患者：　　　　　　　　　　　　　　　　　[はい．]

　この医師はふだん自分自身を明示的に指示するとき「わたし」（09 行目）と言っているので，この患者は，「沢先生」という表現がそれに代わって用いられたものだと見なしうる．さて，「沢先生」という表現は，受け手の視点に立って自分自身を指示する指示表現の1例である．それはとりわけ，ふつう認識用指示に使われる表現なので，話し手を特定の個人として認識できる受け手の視点に立った表現である（Land & Kitzinger 2007）．この特徴ゆえに，この表現は次のような仕方で，たんなる指示以上のことをするための資源となっている．ここで医師は，もしも患者がふたたび薬を飲み過ぎたなら自分は強い態度に出るという警告を発している．だが，医師は警告内容を自分自身の視点から「厳しくする」と表現するのでなく，患者の視点を採用して自分を「沢先生」と指示し[18]，それに整合した「厳しくなって」（04-05 行目）という表現を選ぶことで，自分が主体的に厳しくしようとしているわけではないというスタンスを示している．また，それに続く「き(h)ま(h)す(h)の(h)で」に笑いを重ね

---

[18] また，(6)の「先生」と同様に，この事例における医師も「沢先生」という表現によって，自分の権威を相互行為の表面に浮かび上がらせ，警告を医師の専門的権限の発動たらしめているように思われる．

第2節 人の指示

ることで，こうした警告がデリケートな行為だと自覚していることも示している．さらに，医師はこの警告が，患者の知る医師自身の個人的特徴に結びつけて理解されるよう，念を押している（09行目）．医師は警告を発しつつもそのことに距離を表示し，警告している行動を自分がしなくても済むように患者の方がよくわきまえてふるまうことを求めている（07行目）．「沢先生」という指示表現はこの微妙なニュアンスの行為を遂行する不可欠の資源として選択されている．

　もう1つ，いくつかの異なるタイプの複雑指示を含んだ(10)を見てみよう．マチコとナツミはともに夫の仕事の都合でアメリカに住んでいる．ナツミには2人の子供がいるが，マチコには子供はいない．この断片の直前では，ナツミが渡米直前に産んだ下の子供（1歳4ヵ月）がもう歩き出して，上の子供と遊ぶようになったことが話題となる．それを聞いて，マチコは自分と同じアパートに住んでいる人のことを話題にし始める（01, 03, 05行目）．

```
(10) [JAPN2167 20:01] ♪
01 マチコ：     あ今さ::あ,=
02 ナツミ：     =うん,=
03 マチコ：     =同じアパートに::,
04 ナツミ：     うん.
05 マチコ：→   こっちで子ども産んだ子が い  [て::,]
06 ナツミ：                              [う:ん]ゆってた [ねえ.
07 マチコ：                                              [うん.
08 マチコ：     そいで:今.hh あれ何月だ:?あれ何カ月だ:? 6カ月::_
09             過ぎたのかな¿ [ 5月 ]だから.
10 ナツミ：                   [うん:]
11 ナツミ：     可愛いでしょ:.=
12 マチコ：     =うん.hhh すごい可愛い [の:::  ]=>でほら<(0.3)=
13 ナツミ：                            [う:::ん.]
14 マチコ：→   =なんか::(0.6) お母さんいわく:,
15 ナツミ：     うん.
16 マチコ：     <ママってゆった>
17 ナツミ：→   あ:[::あ>はい  ]はいはい<わ [かんないのね:第三者にはね:.   ]
18 マチコ：        [とかさ:あ,]            [<サンキューってゆった>     と ]か
19             さ(h)hahahaha
20 ナツミ：     わかるわかる.
```

この断片には，人を指示する表現が3つ含まれている．まず，マチコは最初の指示位置で，ナツミの知らない人を「こっちで子供産んだ子」（05行目）という非認識用描写子を用いて指示している．次に，マチコは同じ人物を後続指示位置において「お母さん」（14行目）という親族カテゴリーを用いて指示している．さらに，マチコの話に反応するなかで，ナツミはマチコのことを「第三者（17行目）というカテゴリーを用いて指示している．

　順序は前後するが，まず2番目の「お母さん」から検討しよう．マチコが「こっちで子ども産んだ子」という表現によって会話に導入したのはナツミの知らない人なので，後続指示位置（14行目）でマチコがこの人をたんに指示するためのふつうの表現は「その子」だと考えられる．実際に用いられた「お母さん」という表現はこれに代わって用いられていると聞かれうる．そこで，この表現が用いられた理由を探すことが受け手にとって適切となる．受け手は，「お母さん」というカテゴリーに結びついた文化的了解事項に目を向け，［母-子］というカテゴリー対を参照して話し手の行為を理解するよう，促される（Sacks 1972b; Land & Kitzinger 2007）*19．この性能ゆえに，この指示表現は，話題の人物が6ヶ月ほどの乳児の喃語を聞き分けていること（16,18行目）を，母親ならではの合理的な行動として説明可能にする．またそれを通じて，この目撃談をもう1人の母親であるナツミに対して，「受け手向きの話題（recipient-oriented topic）」として（Schegloff 2007a），すなわち，受け手の方が権威を持つ話題として，提示するための不可欠の資源となっている．

　次に，ナツミの「第三者」（17行目）を検討しよう．この表現は，いま見たマチコの発話への反応のなかで用いられ，ナツミがもう1人の母親として──話題になっているお母さんの側に立って──マチコの目撃談に反応するための資源になっている．ナツミは，マチコが語っている出来事を自分が熟知していることを「あ:::あ>はいはいはい<」（17行目）と主張したうえで，マチコが

---

*19 これらの点について詳しくは第10章250-252ページを参照．なお，あるカテゴリー・タームの使用は，必ずしも，カテゴリーに結びついた文化的了解事項を相互行為にとって関連ある（relevant）ものにするとは限らない．たとえば，前掲(2)における「お母さん」というカテゴリーは，たんにある人を認識させるために用いられている．これに対し，この事例の場合，母親というカテゴリーに結びついた文化的了解事項は，マチコの行為の資源として用いられ，ナツミによるその理解を方向づけ，ナツミの反応の仕方を形づくっている．

続きを言うのを聞かないうちに，語りの要点を自分の方から先取りして提示している．つまり，母親には聞き取れる喃語が家族ではない者には聞き取れないという落差が，この語りの要点だという理解を示している．この要点を言い表すときにナツミは，マチコの語りを「第三者＝家族ではない者」の視点からなされたものとして取り扱い，マチコを「第三者」というカテゴリーによって指示している[*20]．

　このカテゴリーは，第1に，マチコに喃語がわからないことを合理的なこととして説明可能にする．したがって，話題の人物が乳児の喃語を聞き分けたことをマチコが語るに値することとして扱うのはもっともだ，というナツミの協調的スタンスを示す資源となる．第2に，このカテゴリーは同時に，その出来事がナツミ自身にとってはとくに新鮮ではないことを示す資源にもなる．これらの性質ゆえに，この指示表現は，ナツミがマチコの目撃したことがらについて，マチコよりも熟知しているもう1人の母親として反応するための，資源となっている．

　最後に，「こっちで子供産んだ子」（05行目）を検討しよう．この指示表現は，その場にいない受け手の知らない人物を最初に指示するために用いられている．このタイプの指示においては，「ある人」のような表現を除けば，どんな指示表現も多少とも指示対象への特徴づけを伴う．したがって，どのような特徴を指示表現に含めるかの選択を通じて，話し手はたんに指示する以上の何らかの行為を遂行することになる．

　マチコがこの断片で導入した新たな話題は，「あ」（01行目）という何かを思い出した標識に先導されることで，ナツミの子供の様子を聞いて触発された（touched-off）話題として提示されている（Sacks 1992: 2: 88-89）．進行中の話題に触発されて新たな話題を導入するときには，その話題が先行する話題とどう関係しているのかを示し，なぜ今それを話題にするのかを受け手に理解可能にす

[*20] この指示はいささか変則的であり，「間接的になされた指示」とでも表現すべきものである．語りの要点を要約するという行為には，しばしば，「第三者には分からない」のような，あるカテゴリーの人間に関する一般的ないし格言的命題が利用される（cf. Holt 1998）．このような発話は，発話の組み立てとしては特定の人物を直接に指示する形をとらなくても，それが置かれた連鎖的位置ゆえに，語りに登場した特定の登場人物（この事例の場合はマチコ）のことを指していると理解可能になる．

るという課題が伴う（第7章172ページも参照）．ナツミが渡米直前に産んだ子供の成長が話題になっているときに，「こっちで子供産んだ子」という表現で新たな人を指示するならば，ナツミとよく似た経験を持つ人にかんする話題の開始として理解可能になる．マチコの用いた指示表現は，先行する話題との関係を示しつつ，ナツミがもう1人の母親として——あるいはより先輩の母親として——興味を持てるように話題を導入するための，重要な資源となっている．

第3節　誇張された表現と正確な表現

　話し手はしばしば，ある事象を正しく指示する表現の集合の中から，そのとき遂行している行為や活動の資源となるように表現を選択していることを見てきた．本節では，指示に使われる表現と描写に使われる表現の両方を含めて，表現の「正しさ」という問題を別の角度から掘り下げてみたい．
　正しい表現は，必ずしも正確だとは限らない．たとえば，休日を利用して関西から千葉県浦安市にある東京ディズニーランドに行ってきた人が「東京に遊びに行ってきた」と言ったとしよう．私たちはそれを正確ではないと思うかもしれないが，日常会話の中で虚偽や間違いとして取り扱うことはないだろう．このように正しい表現にも，正確なものからだいたいのところ正しいものまで幅がある．この幅の中からどの程度の正確さを持つ表現を選ぶのか，本節ではこの問題を扱う．
　ポメランツは，相互行為において「極端な形をとった表現（extreme case formulation）」がどのように用いられるかを分析した（Pomerantz 1986）．まず，3つの断片を用いてこの議論を紹介する．
　(11)は前掲(2)と同じアメリカ在住の2人の中年女性の会話で，ミチエが久しぶりに実家に帰省したときの兄嫁の態度について文句を言っているところである．兄嫁はミチエの母親にひどい仕打ちをしているうえに，遠方から帰省したミチエと「ひっとことも喋らない」(01行目)「ぜんっぜん話さない」(03行目)のだという．このように極端な表現で描写することによって，ミチエは，受け手トシエが兄嫁の態度を割り引いて解釈する可能性を排し，兄嫁の態度の問題性と自分が文句を言うことの正当性を打ち立てている．

第3節　誇張された表現と正確な表現

(11) [JAPN6805 8:50] ♪
01 ミチエ：→　あたし帰ってるあいだも**ひとことも**喋らないの．
02 トシエ：　゜ほんとに：゜＝あなたとも話さないの？
03 ミチエ：→　**あぜんっぜん**話さないの．
04 トシエ：　ほんと　[に-
05 ミチエ：　　　　　　[あたしが**ひっさしぶり**のアメリカから帰ってさぁ,
06 トシエ：　うんう:::ん．

(12)は，ゴスペルを習っているリカコが，ミヨコに1度来てみるよう勧めているところである．この断片の直前に，ミヨコがとりあえず見学に行こうかというと，リカコは「みんな最初はそう」(01行目)言うが「気がついたらもう歌ってる」(04行目)「誰もじ：っと見てる人いない」(07行目)と，初めての参加者の様子を極端な形で表現する．それによって，ゴスペルの持つ魅力がたんに話し手の主観的な評価ではなく，誰にも抗いがたい客観的なものであることが主張されている．

(12) [CSJD03F0040]
01 リカコ：→　あのね：,**みんな最初はそう**ゆんです．
02 ミヨコ：　　　[ええ．
03 リカコ：→　[見学にいきます::てゆって
04　　　　　　**気がついたらもう歌**　[ってるんですよ:.
05 ミヨコ：　　　　　　　　　　　　　[歌ってる a hah hah
06　　　　　hah hh hh hh　[hh hh hh hh hh hh hh hh hh　　]
07 リカコ：→　　　　　　　[.hhh **誰もじ：っと見てる人いない**んです．]

(13)は，自動車修理工のトシキがえんえんと職場の上司の愚痴をこぼしている場面の一部である．この断片の少し前に，トシキは，先日上司の態度にむかついてハンマーを台車に投げつけたというエピソードを披露する．それに続けて，トシキの勤める工場では「**みんなむかついたら**」「**なんでもすぐ投げたり**」「**蹴ったりする**」(05-06行目)と極端な形の描写を行うことで，自分が行ったことは職場でふつうのことであり，道徳的に許容されることだということを示唆している．

(13)
01 トシキ：　でも僕らの工場にはたいがいな：も-(.)壊れたものがある

```
02              っていうかな.hhhh なんか壊れたものがひとつひとつな : :(.)
03              あれがな話があんねん.
04              .hh 誰がいつこういうふうに切れたとか (h) って (h) ゆ (h) う
05      →       ふう (h) に (h).=.hhhh みんなむかついたら .hhh なんでもすぐ
06      →       投げたり : .hh 蹴ったりするから [な :.
07 ダイゴ :                                  [(そら) 子ど (h) も (h) みたい
08              ° (やそ (h) んな (h) の).°
```

このように，極端な表現は少なくとも，自分の文句や非難を正当化する，ある現象の客観性を提示する，ある行動の道徳的正しさを提示する，という3種類の行為のための資源として用いることができる．極端な表現は，文字通りには正しくないかもしれないが，そのことはつねに問題にされるわけではない．⑾〜⒀では，極端な表現の正確さに疑義が提示されることなく，描写がそのまま受容されている．これに対し，話し手が最初に用いた表現をより正確な表現へと修正することによって，最初の表現が誇張されていたことを認めることもある．ドルー（Drew, P.）はこの現象を分析し，表現の「適切な程度の正確さ（relevant precision）」が相互行為において交渉されることを示した（Drew 2003）．⒁を用いてこの議論を例示しよう．

　⒁は精神科の外来診療場面である．患者は高齢者介護施設で働く女性で，うつ病と診断されて通院している．この日患者は，先日仕事で無理をしてから調子が悪く気持ちが落ち込んでいると訴えた．医師は抗うつ薬を増量することを提案し，患者はこれを承諾した．続いて患者は，自分のように仕事をしながら通院治療を受けていると，入院患者やデイケア利用患者のように同じ境遇の患者と日常的に接することがないため，「気持ちをはき出せる場所がない」ことを訴え始める（01-15行目）．だが，患者はのちに，月に1度は医師と話していると言い換えることで（17-22行目），「気持ちをはき出せる場所がない」という表現が誇張であったことを認めている．

```
⒁
01 患者 :    あともうひとつは前から : :_.hh<思ってたこと>で : : [ ,      ]=
02 医師 :                                                   [ふん . ]
03 患者 :    =.hhhh 程度 :-(0.5) わたし : :のようにま h.hhh か↑けるんだか
04          重い [ん>だ] かよく<わかんないんですけれども も : : ,=
```

第3節 誇張された表現と正確な表現　　　　　　　　　　　239

```
05 医師：　　　　　　　　　［はい．］
06 患者：　　　　　＝.hhhh 入院 (.) するほどではないし，
07 医師：　　　　　はい．＝
08 患者：　　　　　＝デー：：ケアに通うほどではない：，
09　　　　　　　　　(0.2)
10 医師：　　　　　はい．
11 患者：　　　　　わけで：：，
12 医師：　　　　　うん．
13 患者：→　　　　こうゆう気持ちを：：,(0.3)>こう<(0.5) はき出せる場所が，
14　　　　　　　　(1.1)((患者は医師を見る．医師は息を吸い込み考える表情.))
15 患者：→　　　　な：：,＝
16 医師：　　　　　＝ahh hh:＝
17 患者：→　　　　＝な(h)い(h)って(h)>ゆうかま<.hhhh＝
18 医師：　　　　　＝[あ：　　　　]あ：．
19 患者：　　　　　　[(>要するに-<)]
20 患者：→　　　　>こちらに-<あの通院したと　[きに　]先生におはなしは，(.)＝
21 医師：　　　　　　　　　　　　　　　　　　[はい．]
22 患者：→　　　　＝してるんですけど[まあ月　]にいっかいぐらい,.hhhhh＝
23 医師：　　　　　　　　　　　　　　[ふんふん．]
24 患者：　　　　　＝そうゆうところですごいなんだろう.(1.0)あの孤独感,(0.4)
25　　　　　　　　　みたいなのがあっって：：：，
((患者は，このあと，自助グループのようなものがないかと医師に尋ねる.))
```

　患者が産出し始めた「気持ちを」「はき出せる場所がない」という表現は，やはり行為に適合する資源として選択されている．患者はここで，入院患者やデイケア利用患者と自分の境遇を対比しつつ，自分には同じ苦しみを共有できる仲間が身近にいないことを訴え，何らかの対処を医師に求めようとしている．この求めにとって，自分の現在の境遇を「気持ちをはき出せる場所がない」と表現することは，求めの理由を合理的に描写するものである．
　これを先の(12)と比べてみよう．「気持ちをはき出せる場所がない」という表現は，「みんな～気がついたらもう歌ってる」という表現と比べて，それ自体としてより不正確なわけではない．不正確さが相互行為上の問題として顕在化するのは受け手の反応を介してである．(12)では，リカコが「気がついたらもう歌ってる」(04行目)という極端な表現を用いると，ミヨコはいち早くリカコの「歌ってる」という言葉を追いかけて笑っている(05行目)．ゴスペル教室

への新参者がすぐにゴスペルの魅力にとりつかれる様子を機知に富んだ形で描写しているリカコの発話に対して，笑いは協調的な反応である．

　これに対し，(14)では患者の深刻な悩みの表明を聞いて，医師が笑っている（16行目）．患者が「はき出せる場所が」（13行目）までで発話を止め，医師の様子を伺うと，医師は1.1秒のあいだ，息を吸って考えるような表情をする（14行目）．これは患者にとって幸先のよくない反応だと見なされうる．患者が実際にそう理解したことは，「ない」という極端な表現を言い切るのではなく，「な::」の音だけを引き延ばしてふたたび慎重に医師の様子を伺っている（15行目）ことに現れている．こうして「気持ちをはき出せる場所がない」という表現が事実上産出されると，これを聞いて医師は笑う（16行目）．この位置での笑いは，産出されつつある患者の悩み表明に適合的な聞き方ではないという意味で，非協調的もしくは抵抗的である[*21]．これを見た患者は，「ない」という極端な表現を撤回し（「な(h)い(h)って(h)ゆうかま」17行目），通院したときに月に1度ぐらいでは医師と話している（20, 22行目）とより正確な表現へと自己修復（第8章195-196ページ参照）を行うことで，「気持ちをはき出せる場所がない」が誇張であったことを認めている（以上の分析については，第6章158-161ページも参照）．また，この自己修復を通じて，「気持ちをはき出せる場所がない」という表現が，患者の問題に耳を傾けることを職務の一部とする精神科医を貶めてしまいかねない可能性を打ち消している．

　表現は，それが用いられる場面や行為にとって適切な程度の正確さを持つ必要がある．たとえば，法廷における証言には，日常会話には必要ない厳密さが要求される（Pomerantz 1987; Drew 2003など．また，第12章287-288ページの「警察からの電話」も参照）．日常会話では(11)～(13)のように極端な表現がかなり許容されるとはいえ，やはり無制限ではない．それぞれの場面で，受け手は話し手が用いた表現への反応を通じて，いまここで適切な程度の正確さにかんする交渉を開始することができる．

　他方で，話し手のほうも，この交渉にどう応じるかを通じて，自分が用いた表現が「基本的には正しかった」という立場を保持することができる．(14)の患者は，「通院したときに先生におはなしは,()してるんですけどまあ月にいっか

[*21] これは，第4章の注23（115ページ）で言及した「トラブルへの抵抗」の一種だといえよう．

いぐらい」(20, 22行目)と言い直すことで，一方では，自分の表現が適切な程度に正確ではなかったことを認めている．だが他方，自分が医師に対して行っていることを「お̇は̇な̇し̇」と表現することによって，またそれは「月にいっかいぐらい」だと述べることによって，外来診療は「気̇持̇ち̇を̇吐̇き̇出̇せ̇る̇」場所とは異なることも主張している．つまり，患者は，誇張された表現をより正確な表現へと置き換える最中にも，その置き換えの仕方を通じて，自分の最初の表現が「基本的には正しい」ことを主張しているのである[*22]．このように，言葉がある事象を「正しく」表現しているということの具体的意味は，それ自身，参与者たちが表現の選択をめぐって交渉するなかで構成される．

第4節　結論

　相互行為の参与者は，発話順番を組み立てるとき，さまざまな事象（人・物・場所・時間・行為・出来事など）を表す表現を選択しなければならない．この選択がどのようになされるかを研究することは，会話分析の1つの基本的な研究テーマである．本章では，現在までの研究蓄積が豊富な人の指示を中心に，このテーマに含まれるいくつかの主要論点を論じてきた．
　人の指示に関しては，指示表現がたんなる指示のために用いられるか指示以上のことを成し遂げるために用いられるかという区別が基本的である．前者にかんしては，言語によって少なからぬ相違があるものの，指示表現の選択基準の体系的記述が始まっている．後者に関しては，指示表現がしばしば話し手の遂行する行為の資源となるように選択されることが，多くの研究を通じて明らかにされてきた．本章で触れる余裕はないが，これらの点に関しては，人の指示だけでなく，場所 (Schegloff 1972; Kitzinger et al. 2013) や時間 (Pomerantz 1987; Raymond & White 2018) を表す表現に関しても，基本的に同様のことが見い出されている．
　表現の選択が参与者にとって一般的問題であるのは，ある事象を正しく表す表現がつねに複数あり得るからである．だが，この問題を，「正しさ」という点では対等な表現の中からその他の基準に沿って選択が行われる，という問題

[*22] このことはまた，この置き換えが「てゆうか」に先導されることによっても主張されている．

だと理解するのも十分に正確ではない．むしろ，参与者がそのとき行っている行為・活動に適合する表現を選択し交渉する過程で，表現の「正しさ」自体も交渉される．誇張された表現やより正確な表現がどのように用いられるかを考察することは，このように表現の「正しさ」自体を相互行為の産物として理解することにつながる*23．

【読書案内】
　表現の選択の問題を主題的に扱った日本語文献は，まだ少ない．指示表現の選択や指示をめぐる交渉を扱ったものとして，須賀（2007a, 2007b, 2010, 2014），串田（2008），林（2008b），戸江（2015, 2017）がある．描写に用いる表現の選択を扱ったものとしては，鈴木（2007），西阪・早野・須永・黒嶋・岩田（2013）の第6章がある．また，日本語における指示表現の選択を扱った英語文献としては，Hayashi（2005a），Kushida（2015）がある．

---

*23 Schegloff（1972）は，表現の選択という問題が知識社会学の古典的主題と通じていることを示唆している．知識社会学は，説明や記述や理論をその対象との関係においてではなく，その産出環境との関係で捉えるべきだと主張してきた（たとえばMannheim 1929=1968）．同様に，表現の選択も，第一義的には，それが表す対象との対応関係ではなく，それが産出される相互行為環境に関係づけて分析される必要がある．表現の「正しさ」が相互行為を通じて交渉されることは，この議論の格好の事例となっている．

第10章　成員カテゴリーの使用

第1節　はじめに

　第1章で述べたように，サックスは人々が日常的に言葉を用いて行っていることを記述する学問として，会話分析を構想した．この構想のもとで，彼が最初に取り組んだのは，人々が成員カテゴリー（membership category）を用いて行っていることの記述だった．その成果は，成員カテゴリー化装置（membership categorization device）として定式化された（Sacks 1972a=1989, 1972b）．前章で人を指示する表現の選択を論じたとき，「先生」や「お母さん」などの成員カテゴリー名が指示に使われる例を紹介したが，この議論は，成員カテゴリー化装置の議論を1つの形で継承発展させたものである．だが，成員カテゴリー化装置は，人を指示する表現の選択にかかわっているだけでなく，それ以外にもさまざまな形で相互行為の組織化にかかわっている．人が自分や他者を「男性」「女性」とか「教師」「生徒」など，ある種類の人間として扱うとき，そこでは何が生じているのか．本章ではこのことを説明する．

第2節　成員カテゴリー化装置

2.1　カテゴリー化

　「成員カテゴリー」とは，人の種類を表す言葉もしくはそれによって表される概念のことである．「カテゴリー化」とは，何らかの成員カテゴリーを特定の人間に適用することである（Sacks 1972a=1989）．カテゴリー化は，大きく2種類の仕方で行われうる．

　第1に，カテゴリー化は，カテゴリー名を用いて発話を組み立てることを通じて行われる．その1つは，人の指示である．第9章の(9)や(10)で見たように

(232-233ページ),カテゴリー名を用いて人を指示することは,指示対象を——さらに,指示対象以外のその場の参与者を——特定のカテゴリーの担い手として取り扱うやり方となる.また,カテゴリー名は,指示された人を特徴づけるときに用いられることもある.たとえば,第9章の断片(4)では,「桜川さん」と名前で指示された人が,あとから「教え子」というカテゴリー名を用いて特徴づけられている(224ページ).この特徴づけを通じて,話し手は,「桜川」という人物と自分との関係を聞き手に対して明らかにし,それによって聞き手がこの人物をどのように取り扱うべきかを方向づけている.

カテゴリー名は,さらに,(1)のように発話の宛先を示すために用いられることもある.この断片では,「先生」というカテゴリー名を用いて呼びかけが行われている.この呼びかけは,生徒が教師に統計学の知識について質問するための準備であり,いまこの場で,自分と相手を「生徒」および「教師」というカテゴリーの担い手として取り扱う方法の一環をなしている.

(1)
((生徒の自習に先生がつき合っている.生徒は机の上にプリントを広げ,ペンを持ってそれに書き込んでいる.))
01 生徒:→　　先生
02 先生:　　　はい
03　　　　　　(0.3)
04 生徒:　　　ワイイコール,
05 先生:　　　°うん°
06 生徒:　　　マイナス (.)[にいてんよんいち,プラス,いってんぜろさん (0.2)
07 先生:　　　　　　　　[°うん°
08 生徒:　　　エックス (.) っていうのが,
09 先生:　　　う[ん
10 生徒:　　　　[回帰式なんですか?
11　　　　　　(0.9)
12 先生:　　　うん

第2に,カテゴリー化は,カテゴリー名を用いることなしにも行われうる.それは,3.1において詳しく述べるような,カテゴリーと特定の述部とのあいだに存在する規範的結びつきを利用することによってである.たとえば,会話において話題になっている人を特徴づけるとき,特定のカテゴリーに結びつい

た述部を用いて特徴づけることで，その人物をそのカテゴリーの担い手として取り扱うことができる*1．(2)を見てみよう．

(2) [JAPN1684 00:07] ♪
((ヨウコがアユミに電話の録音を依頼している))
01 アユミ：　　か[まわないです]よ：別に
02 ヨウコ：　　　[いいですよね]
03 ヨウコ：　(あ/う)ん(.)私も：[それで]
04 アユミ：　　　　　　　　　[だ　っ]て日本語なんて
05　　　→　わかんないじゃんみんな
06　　　　　(0.5)
07 アユミ：　あわかる：¿ hu [hh
08 ヨウコ：　　　　　　　　[>ていうか<↑声の質を調べたいらしいだけ：
09　　　　　らしいのね：?
10 アユミ：　あそうなの：?
11 ヨウコ：　で..hh 日本人同士の会話じゃないと駄目だから：とかいって：,

　この断片の直前で，ヨウコはアユミに，この通話を録音することについて許可を求めている．アユミは01行目でこれに許可を与えたあと，04-05行目で録音されることを気にしない理由を述べている．このとき，「みんな」という表現で指示された人々（録音されたデータを聞く立場にいる人々）を，「日本語なんてわかんない」という述部を用いて特徴づけている．この発話において「みんな」は，そう明示されてはいないものの「非日本語話者」というカテゴリーの担い手として扱われている．また，それを通じて，ヨウコとアユミは自分たちを「日本語話者」としてカテゴリー化している．
　カテゴリー化はこのようにさまざまな形で行われるが，いずれの場合にも，人々は「どの成員カテゴリーをいまここで適用するか」という潜在的問いに直面している．なぜなら，1人の人に適用できるカテゴリーは，つねに複数存在するからである．たとえば，2016年時点でのサッカー選手リオネル・メッシでいえば，「20代」（年齢），「男性」（性別），「アルゼンチン人」（国籍），「サッカー選手」（職業），「フォワード」（サッカーのポジション），「スペイン住民」（居住地）などのカテゴリーは，すべてメッシに正しく適用することができる．しかし，だからといって，ある相互行為場面でこれらのカテゴリーを用いて

---

[1] このカテゴリー化のやり方は，本章の(3)の14行目にも見られる．

メッシをカテゴリー化することが，自動的に適切になるわけではない．彼がサッカーの試合をしている最中ならば，彼のチームメイトも，試合を見ている人々も，彼に「フォワード」というカテゴリーを適切に適用することができるだろう．だが，彼がオフシーズンに帰省して母親と話しているとき，彼が「フォワード」であることは，会話の成り行きに何の関係もないかもしれない．この場合，「フォワード」というカテゴリーはメッシに適切に適用できるものではなくなっている．

　さて，上に挙げたカテゴリーのうち，少なくとも年齢カテゴリーと性別カテゴリーは，メッシに限らずすべての人に備わる特徴に関係している．それゆえいかなる個人をカテゴリー化するときにも，つねに2つ以上の選択肢が存在することになる．このことは，カテゴリー化において，複数のカテゴリーの中から適切なものを選択する作業が不可欠だということを意味する．成員カテゴリー化装置とは，この選択がどのようになされるかを定式化したものである．

2.2　成員カテゴリー化装置の構成要素1：カテゴリー集合

　成員カテゴリー化装置は，カテゴリー集合とカテゴリー適用規則という2つの要素からなる（Sacks 1972a=1989, 1972b）．「カテゴリー集合」とは，人生段階｛赤ん坊，幼児，少年，青年，中年，老人，など｝，家族｛父，母，子，など｝，性別｛男性，女性，など｝，学校｛教師，生徒，など｝，会社｛上司，部下，同僚，など｝，犯罪｛被害者，加害者，目撃者，など｝，医療｛医師，患者，看護師，など｝，裁判｛裁判官，原告，被告，弁護士，など｝のような，1つ以上のカテゴリーを要素として含む，成員カテゴリーの集合のことである．どんなカテゴリー同士が1つの集合をなすかは，時代や社会状況によって変わりうる問題であって，あらかじめ論理的に決められたことがらではない[2]．

　あるカテゴリーを用いてカテゴリー化がなされるときには，同時に，それが属するカテゴリー集合が適用されている．たとえば，上の(1)で「先生」と呼びかけるとき，生徒は相手を「教師」としてカテゴリー化しているのみならず，

---

[2]　たとえばある社会運動の成果として，カテゴリー集合の構成要素が変化する場合があるだろう．LGBT｛Lesbian：女性同性愛者，Gay：男性同性愛者，Bisexual：両性愛者，Transgender：性別越境者｝というカテゴリー集合とその構成要素は，ここ2, 30年の社会運動の歴史を通じて作り上げられてきたものである．

自分を「生徒」とカテゴリー化し，学校というカテゴリー集合をこの場の人々に適用している．(2)で「日本語なんてわかんないじゃんみんな」と言うとき，アユミは「みんな」を「非日本語話者」とカテゴリー化するだけではなく，自分たちに「日本語話者」というカテゴリーを適用し，言語能力 |非日本語話者，日本語話者| とでも呼べるカテゴリー集合を用いている．

2.3 成員カテゴリー化装置の構成要素2：適用規則

　成員カテゴリー化装置の2つ目の構成要素は，カテゴリーの適用規則である．適用規則は2つある．第1の規則は，「人をカテゴリー化するには1つの成員カテゴリーを適用するだけで十分である」というものである．これをカテゴリー化の「節約規則 (economy rule)」と言う．

　たとえば，(1)の場面では，生徒がその場にいる特定の人をカテゴリー化するさいに，「先生」というただ1つのカテゴリー名を挙げるだけで十分だと見なされている．このことは，直後に教師が「はい」と返事をし，何の支障もなく，生徒が統計学についての質問に進んでいることから明らかである．

　第2の規則は，「複数の人々をカテゴリー化するとき，最初の1人に対してあるカテゴリー集合を適用したなら，2番目以降の人にも同じ集合を適用することができる」というものである．これをカテゴリー化の「一貫性規則 (consistency rule)」と言う[*3]．

　次の(3)では，マチコがナツミの近況を尋ねると (01行目)，ナツミは自分に「母親」というカテゴリー名を適用してこれに答えている (04行目)．

(3) [JAPN2167　01:04] ♪
01 マチコ：　　(ね / え::) ナツミは:: どうしてる::？
02 ナツミ：　　(もうな (h) ん (h) か (h)???)
　　　　　　　((笑いながら何かを言っている))
03 マチコ：　　えっ？

[*3] この規則では，最初の1人がどうやってカテゴリー化されるかは定まらない．最初の1人に適用されるカテゴリーは，何らかの規則に基づいて選択されるのではなく，そのつど，聞き手の性質 (相手が誰で，自分とどういう関係にあり，何をどこまで知っているかなど) に合わせた仕方 (第1章3-5ページの「受け手に合わせたデザイン」参照) で，遂行する行為に即して選ばれると考えられる．たとえば，第9章断片(10)の，「こっちで子ども産んだ子」(05行目) にかんする分析を参照のこと (233ページ)．

```
04 ナツミ:      .hh ははおやをやってた
               ((9行分省略))
14 ナツミ:      >だからもうなんかね(.)こども連れて<公園行った [り::¿
15 マチコ:                                                  [うんうん
16 ナツミ:      プレイグ(h)ループ行ったり::[(hh)¿]
17 マチコ:                                [.hhh ]
18    →        ¥あ::::[:¥げん    ]き:[:?ジロくんとかも    ]う=
               ((「¥あ::::::¥」の部分は音が徐々に高くなる))
19 ナツミ:            [.hh あ-あん]    [う:ん おかげさ (まで)]
20 マチコ:      =な[んか(.)¥いち]人前の:<おとな>みたいな¥感じに=
21 ナツミ:        [も:::お    ]
22 マチコ:      なっちゃっ[ちゃ?]
23 ナツミ:                [ぜん ]:ぜh [(ん)]
24 マチコ:                           [ha ]haha
```

ナツミは質問に答えて「ははおやをやってた」(04行目)と言うことで，自分自身(＝最初の1人)を明示的に「母親」としてカテゴリー化し，家族のカテゴリー集合を適用している．このあと，ナツミは「こども連れて公園に〜〜」(14行目)と近況をより具体的に描写しているが，この描写はいま適用した「母親」というカテゴリーに結びついた述部(詳しくは3.1参照)を用いてなされている．と同時に，この描写に登場する他の人間(2番目の人)を指示するに当たって，やはり家族のカテゴリー集合の1要素である「子ども」というカテゴリーが用いられている．

ナツミの近況報告を聞いてマチコは後続質問を発するが(18, 20, 22行目)，この行為を通じてマチコもナツミが行ったカテゴリー化を継承していることがわかる．マチコは，ナツミの上の子どもを「ジロくん」と名前で指示したうえで，「¥いち人前の:<おとな>みたいな¥感じ」になったかを尋ねている．この質問は，ナツミがジロくんの成長具合を知っていることを当然のこととして発せられている点で，ナツミとジロくんを「母親」「子ども」として取り扱っている．以上のようにして，ここでは複数の人々が家族という同じカテゴリー集合を用いて適切にカテゴリー化されている．

サックスは，一貫性規則の働き方の1つを「聞く者の格率(hearers' maxim)」という形で表現している(Sacks 1972b)．それは「もし同じカテゴ

リー集合の要素であると理解できるカテゴリーが2つ以上使われていたら，それらを同じカテゴリー集合の要素であると聞け」というものである．これは一読しただけでは循環した言い回しに聞こえるので，少し説明しよう．

聞く者の格率の「聞く者」とは，行為なり出来事なりを理解しようとする人のことである．上の(3)でナツミは，「こども連れて公園行った」(14行目)と発話していた．ここで用いられている「子ども」というカテゴリーは，家族のカテゴリー集合の1要素であるとともに，たとえば「大人」というカテゴリーとセットで使われる場合には，人生段階のカテゴリー集合の1要素でもある．このように，あるカテゴリーがどんなカテゴリー集合に属するかは，ときに曖昧である．聞く者の格率は，聞き手が発話を理解するときに，こうした曖昧さを取り除くことを可能にする．つまり，先行文脈で「母親」というカテゴリーが用いられたあとであるために，(3)における「子ども」は家族の1員という意味で用いられている——さらには，他の誰かの子どもではなくナツミの子どものことを指している——と聞くべきだということになる[*4]．

以上のように，サックスは，私たちがさまざまな人々をカテゴリー化する方法を，カテゴリー集合とその適用規則からなる成員カテゴリー化装置として定式化した．この定式化の重要なポイントは，ある人にあるカテゴリーを適用することの正しさと適切さを区別し，社会の成員が直面するカテゴリー化の問題とは，その場で適切なカテゴリーを選択するという問題であることを明記したことである．

第3節　行為の資源としてのカテゴリー化

カテゴリー化は，たんに人々が自分や相手や話題になっている人物を特定のカテゴリーに分類しているというだけのことではない．誰かにあるカテゴリーが適用されることで，そのカテゴリーに結びつく常識的知識を参照することが

[*4] ただし，このことは2つのカテゴリー集合が組み合わせて適用される可能性を排除するものではない．じっさい，(3)においてナツミは，「子ども」というカテゴリー名を「連れて」という動詞とともに用いることで，指示された人物を人生段階のカテゴリー集合における「子ども」としてもカテゴリー化しており，マチコはさらに明示的に「大人みたいな感じ」になったかどうかを尋ねることで，人生段階のカテゴリー集合を適用している．

可能となる．この働きを通じて，カテゴリー化装置は多様な社会的行為を実現する資源となる．この節では，サックスが「カテゴリーに結びついた活動」と呼んだ装置をめぐる議論を紹介するとともに，この装置がどのように行為の資源として用いられるかを例証したい．

3.1 カテゴリーと活動・述部の結びつき

　社会の成員の常識的知識（第1章11ページ参照）のなかでは，特定のカテゴリーには一定の活動が規範的に結びつけられている．このことをサックスは「カテゴリーに結びついた活動（category-bound activity）」と呼んだ（Sacks 1972b）．たとえば，「子ども」というカテゴリーには，遊ぶとかだだをこねるといった活動が結びついている．また，カテゴリーに規範的に結びついているのは，活動だけではない．たとえば，「大学生」というカテゴリーには勉強をするという行為だけでなく，授業を受けることができるという権利や，レポートを提出すべきであるという義務や，試験問題を解くことができるという能力や，お金がないという性質など，さまざまな特徴が結びついている．これらを総称して，「X（カテゴリーの名前）ならY（行為，権利，義務，能力，性質）である」という形で表現できる規範的結びつきのYの部分を，「カテゴリーに結びつけられた述部」と呼ぶこともある（Hester & Eglin 1997）．

　カテゴリーとそれに結びついた活動・述部との関係には，いくつかの重要な性質がある．第1に，この結びつきは，カテゴリー化された人物にかんしてさまざまな推測を導く性質を持っている．ある人にあるカテゴリーが割り当てられると，その人をまったく知らなくても，どんな外見で，どんなことをして，どんな人とつき合いがあって，社会の中でどう位置づけられているかなどにかんする推論が可能となる．たとえば，「子どもが外で遊んでいる」と聞いたなら，おそらく読者はその人物が公園や河川敷で駆け回っているような姿を思い浮かべるのであって，ラフティングやパラグライダーのようなアウトドアスポーツで汗を流す姿は出てこないだろう．

　第2に，カテゴリーと活動・述部との結びつきは，相互反映的（第1章12ページ参照）である．前掲の(1)においては，一方で，そのとき行われている活動が，互いに対するカテゴリー化の適切さを支えている．すなわち，2人の参

第3節　行為の資源としてのカテゴリー化　　　251

与者がそれぞれ「生徒」「教師」としてカテゴリー化されうるのは，1人が統計学の知識にかんする質問を行っており，もう1人がそれに応答して知識の正しさに確認を与えているからである．他方では，カテゴリーを参照することで，活動が理解可能になっている．すなわち，1人が質問しもう1人がそれに「うん」という簡素な応答を与えていることを，統計学的知識をめぐる学習活動の一環として理解することができるのは，2人がそれぞれ「生徒」「教師」とカテゴリー化されているからである．このように，カテゴリーとそれに結びついた活動・述部の関係は，相互にその適切性を裏づけ合うような仕方で用いられる．

　サックスは，この点に関連して，カテゴリーと活動・述部との結びつきの1つの働き方を「見る者の格率（viewers' maxim）」として定式化している．それは「あるカテゴリーに結びつけられた活動がなされたときに，それを行った者を，行われている活動に結びつくカテゴリーに属する者と見ることができるならば，そう見よ」というものである（Sacks 1972b）．この格率も循環した言い方に聞こえるが，聞く者の格率と同じようなことを述べている．ここで言う「見る者」も「聞く者」と同様に，行為なり出来事なりを理解しようとする人のことである．ハンバーガー屋に入店してカウンターに行くと，そこに立つ制服を着た人が「ご注文は何になさいますか」と聞いてきたとする．入店した人に「注文を聞く」ことは，「店員」というカテゴリーに結びつく活動である．カウンターの向こうに立つ人は制服を着て，こちらを見ている．この光景を目の前にしたとき，特別な理由（たとえば，閉店時間をとっくに過ぎている，自分が相手に銃を突きつけて強盗しようとしているなど）がなければ，いま生じている出来事は「店員」が「注文を聞いている」ものとして理解すべきである．

　第3に，カテゴリーと活動・述部との結びつきは，帰納を免れた知識（knowledge protected against induction）という性質を帯びている（Sacks 1992: 1: 336）．帰納とは個別の事実から一般的な法則を導き出すことだが，カテゴリーと活動・述部との結びつきは，その結びつきに反する個別の事実があったとしても，そのことによって無効になってしまうようなものではない．むしろ，その個別の事実のほうが，カテゴリーと活動・述部との結びつきを参照して，例外や逸脱として理解される．たとえば，教師よりもよくものを知っていて，授

業中に教師に教えてばかりの生徒がいたとする．この個別の事実があっても，「教師」は「生徒に教える」ものだというカテゴリーと活動・述部との規範的結びつきが，間違っていたと見なされることはまずない．そうではなく，その生徒が変な生徒だ，不遜な生徒だと見なされたり，あるいはその教師が不甲斐ない教師だと見なされたりする．

3.2 カテゴリーと活動・述部の結びつきを利用した行為の遂行

　以上のような性質のゆえに，カテゴリーと活動・行為の結びつきは，さまざまな行為を遂行するための資源としても用いることができる．すなわち，この結びつきを参照することで，本来なら結びついて行われるべき活動が行われていない，本来は結びついていない活動が行われているなどの事態の報告を通じて，誰かを非難したり，不平・不満を言ったり，褒めたりなどの行為を遂行することが可能になる．

　たとえば，次の(4)では，「医師」というカテゴリーと「金持ち」という述部との結びつきが利用されている．この断片では，夫の会社の都合でアメリカに住んでいる2人の女性が，やはり日本からアメリカに来ている「医者の奥様」たちの態度のことを揶揄している．

```
(4) [JAPN2167 24:33]  ♪
01 ナツミ：   →  >例えば私 –<あらア↑サカワさんは –<ア↑サカワさんは:>,
02           →  企業からの派遣なの:?  企業さんは↑いいわね,
03           →  お金がいっぱい出て:.
04           →  ってこうだって.
05 マチコ：       げ. ((低い声で))
06 ナツミ：   →  お前だって日本に帰れば金持ちだろ: [みたいなね.    ]
07 マチコ：                                      [>°うんうん°]<アメリカ
08               だってやっぱさ,医者は金持ちだよね:.
```

　01-04行目でナツミが，自分が知人から聞いた医者の奥様たちの様子をマチコに伝えるに当たって，医者の奥様たちの台詞を「企業さんは↑いいわね,お金がいっぱい出て:.」（02-03行目）と口調をまねて再現している．これを聞いたマチコは，低い声で「げ」（05行目）と反応し，語られている内容を受け入れがたいものとして理解したことを示す．マチコがこのような反応を返すこと

第3節　行為の資源としてのカテゴリー化　　　　　　　　　253

ができるのは，「医者」というカテゴリーに結びついた特徴（06行目の「金持ち」）と，このエピソード中の奥様の態度とが食い違っているからである．金持ちであるはずの医者の奥様の台詞として，会社員の家族の経済状態をうらやむ発言が紹介されることで，この人物は鼻持ちならない人物として効果的に描き出されている．こうしてこの断片では，「医師」というカテゴリーと「金持ち」という述部の結びつきが，その場にいない人物の悪口を言うという行為のために使われている．

　ところで，このような例を見ると，カテゴリーと述部の結びつきという観点からさまざまなデータの分析ができると感じられるかもしれない．そうした分析においては，あるカテゴリーと述部との結びつきに，データの中の参与者たち自身が指向しているという根拠を提示することが重要である．たとえば，(4)にかんする上の分析では，「医師」というカテゴリーと「金持ち」という述部の結びつきが，悪口を言うという行為の資源として用いられていることを示した．このように，特定のカテゴリーと述部との結びつきゆえにある行為が合理的に構成されていることが示せるならば，その結びつきに参与者が指向しているという1つの根拠が提示できる（第3章参照）．加えて，聞き手の反応に示されている理解も，根拠として重要である．たとえば(4)では，医者の奥様たちにかんするナツミの悪口に対して，聞き手のマチコは「医者は金持ち」だという結びつきの正しさを主張することを通じて，ナツミへの同意を示している（07-08行目）．

　次の(5)では，アメリカ在住のミチエが久しぶりに帰省したときの体験を語っている．そのなかで，ミチエの義姉がミチエに対して挨拶もしないこと（12-19行目）が不平の対象になっている．

(5) [JAPN6805 08:55]　♪
01 ミチエ：　　あたしがひっさしぶりにアメリカから帰ってさぁ，
02 トシエ：　　うんう:::ん．
03 　　　　　　(.)
04 ミチエ：　　あの:「お姉さんただいま:::」って．
05 トシエ：　　う:ん．
06 ミチエ：　　ゆってもねぇ？
07 　　　　　　(.)

```
08 トシエ:      おみやげも持って:,
09 ミチエ:      ↑う:ん.=
10 トシエ:      =.h はぁ hhhh.
11                  (.)
12 ミチエ: →   なん:::にも言わないの.
13 トシエ:      [あら.
14 ミチエ: →   [おかえりも言わなければ:.(.)
15         →   <「疲れたでしょう」とも言わないの[よぉ:?>
16 トシエ: →                              [°お茶も°いれて
17         →   くれない ihh
18 ミチエ:      ええ:?
19 トシエ: →   お茶も入れてくれない.
20 ミチエ:      >とんでもないわよ.<  .h [h だから私が‐私から:,
21 トシエ:                              [う::ん
```

　ミチエは，自分が義姉に挨拶したことを述べることで（04, 06 行目），義姉と自分自身とを同じ親族集団のメンバーとしてカテゴリー化するとともに，自分は親族の1員として適切なふるまいをしたことを描写している．そのあとで相手からは返事がなかった（12, 14-15 行目）ことを伝えることで，この挨拶の不在の報告は，義姉のふるまいが親族としてあるまじきふるまいだったことについての不平として認識可能になっている．これを聞いたトシエは，16-17 行目で「°お茶も°いれてくれない」と，この登場人物が行わなかった行動をさらに推測してそれを確かめる問いを発し，それを通じてミチエの不平に同調している．この推測に当たってトシエは，親族というカテゴリーに規範的に結びつく活動（お茶を入れて親族を迎える）についての知識を参照して，実際には会ったこともないその人物が「しなかったこと」を正しく指摘することができている．ミチエは，我が意を得たりとばかりにトシエの推測の正しさを承認することで，それを自分の不平への同調として理解している（20 行目）．

　もう1つ，やや異なる形のカテゴリーと活動・述部の結びつきが用いられた不平の例をあげよう．カテゴリー集合の中には，要素の並び方に順序があるものがある．たとえば，人生段階のカテゴリー集合は，その要素となっているカテゴリーのあいだに年齢に応じた順序がある．このようなカテゴリー集合の場合，カテゴリーに結びついた活動・述部も順序性を帯びることがある．(6)では，

第3節 行為の資源としてのカテゴリー化

このことを利用して不平という行為が遂行されている．

(6)
```
01 柏：      .hh でも (.)<え[い>語やばい>なんか<(.)
02 中森：           [(  )
03 柏： →   おれいちおうクラスで言うとアッパーに入っんだけど．
04          (0.2)
05 中森：    うんうんうん
06          (0.2)
07 柏： →   レポートが．(0.3) 日本語なの．
08          (0.7)
09 中森：    う[ん
10 足立：    [ふ：：：ん：：：[：：
11 柏： →                   [おかしくない？
12          (0.2)
13 中森：    [おかしい
14 足立：    [ん:(全然)
15          (.)
16 柏：     一応クラスアッパーだよ？
```

　この断片では，柏は自分の所属している英語のクラスを「やばい」(01 行目) と評価したうえで，その理由として，「アッパー」のクラスに属しているのに「レポートを」「日本語」で書くことをあげている (03, 07 行目)．ここでは，英語のクラスというカテゴリー集合における，「アッパー」クラスが他のクラスよりも，英語能力のうえで上位にあるという順序性が参照されている．自分たちに課された宿題が「アッパー」クラスというカテゴリーに結びつかない活動として特徴づけられることで，英語のクラスについての不平が組み立てられている．なおここでは，柏の不平がうまく聞き手の2人に伝わらず，11 行目で柏が「おかしくない？」と言うことによって不平への同調が追求されている．それでも足立はこれに同調せず (14 行目)，柏は「一応クラスアッパーだよ？」(16 行目) と言って，ふたたび足立の同調を追求する．こうして不平への同調を執拗に引き出そうとするとき，柏はふたたび自分が「アッパー」クラスに所属していることに言及し，このカテゴリーと活動・述部の結びつきによって自分の不平を正当化している．

　最後に，次の(7)では，自分を卑下したり相手を褒めたりするという行為のた

めに，カテゴリーと活動・述部との結びつきが利用されている．

(7) [張 2014: 102]

```
01 K:   →   やりたいことやってるだけなんですね
02      →   本::当もう落ち着かんあかんなっていつ
03      →   [も思うん(h)で(h)す(h)け(h)ど(h)hhhhh
04 M:       [いやややややややや::
05 K:       .hh[hh°そう(です)°
06 M:          [でも，やりたいことやれる方が(0.2)
07          いいと思います
08 K:   →   そ::お:です[↓かねもう日本でちゃくちゃく＝
09 M:                  [う::ん
10 K:   →   ＝ちゃくと:こうお仕事されてる:::のが私は＝
11      →   本当にすごいと思うんです[ね:本当尊敬＝
12 M:                              [いやややや:
13          [や,＞ちゃう(h)でも,＜ ]
14 K:   →   [.hhhh そん        ]けいします本当 hh
```

Ｋは日本語教師として海外で働いていた経験をもつ人物である．これに対し，Ｍはずっと日本国内で働いてきた．Ｋは 01-03 行目で，自分が海外で働いた経験について，「やりたいことやってるだけ」だと負の特徴づけを与え，本来は「落ち着か」ないといけないのにそれができていないと，自己卑下を行う．これが自己卑下として理解されていることは，これに続く 04 行目のＭの「いやややややややや::」という否定に表れている（第 4 章 88 ページ注 10 の説明を参照のこと）．Ｋの自己卑下は，「社会人」あるいは「大人」として，落ち着くべき年齢なのにそれができていないという，カテゴリーと述部との結びつきを資源として産出されている．さらに 08 行目から 11 行目にかけてＫは，この同じカテゴリーと述部の結びつきをふたたび利用して，今度はＭを褒めている．これが褒めとして理解されていることも，続く 12-13 行目のＫの否定に表れている．

第 4 節　会話分析におけるカテゴリー化の分析

以上，人が会話の中でカテゴリー化を行うやり方を説明してきた．カテゴ

リー化は，ある人を正しく特徴づけるカテゴリーの中から，その場に適切なものを選び出す作業である．サックスによれば，それは，節約規則と一貫性規則に基づいて，特定のカテゴリー集合を複数の人々に適用する形で行われる．さらに，成員カテゴリーと活動や述部との結びつきにかんする常識的知識は，豊富な推測を導く，相互反映的である，帰納を免れているなどの性質ゆえに，不平や不満や愚痴を言う，自分を卑下する，誰かを褒めるなどさまざまな行為を遂行するための資源として利用されうる．

じつは，会話分析研究者は，ながらく成員カテゴリー化装置のアイデアを用いた分析に難しさを感じてきた．1970年代にサックスがシェグロフ，ジェファーソンとの共同研究を進め，相互行為の組織を記述する概念装置が整備されたが，カテゴリー化の議論はこの整備の中にはほとんど組み込まれなかった．その後，この欠落を埋め，初期のサックスの着想を積極的に継承発展させる試みもなされてきた（Hester & Eglin 1997）．だが，それらの試みに対しては会話分析内部からの批判がある．批判の主な理由は，記述の妥当性を確かめる手順がきちんと示されていないということである．

既存の成員カテゴリー化の分析（Hester & Eglin 1997）は，会話分析を行う者だけでなく広くエスノメソドロジーの研究者たちによって行われてきたが，それらは相互行為の録音・録画データに対して行われるよりは，新聞や雑誌，公的文書などに書かれていること，インタビューでインタビュイーが語ったことなどに対して行われる傾向にあった．そのため，ある発話にかんする記述の正しさを受け手の反応に注目して裏づけることができず，分析の精度を確保することが難しいものに見える（Schegloff 2007b）．ただ，第9章で説明した人の指示表現の選択のように，記述の正しさを確かめる方法が比較的整備されている領域では，カテゴリー化装置の着想が部分的に発展させられてきた（Schegloff 2007cなど）．

2000年前後から発話連鎖の分析と成員カテゴリー化装置を用いた分析との統合が行われるようになるが（Egbert 2004; Kitzinger & Mandelbaum 2013; Stokoe 2009, 2012; Whitehead 2012, 2013など），この領域はまだ発展途上である．さらなる発展のために重要なのは，成員カテゴリー化装置の概念を用いたデータ分析の根拠を，参与者の指向に基づいて示すことである．つまり，あるカテ

ゴリーの使用やそのカテゴリーに結びつく述部への参照が，行為の資源として合理的な方法になっていることや，聞き手の反応に当該のカテゴリー使用への理解が表れていることなどを，慎重に確かめることが求められる．

【読書案内】
　成員カテゴリー化装置のアイデアを用いた研究には，日常会話以外の制度的な場面（第 12 章参照）の分析からの貢献が多い．裁判員模擬評議における事件当事者のカテゴリー化実践（小宮 2016），医療系の電話相談における「助言者，相談者」というカテゴリー化（中村・樫田 2004），子育て支援サークルにおける「親，子」というカテゴリー化（戸江 2012），鮨屋における「常連客，慣れていない客」というカテゴリー化（平本・山内 2016），車椅子使用者の介助場面における「障がい者，介助者」というカテゴリー化（山崎・佐竹・保坂 1993）などがそうである．日常会話におけるカテゴリー化の分析としては，性別によるカテゴリー化（山崎 1994），「訪問者，迎えた者」というカテゴリー化（串田 1999），「第 1 言語話者，第 2 言語話者」というカテゴリー化（細田 2008）などの分析がある．

第11章　全域的構造組織

第1節　はじめに

　相互行為の中で生じる行為には，生じるべき位置が決まっているものもあれば，そうでないものもある．応答は質問のあとに生じると決まっている．より正確に言えば，応答という行為が認識可能になるのは，質問のあとに位置づけられていると見なされることによってである（第4章参照）．これに対し，質問は相互行為の中のいろいろな位置で生じうる．質問という行為には決まった位置がない．

　挨拶はどうだろうか．挨拶はいつ行われるかと聞かれたなら，それは相互行為の最初だと多くの人が答えるだろう．同様に，「バイバイ」を言うのは相互行為を終えるときである．また，あとで詳しく述べるが，電話をかけた人が用件を述べるのはいつかといえば，それはふつう，電話の最初の話題としてである．これらの行為にも，したがって，決まった位置がある．だが，その決まり方は，応答の場合とは異なっている．

　応答のように，生じるべき位置が他の行為との関係で「何かのあと」と規定されているとき，その行為の位置は局域的に定義されていると言える．局域的に定義される位置は，連鎖組織によって組織されている（第4章参照）．これに対し，挨拶や「バイバイ」などは，1つの相互行為全体のなかで生じるべき位置が決まっている．これらの位置は，相互行為の中で全域的に定義されていると言える．

　ある相互行為を，その前後の出来事から境界づけられた1つのまとまりとして認識可能にし，その内側で生じるべき行為・活動やその順序を構造化している組織のことを「全域的構造組織（overall structural organization）」という．それは，相互行為の参与者が，全域的に定義される位置を見いだすために参照

している一般的秩序現象である．本章では，主として日常会話を念頭に置きながら，全域的構造組織の基本的構成要素を概説する．

第2節　全域的構造組織とは

　ある相互行為の全域的構造組織とは，その相互行為において生じるべき諸活動の規範的構造と，それを管理・交渉する諸手続のことである．より具体的には，それは①開始部（opening section），②終了部（closing section），③開始部と終了部のあいだで生じるべき「何か」の3つを基本的構成要素とする（Sacks 1992: 2: 157ff; Robinson 2012）．

　③について「何か」という曖昧な言い方をする理由は，こうである．開始部と終了部のあいだで生じるべきことがどの程度構造化されているかは，相互行為のタイプによって大きく異なる．いかなる相互行為にも始まりと終わりがあるが，日常会話においては，そのあいだに何をどういう順序で話すべきかが全部決まってはいない．誰かが誰かに電話をかけたり，誰かが誰かを訪ねたりした場合なら，相互行為を開始すべくアプローチした者が，用件——すなわち「相互行為の開始理由」（266ページで後述）——を言うことは通常期待されるだろうが，それ以外の会話の展開は流動的である．これに対し，たとえば儀式（結婚式，卒業式など）においては，始まりから終わりまで，何がどういう順序で生じるべきかが式次第として決まっている．また，急性疾患の診療場面では，患者が問題を訴え，医師が必要な情報収集を行い，医師が診断を下し，治療方法を決めるという一連の活動が原則としてこの順になされる（Robinson 2003）[*1]．「何か」の中身がどのように決まっているかにかんして，相互行為にはヴァリエーションがある．

　別の角度から言えば，全域的構造組織とは，ある相互行為場面を最初から最後まで観察した結果，話題がどのように推移したかとか，どんな発話連鎖がどんな順序でなされたかとかについて研究者が事後的に見いだすパターンのことではない．そのような相互行為の外部から見いだされたパターンは，相互行為

[*1] これらの点については，第12章の第1節283-286ページおよび第12章第2節290-292ページでも関連したことを論じる．

のただ中で参与者が「自分たちはいまどんな位置にいるのか」を知るために参照できるものではない．全域的構造組織は，事実として何がどんな順序で相互行為の中で生じたかとはかかわりなく，あるタイプの相互行為の中で生じるべ・きことから成る規範的な構造である．

　とはいえ，全域的構造組織に関して明らかにされていることはまだそれほど多くない．本章の以下の部分で述べることは，この組織についての最小限の素描である．なお，以下に述べることが当てはまるのは，基本的に，「計画された（designed）相互行為」についてである（Schegloff 2004）[*2]．これは，誰かが相互行為を開始すべく特定の相手に対面的に，もしくは電話のようにメディアを通じて，アプローチするときに生み出される相互行為を指す．

第3節　開始部から「何か」へ

　全域的構造組織の中で比較的研究が豊富なのは，相互行為の開始部である．開始部の研究は，主として電話会話を題材として行われてきた[*3]．電話会話のような計画された相互行為を開始するためには，誰かが誰かにまずかかわりを求めなければならない．だが，人はいつでもどこでも誰に対してでもかかわりを求めてよいわけではない．相互行為を適切に開始するには，そのときどきの個別的諸事情に照らして，いま，その相手と，相互行為をすることが正当化される必要がある（Schegloff 2002a, 2004）．開始部とは，この意味で，相互行為を開始することの正当性を確立するための諸手続きから成る部門である．

　シェグロフ（Schegloff 1968, 1979b, 1986）によれば，アメリカの典型的な固定電話の開始部は，呼びかけ‐応答連鎖，同定と認識の連鎖，挨拶の交換，"How are you"の連鎖，がこの順序に生起したあと，最初の話題を開始するための

[*2] これと対比されるのは「副産物としての相互行為」（Schegloff 2004）である．これは，飛行機で隣に座った見知らぬ乗客と何かのきっかけで話し始めるように，別の理由で同じ空間にいた人々がその事実の偶然的副産物として始める相互行為を指す．もっとも，この対比は実際のデータに即して精緻化される必要があろう．

[*3] これらの研究のほとんどは，まだ携帯電話が普及する前に行われたものである．したがって，これらの知見が携帯電話にどこまで当てはまるかは，今後の研究によって明らかにされる必要がある．なお，すでに携帯電話の相互行為に関する先駆的研究として山崎編（2006）がある．本章の解説と合わせて参照されたい．

定位置（anchor position）が用意される形に構造化されている．だが，日本の固定電話の開始部では，挨拶の交換や"How are you"に相当するやりとりは必ずしも規範的ではないようだ（西阪2004）．ここでは，両者に共通する呼びかけ-応答連鎖，および同定と認識の連鎖が，相互行為を適切に開始するために不可欠な仕事を果たしていることを見て行きたい．以下，知り合い同士の相互行為と知らない者同士の相互行為に分けて説明する．

　まず，知り合いであることによって相互行為の開始が正当化される例を2つ見比べてみよう．(1)は帰宅途上の中学生ショウが自宅にかけた通話の開始部で，電話に出たのは父親である．(2)は第4章第4節で取り上げた「断熱材の納品ミスの事例」の冒頭部分を再掲したもので，取引関係にある会社の社員同士の通話である[*4]．両者を比べることで，第1に，開始部において参与者たちは共通の問題を解いていること，第2に，問題の解き方を通じてその相互行為を個別化していること，この2点を示して行きたい．

(1)
01　　　　　　((着信音))
02 父親：　　もしもし：．
03　　　　　　(0.4)
04 ショウ：　もしもし：？
05 父親：　　↑ふ↓ん．
06　　　　　　(0.4)
07 ショウ：　いま：な：：．[学園前に着いたとこでな：：，
08 父親：　　　　　　　　　[うん．
((続いてショウは何時のバスで帰宅するかを知らせる．))

(2) (第4章第4節(21)の再掲)
01　　　　　　((着信音録音されず))
02 花田：　　XX商事でございま：：す．
03 森本：　　あっ，YYYの森本です．
04 花田：　　お世話になって(おり)[ます：：：：　　　　]：．
05 森本：　　　　　　　　　　　　[お世話んなります：．]
06　　　　　　(0.7)
07 森本：　　>花田<さん [：：，　]やまも-ZZ建築山本邸なんですけど：，
08 花田：　　　　　　　[はい．]

[*4]　(1)(2)の受け手はともに固定電話を使用しており，ナンバーディスプレイ機能はない．(1)のかけ手は携帯電話を用いており，(2)のかけ手はどちらを用いているか分かっていない．

相互行為を適切に開始するためには，第1に，相手が相互行為に参与できる状態にあること（availability）が確立される必要がある．(1)(2)では，01-02 行目のやりとりがその手続きになっている．着信音を鳴らすこと（01 行目）は，相互行為を開始するよう相手に求める電話固有の呼びかけ（summons）のやり方である（第4章95-97ページ参照）．そして，電話の受け手が発する最初の一言（02 行目）は，「もしもし」という呼びかけ表現であれ，「XX 商事でございます」のような自己同定（self identification）であれ，この呼びかけへの応答——つまり「電話に出る」こと——として理解可能である．呼びかけ-応答連鎖は，2人の人間のあいだで相互行為を開始する用意があること，つまり，物理的にコミュニケーションの回路がつながっているとともに，自分がそのとき関与していた活動よりも相手とかかわり合うことを，一時的にであれ，優先するつもりがあること，が確立される主要な手続きである．

　第2に，相互行為を適切に開始するためには，相互行為をする権限のあることが示される必要がある．そうした権限は，参与者たちが知り合いであるなら，通常そのことによって保証される．逆に，知り合いでないなら，後述するように，相互行為を始めようとする者が特定の立場（たとえば，ある職業的地位）にあることによって保証される場合がある．いずれにせよ，相互行為をする権限を確立する基本的な方法は，互いが誰であるかを同定もしくは認識することである．(1)(2)では，受け手の電話にナンバーディスプレイ機能はないので，受け手は最初の発話を，かけ手が誰なのか分からない状態で発している[*5]．そこで，受け手が電話に出たあとの発話順番——(1)の 04 行目，(2)の 03 行目——は，かけ手から自分が誰なのかを知らせる最初の機会である．このとき，かけ手がこの作業をやるやり方は，受け手が電話に出たやり方に応じて異なった形で方向づけられる．

　(1)のように受け手が「もしもし：．」とだけ応じた場合，それはかけ手の次の発話を制約しない．かけ手は次の発話順番で自己同定してもいいし，「あ SS ちゃん？」などと相手を認識してみせ，自分が相手を「SS ちゃん」と呼ぶ間柄にある人物だと示すことを通じて，自分が誰なのかを明らかにしてもよい．

[*5]　この時点では，かけ手にも受け手が誰であるか確実には分かっていない可能性が残されている（受け手側の固定電話に出る可能性のある人が複数いる場合）．

実際には，かけ手ショウは04行目で「もしもし：？」と返している．このやり方は，自分に関する情報を何も言語的に伝達しない発話であるがゆえに，声だけで自分を認識する誘いになりうる．それはシェグロフ（Schegloff 1979b）によれば，相手が自分の声を聞いただけでわかることを当てにできる関係にもっともふさわしいやり方である[*6]．これに対して，受け手の「↑ふ↓ん」（05行目）というそっけない言葉は，遠慮のいらない関係の相手を認識したことを示すのにふさわしいものである．こうして，互いが親子であることを認識する手続きを通じて，かけ手が相互行為を開始する権限が確立されるとともに，この相互行為は2人の関係にふさわしい形で個別化されている．かけ手は，次の位置で最初の話題（07行目）を開始し，そこで父親の知識に合わせた発話デザイン——「学園前」という場所指示表現の使用（第9章参照）など——を選択することによって，以上の開始部の仕事がすでに完了したという理解を示している．

これに対し，(2)のように受け手が先に自己同定したなら，かけ手は03行目でそれに適合したやり方を取ることが適切になる．(2)の花田は会社名で自己同定し，個人としてではなく仕事上の立場において電話に出ている．したがって，森本もそれと関連のある仕事上の立場を示す自己同定の仕方（「YYYの森本」03行目）をすることが適切になる（第10章247-248ページ参照）．このやりとりを通じて，2人はこの相互行為が個人的な会話ではなく，仕事上の用務のための相互行為になることを予示し合っている．また，2人は04-05行目で仕事上の取引相手にふさわしい挨拶をする（第10章250-252ページ参照）ことで，(1)とはまったく別の仕方でこの相互行為を個別化している．森本は，次の位置で最初の話題（07行目）を開始し，そこで「ZZ建築山本邸」という場所指示表現など，花田の知識に合わせた発話デザインを選択することによって，以上の仕事が完了したという理解を示している．

次に，知り合いではない相手とのあいだで相互行為を開始する例を見てみよう．(3)は，花田が(2)で受けた同じ固定電話を使って，宅配便屋に再配達を依頼している電話の最初の部分である．受け手の最初の発話順番は，(2)と同様，会

[*6] これは，指示における認識用指示表現の選好（第9章224ページ参照）の特殊ケースと見ることができる．相手が自分を熟知しているなら，名乗る（＝自分を名前で指示する）よりも名乗らずに認識させるほうが，相手の知識に適合しているからだ（Schegloff 2007d）．

社名による自己同定（「WW 急送」02 行目）である．だが，その後の進み方は大きく異なっている．

(3)
```
01              ((着信音))
02 受け手：     はい WW 急送ですが：：：.=
03 花田：       =.hh あ,お忙しいところ<すいません>.
04 受け手：     は ［い.
05 花田：          ［SSSSS 町の花田と申しますが：：,
06 受け手：     SSSSS 町の花田さん．［はい.］
07 花田：                          ［はい.］.hh 今朝ほどお越しいただいた
08              みたいなのですが：,((宅配便の再配達を依頼する))
```

　花田は会社の電話からかけているのに，会社名ではなく，名前の前に住所を付した「SSSS 町の花田」（05 行目）という自己同定を選択している．これもまた，受け手の職業上の立場に適合した自己同定であるが，それは仕事上の取引相手という立場ではなく，宅配便の顧客という立場を表すものになっている．それによって，この相互行為は顧客としての用件に話が進むことが予示されている．花田の自己同定には名前が含められているが，それは自分を知り合いとして認識させるためではなく，再配達を要する顧客の中のどの 1 人なのかを同定させるために提示されている．これに対する受け手の反応（「SSSS 町の花田さん．はい．」）も，再配達先の 1 つという資格においてかけ手を同定したことを示している．以上のように，ここでは 2 人が互いに自己同定しつつも，(2)とはまったく別の関係にふさわしい形に相互行為を個別化しつつ，最初の話題（07-08 行目）に至っている．

　以上のように，相互行為を開始する権限は，基本的には，互いを同定もしくは認識する連鎖を通じて確立される．だが，これがすべてではない．1 人が相互行為を開始しようとするとき，相手は何らかの別の活動に従事している最中かもしれない[*7]．相互行為を開始すべく呼びかけることは，相手がそのとき関与している活動よりもいまから始まろうとしている相互行為の方を優先することを，暗黙のうちに相手に求めていることになる．だが，相手にとっては，そのとき関与している活動の方が優先性が高いかもしれない．そこで，相互行為

[*7] 第 2 章の(1)〜(4)の学童保育の事例も思い出してほしい．

を開始すべく呼びかけるときには，しばしば，相手が2つの活動のあいだで下す可能性のある「優先性の評定（priorities assessment）」が指向される（Schegloff & Sacks 1973: 316=1989: 220）．この指向は，たとえば(4)の「いま::電話だいじょぶ？」（06 行目）のように，始まりつつある相互行為の優先性を確かめる作業に現れている*8．

(4)
```
01              ((呼び出し音))
02 ユリコ：     もしもし:.
03 息子：       あ(.)もしもし僕やけど.=
04 ユリコ：     =あ:はいはいどう [も:こん    ]ばんわ.
05 息子：                        [はいはい.]
06 息子： →    あんこんばん  [わ.(あ n)いま::電話だいじょぶ？
07 ユリコ：                    [あっ
```

以上のように，開始部とは，なぜいま，誰と誰が，どんな種類の，相互行為を開始するのかを示し合うことで，その相互行為の展開を基本的な部分において方向づける区間である．基本的な部分とは，たとえば，その相互行為で最低限生じるべきことは何か，その相互行為はどのようにして終了可能になるか，などである．

先ほどから用いている「最初の話題」という用語は，この文脈で理解することが重要である．この用語は，たんに，開始部のやりとりが終わったあとに事実として最初に話されたことを指すのではない．それは，開始部のやりとりが完了することによって到来する定位置において，話されるべき話題のことを指す．(1)〜(3)の3つのケースでは，いずれもこの意味での最初の話題が 07 行目で開始されている．それらの話題には，かけ手が相互行為を開始した理由として聞くことが可能だという共通性がある．相互行為の開始理由は，その相互行為を行うことの正当性を最終的に打ち立てる資源である．したがって，開始部のあとの最初の話題としては，これが提示されるべきなのでである．

最初の話題＝相互行為の開始理由とは，したがって，先に述べた③相互行為の開始部と終了部のあいだで行われるべき「何か」，に含まれるものの代表例

---

*8 これは「最初の話題に先立つ終了の申し出（pre-first-topic closing offering）」と呼ばれる（Schegloff & Sacks 1973=1989）．第6章 156 ページの(8)の 03 行目にもその例が見られる．

であり，全域的構造組織の1要素である．このことはさまざまな形で証拠立てられうる．たとえば，電話のかけ手が電話をした理由をすぐには言わず，たまたま別のことを先に話し出してしまったなら，その位置で提示されるべき開始理由の不在が観察可能になり，受け手が開始理由を尋ねることが適切となる．また，さしたる用件がなくて友人などに電話をかけるとき，「いや特に用はないんだけど」と言うのは，開始理由の不在が注目され説明されるべきこととして捉えられていることを示す．さらに，親しい知人同士の電話会話などでは，電話の受け手のほうが先に言いたいことを話し始めるという場合もある．だが，そのときには，かけ手が電話をかけた理由が「まだ話されていない」と認識され，受け手の開始した話題が一段落するならば，次にまずなされるべきことはかけ手が電話をかけた理由を話すことだと見なされるだろう．

(1)〜(4)のような事例においては，開始部と終了部のあいだで生じるべき要素は，相互行為の開始理由の提示以外にはなさそうである．それ以外の点では，相互行為の軌跡は偶然性に晒されながらそのつどの発話順番ごとに交渉されていくと考えられる．しかし，先に儀式や診療の例を挙げて述べたように，開始部と終了部のあいだで生じるべき複数の活動やその順序が決まっている相互行為もある．その1例は第12章で取り上げる（283-286ページ参照）として，次に終了部に話を移そう．

第4節 「何か」から終了部へ

シェグロフとサックス（Schegloff & Sacks 1973=1989）は，相互行為を終了させることがどんな問題であり，その解決はどんな種類の解決なのかを，明快に定式化した．それによれば，相互行為を終了させる手続きとは，順番交替組織（第5章参照）の作用を解除する手続きにほかならない．ひとたび相互行為が開始されるなら，たんに全員が沈黙するだけでは相互行為が終了したとは認識されない．なぜなら，順番交替組織の作用によって，次に誰かが発話することが適切な状態が依然として続いている——つまり相互行為は続いている——と見なされるからである．相互行為を終了するためには，次に誰かが発話することがもはや適切ではない状態を作り出さなければならない．これが相互行為の終

了問題である．では，そのような状態はどのようにして作り出されるのだろうか．

　第1に，相互行為を終了させる特定の瞬間を作り出す手続きが必要である．それは「最終交換（terminal exchange）」と呼ばれる隣接対の1種である．たとえば，(5)は(1)の通話の最後の部分である．ショウの「じゃあバイバ：イ」（18行目）が最終交換のFPPであり，父親の「はいバイバイ」（19行目）がSPPである．

(5)
18 ショウ：　　じゃあバイバ：イ．＝
19 父親：　　　＝はいバイバイ．
20　　　　　　((電話切れる))

　すなわち，最終交換のFPPとは，相互行為をいますぐ終了しようという提案である．この提案が受け入れられるなら，その次の瞬間に相互行為を適切に終了させる——電話の場合なら，電話を切る——ことができる．逆に，提案が受け入れられない（たとえば「あちょっと待って」）なら，相互行為の終了は延期される．

　だが第2に，この隣接対はいつでも自由に開始できるわけではない．最終交換のFPPは，終了部という区間のなかに位置づけられて初めて，適切な形で，相互行為の終了提案になることができる．逆に，たとえば，かけ手の用件が終わらないうちに受け手が「バイバイ」というなら，それは終了の提案ではなく，受け手が怒っている，冗談を言っているなどと理解される可能性がある．では，終了部という区間はどのようにして開始されるのか．それは，相互行為を終了させる正当な理由を供給する手続きを使うことによってである．この種の手続きを「終了準備（pre-closing）」という[*9]．

　終了準備には，大きく2種類のやり方があることが指摘されている．第1は，相互行為を終了する正当な理由のあることを体現する発話を交換することであり，第2は，終了する正当な理由を告げることである．

[*9] ただし，相互行為を終了させる正当な理由の供給は，終了準備という手続きを用いることなく行われることもあるかもしれない．居關（2013）は，相互行為の中心的活動の目的達成が終了の正当性にかかわっていると論じている．

第4節 「何か」から終了部へ

　前者の場合，終了する正当な理由とは，当面どちらにもそれ以上話したいことがないということである（Schegloff and Sacks 1973: 303ff=1989: 198ff）．たとえば(6)は，第1章で取り上げた電話会話である（4ページ）．そのとき述べたように，ミカは「<u>は</u>:いは::い？」（03行目）と電話に出ることにより，この電話を予期された通話として取り扱っており，キミオも「<u>着</u>いた::.」（05行目）という切り詰められた形でニュースを伝え，これだけでミカには何のことかが分かることを自明視している．これらの特徴から，キミオは自分がある場所に到着したらミカに電話することになっていたものと思われる．

(6)
```
01           ((着信音))
02           (0.4)
03 ミカ：    は:いは::い？
04           (0.4)
05 キミオ：  着いた::.
06 ミカ：    あ:分かった::.
07           (0.4)
08 キミオ：→ あ:ん.
09 ミカ：  → う:[ん．]
10 キミオ：    [ほな]ね::.=
11 ミカ：    =[は:い.]
12 キミオ：  =[はい:.]
```

　ミカがキミオのニュースを受理（06行目）すると0.4秒の間が空く（07行目）．この間は，キミオの用件が1つ済まされたあとなので，もしもキミオにほかの用件があればそれを切り出せる位置であるとともに，ミカの方から言いたいことがあればそれを切り出せる位置でもある．しかし，キミオは「<u>あ</u>:ん.」（08行目）とこの機会をパスし，ミカの方も「う:ん.」（09行目）とパスしている．かけ手の用件が終わったと見なしうる位置で，どちらにもそれ以上言いたいことがないことが示されることによって，相互行為を終了する正当な理由のあることが体現されている．じっさい，キミオはすぐに「ほなね::.」（10行目）と最終交換のFPPを発している．

　以上とは対照的に，相互行為を終了する正当な理由を告げることによって終了準備を行う場合，理由は当該の相互行為の外部に見いだされることが多い．

(7)の「>あたし(もう出なく)ちゃいけない<から」(04行目)のように，当の相互行為よりも優先性の高い用事に言及することがその例である（Schegloff & Sacks 1973: 311=1989: 211）．

(7) [JPN0743 06:31] ♪
```
01 ルミコ：    うん臨月は::::,今度の -(0.3) あさって(から/かな)¿
02 ミヨコ：    あほんと:.
03 ルミコ：    うん.
04 ミヨコ：→   あれっ>あたし(もう出なく)ちゃいけない<から::.
05 ルミコ：    [うん.]
06 ミヨコ：    [ .hh ]hh>また↑電話するわこっちの方から.<
```

いずれのやり方で終了準備がなされるにせよ，こうして終了部が開始されると，それはたんに相互行為を終了させるための区間となるのではなく，相互行為を終了させるかどうかを交渉するための区間となる．なぜなら，終了準備のあとでは，すぐに最終交換へと進むという進み方以外に，もう1つの可能性として，まだ言いたいことのある者がそれを切り出すという進み方が，体系的に保証されるからである（Schegloff & Sacks 1973=1989; Button 1987）．

この機会が利用されるなら，実際の相互行為の終了は延期される．たとえば，(8)は，ミカが職場にいる母親の花田の携帯電話にかけた通話である．用件は，いま自宅の前で近所の男性が大声で騒いでいて迷惑なので，やめるように言おうと思うがどうかという相談である．この断片の前に花田は，もし文句を言ったら，危険な目に遭ったとき誰も助けてくれないから，やめるように言い聞かせている．

(8)
```
01 ミカ：    ほんっとにうるさいんや:ah hah hah
02 花田：    んごめん何とも助けてあげられないけど.hhh 我慢して.
03          (0.6)
04 ミカ：    °うん.わかった [(じっと耐える)わ:.°]
05 花田：                   [eh heh heh heh heh ] heh
06          .hhh う:んごめんね::.
07 ミカ：    ううん.こっちこそ:.
08          (0.2)
09 花田：    は:::::い.
10 ミカ：→  あ5時に帰ってくんねんな:.
```

```
11 花田：    .hhhhhh うん.ちょっと<前に>::(1.0)しようかな::.
12          .hhh そっちからまた:()出ていなかあかんでさ::,
```

　花田は，自分はいま職場にいて何もできないから我慢するよう言い聞かせ（02 行目），ミカがそれを受け入れ（04 行目），花田が謝り（06 行目），ミカがそれを受け入れている（07 行目）．こうして，ミカの相談に始まった連鎖は終了可能な地点に達している．そのあと，0.2 秒の間が空き，花田は「は::::い.」（09 行目）とそれ以上何も言いたいことはないことを示し，終了部を開始している．だが，ミカはこの直後に，先の(6)のように自分のほうも言いたいことがないことを示す代わりに，質問を発している（10 行目）．

　この発話には，一方で，自分たちが終了部のなかにいることへの指向が，2つの仕方で示されている．第1に，冒頭の「あ」によって直前の発話からの何らかの断絶が表示され，花田の「は::::い.」という発話が向かいつつある相互行為の軌道に沿わない発話であることが予告されている（第6章147ページ参照）．第2に，この発話は，この相互行為の終了後に2人が最初に出会う予定に言及している．これらの特徴は，この電話が全体として終了に向かっていることに，ミカが指向していることを示している．ミカは，電話が終了しつつある局面において，「電話を切る前に聞いておきたいこと」を切り出しているのだ．

　だが他方，この発話は隣接対のFPPなので，花田の応答を要請している．その意味で，それは直ちに終了に向かうのではなく，終了を延期することを提案している．質問に応じて花田が応答を産出しはじめる（11-12 行目）ことで，この通話は当面，最終交換に向かうことはなくなる．そして，花田の応答が次にどんな展開を適切にするかに応じて，相互行為の終了はまだいくらでも延期される可能性がある．じっさい，この電話はこのあと3分30秒以上続き，花田の職場の固定電話が鳴ったという外在的理由で終了させられている．終了部とは，このように，相互行為をいますぐには終了させない選択肢に対して，つねに開かれた区間である．

　まとめておこう．相互行為を終了させるということは，まだ会話は続いているのにたまたま誰も話していない時間とは性質の異なる時間を，ある瞬間において作り出すという仕事である．「どうやったら相互行為を特定の瞬間に終了

されることができるのか」という問いへの1つの答えは，隣接対という連鎖組織によって与えられる．つまり，「最終交換のSPPのあとに終了させよ」という答えである．だが，この答えは，最終交換のFPPをいつ発したらよいかを教えてくれない．それを知るために，参与者は，相互行為の終了部という全域的構造組織の1要素を参照しなければならない．終了部は，相互行為の開始理由が提示されて以降のさまざまな位置において，多様な終了準備のやり方で開始されうる．終了準備は，相互行為を終了するかどうかの交渉のための区間を作り出すことによって，最終交換FPPを適切に発することのできる区間を用意するとともに，逆に，まだ言いたいことを導入するための機会をも用意している．こうして相互行為の終了は，終了部という全域的構造の1要素の中で，最終交換という局域的手続きを用いる，という2段構えの構成を取ることによって，柔軟に行われる．

第5節 結論

　第1章で述べたように，全域的構造組織は相互行為の一般的秩序現象の1つである．なぜなら，いかなる相互行為においてであれ，人々は「いつどうやって相互行為を開始するか」「いつどうやって相互行為を終了するか」「相互行為全体の中で自分たちはいまどのあたりにいるのか」などの問題に答えを出すことが必要となるからである．全域的構造組織は，人々がこれらの問いへの答えを見いだすために，相互行為のただ中で参照している規範的構造と手続きである．それは，相互行為の中で事実として生じたことを事後的に振り返って定式化したパターンとは，明確に区別されなければならない．

　全域的構造組織は，ある相互行為を前後の出来事から境界づけられた1つのまとまりとして認識可能にしている装置である．だから，そのもっとも基本的な要素は，開始部と終了部と，相互行為の開始理由なのである．開始部は，相互行為を開始することの正当性を打ち立てる一連の手続きから成る．終了部は，それと対応する形で，相互行為を終了することの正当性を打ち立てる一連の手続きから成る．開始部と終了部のあいだに生じるべきことは，日常会話ではほとんど決められていない．ただ，唯一の例外として，相互行為の開始理由は，

第5節 結論

ふつう，最初の話題として産出されるべきものと見なされる．これらの構成要素は，会話の具体的な展開が発話順番ごとに交渉されていく柔軟性を持つにもかかわらず，参与者が相互行為のただ中で参照することのできる:::構造的枠組み:::として存在している．

これに対し，日常会話とは異なるいわゆる「制度的」な相互行為においては，開始部と終了部が日常会話とは異なる一連の特徴を帯びるとともに，そのあいだに生じるべき行為の種類と順序が，より明確に定められている場合が多い．この点については，次章で詳しく取り上げよう．

【読書案内】

相互行為の開始部に関する基本文献の中で，Schegloff（2002a, 2002b）は日本語訳（2003）が出版されている．また，相互行為の終了部に関するもっとも基本的な文献であるSchegloff & Sacks（1973）も日本語訳（1989）が出版されている．日本語の電話会話の開始部を分析した研究としては西阪（1999, 2004），山崎編（2006）の第3章と第4章，終了部を分析した研究としては高木（2005）がある．居關（2013）は対面的会話の終了部を分析している．開始部と終了部以外で，相互行為を全域的構造組織に注目して分析した試論として串田（2005b）がある．

第12章　相互行為・制度・社会生活
——会話分析の研究対象の広がり

　前章までで，会話分析の基本的な概念と分析テーマをひととおり概観した．それらは，言葉の使用を伴うあらゆる相互行為に適用可能なものだが，提示したデータの多くは友人や家族など親密な関係にある人々の日常会話であった．本章では，日常会話とは異なる相互行為に目を転じることで，会話分析の研究対象が今日までどのような広がりを見せてきているのかを概説する．

　日常会話は，いつでもどこでも誰と誰のあいだでも行われうる．社会を人体にたとえるなら，会話とは，全身の細胞の隅々にまで行き渡る血液のようなものである．だが，人体にさまざまな器官（脳，心臓，胃など）があるように，社会にも機能的に分化した諸領域（政治，経済，教育，医療，司法，ジャーナリズムなど）がある．これらの諸領域は，しばしば制度と呼ばれ，社会学やその隣接科学が中心的研究対象としてきたものである．会話分析では，1980年前後から，諸制度の中核をなす相互行為場面——医療制度にとっての診療，教育制度にとっての授業，司法制度にとっての裁判など——を対象とする研究が行われるようになった．それらは典型的には，何らかの公式組織に所属する専門家（医師，教師，法律家など）が素人（患者，生徒，証人・被告・原告など）とのあいだで交わす相互行為である．そこには，専門家と素人という立場の非対称性，遂行されるべき明確な職務の存在など，日常会話とは顕著に異なる特徴が見られる．

　本章ではまず，第1節と第2節で，典型的な制度的相互行為に関する研究動向を概説する．第1節では，前章までに解説してきた会話分析の基本的概念に引きつけて，制度的相互行為研究の分析主題を概観する．この作業を通じて，制度が，相互行為を刻一刻進行させる手続きを通じて，参与者自身にとってリアルな事象として生成されていることを示す．第2節では，ある制度が相互行為を通じて機能するありさまを，医療制度に焦点を当てて例証する．医療制度の基本的目的は，心身の問題を抱える患者に医師が専門的な援助を提供して問

題解決に向かうことである．この目的の実現は，診療場面で立ち現れる相互行為上の課題を医師と患者がどのように処理していくかに依存している．このことをいくつかの種類の診療場面の分析から示したい．

　第3節と第4節では，会話分析の研究対象のさらなる広がりを2つの角度から素描する．社会生活を構成する相互行為には，典型的な制度的相互行為以外にも，日常会話とは違って特定の目的を果たすべく行われるものがたくさんある．第3節では，そうした相互行為を扱った会話分析研究を，近年の日本での研究からいくつか紹介する．他方，近年の会話分析の広がりという点でもう1つの重要な動向は，相互行為における身体姿勢や身体動作の働きの重視である．4節では，そうした分析の重要性を例示するため，スーパーマーケットの店内を歩きながら買い物をしている人々の相互行為において，身体の動きがどのように利用されているかを分析する．

第1節　相互行為における制度の「証」

1.1　制度と制度的相互行為

　「制度」という言葉は，広義には，社会学の研究対象をすべて含むほどの広がりを持つ．デュルケームは，「集合体によって確立されたあらゆる信念や行為様式」を制度と呼んだうえで，「社会学は，諸制度およびその発生と機能に関する科学」だと定義した（Durkheim 1895=1978:43）．「確立された」とは，さしあたり，人々のあいだでパターン化されており（規則性），正当だと信じられている（正当性），という意味だと捉えることができる．そうすると，たとえば，家に上がるときに靴を脱ぐという行為様式は日本社会における制度の一部だし，性別によって区別された行為様式はすべての社会に存在してきた制度だといえよう．そして，会話分析が解明してきた相互行為の一般的秩序現象も，やはりすべての社会に存在する制度である．それは，相互行為秩序という制度である．

　だが，制度という言葉はもう少し限定された事象を指すことも多い．『社会学小辞典』（2005）では，制度の属性として，行為様式の規則性と正当性のほかに，行為様式が人間の日常的な欲求を充足させる機能を持つことと，行為様

式からの逸脱が何らかの制裁を受けることをあげている．これらの条件が加味されたものを狭義の制度と呼ぶなら，会話分析において 1980 年頃から「制度的相互行為」と呼ばれて研究されるようになったものの多くは，狭義の制度の中核をなす相互行為である．そこでは，裁判，診療，カウンセリング，授業，緊急通報，報道インタビューなどの相互行為が，会話分析の視点から精力的に分析されてきた（Atkinson & Drew 1979; Mehan 1979; Maynard 1984; Heath 1986; Silverman 1987; Drew & Heritage（Eds.）1992; Peräkylä 1995; Clayman & Heritage 2002; Maynard 2003=2004; Heritage & Maynard（Eds.）2006=2015 など）．これらの相互行為は，特定の時間的・空間的場面で，何らかの多少とも公的な目的を果たすために存在する組織の成員が，社会生活上の問題や悩みを抱える素人とのあいだで職務を遂行し，話す順序や内容が事前に決められているなど，日常会話とは異なる一連の特徴を持つ．ドルーとヘリテイジは，これら制度的相互行為の基本的特徴として次の3点をあげている（Drew & Heritage 1992: 22）．

(a)少なくとも1人の参与者が，当該制度と慣習的に結びついた目的，課題，ないしアイデンティティに指向している[*1]．
(b)その場面で何が許されるかに関して特有の制約がある．
(c)当該の制度的文脈に固有の推論枠組みや手続きが存在する．

診療場面を例に取るならば，次のようになろう．(a)参与者は「医師」と「患者」というアイデンティティを担いつつ，病気の治療という目的に指向して相互行為を行う．(b)医師は患者の病気に関する訴えを聞いたり，それについて質問したりすることができるが，そのあとで自分自身の体調不良を報告することは（日常会話とは異なり）許容されない．(c)医師の質問には，日常会話の中でなされれば患者のプライバシーを詮索しているように思われるものが含まれるが，それは何らかの医学的な理由があってなされている質問だと推論される．なお，これら3点については，次節の論述の中でより具体的に見ていくことにする．

[*1] ここでいう「アイデンティティ」とは，当該制度に結びついた成員カテゴリー化装置を用いてカテゴリー化された立場のことである（第10章参照）．「役割」と言いかえてもよい．

第1節 相互行為における制度の「証」

　制度的相互行為という用語は，相互行為の中で「制度的」なものとそうでないものとを理論的に区別することを意図したものではない．そうした区別は非常に難しい．だが，上に例示したような相互行為と日常会話とのあいだに，またそれら相互のあいだに，社会の成員が実際に相違を感じ取っていることは確かである．社会の成員自身が実際に感知し，ふるまいを通じて生み出しているそうした相違の解明をめざして，(a)〜(c)の特徴を共有する相互行為を暫定的に制度的相互行為と呼ぶのである．

　伝統的社会学は，会話分析が制度的相互行為と呼ぶ事象に関して，2つの暗黙の想定を持ってきたように思われる．第1は，制度は相互行為に先だって確立され相互行為のあり方を規定するが，相互行為は制度のあり方を左右することはほとんどないという想定である．第2は，制度的相互行為は，社会の主要な諸制度の一環である以上，日常会話のようなさしたる目的もない相互行為よりも，社会の存立にとって——したがって社会の研究にとっても——中心的だという想定である．

　制度的相互行為の会話分析的研究は，これら2点に関して別の考え方を持っている．第1点．会話分析の視点からは，制度も相互行為を通じて参与者によって認識可能な仕方で生み出される現象として探究される．だから，たとえば，ある相互行為が診療という医療制度の一環だと言えるためには，たんに診察室という空間で相互行為がなされているだけでは不十分である．参与者たちが，診療という活動の目的や医師および患者というアイデンティティに観察可能な仕方で指向していてこそ，診療という相互行為は成り立つ．制度が機能するかどうかは，相互行為が特定の仕方で遂行されるかどうかに依存している．

　第2点．人類の歴史の中では，現在われわれが持つ裁判や授業や診療などの制度的活動のない社会がいくらでも存在しただろう．だが，人々が日常会話をすることのなかった社会を想像することは難しい．また，人間は，成長の過程でまず身近な人々と日常会話をすることを通じて，順番交替の仕方，修復の仕方など，相互行為に参加するための手続きを身につけていく．人生のある時点で制度的相互行為に参加する必要が出てきたとき，人々は日常会話の中で身につけた手続きを応用してその場面に参加する．以上のように考えるなら，日常会話こそが社会の存立にとって基本的なものであり，制度的相互行為は，日常

会話に体現されているもっとも基本的な制度——相互行為秩序という制度——を基盤として，そこから派生して生み出されたものだと考えることができる．

社会の成員は，前章まで見てきた相互行為の一般的手続きを応用することで，それぞれの制度的相互行為に固有の特徴を互いに対して観察可能にしている．ヘリテイジとクレイマンは，そうした特徴を制度の「証（fingerprint）」と呼び，それを分析するための6つの着眼点を提案している（Heritage & Clayman 2010）．①順番交替，②連鎖，③全域的構造，④発話順番のデザイン，⑤語彙の選択，⑥知識などの非対称性である．このうち，本節ではいくつかの制度的相互行為を引き合いに出しながら，①，②，③，⑤の観点を例示する．④の観点は，次節で診療場面の研究成果をやや詳しく紹介する中で取り上げる．また⑥の非対称性については，知識以外の側面も含め，本節および次節の論述の中で折に触れて言及していく．

1.2 順番交替組織

制度的相互行為の中には，日常会話とは異なる仕方で順番交替が行われるものがある（第5章143ページも参照）．第1に，順番交替を管理する専用の係がいる相互行為がある．たとえば，フォーマルな会議においては議長だけが発話順番を割り当てることができる（Boden 1994）．国会審議における「ヤジ」がメディア報道で批判されるひとつの理由は，この割り当て規則に違反しているためであろう．第2に，相互行為の中で生じるべき発話順番の種類（あるいは行為の種類）が決まっており，それが特定の参与者へとあらかじめ配分されている相互行為がある．たとえば，法廷尋問においては，尋問者（弁護士や検察官）が質問し，証言台に立つ者が次の順番でそれに応答し，そのあとふたたび尋問者が質問をするという順番交替が，あらかじめ決められている（Atkinson & Drew 1979）．

学校の一斉授業も，日常会話とは異なる順番交替が見られる代表的な場面である．基本的な相違は，日常会話では誰もが次の順番を割り当てることができるのに対し，授業では教師だけが次の順番を割り当てることができる，という点にある（McHoul 1978; Mehan 1979）．授業は，参与者のあいだの非対称性が順番交替に関して構造化されている相互行為の代表例である．これに対し，の

ちに述べるように，順番交替は日常会話と同じように行われながら，別の仕方で参加の非対称性が生み出される相互行為もある．たとえば診療においては，医師と患者のあいだの知識の非対称性と結びついて，参加の非対称性が現れてくる．

授業ではまた，次の順番を割り当てるやり方も日常会話とは異なっている．森（2014）は，教師が生徒に順番を割り当てる手続きとして，一斉発話（生徒がほぼ声を合わせて発言すること）を誘い出す手続きと，挙手を誘い出す手続きを比較している．(1)(2)では，教師（T）の質問に対して複数の生徒（Ss）が声を合わせて答え，順番をともに取得している．これに対し(3)では，教師の質問の途中から，複数の生徒たちが挙手（△で表されている）している．

(1) [森 2014: 159]
01 T:　　　　>これなんだっけ？<
02 Ss: →　　ふみきりば:ん＝
03 T:　　　　＝ふみきりばんですよね

(2) [森 2014: 160]
01 T:　　　　いわの場合はいわ<が>？
02 S:　　　　ある．＝
03 Ss: →　　＝ある．
04 T:　　　　ある．

(3) [森 2014: 163]
01 T:　　　　さ::，何か気がつ[いたことありませんか:::::？
02 Ss: →　　　　　　　　　　[△△△△△△△△

森（2014）によれば，教師は質問の仕方を通じて，この2つの順番交替のどちらを求めているのかを生徒たちに認識可能にしている．教師が一斉発話を誘うのは，生徒たち皆がすでに知っているはずで，正答となる表現がほぼ1つしかないことを尋ねる質問である．たとえば，(1)の質問は，同じ授業の先立つ部分で跳び箱を準備するときにすでに言及されたことに関して，物の名前という表現の仕方がほぼ1つしかないことを尋ねている．(2)では，複合構造を持つTCUの先行要素（第6章165ページ参照）だけで質問を構成することによって，そのTCUの最終要素というほぼ1つしか正答のないものを答えさせようとしている．これに対し，教師が挙手を誘うのは，意見を求める場合のように，生

徒たちの応答が分散する可能性のある質問によってである．たとえば上の(3)は，黒板に書かれた数字の列を見て気がついたことを，特定の生徒を指名することなく尋ねている．この手続きは，応答する用意のある生徒すべてに次の順番が開かれていることを示すことで，生徒たちの挙手を誘っている．

こうした順番割り当ての技法は，多数の参与者がいる場面でできるだけ均等に生徒に発言機会を与え，それによって，生徒たちを平等に学習へと動機づけるという職務上の要請を叶える手立てとなっている．この意味で，それは教師が授業という制度的相互行為に指向していることの証となっている．またそれに応じて適切な順番取得を行うことで，生徒たちもまたこの場が授業であることに指向していることを観察可能にしている．

1.3 連鎖組織

制度的相互行為には，通常，当該制度の目的を実現する働きを担う特有の連鎖組織が含まれている．この点の例証として，ヘリテイジやクレイマンは，文法的に質問と応答の形を備えた発話連鎖が，会話および種々の制度的相互行為のあいだで異なった形で組織されていることを論じている (Heritage 1985; Heritage & Clayman 2010)．このために彼らが注目するのは，連鎖の第3位置における「連鎖を閉じる第3要素」(第4章100-102ページ参照) の相違である．

会話では，質問 - 応答の連鎖のあとには，「あ」などを用いた「知識状態の変化標識」を発したり (第4章101-102ページ)，得られた応答への感想を述べたりする (第6章149-150ページの(4)の11行目) ことがよくある．これらの第3位置の反応は，応答を聞いて質問者が新たな情報を獲得したことを示す．前者の例を再掲しておく．

```
(4) (第4章(18)の部分再掲)
08 B:      [何]か：い？
09         (.)
10 A:      1階
11 B: →    あ：い[っかいか ]：＝
12 C: →       [あ：：   ]
```

これに対し，授業では，(5)のように教師は生徒の応答 (06行目) が正しいか

どうかを評定する（07行目）ことで，すでに知っていることを尋ねていたことを示す．

(5) [森 2014: 161]
```
01 T:        あと5分で5時ってことは::：,4時よりも？
02           (0.4)
03           5時のほうに:,
04           (1.0)
05           ちかいとおい
06 Ss:       ちか:::い.=
07 T: →     =ちかいそう
```

この第3位置の反応は，文法的には質問にもなりうる01-05行目の発話が，じつは真正の質問ではなく，生徒の知識を試していることを示している．ミーハンはこの3項連鎖が教授活動の核をなす相互行為的仕組みだと論じ，授業研究の分野に大きな影響を与えた（Mehan 1979）[2]．

診療場面では，また別の種類の第3要素が頻繁に用いられる．(6)は，精神科の外来診療場面である．医師は，この断片の前にこれまでの患者の経過をひととおり聞き終え，ここでは「いまの気分」を尋ねている（01-02行目）．患者がそれに答える（06-08行目）と，平坦な抑揚で引き延ばされた「ふ:::::ん」（09行目）によって連鎖を閉じている．また，医師は07行目で「うん」と言いながらカルテに記入を始め，書きながらこの「ふ:::::ん」を発し，10行目のあいだもずっと記入を続けている．

(6)
```
01 医師：    ご自身のいまのご気分でど::(.)お::(0.4)
02           [>なん<です::？ ]
03 患者：    [<いま::    ]で[すか ]:>?
04 医師：                  [うん.]
05           (.)
06 患者：    たぶん(.)ウツってゆうほど::  [沈  ]んではいなくってむしろ:=
07 医師：                              [うん.]((カルテに記入始める))
08 患者：    =>なんかこう<イライラしてる:感じが.hhhh最近強:い::ですね.
```

---

[2] この3項連鎖が授業という相互行為を特徴づけるのは，それが教授という活動を構成する媒体だからである．したがって，教室以外の場面であっても，教授という活動がなされるところではこの3項連鎖が見られることになろう（たとえば家庭における親と子どもの相互行為など）．

```
09 医師:→    ふ:::::ん_
10           (5.7)((ここまでずっとカルテに記入している))
```

　青木によれば，平坦な「ふ::ん」は，新しい情報を受理したものの，まだそれを評価できるほど分析を済ませていないことを示す (Aoki 2008: 255)．授業とは異なり，診療において医師が行うのは真正の質問だが，患者の応答はしばしば会話とは異なった形で処理される．医師という立場には，患者から得られる情報を総合的に吟味して，医学的に妥当な形で患者の状態を診断し処置することが期待されている．(6)の医師は，新しい情報をさしあたり受け止めたことを言葉と動作で示しつつも，それに関する評価を当面差し控えることで，診療活動の目的への指向を示していると考えることができる[*3]．

　ところで，1.1 の(c)で述べたように (276 ページ)，制度的相互行為においては，当該の制度的文脈を参照することで，ある発話がどんな行為を遂行しているのかについて特有の推論が可能となる．その 1 例として(7)を見てみよう．これも精神科の外来診療場面で，患者は 10 年以上この外来に通院している．

```
(7)
01 患者:    先生最近ねえ，
02 医師:    うん．
03 患者:    .hhhh だから(そ-)心配事がありすぎんのか(あ:ん-)
04          あんまり考えてないくせにね::，
05 医師:    うん．
06 患者:    ↑眠れなくなっちゃったんですよ．
07 医師:→   nh::なんだ(い)けっこう睡眠薬は強いよ
08      →   ベゲタミンとか出てるん(だから).
```

　患者が，最近心配事が多いせいか眠れなくなったと報告すると (01-06 行目)，医師は患者が睡眠薬の増量を依頼したのだと理解し，すでに十分に強い睡眠薬が処方されていると述べることでそれに抵抗を示している (07-08 行目)．この患者が行っているような自分の経験の報告は，日常会話の中でなされるならば，相手が類似の経験を報告することへの誘いになりうるタイプの発話である (串

[*3] 英語の場合も，診療場面では，医師が "oh" の使用を回避することで，情報を受け取ったことは示しつつも，それを真実ないし妥当なものだと認めることは避ける傾向があるという (ten Have 1991)．

田 2001).だが,診療という制度的文脈を参照するならば,患者が自分の身に生じた問題を報告することは,非明示的な形で依頼をしているのだという推論が可能となる.このように,同じタイプの発話であっても,それが特定の制度的文脈に置かれていることで,日常会話とは異なった発話連鎖が適切になることがある.

　授業や診療における以上のような連鎖組織のあり方は,参与者が持っているべきだと規範的に期待される知識に関して,非対称性があることへの指向を示している[*4].教師は生徒よりも知識を持っているはずであり,その知識を教え授けたり,生徒が的確に知識を習得したかどうかを評価することを職務とする.医師は患者が持たない高度な専門知識を持っているはずであり,その知識を患者のために役立てることが規範的に期待されている.こうした知識配分の非対称性は,順番交替組織における非対称性とは分析的に区別できる.先に述べたように,授業では順番交替に関して教師と生徒のあいだには非対称性が存在し,それと知識配分の非対称性が相まって作用している.これに対し,診療における順番交替は,授業や会議のように順番交替を管理する専用の係がいるわけではないし,法廷尋問のように発話順番の種類があらかじめ配分されているわけでもないという意味で,基本的に日常会話の順番交替と同じである.だが,知識配分の非対称性に指向することで,医師と患者の参加の仕方にはさまざまな相違——主に医師が質問をする,主に医師が話題をコントロールするなど——が生じてくると考えられる.

1.4　全域的構造組織

　1.1 で(b)として述べたように(276 ページ),制度的相互行為ではその場で何が許されるかにかんして,日常会話には存在しない制約がある.順番交替組織や連鎖組織について見たことは,いずれもその1側面である.だが,この点がもっとも顕著に現れるのは,おそらく全域的構造組織にかんしてである.第

[*4] 参与者たちが,互いの現に持っている知識や規範的に持つべきだとされる知識の配分(その対称性や非対称性)に指向してふるまうことは,制度的相互行為に限らず広く観察される現象である.これらの「知識/認識様態(epistemics)」にかんする研究は,近年精力的に行われている(Drew 1991; Heritage 2002; Heritage & Raymond 2005; Stivers 2005; Heritage 2012a, 2012b; Hayano 2011, 2013; 早野(2018); Hayashi 2012; Kushida 2015 など).

11章で見たように，日常会話においては，開始部と終了部のあいだで生じるべき「何か」として，相互行為開始理由の提示以外に決まったものはない．このため，日常会話の成り行きはあらかじめ予測できず，そのことが日常会話に特有の楽しさや自由さを作り出してもいる．これに対し，制度的場面では，開始部と終了部のあいだで生じるべき活動の種類やその順序に多少とも制約があるのがふつうである．1例として緊急通報を取り上げてみたい．

ジンマーマンとその共同研究者たちは，アメリカの緊急通報（911番通報）にかんして一連の重要な研究を発表したが（Whalen, Zimmerman & Whalen 1988; Whalen & Zimmerman 1987, 1990; Zimmerman 1984, 1992など），その中でこの相互行為の全域的構造組織を次のように定式化している．

1　開始部
2　依頼
3　質問系列
4　依頼への反応
5　終了部

岡田（1999）は，彼らの議論を踏まえて日本の119番通報の分析をする中で，(8)のデータを紹介している[*5]．これを用いて，緊急通報の全域的構造を例示しよう（Cはかけ手，Rは受け手）．

(8) [岡田 1999: 202]
01 R:　　　はい消防です火事ですか救急ですか？
02 C:　　　もしもし　役場前の中華料理屋の来来軒と申しますけども
03 R:　　　ええ
04 C:　　　あのすいません　ちょっとサイレン鳴らさないで
05　　　　　いま　きてもらいたいんですけど
06 R:　　　え　どうしました？
07 C:　　　あの　うちのおとうちゃん　ちょっと包丁で指切っちゃったんですよ

[*5] これは樫田美雄らのグループによる119番通報の共同研究の成果だが，この共同研究は，日本でもっとも早く行われた制度的相互行為の会話分析の1つである．この研究のそのほかの成果は「小特集 119番通話の会話分析的研究—制度・組織のエスノメソドロジー—」『現代社会理論研究』第6号（1996）として刊行されている．

第1節　相互行為における制度の「証」

```
08 R:      どんぐらい切ってます
09 C:      けっこう神経までいってるような感じなんです
10 R:      どこの指ですか？　右手？　左手？
((以下，出血量，意識の有無，年齢，名前，電話番号を聞いた後))
11 R:      わかりました　それじゃ　あの救急車向かいます
12 C:      はい　じゃ　鳴らさないできてください
13 R:      それはできないんで　ちかくまでいったら　とめるようにします
14 C:      あ：そうですか　おねがいします
```

　Rは最初の発話を通じて，この電話が緊急車両の出動を希望する市民とその出動を管理する者とが，もっぱらそのことについて話すためのものだという理解を示している（01行目）．またCは，「役場前の中華料理屋」というわかりやすい目印を使った場所の指示（第9章参照）を用いて，緊急車両の派遣要請に適した形の自己同定を行うことで，Rのそうした理解を承認している（02行目）．こうして，誰と誰が，どんな種類の相互行為を開始するのかを了解し合う（第11章第3節参照）ことで，［1 開始部］が構成されている（01-03行目）．Cが救急車出動の［2 依頼］をすると（04-05行目），Rは［3 質問系列］を構成する一連の質問を発していく（06, 08, 10行目および中略部分）．それが終わると［4 依頼への反応］がなされ（11行目），相互行為は［5 終了部］に向かう（12行目以降）．ここで，［2 依頼 − 3 質問系列 − 4 依頼への反応］の部分は挿入連鎖（第4章97-100ページ参照）の1種だが，［2 依頼］は同時に相互行為の開始理由という全域的構造組織の1成分である（第11章266ページ参照）．また，この相互行為では，最初の発話からすでに，緊急車両の要請が唯一の用件であることが指向されている．したがって，この挿入連鎖の終了は，相互行為全体を終了させる正当な理由となる．これらの点で，それは会話の中に随時生じる挿入連鎖とは，性格を異にしている．(8)では，5つの成分がこの順に生じ，それ以外のことは生じないという全域的構造に，参与者たちは指向している．

　この構造の中で，とくに緊急通報の制度的目的を如実に体現するのが，「どうしました？」（06行目）のような依頼の理由説明を求める質問である．緊急通報のかけ手が求めている公的サービス（救急車の出動など）は，希少性を持つ．つまり，緊急性の低い出動依頼にもすべて応じていたら，緊急車両の台数が足

らなくなってしまう．したがって，通報の受け手は，真にサービスを必要とする人に適切にサービスを配分することが規範的に期待される．これに対し，たとえばピザの宅配を注文する電話において，客がなぜピザを食べたいのかと理由説明を求める必要はない．依頼の理由説明を求める質問は，受け手が真にサービスの必要な状態かどうかを調べるためになされるという意味で，制度的目的の達成に不可欠な手順である．

　だが，緊急通報のこうした性格を，すべてのかけ手が熟知しているとは限らない．かけ手の中には，ピザを頼むように，「＊＊まで救急車をお願いします」と言えばいいのだと思っている人がいるかもしれない．先に，制度的相互行為における非対称性として，順番交替にかかわる非対称性と知識配分にかかわる非対称性に言及したが，いま見ている点はまた別の非対称性の1例になっている．それは，当該の制度的相互行為の手続きを熟知しているかどうかにかんする非対称性である．緊急通報の場合，受け手はこの種の相互行為に日常業務として毎日参加しているが，かけ手は極めて希にしか参加しない．やり方をよく知らないかけ手がいても不思議ではない．

　手続きにかんするこうした非対称性は，互いの行為にかんする誤解につながる可能性があり，ときには重大な帰結を引き起こすこともある．たとえばウェイレンらは，かけ手がピザを頼むような仕方で救急車の出動を依頼したのに対し，受け手が依頼理由の説明を執拗に求めたために，両者のあいだで相互行為が紛糾し，結果的に救急車が派遣されず病人が死亡した悲劇的事例を分析している（Whalen et al. 1988）[*6]．

1.5　語彙の選択

　第9章で述べたように（231-236ページ），特定の言葉を選択することは行為を遂行するための資源となることがある．したがって，ある語彙を選択することが，特定の制度的行為を遂行するための資源になることもありうる．たとえば，電話の冒頭で名乗るときに用いる語彙は，特定の制度的アイデンティティ

[*6] この研究の内容は岡田（1999）に詳しい紹介がある．また，西阪・小宮・早野（2014）は，日本において，類似した齟齬から悲劇的な事件が生じた可能性のある119番通話の事例を分析している．

第1節 相互行為における制度の「証」

への指向を観察可能にする．上で見た(8)で，電話の受け手は「消防です」と職業カテゴリーを用いて名乗り，緊急車両の派遣を担当する制度的アイデンティティに指向していることを示している．かけ手の「役場前の中華料理屋の来来軒」という名乗り方も，救急車を派遣してもらうために必要な情報を簡潔に組み込んでいる点で，緊急通報する市民という制度的アイデンティティへの指向を示している．

　語彙の選択が制度の証として用いられる例は，樫村 (2008) が分析している(9)の「警察からの電話」にも見られる[7]．このデータは，ある警察署が振り込め詐欺に注意するよう呼びかけているインターネットサイトに，実際の通話例として録音ファイルの形で掲載されていたもので，名前などの個人情報は録音から消去されている．01 行目では，かけ手 A が電話の宛先を確かめていると思われ，07 行目では A が警察官だと名乗っていると考えられ，19 行目では受け手 B の息子と同じ名前（氏名ではなく名のみ）が言われたと考えられる．

(9) [樫村 2008: 5] を一部改変
01 A:　　　((ピーという音))ですか:¿
02 B:　　　.hh ええ．
03　　　　 (0.6)
04 A:　　　あの: :(.) お↑父さんか何かに当たる方で:::.
05 B:　　　ええ (0.3) わたし父親ですが，
06 A:　　　(え,) お父様ですね
07　　　　 ((カチッという音 ―― 会話の一部が削除されたと思われる ――))
08 A:　　　本日ですね:::,=
09 B:　　　= はい．
10 A:　　　先ほどなんですけども:::,=
11 B:　　　= はい．
12 A:　　　11 時 26 分ごろですね:::,=
13 B:　　　= はい．
14　　　　 (0.2)
15 A:　　　>ええ<(.) あの::::(.)(宮前　のです)ね::,=
16 B:　　　= ええ．=
17 A:　　　=<(けやき)だいら 1 丁目 >という交差点付近で:::,=
18 B:　　　= ええ．

[7] (9)のトランスクリプトは，公開されていた録音ファイルに基づいて，樫村 (2008) のトランスクリプトを著者が 1 部改変したものである．

19 A:		あの((ピーという音))さんが運転していた車がですね::,
20		(0.5)
21 A:		車同士の接触事故を >起こされてしまった< んですよ:::.
22		(0.4)
23 B:		あの::(ない-いえっ-)え:::苗字はなんていいます:?

08-21目にかけて，AはBに1つのニュースを伝達しているが，そこには警察官による事故の報告という制度的行為を認識可能にするいくつかの仕掛けがある．その1つが語彙の選択である．出来事の生じた日を指示するときの「本日」というフォーマルな語彙，時間や場所を指示するときの「11時26分頃」「(けやき)だいら1丁目という交差点付近」という日常的なニュース伝達に不必要な厳密さ，などが目につく．また，Bを「お父様」と呼び，事故の加害者を「～さん」と敬称を用いて指示することで，事故の加害者に対して責任のある制度的役割がBに対して割り当てられていく．このようにして，Aは警察官として，交通事故の処理という刑事司法制度への指向を示し，そこにBを巻き込んでいく．

だが，通話の相手がそれらの制度の証を受け入れないならば，その制度は相互行為に関連した文脈として機能しない．先に述べたように，会話分析では相互行為に先立って制度が確立されているという見方はとらない．樫村(2008)は，この通話でAが散りばめた警察制度の証をBが疑い，Aが求める示談に応じることをBが拒否するに至った（つまり，詐欺の被害を免れた）経緯を詳しく分析している．その最初の1歩は，19-23行目のやりとりである．18行目までのあいだは，Aの発話に反応機会場（第6章155-158ページ参照）が訪れると，Bはすぐに「ええ」「はい」というトークンを用いて，続きを促している．だが，20行目と22行目ではこの反応がなされず，それに続いて23行目では事故加害者の苗字を尋ねている．この電話ののちの部分で明らかになるのだが，Bの息子は免許は持っているもののふだん車は運転していなかったのである．この特殊な例は，参与者たちが互いの示し合う制度の証を承認し合うからこそ，制度的相互行為が正常な形で遂行され，制度が制度として機能するのだということを照射している．

第2節　制度的相互行為における実際的目的の追求
：医療制度の場合

　以上に示してきたように，参与者たちは特定の制度に指向していることを相互行為の中で認識可能にする手続きを通じて，当該制度を相互行為の文脈として組織している．だが，人々は制度の証を立てるために相互行為しているわけではない．実際的目的（例：病気を治す）を達成するためにこそ，制度的相互行為に参入する．それは，本章冒頭で述べたように，狭義の制度が社会成員の欲求を充足する働きを持つと理解されているからである．ただ，制度の目的や制度的アイデンティティなどは，そもそも一般的なものでしかない．たとえば，医療制度の目的は病気を治すことで医師はそのための専門的援助を提供する人であるが，これがわかっているだけでは，いつどんなふうに医師のもとを訪ねて何をどう話せばいいのかは，わからない．したがって，社会の成員がそれぞれの実際的目的を追求するうえでは，具体的にいつどこで誰を相手にどうふるまえばよいのか，これらの細部がそのつどの相互行為を通じて見いだされて行かなければならない．本節では，この過程のいくつかの断面を，診療場面を例にとってデモンストレーションしてみたい．

2.1　医師に訴えるに値する問題

　人が心身の不調をかかえると，その不調を解決して健康な状態に復帰するという実際的目的が生じる．この目的を果たす1つの方法は，医師のもとを訪れて専門的援助を求めることである．この解決方法をとる場合，人は医師と患者という制度的役割関係の中に身を投じ，この関係にまつわる規範的期待を参照してふるまう必要が出てくる．パーソンズは，患者という立場にまつわる期待の総体を「病人役割」と呼んだ（Parsons 1951=1974）．たとえば，医師の指示に従って健康管理すること，通常の業務（仕事や勉強）よりも病気の治療を優先すること，などである．だが，これらの期待はいずれも一般的なものである．人が病人役割を遂行するとは，具体的には何をすることなのだろうか．

　ヘリテイジとロビンソン（Robinson, J.）やハルコウスキー（Halkowski, T.）は，患者が医師のもとを訪れ自分の問題を訴えるとき，自分の受診を正当化すると

いう課題にしばしば直面することを明らかにした（Heritage & Robinson 2006=2015; Halkowski 2006=2015）．患者は医師の援助が必要だと判断して診察室を訪れるわけだが，この判断が医師の目から見ても妥当という保証はない．医師はたいした問題ではないと結論を出すかもしれない．もちろん，たちどころに患者の判断が妥当だと分かる場合もある．大怪我をして血をダラダラ流しているというような場合である．だが，それほど明確ではない問題のほうが多い．

患者はそうした問題を訴えるとき，一連の工夫をする．第1に，問題が「医師に訴えるに値する（doctorable）」ものだという自分の判断を裏づける工夫をする．たとえば，症状だけでなく自分が予想する病名を提示してみる．家族などの第三者が医師に行くように勧めたというエピソードを披露する．症状が現れてから何日か様子を見ていた，市販薬で自己健康管理をしたがそれでも治らないなどと，事態に慎重・冷静に対処したことをアピールする．第2に，問題が医師に訴えるに値するかどうかが不確かな場合，その不確かさに十分気づいていることを示す工夫をする．たとえば，問題をそれほど深刻ではないかもしれないものとして提示することで，「大事を取って早く医者に診せようというあなたの判断は正しい」などと医師の方から受診の正当性を裏づける発言を引き出す工夫をする．

この主題に関連した日本の診療場面に関する研究を紹介しよう．西阪（2008c, 2010）は，何らかの不調を感じて産婦人科を訪れた患者の初診場面と，妊婦の定期健診場面（妊婦の腹部に超音波モニターを当てて胎児の成長具合をチェックする）において，問題が提示されるやり方を比べている．そして，定期健診場面における問題提示では，初診場面の問題提示とはいくぶん異なる形で，問題の「医師に訴えるに値する」性格が指向されることを明らかにしている．

まず押さえておくべきポイントは，初診場面と定期健診場面の全域的構造組織の違いである．初診場面では，患者が自分の体調に問題を見いだしたことが相互行為を開始する理由となっている．だから，患者が問題を提示する機会が全域的構造の中に用意されている．すなわち，医師が「今日はどうされました？」のような質問をしたあとである．これに対し，妊婦の定期健診では，妊婦は自分の判断で受診しているのではない．このため，妊婦が問題を提示する

第2節 制度的相互行為における実際的目的の追求:医療制度の場合

機会は構造的には設けられていない.

(10)は初診時の診療場面で,患者は医師の質問に答えて問題を提示している (02-14行目).そこでは,上述したように,問題の深刻さを低減する工夫がなされている.たとえば,02-04行目の言い淀み,「あんまり」「たまに」(05行目) と頻度の少なさを強調する表現,などである.これらの工夫を通じて,患者は自分の受診を正当化している (02-14行目).問題がさほど深刻ではないかもしれないと知りつつ受診したという形で問題が提示されることで,患者が健康管理に気を配っていることが示され,受診は理性的な判断の産物として正当化されている.

(10) [西阪 2008c: 203]
01 医師:　　　今日はどうしましたか?
02 患者:→　　えっと:そうで[すね:_:
03 医師:　　　　　　　　　　[(°ん°)
04 医師:　　　[ん
05 患者:→　　[あの:.h ええ:そうですね_=あんまり::(.)たまに_:
06 　　→　　なんですけれど_も__[:
07 医師:　　　　　　　　　　　　[ん
08 患者:→　　ええと:その::.h 出血::その↑さん::か月か↑よん
09 　　→　　か月::ぐらいに_[::
10 医師:　　　　　　　　　　[ん
11 患者:→　　.hhh <いっぺん:>あったの_が_:2回ぐらい_:ここ
12 　　→　　1年間のあいだ_に:_
13 医師:　　　ん
14 患者:→　　あっ_て_:

(11)には,定期健診中に妊婦が問題を提示する様子が見られる.医師が超音波診断器具を用いて妊婦の腹部内の様子を見ようとしていると (01行目),妊婦は自分の心配事を話し始める (03行目).妊婦は自分の判断で受診しているわけではないので,上の断片のように受診を正当化する必要はない.だが,医師が超音波診断をしている最中に自分から問題を提示することは,やはり妊婦自身の判断でなされたこととして,「なぜいまそれを」するのかが正当化される必要がある.

⑾ [西阪 2008c: 207-8]
```
01 医師 :    はい.°ええ:::っと::°
02           (1.0)
03 妊婦 :→   (m: :) みんなに [お腹 [がちっちゃいって言われるから.=
04 医師 :                   [ん？ [うん,
05 妊婦 :→   =ちっちゃいのかな:と思ったり [(してるんですけど:)
06 医師 :                               [いや:でも ほら,皮が
07           あんまりないから.あの,みなさん お饅頭の皮じゃない
08           けど,.h 外側が太っちゃって,それで あの::,
09           .h 大きく見えるのよ.[それで -
10 妊婦 :                        [外側？
```

　この問題提示（03-05 行目）には２つの特徴がある．第１に，ここでは妊婦の痛みや不安など主観的症状は述べられておらず，たんに他者から言われたことが報告されているだけである．第２に，しかしその他者は「みんな」という極端な形をとった表現（第９章236-238 ページ参照）を用いて指示され，事態の客観性が強調されている．これらの特徴は，この問題提示をいまここで行うことを次の３点において正当化している．（ⅰ）予定された健診日よりも前に特別に診療予約を入れなければならないほど，深刻な問題ではない．（ⅱ）医師が進行中の超音波健診作業を中断することを求めるほど，深刻な問題ではない．（ⅲ）それでも，進行中の作業に介入する位置で提示する必要があるくらい，「医師に訴えるに値する」ものである．

　心身の不調をかかえた人が，医師と患者という制度的役割関係の中で問題を解決しようとするとき，医療制度の一環としての病人役割に指向してふるまう必要が生じる．だが，病人役割を遂行するとは具体的にいつ何をすることなのか．それは診療という相互行為の中でそのつど見いだされねばならない．患者は，受診を正当化するような仕方で問題を提示したり，相互行為の全域の構造に応じて問題を提示するやり方を変えたりという形で，どうすることが適切に病人役割を遂行することになるのかという問題を，そのつど解いている．このようなプロセスの中に，制度が機能するということの具体的な姿がある．

2.2　権威と間主観性のバランス調整

　医療社会学では，医師の権威が高度な専門知識と利他主義に支えられている

と考えるにせよ（Parsons 1951=1974），医療資源を独占するための集団的な政治的活動に由来すると考えるにせよ（Freidson 1970=1992），医師と患者の相互行為は，あらかじめ確立された医師の権威に患者が従う形で進行すると捉えられてきた[*8]．

診療場面に関する会話分析研究では，この捉え方を基本的に支持する知見がある（Heath 1992）一方で，医師の権威以外の要素も相互行為を形づくっているという知見も提出されてきた．たとえば，メイナードは，医師がエイズや癌などの「悪いニュース」を患者に伝えるとき，患者が自分の状態をどう見なしているかを前もって質問し，患者の答え（＝自分はこれこれの病気ではないかという推測など）を取り込む形で診断を伝えていることを示した（Maynard 1991, 1992, 2003=2004）．またペラキュラは，プライマリケア[*9]の診療場面で医師が診断を伝えるとき，診断の根拠が患者に分かりにくい状況であったり，医師の診断が患者の自己診断とずれていたりするときには，診断の根拠を丁寧に説明することを見いだした（Peräkylä 1998, 2006=2015）．

これらの研究は，医師が診断を患者に受け入れさせるという目的を果たすうえで，必要に応じて権威的スタンスを緩め，診断に至る推論過程を患者と共有しながら診断を伝える——その意味で，診断を間主観的なものにする——工夫をしていることを示している．医師がたんに確立された権威に依拠して行為するだけならば，患者の理解を得ようと工夫する必要はなく，患者が医師の権威ある診断を受け入れることは自明視できることになる．だが，実際には医師は，そこまで権威のみに依拠しているのではなく，患者にわかりやすく，あるいは受け入れやすくする工夫をもしているということである．

この議論と関連した日本の研究を紹介しよう．川島（2014）は，救急医療において，心肺停止状態で病院に到着した患者に蘇生の見込みがないとわかったときに，医師が患者家族に対して延命措置を中止する提案をどのように行っているかを調べた．その結果，医師は延命措置を中止するという決定を，権威に

[*8] 批判理論の観点から，医師の「医療の声」が患者の「生活世界の声」を体系的に抑圧しているという議論もあるが（Mishler 1984），実際の診療の進行において患者が非常に無力であると見なす点では，これらと同様である．
[*9] かかりつけの医師のような，あらゆる心身の不調に関して最初に患者が相談することのできる医師のこと．

基づいて一方的に提案するのでなく，患者家族と協働でその決定にたどり着くための一連の工夫をしていることを見出した．たとえば，⑿にはそうした工夫の一端が見て取れる．医師はまず，延命措置を中止するかどうかを持ち出す前に，患者が救急車で運ばれた経緯を物語（第7章参照）の形で時系列に提示し，家族に心の準備をさせている（08-34行目）．また，蘇生は困難だと述べ，延命措置を中止することをほのめかしつつも（36-39行目），もうしばらく延命措置を続けてみるという反対のことを提案することによって（39行目），かえって家族の方から延命措置の中止を言い出す（42行目）機会を演出している．

⑿ [川島 2014: 668]
08 医師：　　救急隊の方が駆けつけた時にはですね，
09 家族：　　ええ．
10 医師：　　心肺停止状態．
11 家族：　　あ：はい．

((12-31 行目省略：心臓マッサージなどの処置を施したが，まだ心臓は動かず，何ともいえない状態だということが述べられる))

32 医師：　　で：：：最初にもう：その異変が起こってからですねえ
33 家族：　　ええ．
34 医師：　　まあ1時間近く経つ状況で，
35 家族：　　ええ．
36 医師：　　正直申しますと，[ご高] 齢ってゆうこともあるの[で,]
37 家族：　　　　　　　　　　[ええ]　　　　　　　　　　　　[ええ]
38 医師：　　このまま心臓が戻る可能性に関してなかなか難しいとは思うん
39 　　　　　ですが，もう少し頑張ってみたいと思いますので，
40 家族：　　あ，そうなん[ですか？はい．]
41 医師：　　　　　　　　[またお声を掛け]ますのでお待ちください．
42 家族：　　あ，まああまり無理なさらずに，

　これらの研究を踏まえると，医師の権威が相互行為に先立って確立されているという見方は，修正の必要がありそうだ．医師は診断を伝えたり処置を提案したりする発話のデザインを通じて，自分の権威を異なった程度に主張し，それに応じて診断や処置決定は異なった程度に医師と患者（やその家族）との間主観的な営為となる．それらのデザインは，それぞれの相互行為の固有の連鎖的環境の中で，患者（や家族）に診断や処置提案を受け入れさせるという実際

的目的を果たすために使い分けられている．つまり権威は，相互行為を拘束する鋳型のようなものではなく，相互行為の中で目的を達成するために利用可能な資源の1つなのである．診療に関する会話分析研究は，患者と医師がそれぞれの実際的目的を果たそうとする手続きの一環として，医師の権威のあり方も交渉されていることを明らかにしてきた．

2.3 患者のイニシアチブ

今日の医療の重要な特徴として，慢性疾患の増加，インターネット等から入手できる医療情報の増加，患者の権利に関する意識の高揚などがある．これらはいずれも，医療活動における患者参加の可能性を拡大していると言われる．ただそれでも，医師の専門家としての地位に患者が指向するならば，患者が自分の希望する処置を医師に伝えることは簡単なことではない．

急性疾患の診療に関する海外の研究では，患者が特定の処置を希望しているとき，明示的に処置を依頼する代わりに，より間接的な形で慎重に自分の希望をほのめかす傾向があることが明らかにされている（Gill, Halkowski & Roberts 2001; Robinson 2001; Stivers 2002）．なぜなら，処置を患者から依頼することは，医師の専門的領分に侵入することになりかねないからである．だが，慢性疾患の場合，患者はしばしば長年の治療を通じて自分の病気に対する多くの知識を持つに至る．慢性疾患の診療においては，患者はどのように処置を依頼するのだろうか．

串田・平本・山川は，慢性の精神科患者が薬を依頼するとき，明示的依頼（「〜してほしい」などの形で希望を明示的に表現する発話デザイン）と非明示的依頼（希望の明示的表現を含まない発話デザイン）の両方が見られることに注目し，両者がどう使い分けられているかを調べた（Kushida, Hiramoto & Yamakawa 2016）．その結果，患者は，自分の問題を描写するやり方と依頼の発話デザインを適合させて選択していることが明らかにされた．

(13)では，明示的なデザインで依頼が行われている．患者は統合失調症と診断されて薬物療法を続けているが，抗精神病薬の副作用としてしばらく前から便秘になっているため，便秘薬ももらっている．だが，なかなか便秘が治らない．

(13)
01 医師：　　調子はい↑かがでしたか．
02　　　　　　(0.6)
03 患者：　　まあまあです．
04 医師：　　まあまあ．
05　　　　　　(2.8)((医師がカルテに日付の入った印を押す))
06 患者：　　あの(.)<散歩>しても::,
07 医師：　　うん．
08 患者：　　便秘が::::,治らない[んで::]
09 医師：　　　　　　　　　　　　[あ:ほん]と:．
10　　　　　　(1.6)((医師がうなずいてカルテに記入する))
11 患者：→　お昼にも::,
12 医師：　　うんうんうんうん．
13 患者：→　錠剤を足してほしいんですけど．
14 医師：　　飲んでみ-飲みますかね．[うん.]そしたらね．=
15 患者：　　　　　　　　　　　　　　[はい.]
16 医師：　　=え．固いですか．°便が．°
((22行省略：医師が患者の便秘症状についていくつか質問する))
39 医師：　　じゃあやっぱりたしかにクスリ増やした方がいいですね
40　　　　　　それじゃあ　[ね．
41 患者：　　　　　　　　　[はい．

　患者は朝夕用にもらっている便秘薬（「錠剤」）をお昼にも出してほしいと依頼している（11-13行目）．この依頼は2つの点で明示的である．第1に，「ほしい」と明示的に自分の希望が述べられている．第2に，「錠剤」という認識用指示表現（第9章220-222ページ参照）を用いて特定の薬を指示し，求める処置を明確に述べている．これらの点で，それは医師の専門的領分への侵入ともなりかねない性質を備えた発話である．
　だが患者は，問題を描写するとき，この依頼の仕方に正当性を与えるような描写の仕方を選択している（06-08行目）．自分は医師の指示に従って健康管理をしているが（「散歩しても」），にもかかわらず問題は解決しておらず（「便秘が治らない」），いま何がなされるべきかは以上から導き出せること（「んで::」），この3つの主張が問題描写に込められている．言い換えるなら，患者は(a)何が問題で何がなされるべきかを分かっているが，(b)患者自身にできることは残さ

第2節　制度的相互行為における実際的目的の追求：医療制度の場合

れていない，という性格を帯びたものとして，状況を描き出している．この(a)
(b)の性格は，患者が処置を明示的に依頼することに保証を与えるものである．
じっさい，医師は，「お昼にも::,」(11行目)まで聞いてすぐに「うんうん
うん．」(12行目)と反応し，たんに患者の発話の続きを促す以上に，患者の
依頼に前向きなスタンスを示している．そして，「足してほしいんですけど．」
(13行目)のあとでは「飲みますかね．うん，そしたらね．」(14行目)と依頼に
応じる態度を明確に示すことで，患者の依頼の正当性を認めている．

これに対し，⑭では依頼が非明示的な発話デザインで行われている．患者は
うつ病と診断されて通院治療を続けているが，この日の診療では，近いうちに
妻が胆石で入院することになったというニュースを最初に述べている．以下の
断片はその話の続きである．

⑭
```
01 患者：　　　.shhhh>それで<, <今度>:::にょ::-うちの女房が
02　　　　　　(急にいないんで)も::う,
03 医師：　　　う:ん.
04 患者：　　　な::んつったらいいのかな:こ::うやっぱ<不安>がね::,
05 医師：　　　うん　[うん.
06 患者：　　　　　　[つのって来るんですよね:.
07 医師：　　　うんうん.
08 患者：　　　(で):::,(0.5)全部この:::,(mu::::ss-そ-そえ:-gg)食事の:
09　　　　　　仕度から全部::洗濯も(h)ぜ(h)ん(h)ぶ(h)[:,
10 医師：　　　　　　　　　　　　　　　　　　　　　　[うんうんうん.
11 患者：　　　やらなくちゃなんない　[な::]ってゆう:,感じで::,
12 医師：　　　　　　　　　　　　　　[ん::.]
13 医師：　　　°(そ　[うだね:)°
14 患者：→　　　　　[それで::.shhhh いま:::クスリ:::ひる:::クスリ
15　　　→　　飲んでないんですけども::,
16　　　　　　()
17 医師：　　　うん.
18　　　　　　()
19 患者：→　　°どうしようかな::なんて思って:るんですけど:.°=
20 医師：　　　=ふ:::ん_
```

((44行省略：患者は夜中に目が覚める日があることも訴える.))
```
65 医師：　　　ふ::::ん_.hhhh そうか:..hhhh
```

```
66              (0.3)
67 医師：    ま<不↑安>なのはまあ::奥さんがね::え,
68 患者：       え [え.
69 医師：          [入院する>ってゆうのは<不安でない人はいない::と
70              思うんですけど::.hhhh そう::だな::::.(0.6)
71              でおク↑スリを,(1.1)<増↑やすとゆうよりは,>(0.9)↑なんとか
72              こうデパスで:,(1.6) 不安時で,(0.3) た[いしょできれば]ね:.
```

患者はお昼用に抗不安薬を出してほしいと依頼している（14-19行目）．だが，この依頼は非明示的に，かつ慎重になされている．第1に，患者は自分の希望を「どうしようかな::なんて思って:るんですけど:．」という間接的な形で表現しているのみであり，またこの部分は小声で発せられている．第2に，患者は求める処置を直接指示する代わりに，「いま」「ひる」「クスリ飲んでない」と間接的にほのめかしている．患者は処置を依頼しつつも，その処置が望ましいのかどうか自分にはよく分からず，それを決めるのは医師の方だというスタンスを示している．

このスタンスは，問題の描写の仕方と適合的である．患者は，自分の問題をはっきりと名指すことの難しいものとして扱い（「な::んつったらいいのかな:」04行目），それを「不安」と名指したものの（04行目），その内実は自分が家事をしなければならないという生活上の心配として詳述され（08-11行目），医療が対処すべき問題としての性格は強調されていない．じっさい，医師は患者の問題を，誰にもあるそれほど深刻ではないものと見なし（67-70行目），依頼に応じる代わりに，別のより軽い処置を提案している（71-72行目）[*10]．

これらの診療において，患者は依頼の発話デザインを使い分けることで，自分が処置を依頼する権利をどれだけ主張するかをそのつど調節している．その調節とは，自分が置かれた状況の描き方と依頼のデザインとを適合させることである．自分がぜひとも薬が必要だと確信できる状況ならば，明確な表現で依頼を組み立てる．そうでない場合には，非明示的で慎重な形に依頼を組み立てる．この調節によって，いずれの場合も，患者の依頼は正当な仕方で行われて

[*10] デパスは抗不安薬だが，この患者の場合，不安が昂じたときだけ臨時に飲む頓服薬（72行目の「不安時」はこの頓服薬を意味する）として処方されている．デパスで対処することは，毎日昼時に飲む薬を増やすよりは軽い処置である．

いると見えるものになる．こうした工夫は，処置の決定において患者がイニシアチブを発揮する手続きの，重要な一部分である．なぜなら，それによって患者は，自分が専門家を前にして，どういうときにどのように処置を依頼すべきかを把握している理性的な患者だということを示すことができるからである．

第3節　より多様な社会生活の諸相へ

　近年，会話分析は，以上のような典型的な制度的相互行為以外にも，社会生活を構成する多様な相互行為場面へとますます研究対象を広げている．日本における近年の研究から，その広がりを駆け足で（データなしに）素描してみたい．

　前節まで見てきた相互行為は，ある専門的職務の遂行を目的とする点で，日常会話とは異なっていた．だが，人々が特定の職務を遂行したり，特定の目的達成に向けて協働したりする場面には，ほかにもさまざまなタイプのものがある．会議や打ち合わせなど，共通目的を達成するために意見交換や意思決定がなされる相互行為は，その代表的なものである．2つの研究例を紹介しよう．

　中川（2016）は，高齢者の遠距離介護のためのケア会議を分析している．ケア会議とは，ヘルパーやケアマネージャーなどの介護スタッフと遠方に住む家族とが，介護の方針を協議して決める場である．この会議には，遠距離介護という介護形態に伴うさまざまなジレンマが顕在化する．遠方に住む家族は，自分の生活を守ろうとするならば，親に対する介護責任を回避しているように見えかねない．介護スタッフは，家族が高齢者当人の日常生活をよく知らずに意見を述べたとき，その非現実性を指摘して反対意見を述べなければならない．分析の結果，ケア会議の参与者は，たとえば，遠方に住む家族が自分の生活を犠牲にする介護は難しいと述べるとき，その発話の途中までを聞いた介護スタッフが発話の続きを述べ，それを共同の発話として産出する（第6章164-177ページ参照）などの工夫を通じて，責任を分散させてジレンマに対処していることが明らかにされた．

　平本（2014）は，市民参加まちづくりをめざす小規模なNPO法人の会議を分析している．NPOは同じ「志」を持つ人々が利益を求めずに活動する組織

だが，この組織特性は，相互行為においてどのように現れるのだろうか．分析の結果，参与者は議題となっている具体的な案件（例：ボランティアに謝礼を払うか否か）に関連した組織運営上の論点（例：組織活動の資源としてどういう人材を投入するか）についてまず意見を述べ，その意見を正当化する資源として「志＝社会貢献に対する想い」に言及する（例：自分たちは「社会に開かれた」組織をめざしているはずだ）という手続きが明らかにされた．会議参加者は，会議の中で相手を説得するためにこうした特定の相互行為手続きを用いることを通じて，NPOという組織の特性を作り上げているのである．

次に取り上げたいのは，ボランティア活動を扱った研究である．典型的な制度的相互行為では，専門的職務に就く人が素人の抱える社会生活上の問題や悩みを解決しようとする．だが，そうした問題や悩みにとっては，専門家以外の人々からの援助も貴重である[*11]．

西阪他（2013）は，東日本大震災の被災者とボランティアとのあいだで行われた足湯活動の相互行為を分析している．足湯活動とは，被災者の足を湯に浸して温めながら，ボランティアが被災者の手をマッサージしてその話に耳を傾ける活動である．分析の結果，マッサージを基底的活動としつつそれに付随して会話をするというこの相互行為の編成は，初対面の被災者とボランティアが直面する相互行為上の問題（たとえば，すぐ話題に詰まってしまう）を解決する資源となっていることが示された（同書第1章）．また，マッサージしながら被災者の話す体験に耳を傾けるとき，ボランティアはその話にどのように共感を示したらよいのかという課題に直面する．ボランティアたちは，たとえば，被災者の経験を自分にも共有できる経験として聞くのか，共有できない固有の経験として受け止めるのかという反応の仕方の選択を通じて，そうした課題に対処していることが明らかにされた（同書第8章，第9章）．

最後に，飲食店や商店における接客場面（サービス・エンカウンター）も，近年の会話分析で研究が増えている．接客という相互行為は第一義的には利潤の追求を目的とするので，相互行為がどのようにして顧客の満足を高めうるよう

[*11] また，同じような問題や悩みを持つ者同士が互いを支え合う場面（たとえば自助グループ）も現代社会で重要性を増している．そうした場面を扱った例として，戸江は一連の論考で，乳幼児を持つ母親が集まって育児の悩み・不安を解消することを目指した「育児支援サークル」の相互行為を分析している（戸江 2008a, 2008b, 2009, 2012）．

に組織されているかが，1つの重要な分析主題となる．

平本・山内（2017b）は，レストランで店員がどのようにして，顧客の注文を受けにやってくるかを分析している．約半数の事例では，顧客が「すいません」などと店員を呼ぶことで注文が始まっていたが，残りの約半数では，店員が自発的にテーブルに向かっていた．これらを分析した結果，(ア) 顧客が「注文を決める活動から離脱した」と見ることのできる身体動作——厨房を見る，辺りを見回す，姿勢を変化させる，携帯電話をいじる，等々——を行うと，そのあと店員がテーブルにやってくる，(イ) これらの動作のあとで店員が来なかったとき，顧客が店員を呼んでいる，という2点が見いだされた．店員が顧客のニーズに気づくことは，より価値の高いサービスの1例だが，それはたんに店員の個人的能力の問題ではない．顧客がすぐに店員を呼ばずに何らかの身体動作を行い，店員の方は顧客の観察可能な身体動作の中から特定の動作に注目してテーブルに向かう，といった手続きの協働的行使を通じて，価値の高いサービスは相互行為的に実現されているのである．

ところで，西阪他（2013）や平本・山内（2017b）が示しているように，近年の会話分析においては，相互行為において立ち現れる課題に参与者が対処するために，身体姿勢や身体動作が重要な資源となることも，ますます強調されるようになってきた．次節では，この点をもう少し掘り下げてみよう．

第4節　相互行為における身体資源

4.1　焦点の定まった集まりに限られない相互行為

本書でここまで扱ってきたデータの多くは，参与者が1つのテーブルを囲んで会話する場面や，電話を通じて会話を交わす場面からとられたものだった．人と人との相互行為は，このような焦点の定まった集まり（第1章7-8ページ参照）において生じることも多いが，ほかにもさまざまな形態の相互行為を観察することができる．この節では，これまで主に扱ってきた焦点の定まった集まりとは異なる相互行為において，身体姿勢や身体動作が使われ，その相互行為上の課題が解決される様子を，ごく簡単に分析する．具体的には，夫婦がスーパーマーケット（以下，スーパー）で買い物を行う場面を題材に，別々のこと

がらに注意を向けていた2人が，焦点の定まった集まりを形成し，特定の商品（や商品の集合）について話し合い始めるに至る過程で何をしているか，その身体的行為の諸相を示す．

4.2　焦点の定まった集まりへの移行における身体資源の役割

　スーパーで買い物を行うとき，家族は一緒に歩いてはいても，つねに1つのことがらに注意を向けて話し合っているわけではない．むしろ，棚に並んだ品々に対し，家族成員がそれぞれ別個に注意を払って歩いたほうが，買い物は効率的であろう．だが，家族全員が消費する商品を買うような場合には，家族はその商品に共同で注意を向け，話し合わなければならない．それゆえ，買い物をする家族にとっての相互行為上の課題の1つは，任意の商品（群）について話し合うこと自体をどう達成するかというものになる．言い換えれば，家族成員がそれぞれ別のものに注意を向けている状況において，焦点の定まった集まりを作り出すことがいかにして可能か，という課題である．次の(15)において，この課題が解決されるプロセスを見ていこう．

　なお，この断片を用いて，相互行為における非言語資源を書き起こす方法の1例も提示する．各発話行の上に，その発話がなされた時点での視線の向き（（夫：視）は夫の視線，（妻：視）は妻の視線，歩く方向（（夫：歩）は夫の移動，（妻：歩）は妻の移動）を記載する．さらに07行目以降では，妻が指さしを行っているので，（妻：指）に指さしの方向を記載する．視線，歩く方向，指さしのいずれについても，その向きや移動の先を「前」=通路前方，「パ」=パンコーナー，「魚」=鮮魚コーナー，「当」=ご当地グルメコーナー，「明」=明太子，「夫」=夫と表現している．歩く方向の「止」は移動が停止している状態を意味する．これらの文字のあとの「-」は，向き／移動／状態の持続を表す．これらの文字の前の「,」は，向き／移動の遷移を意味する．分析とかかわりが薄いので，10行目以降の非言語資源は割愛する．また発話行の下に直線で結ばれた図は，その時点で生じている身体動作の描写である．

第4節　相互行為における身体資源　　　　　　　　　　303

⒂
((夫婦がスーパーの中を歩いている(図１)))
(妻:歩)　　　前-,,当---------
(夫:歩)　　　前-------------
(妻:視)　　　パ-,,,,,当------
(夫:視)　　　魚---------------
01 夫：　　さかなめっちゃ多い

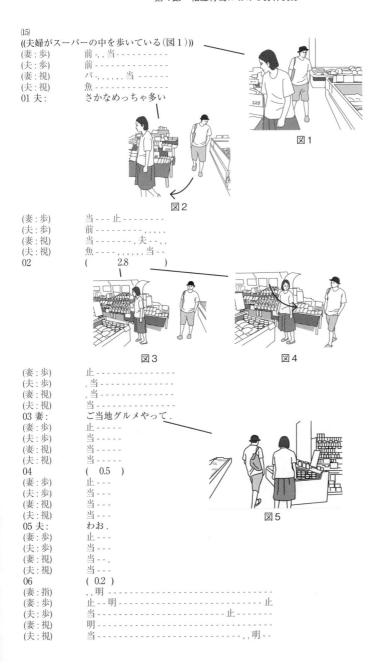

図1

図2

(妻:歩)　　　当---止--------
(夫:歩)　　　前--------,,,,,
(妻:視)　　　当-------,夫--,,
(夫:視)　　　魚----,,,,,当--
02　　　　(　　　2.8　　　)

図3　　　　　　図4

(妻:歩)　　　止---------------
(夫:歩)　　　,当--------------
(妻:視)　　　,当--------------
(夫:視)　　　当---------------
03 妻：　　ご当地グルメやって．
(妻:歩)　　　止-----
(夫:歩)　　　当-----
(妻:視)　　　当-----
(夫:視)　　　当-----
04　　　　(　0.5　)
(妻:歩)　　　止---
(夫:歩)　　　当---
(妻:視)　　　当---
(夫:視)　　　当---

図5

05 夫：　　わお．
(妻:歩)　　　止---
(夫:歩)　　　当---
(妻:視)　　　当--,
(夫:視)　　　当---
06　　　　(　0.2　)
(妻:指)　　　,,明-------------------------------
(妻:歩)　　　止--明-------------------------止---
(夫:歩)　　　当--------------------止-----
(妻:視)　　　明----------------------------------
(夫:視)　　　当-----------------------------,,明--

07 妻：　　　　お(.)こっちのほうが美味しそう ¿(.)明太子

図6

```
(妻：指)      明-
(妻：歩)      止-
(夫：歩)      止-
(妻：視)      当-
(夫：視)      明-
08            ( . )
(妻：指)      明-----------,,
(妻：歩)      止----------------
(夫：歩)      止----------------
(妻：視)      明----------------
(夫：視)      明----------------
09 妻：       どう思う(.)おんなじ？
10            (1.2)
11 夫：       ちゃ：う .((標準語で「そうじゃない」に対応する関西方言))
12            (.)
13 妻：       あん(.)漬け物は？((漬け物を指差しながら))
14            (2.2)
15 妻：       いら[ん？
16 夫：          [べったら漬け？
17            (4.3)
18 妻：       (こっちのほうが)美味しいんかな(.)もしかして .(0.2)明太子
```

　この断片の 07-11 行目の部分では，夫と妻が「ご当地グルメ」（03 行目）コーナーの「明太子」（07 行目）を見て話し合っている（図6）．しかし，断片開始の時点（01 行目の冒頭）では，妻は夫の少し前を歩き，2 人は別々の物に注意を向けていた（図1）．つまり図1から図6までのあいだに，何らかの方法で焦点の定まった集まりが形づくられている．これはどのように達成されているのであろうか．

　この「話し合うこと自体をどう達成するか」という問題に正面から取り組んだ先行研究の1つとして，デステファニ（De Stefani 2013）を挙げることができる．彼はスーパーでの知人同士の買い物場面の分析から，注意の焦点を共有するに当たって，姿勢，視線や身振りなどのさまざまな身体資源が使われていることを明らかにした．第3章でも述べたように，会話分析は言語の仕組みを解き明かすことをとくに重視しているわけではない．参与者同士が互いの身体

の見える状態で行っている相互行為を分析するときには，当然，相互行為中になされる身体動作も視野に入ってくる．身体動作を伴った発話や身体動作のみによって行われる行為も，発話を通じて遂行される行為と同様に，ふるまいの位置と組み立てに見られる常識的合理性に基づいて記述し，それに対する受け手の反応によって記述を裏づけることができる．身体動作に加えて，情報機器や椅子，机などの人工物の相互行為における働きをも統合的に捉える試みとして，近年，「資源様式の複合性（multi-modality）」という言葉が使われている（Stivers & Sidnell, 2005; Streeck, Goodwin & LeBaron 2011）．本節では，資源様式の複合性研究の包括的な説明は行わないが，簡単にその知見のいくつかを紹介する．

4.3 立ち止まることの達成

　デステファニ（De Stefani 2013）がスーパーの買い物場面の分析から明らかにしたことの1つは，知人同士が店内を歩いているときに，まずその片方が立ち止まるという行動が，なぜそれをするのか相手に理解できるような形で行われる，ということであった（De Stefani 2013: 127）．(15)を用いながら，まずはこのことについて考えて行こう．

　(15)では，最初，2人はゆっくり左右を見ながら歩いていた（図1）．夫は鮮魚コーナーに注意を向けており，少し前方を歩く妻はそれとは逆の方向（パンコーナー）を見ている．夫が「さかなめっちゃ多い」（01行目）と，自分が注意を向けている鮮魚コーナーに独り言のようにコメントするあいだに，妻は歩行の軌道を変え，右に曲がる（図2）[*12]．この時点でも2人の注意は別々の所に向いている．

　このあと，妻は歩行をやめて立ち止まることになる．では，妻はどのような仕方で，自分が立ち止まる理由が夫にわかるようにしているだろうか．02行目の2.8秒の間に生じている2人の身体動作を見ていこう．

　まず妻は，「ご当地グルメ」コーナーの前で歩みを止める（図3）．この妻の

[*12] 別々の物事に注意を払いながらも，相手に聞こえる音量で独り言を発することによって，夫はここで，本節で取り上げるものとは別種の相互行為上の課題を解いている．それは，歩きながらも相手と一緒にいる（Ryave & Schenkein 1974）ことを示すことである．

立ち止まる動作が，夫にとって利用可能な相互行為上の資源であることを確認しておこう．妻は夫の前方を歩いていたので，発話を行わなくても，その身体動作は夫から見えている．妻が歩みを止めたのを見て夫にわかることは，妻の注意の焦点が特定の棚に固定されたということである．妻はここまで，特別何かに焦点を定めて注意を注ぐことなく歩いていた．その妻が立ち止まり，ご当地グルメコーナーに視線をやる（図3）．この妻の動作が，注意を固定するものとして理解できるのは，当たり前のことではあるが，その視線の先に，そして距離的には妻の眼前に，実際にご当地グルメコーナーがあるからである．言い換えれば，妻の動作のこうした理解可能性は，陳列棚という人工物の配置に支えられて作り上げられている．このように，外的環境の条件と結びつけられることによって意味がわかるようになる動作のことを，グッドウィン（Goodwin 2007）は「環境に結びつけられた身振り（environmentally coupled gesture）」と呼んでいる．ここでは妻が環境に結びつけられた身振りを利用し，ご当地グルメコーナーの前で立ってそれを見ることによって，それに注意の焦点を合わせたことが夫に理解可能になっている．

　以上のように，妻はご当地グルメコーナーを見ながら立ち止まることにより，それに注意を向けたことを示している．これにより，妻がご当地グルメコーナーを検討に値するものとして取り上げたことがわかるようになり，なぜ，いま立ち止まったのかが夫に理解可能になる．

4.4　注意の焦点の共有

　続いて，妻が立ち止まるのを見た夫も右に曲がり，妻に近づいていく．これとほぼ同時に，妻はわずかに振り向き，夫の方に一瞬だけ目をやる（図4）．このとき妻は立ち止まった姿勢のまま，少しだけ上半身を左後方に向け，首を捻って夫の方を見ている（図4）．

　シェグロフ（Schegloff 1998）は，会話中に後ろから別の誰かに話しかけられたときなどに，肩から上だけを捻ってそちらを向いて話す「身体の捻り（body torque）」という現象を観察している．身体の捻りを使うとき，当人の肩から下は会話の場に残っている一方で，肩から上は話しかけた相手との相互行為に向けられている．つまり身体の捻りは，2つの相互行為への注意を1つの身体

の中に共存させる手続きになっている．このとき，2つの相互行為への注意は，たんに共存しているのみならず，階層化されている．肩から下の身体の全体を支える部分の向きが維持され，それより動かしやすい肩から上の部分が捻られていることによって，それを見ている者には，肩から上の部位が従事している相互行為が一時的なものであり，いずれ当人が捻りを解消し，肩から下の部位が向いている元の相互行為の場へと復帰するだろうことがわかる．

　図4の場面では2つの相互行為が問題になっているわけではないものの，基本的には同様の観察を行うことができるだろう．つまり，立ち止まった姿勢のまま，上半身と首を捻って夫の方を見ることによって，妻はご当地グルメコーナーと夫の2つの対象に注意を向けていることを示す．このうち，上半身と首の捻りが向けている夫への注意は，いずれ解消される一時的なものであることが期待される．じっさい，妻は夫の方をちらっと見ただけで，すぐにご当地グルメコーナーへと視線を戻す．

　夫と妻はまだ断片中で1度も言葉を交わしていないものの，以上のような身体動作のやり取りを通じて，徐々に単一の注意の焦点を共有する状態へと近づいていく．そして，注意の焦点の共有は，続いて妻が夫に言葉を発することにより，決定的なものになる．視線をご当地グルメコーナーに戻しながら，妻は「ご当地グルメやって．」（03 行目）と夫に伝える．自分が注意を向けていることを身体的に示している対象（ご当地グルメコーナー）の存在を夫に知らせ，またそれが注意を向ける価値のあるものだということを伝えるこの発話は，夫もその対象に注意を向けることを促すものとして聞くことができるだろう（第4章82-84ページ参照）．じっさい，夫もこれを聞きながらコーナーに近づいて行き（図5），妻を追い越してコーナーの前に立つ．

　「ご当地グルメやって．」という発話が，具体的に何に対して注意を向けるべきか，夫に教示する役割を担っていることに注意しよう．妻はご当地グルメコーナーの角に立っていたが（図3），この立ち位置と視線だけでは，当のコーナー内の何についての注意を共有すべきか，明確ではない．「ご当地グルメ」という発話により，このコーナー自体についての注意を共有すべきことが，夫にわかるようになる．夫が妻の真横に立つのではなくコーナーに近づいて行くことは，この観察の正しさを証拠立てている．

これを別の観点からいえば,「ご当地グルメやって.」という発話は,夫と相互行為を行うための空間 (interactional space) の範囲をある程度定めることに役立っている (Mondada 2009b). 対面で相互行為に従事する場合,その参与者は互いの身体位置と向きを調整し,相互行為を行うための空間を形作る (cf. Kendon 1990).「ご当地グルメ」コーナーの角に立ちコーナーを見ている妻が,このコーナーへの注意を共有するよう促したなら,妻と相互行為を行うための空間を形づくるに当たってどのような身体配置を取ったらよいかが,夫に伝わるだろう. すわなちここでは,妻とともにご当地グルメコーナーに向い,このコーナー (の品々) を眺めながら話すことができるような身体配置が,夫に求められることになる.

 夫はたんにご当地グルメコーナーに近づいていくだけでなく,妻の「ご当地グルメやって.」(03行目) に対し,「わお.」(05行目) と驚きを表明し,この情報を受け取っている. この [気づきの表明-気づきの共有] の連鎖により,ご当地グルメコーナーに2人が注意の焦点を定める理由が確立されている. すなわち,「ご当地グルメ」が「わお.」と驚きを表明するほど価値のあるものであるからこそ,2人は足を止めてこのコーナーを覗き込むのである.

 このあと,妻がご当地グルメコーナーの中の明太子を指さし,「こっちのほうが美味しそう¿」——この断片の前に2人は鮮魚コーナーで明太子を手に取って買い物カゴに入れていた——と言いながら近づくことによって (07行目),図6の,2人が明太子を見ながら話し合う状況が作り出される. このとき,2人の注意の対象は,指さしと発話によりご当地コーナーの中の特定の品へと絞り込まれ,具体的な購買意思決定のやり取りが始まっている. この指さしが何を行っているかは,他の身体部位の動きとの関係,同時に発せられた発話との関係,その場で買い物が行われているという活動との関係など,他のさまざまな資源との関係により定まっている (Goodwin 2003). まず,妻は指さしを行いながら移動し,明太子に近づいていく (07行目). これにより,妻が注意の対象を絞り込んでいることがわかるようになる. 同時にここで,妻は「こっちのほう」という表現を使っている. 上で触れたように,2人はこの断片の前に,別のコーナーですでに明太子を選び,買い物カゴに入れていた. この,買い物という活動全体を参照した対比表現 (先ほどの明太子に対する「こっ

ちのほう」）の使用と結びついて，また「明太子」という発話とも結びついて，妻の指さしの対象は，ご当地グルメコーナーの中の明太子であることがわかるようになる．

4.5 まとめ

この断片では最初，2人の注意は同じところに向いていなかった．この2人が，特定の商品の購入について協議するために，まずは同じ対象への注意を共有した焦点の定まった集まりを形成する過程について，そこで用いられている方法を分析した．その結果見えてきたことは，言語的資源と身体資源，その場の人工物の配置などのさまざまな相互行為資源が使われているということであった．夫の視界に入っている妻は，ご当地グルメコーナーに視線を注ぎながら立ち止まることによって，自分が注意の焦点を固定したことを伝える．これに続き後方を軽く振り返り，夫にも注意を向けていることを示してから，「ご当地グルメやって．」（03行目）と，気づきの共有を促す隣接対FPPを発する．このような，物理的環境のもとでの発話と身体動作の複合的使用が，焦点の定まった集まりの形成を可能にしている．

このようにして，社会生活のさまざまな場面で行われる相互行為の成り立ちを調べることは，その場面を扱ってきた既存の社会学的研究やその近接領域の研究にも貢献する可能性を持っている．この節で見て来たのは，スーパーにおいて購買の意思決定が行われるやりとりの一端であった．購買意思決定過程は，消費者行動（consumer behavior）の研究において扱われてきた対象である．この分野では，日用小売品の購買意思決定の多くが，小売店の店内で行われることが明らかにされてきた（Pornpitakpan & Hui Han 2013）．これを非計画購買あるいは衝動買いという．しかし消費者行動論の先行研究では，非計画購買が具体的に店舗内での消費者のどのような行動から生じるかは，あまり分析されることがなかった．本節の分析を通じて，非計画購買が検討されるさいに，それはたんに固定した空間で行われる言語的交渉ではなく，消費者がスーパーの中を歩くという活動のなかで，発話や身体動作や人工物の配置を利用しながらさまざまな変化をつけることを通じて，状況依存的に達成されるものであることが明らかにされた．

第5節　結びに代えて

　本章では，会話分析の広がりを読者に伝えるために，1980年以降の制度的相互行為研究の展開を概観するとともに，近年の会話分析がより多様なタイプの相互行為へと研究対象を広げていることを紹介した．その中で例示してきたように，それぞれの相互行為場面には，そこで追求される実際的目的とのかかわりにおいて，それぞれ特有の相互行為上の諸課題が立ち現れる．会話分析は，参与者がそれらの課題を解決していく方法，すなわち実際的行為を遂行するや・り方を記述することを通じて，社会生活の成り立ちを明らかにすることができるのである．

【読書案内】
　制度的相互行為の会話分析に関する入門的概説として，好井・山田・西阪編（1999）の第2, 4, 6, 7, 8章，山崎編（2004）の第Ⅲ部「展開編」，前田・水川・岡田編（2007）の第7, 8章，串田・好井編（2010）の第Ⅱ部「制度的世界のエスノメソドロジー」がある．本文および注で取り上げたもの以外に，授業など教育場面の相互行為の研究として阿部（1997），大辻（2006），森（2011）などが，医療関係の相互行為に関しては Maynard（2003=2004），西阪・高木・川島（2008），Heritage & Maynard（2006=2015）などが，法律関係の相互行為に関しては樫村（1996, 2001），小宮（2012, 2013）などがある．
　典型的な制度的相互行為以外の，特定の目的を果たすべく行われる相互行為の研究としては，まず組織活動を対象としたものとして，水川・秋谷・五十嵐（2017），平本・高梨（2015a; 2015b），秋谷・川島・山崎（2009）などが挙げられる．また接客場面の分析として，本文中で取り上げたもの以外にハンバーガー屋（平本・山内・北野 2014），クリーニング屋（山内・平本・泉・張 2015），寿司屋（Kuroshima 2010; 平本・山内 2016）などが対象になっている．より日常的な相互行為を対象としたものとしては，子育て場面の会話分析研究（高田・嶋田・川島 2016）がある．
　身体資源を使った相互行為の分析例としては，Hayashi（2005b），Hayashi, Mori & Takagi（2002），西阪（2008d），『社会言語科学』の 2011 年特集号（細馬・片岡・村井・岡田 2011），細馬（2009），城（近刊），城・平本（2015）などがある．

あとがき

　私たちは日々，誰かに近づいていき，その人に声をかけ，おしゃべりをしたり特定の目的を果たすための活動をしたりし，やがてはそのやりとりを終えて，また1人の時間に戻っていく．人間の社会生活は，このようなことの繰り返しである．そうしたすべては，ゆっくり何度も丁寧に観察してみると，一定の方法を用いて，相手に理解可能な形でなされていることがわかってくる．私たちはいつどの瞬間にも，きわめて微細なレベルで，「なぜいま相手はそれをしたのか？」「次に私はどうしたらいいのか？」という問いを知らず知らずのうちに解いており，その解き方には形式的な記述を可能にする合理性が存在する．私たちは，そうした相互行為の方法をさまざまな場面でさまざまな相手に対して繰り返し使用しながら社会生活を営むとともに，それを通じて，この場面におけるこの相手とのやりとりに固有の特徴をも作り出している．

　会話分析は，このプロセスをありのままに，経験的に，厳密に，形式的に記述することを目的とした1つの科学である．本書では，このことを読者に伝えるべく，1本の縦糸と何本かの横糸から成る織物として，会話分析の主要な研究テーマを解説してきた．本書の縦糸は，会話分析の探究目標の中心に位置する行為の構成という主題であった（第2章）．これと交差する横糸は，このために人々が依拠し，参照している相互行為の組織であった．それらの組織は，大づかみにまとめるなら次のような仕方で，行為の構成に関与している．

　互いに理解可能な形で行為を遂行するために，人々はまず，行為を遂行するための機会を獲得する方法を知らなければならない（主に第5章）．機会を獲得したならば，その機会が相互行為全体の連鎖的流れのなかでどんな位置なのかを知ることができなければならない．あるふるまいがどんな行為として理解されるかはそれが置かれた位置によって異なってくるからである（主に第4章，第11章）．自分がどんな位置で行為の機会を得たのかがわかったならば，相手に理解可能な形で行為を構成するために，どのように発話や身体動作などのふ

るまいを組み立てるのがよいかを知らなければならない（主に第6章，第9章）．さらに，ふるまいを組み立てる過程で，あるいはまたそれが相手に聴取され理解される過程では，さまざまな意図せぬトラブルが生じうる．したがって，それらのトラブルを修復する方法を知っておくことも必要である（第8章）．これら一連の一般的課題が適切に解決されることで，行為が構成されそれが相手に理解されるという社会生活の根本的事態が可能となる．

　会話分析は，およそ半世紀の歴史のなかで，一方では，これらの相互行為の組織に精度の高い形式的記述を施すべく努力を積み重ねてきた．その結果，今日では，研究成果をある程度体系化された知識として提示することができ，本書の論述もそうした体系化の試みをベースとしている．だが，第4章で述べたことを繰り返すなら，会話分析が形式的に記述した相互行為の組織は，相互行為の参与者がそれぞれの実際的目的を果たそうとするなかで，半ば無意識のうちに依拠したり参照したりしている規範的装置である．いかなる規範についてもそうであるように，人々はたんに規範の指定する通りにふるまうわけではない．現実の相互行為においては，人々はそれぞれの実際的目的を果たそうとするなかで，どの規範的装置をどのように参照して行為をデザインするか，複数の規範的装置が衝突する場合にはそれにどう折り合いをつけるか，などを選択している．そうした選択のなかで，社会生活の諸領域・諸場面ごとに固有の特徴を帯びた相互行為が生み出される（主に第12章）．

　したがって，会話分析は相互行為の方法・手続き・装置の形式的記述をめざすとともに，それらの方法・手続き・装置が使われることで，人々がそれぞれの場面に固有の実際的目的を追求していく過程を記述することをめざしている．この2つはどちらも欠かせない車の両輪であり，会話分析という楕円の2つの中心である．読者が，自分でも会話分析をしてみようと思うなら，この楕円のどこから始めることもできるし，どの部分の弧を辿ることもできる．本書が，そのような読者を1人でも多く産むことを願って，筆を置きたいと思う．

引用文献

阿部耕也.（1997）.「会話における＜子ども＞の観察可能性について」『社会学評論』47(4), 445-460.
秋谷直矩・川島理恵・山崎敬一.（2009）.「ケア場面における参与地位の配分――話し手になることと受け手になること」『認知科学』16(1), 78-90.
Aoki, H. (2008). Hearership as interactive practice: A multi-modal analysis of the response token *nn* and head nods in Japanese casual conversation. Unpublished doctoral dissertation, University of California, Los Angeles.
Atkinson, J. M, and Drew, P. (1979). *Order in court: The organization of verbal interaction in judicial settings*. London: Macmillan.
Austin, J. L. (1962). *How to do things with words*. Harvard University Press.（ジョン・L・オースティン．[坂本百大訳]『言語と行為』大修館書店，1978.）
Boden, D. (1994). *The business of talk: Organizations in action*. Cambridge: Polity Press.
Bolden, G. and Guimaraes, E. (2012). Grammatical flexibility as a resource in explicating referents. *Research on Language and Social Interaction*, 45(2), 156-174.
Button, G. (1987). Moving out of closings. In G. Button and J. R. E. Lee (Eds.), *Talk and social organization* (pp. 101-151). Clevedon/Philadelphia: Multilingual Matters.
Chomsky, N. (1965). *Aspects of the theory of syntax*. MIT press.（ノーム・チョムスキー．[安井稔訳]『文法理論の諸相』研究社，1970.）
Clancy, P. (1980). Referential choice in English and Japanese narrative discourse. In W. Chafe. (Ed.), *The pear stories: Cognitive, cultural, and linguistic aspects of narrative production* (pp. 127-202). Norwood, NJ: Ablex.
Clayman, S. and Heritage, J. (2002). *The News interview: Journalists and public figures on the air*. Cambridge: Cambridge University Press.
Clayman, S. and Maynard, D. (1995). Ethnomethodology and conversation analysis. In P. Ten Have. and G. Psathas. (Eds.), *Situated order: Studies in the social organisation of talk and embodied activities* (pp.1-30). Washington D.C., University Press of America.
Coulon, A. (1995). *Ethnomethodology*. Thousand Oak, Sage Publications.（アラン・クロン．[山田富秋・水川喜文訳]『入門エスノメソドロジ――私たちはみな実践的社会学者である』せりか書房，1996.）
De Stefani, E. (2013). The collaborative organisation of next actions in a semiotically rich environment: Shopping as a couple. In P. Haddington, L. Mondada, and M. Nevile. (Eds.), *Interaction and mobility: Language and the body in motion* (pp. 123-151). Walter de gruyter.
Dingemanse, M., & Enfield, N. J. (2015). Other-initiated repair across languages: Towards a typology of conversational structures. *Open Linguistics* 1: 98-118.
Downing, P. A. (1996). Proper names as a referential option in English conversation. In B. A. Fox (Ed.), *Studies in anaphora* (pp.95-143). Amsterdam, The Netherlands: John Benjamins.
Drew, P. (1991). Asymmetries of knowledge in conversational interactions. In I. Markova. and K. Foppa. (Eds.), *Asymmetries in dialogue* (pp.29-48). Hemel Hempstead: Harvester Wheatsheaf.
Drew, P. (1997). 'Open' class repair initiators in response to sequential sources of troubles in conversation. *Journal of Pragmatics*, 28(1), 69-101.
Drew, P. (1998). Complaints about transgressions and misconduct. *Research on Language and Social*

Interaction, *31*(3-4), 295-325.
Drew, P. (2003). Precision and exaggeration in interaction, *American Sociological Review*, 68(6), 917-938.
Drew, P. and Heritage, J. (Eds.), (1992). *Talk at work: Interaction in institutional settings*. Cambridge: Cambridge University Press.
Drew, P. and Heritage, J. (1992). Analyzing talk at work: An introduction. In P. Drew and J. Heritage. (Eds.), *Talk at work: Interaction in institutional settings* (pp.3-65). Cambridge: Cambridge University Press.
Durkheim, E. (1895). *Les règles de la méthode sociologique*. Paris: Les Presses universitaires de France. (エミール・デュルケーム．[宮島喬訳]『社会学的方法の規準』岩波書店，1978.)
Durkheim, E. (1897). *Le suicide: étude de sociologie*. Paris: Presses universitaires de France. (エミール・デュルケーム．[宮島喬訳]『自殺論』中公文庫，1985.)
Egbert, M. (1997). Schisming: The collaborative transformation from a single conversation to multiple conversations, *Research on Language and Social Interaction*, 30(1), 1-51.
Egbert, M. (2004). Other-initiated repair and membership categorization—some conversational events that trigger linguistic and regional membership categorization, *Journal of Pragmatics*, 36(8), 1467-1498.
遠藤智子・横森大輔・林誠．(2018).「確認要求に用いられる感動詞的用法の「何」——認識的スタンス標識の相互行為上の働き」『社会言語科学』20(1), 100-114.
Enfield, N. J. and Stivers, T (Eds.), (2007). *Person reference in interaction*. Cambridge, England: Cambridge University Press.
Ford, C. E., and Thompson, S. A. (1996). Interactional units in conversation: Syntactic, intonational, and pragmatic resources for the management of turns. In E. Ochs., E.A. Schegloff. and S. A. Thompson. (Eds.), *Interaction and grammar* (pp. 134-184). Cambridge, U.K.: Cambridge University Press.
Fox, B. A. (1987). *Discourse structure and anaphora: Written and conversational English*. Cambridge, England: Cambridge University Press.
Fox, B. A. (Ed.), (1996) *Studies in anaphora*. Amsterdam, The Netherlands: John Benjamins.
Francis, D. and Hester, S. (2004). *An Invitation to ethnomethodology: Language, society and interaction*. London, Sage Publications.（デイヴィッド・フランシス，スティーヴン・ヘスター．[中河伸俊・岡田光弘・小宮友根・是永論訳]『エスノメソドロジーへの招待——言語・社会・相互行為』ナカニシヤ出版，2014.)
Freidson, E. (1970). *Professional dominance: The social structure of medical care*. New York: Atherton Press.（エリオット・フリードソン．[進藤雄三・宝月誠訳]『医療と専門家支配』恒星社厚生閣，1992.)
Garfinkel, H. (1967). *Studies in ethnomethodology*. Englewood Cliffs, NJ: Prentice-Hall.
Garfinkel, H. and Sacks, H. (1970). On formal structures of practical actions. In J. C. McKinney. and E. A. Tiryakian. (Eds.), *Theoretical Sociology* (pp.337-366). New York: Appleton-Century-Crofts.
Gill, V. T., Halkowski, T. and Roberts, F. (2001). Accomplishing a request without making one: A single case analysis of a primary care visit, *Text*, 21(1/2), 55-82.
Goffman, E. (1959). *The presentation of self in everyday life*. Garden City, AT: Doubleday. (アーヴィング・ゴッフマン．[石黒毅訳]『行為と演技——日常生活における自己呈示』誠信書房，1974.)
Goffman, E. (1961a). *Encounters: Two studies in the sociology of interaction*. Indianapolis: Bobbs-Merrill. (アーヴィング・ゴッフマン．[佐藤毅・折橋徹彦訳]『出会い』誠信書房，1985.)
Goffman, E. (1961b). *Asylums*. New York: Doubleday Anchor. (アーヴィング・ゴッフマン．[石黒毅訳]『アサイラム』誠信書房，1984.)
Goffman, E. (1963). *Behavior in public places: Notes on the social organization of gatherings*. New York: Free

Press.（アーヴィング・ゴッフマン．［丸木恵祐・本名信行訳］『集まりの構造』誠信書房，1980.）
Goffman, E. (1964). The neglected situation, *American Anthrolopologist*, 66 (6-2), 133-136.
Goffman, E. (1967). *Interaction ritual: Essays on face-to-face behavior*. New York: Doubleday Anchor.（アーヴィング・ゴッフマン．［浅野敏夫訳］『儀礼としての相互行為』法政大学出版局，2012.）
Goffman, E. (1981). *Forms of Talk*. Oxford: Basil Blackwell.
Goffman, E. (1983). The interaction order. *American Sociological Review*, 48, 1-17.
Goodwin, C. (1979). The interactive construction of a sentence in natural conversation. In Psathas, G. (Ed.), *Everyday language: Studies in ethnomethodology* (pp. 97-121). Halsted Press.
Goodwin, C. (1984). Notes on story structure and the organization of participation. In M. Atkinson. and J. Heritage. (Eds.), *Structures of social Action: Studies in conversation analysis* (pp. 225-246). Cambridge: Cambridge University Press.
Goodwin, C. (1996). Transparent vision. In E. Ochs., E.A. Schegloff. and S.A. Thompson. (Eds.), *Interaction and grammar* (pp. 370-404). Cambridge: Cambridge University Press.
Goodwin, C. (2003). Pointing as situated practice. In S. Kita. (Ed.), *Pointing: Where language, culture and cognition meet* (pp.217-241). Psychology Press.
Goodwin, C. (2007). Environmentally coupled gestures. In S. D. Duncan., J. Cassell. and E. T. Levy (Eds), *Gesture and the dynamic dimension of language: Essays in honor of David McNeill* (pp. 195–212). Philadelphia: Benjamins B.V.
Goodwin, C. and Goodwin, M. H. (1987). Concurrent operations on talk: Notes on the interactive organization of assessments, *IPrA Papers in Pragmatics*, 1 (1), 1-55.
初鹿野阿れ・岩田夏穂．(2008).「選ばれていない参加者が発話するとき: もう一人の参加者について言及すること」『社会言語科学』10(2), 121-134.
Halkowski, T. (2006). Realizing the illness: Patients' narratives of symptom discovery. In J. Heritage. and D. Maynard. (Eds.), *Communication in medical care: Interaction between primary care physicians and patients* (pp.86-114). Cambridge: Cambridge University Press.（ティモシー・ハルコウスキー．［岡田光弘訳］「病気であると気づくこと：症状の発見についての患者のナラティブ」『診療場面のコミュニケーション：会話分析からわかること』pp.105-141, 勁草書房，2015.）
浜日出夫．(1995).「エスノメソドロジーと「羅生門問題」」『社会学ジャーナル』20, 103-112.
濱嶋朗・竹内郁郎・石川晃弘．(編) (2005).『社会学小辞典 (新版増補版)』有斐閣．
Hayano, K. (2011). Claiming epistemic primacy: *yo*-marked assessments in Japanese. In T. Stivers., L. Mondada. and J. Steensig. (Eds.), *The morality of knowledge in conversation* (pp. 58-81). Cambridge, England: Cambridge University Press.
Hayano, K. (2013). Territories of knowledge in Japanese conversation. unpublished doctoral dissertation. Nijmegen, The Netherlands: Max Planck Institute for Psycholinguistics.
早野薫．(2015).「会話における質問の働きと日本人英語学習者の相互行為能力」『Journal of the Ochanomizu University English Society』5, 50-63.
早野薫．(2018).「認識的テリトリー――知識・経験の区分と会話の組織」平本毅・横森大輔・増田将伸・戸江哲理・城綾実（編）『会話分析の広がり』pp. 193-224. ひつじ書房．
Hayashi, M. (1994). A comparative study of self-repair in English and Japanese conversation,*Japanese/Korean Linguistics*, 1(4), 77-93.
Hayashi, M. (2003a). *Joint utterance construction in Japanese conversation*. Amsterdam/ Philadelphia: John

Benjamins.
Hayashi, M. (2003b). Language and the body as resources for collaborative action: A study of word searches in Japanese conversation, *Research on Language and Social Interaction*, 36(2), 109-141.
林誠. (2005). 「『文』内におけるインターアクション—日本語助詞の相互行為上の役割をめぐって」串田秀也・定延利之・伝康晴（編）『活動としての文と発話』pp.1-26. ひつじ書房.
Hayashi, M. (2005a). Referential problems and turn construction: An exploration of an intersection between grammar and interaction, *Text*, 25(4), 437-468.
Hayashi, M. (2005b). Joint turn construction through language and the body: Notes on embodiment in coordinated participation in situated activities, *Semiotica*, 156(1/4), 21-53.
林誠. (2008a). 「相互行為の資源としての投射と文法—指示詞『あれ』の行為投射的用法をめぐって」『社会言語科学』10(2), 16-28.
林誠. (2008b). 「会話における「指示」と発話の文法構造」児玉一宏・小山哲春（編）『言語と認知のメカニズム：山梨正明教授還暦記念論文集』pp. 603-619. ひつじ書房.
Hayashi, M. (2009). Marking a 'noticing of departure' in talk: *Eh*-prefaced turns in Japanese conversation, *Journal of Pragmatics*, 41(10), 2100-2129.
Hayashi, M. (2012). Claiming uncertainty in recollection: A study of *kke*-marked utterances in Japanese conversation, *Discourse Processes*, 49(5), 391-425.
林誠. (2017). 「会話におけるターンの共同構築」『日本語学』36(4), 128-139.
Hayashi, M. and Hayano, K. (2013). Proffering insertable elements: A study of other-initiated repair in Japanese. In M. Hayashi., G. Raymond. and J. Sidnell. (Eds.), *Conversational repair and human understanding* (pp. 293-321). Cambridge: Cambridge University Press.
Hayashi, M. and Hayano, K. (2018). *A*-prefaced responses to inquiry in Japanese. In J. Heritage. and M.L. Sorjonen. (Eds.), *Between turn and sequence: Turn-initial particles across languages* (pp.191-224). Amsterdam: John Benjamins.
Hayashi, M. and Kim, S. H. (2015). Turn formats for other-initiated repair and their relation to trouble sources: Some observations from Japanese and Korean conversations, *Journal of Pragmatics*, 87, 198-217.
Hayashi, M., Mori, J., and Takagi, T. (2002). Contingent achievement of co-tellership in a Japanese conversation: An analysis of talk, gaze, and gesture. In C. Ford., B.A. Fox. and S.A. Thompson. (Eds.), *The Language of turn and sequence* (pp. 81-122). Oxford: Oxford University Press.
Hayashi, M., Raymond, G. and Sidnell, J. (Eds.), (2013). *Conversational repair and human understanding*. Cambridge: Cambridge University Press.
Hayashi, M. and Yoon, K.E. (2009). Negotiating boundaries in talk. In J. Sidnell. (Ed.), *Conversation analysis: Comparative perspectives* (pp.250-278). Cambridge: Cambridge University Press.
Heath, C. (1986). *Body movement and speech in medical interaction*. Cambridge: Cambridge University Press.
Heath, C. (1992). The delivery and reception of diagnosis in the general-practice consultation. In P. Drew. and J. Heritage. (Eds.), *Talk at work: Interaction in institutional settings* (pp. 235-267). Cambridge: Cambridge University Press.
Heath, C., Hindmarsh, J. and Luff, P. (2010). *Video in qualitative research: Analysing social interaction in everyday life*. London: Sage.
Heritage, J. (1984a). *Garfinkel and ethnomethodology*. Cambridge: Polity Press.
Heritage, J. (1984b). A change-of-state token and aspects of its sequential placement. In J. M. Atkinson. and J.

Heritage. (Eds.), *Structures of social action: Studies in conversation analysis* (pp. 299-345). Cambridge: Cambridge University Press.

Heritage, J. (1985). Analyzing news interviews: Aspects of the production of talk for an overhearing audience. In T. A. Dijk. (Ed.), *Handbook of discourse analysis, vol. 3* (pp. 95-119). New York: Academic Press.

Heritage, J. (2002). Oh-prefaced responses to assessments: A method of modifying agreement/disagreement. In C.E. Ford., B. A. Fox. and S. A. Thompson. (Eds.), *The language of turn and sequence* (pp. 196-224). Oxford: Oxford University Press.

Heritage, J. (2012a). Epistemics in action: Action formation and territories of knowledge, *Research on Language and Social Interaction*, 45(1), 1-29.

Heritage, J. (2012b). The epistemic engine: Sequence organization and territories of knowledge, *Research on Language and Social Interaction*, 45(1), 30-52.

Heritage, J. and Clayman, S. (2010). *Talk in action: Interactions, identities, and institutions*. West Sussex: Wiley-Blackwell.

Heritage, J. and Maynard, D. (Eds.), (2006). *Communication in medical care: Interaction between primary care physicians and patients*. Cambridge: Cambridge University Press. (ジョン・ヘリテッジ, ダグラス・メイナード編. ［川島理恵・樫田美雄・岡田光弘・黒嶋智美訳］『診療場面のコミュニケーション：会話分析からわかること』勁草書房, 2015.)

Heritage, J. and Raymond, G. (2005). Terms of agreement: Indexing epistemic authority and subordination in assessment sequences, *Social Psychology Quarterly*, 68(1), 15-38.

Heritage, J. and Robinson, J. D. (2006). Accounting for the visit: Giving reasons for seeking medical care. In J. Heritage. and D. Maynard. (Eds.), *Communication in medical care: Interaction between primary care physicians and patients* (pp.86-114). Cambridge: Cambridge University Press. (ジョン・ヘリテッジ, ジェフリー・ロビンソン. ［黒嶋智美訳］「受診について説明すること：受療行為の理由づけ」『診療場面のコミュニケーション：会話分析からわかること』pp.53-103, 勁草書房, 2015.)

Heritage, J. and Sorjonen, M.L. (Eds.), (2018). *Between Turn and sequence Turn-initial particles across languages*. Amsterdam: John Benjamins.

Heritage, J. and Watson, R. (1979). Formulations as conversational object. In G. Psathas. (Ed.), *Everyday language: Studies in ethnomethodology* (pp. 123-162). New York: Irvington.

Hester, S. and Eglin, P. (1997). Membership categorization analysis: An introduction. In S. Hester. and P. Eglin. (Eds), *Culture in action: Studies in membership categorization analysis* (pp. 1-23). University Press of America.

Hinds, J. (1982). *Ellipsis in Japanese*. Edmonton: Linguistic Research.

平本毅. (2011a).「他者を「わかる」やり方にかんする会話分析的研究」『社会学評論』62(2), 153-171.

平本毅. (2011b).「発話ターン開始部に置かれる「なんか」の話者性の「弱さ」について」『社会言語科学』14(1), 198-209.

平本毅. (2014).「組織活動の現場での「志」：NPOのミーティング場面の会話分析」『フォーラム現代社会学』13, 18-31.

平本毅. (2015).「「絶句」の会話分析」『立命館産業社会論集』51(1), 239-254.

平本毅. (2016).「物を知らないことの相互行為的編成」『フォーラム現代社会学』15, 3-17.

平本毅・高梨克也. (2015a).「社会的活動としての想像の共有：科学館新規展示物設計打ち合わせ場面における「振り向き」動作の会話分析」『社会学評論』66(1), 39-56.

引用文献

平本毅・高梨克也．(2015b)．「環境を作り出す身振り：科学館新規展示物制作チームの活動の事例から」『認知科学』22(4), 557-572.

平本毅・山内裕．(2016)．「鮨屋のサービス文化と雑談」村田和代・井出里咲子（編）『雑談の美学：言語研究からの再考』pp.73-95. ひつじ書房．

平本毅・山内裕．(2017a)．「どんな店か、どんな客か：江戸前鮨屋の注文場面の応用会話分析」水川喜文・秋谷直矩・五十嵐素子（編）『ワークプレイス・スタディーズ：はたらくことのエスノメソドロジー』pp.35-53. ハーベスト社．

平本毅・山内裕．(2017b)．「サービスエンカウンターにおける店員の「気づき」の会話分析」『質的心理学研究』16, 79-98.

平本毅・山内裕・北野清晃．(2014)．「言語と情報への会話分析によるアプローチ:ハンバーガー店の調査から」『日本情報経営学会誌』35(1), 19-32.

Holt, E. (1998). Figures of speech: Figurative expressions and the management of topic transition in conversation, *Language in Society*, 27(4), 495-522.

Holt, E. (2000). Reporting and reacting: Concurrent responses to reported speech, *Research on Language and Social Interaction*, 33(4), 425-454.

Homans, G. C. (1974). *Social behavior: Its elementary forms, 2nd ed*, New York: Harcourt Brace Jovanovich Inc. (ジョージ・C・ホマンズ．［橋本茂訳］『社会行動』誠信書房，1978.)

細田由利．(2008)．「「第二言語で話す」ということ：カタカナ英語の使用をめぐって」『社会言語科学』10(2), 146-157.

細馬宏通．(2009)．「話者交替を越えるジェスチャーの時間構造――隣接ペアの場合――」『認知科学』16(1), 91-102.

細馬宏通・片岡邦好・村井潤一郎・岡田みさを．(2011)．「特集「相互作用のマルチモーダル分析」」『社会言語科学』14(1), 1-4.

居關友里子．(2013)．「会話と活動の関係から見る会話終結：日常追跡法による大学生の会話を中心に」『Human Communication Studies』41, 17-38.

岩崎志真子．(2008)．「会話における発話単位の協調的構築――「引き込み」現象からみる発話単位の多面性と聞き手性再考――」串田秀也・定延利之・伝康晴（編）『「単位」としての文と発話』pp.169-220. ひつじ書房．

Iwasaki, S. (2008). *Collaborative construction of talk in Japanese conversation*. Unpublished doctoral dissertation. University of California at Los Angeles.

Iwasaki, S. (2009). Initiating interactive turn spaces in Japanese conversation: Local projection and collaborative action, *Discourse Processes*, 46(2), 226-246.

Iwasaki, S. (2013). Emerging units and emergent forms of participation within a unit in Japanese interaction: Local organization at a finer level of granularity. In B. Szczepek Reed and G. Raymond. (Eds.), *Units of talk – units of action* (pp. 243-275). Amsterdam/Philadelphia: John Benjamins.

張承姫．(2014)．「相互行為としてのほめとほめの応答：聞き手の焦点ずらしの応答に注目して」『社会言語科学』17(1), 98-113.

Jefferson, G. (1978). Sequential aspects of storytelling in conversation. In J. Schenkein. (Ed.), *Studies in the organization of conversational interaction* (pp. 219-248). Academic Press.

Jefferson, G. (1984a). On the organization of laughter in talk about troubles. In J.M. Atkinson and J.Heritage (Eds.), *Structures of social action: Studies in conversation analysis* (pp.346-369). Cambridge, UK: Cambridge University Press.

Jefferson, G. (1984b). Notes on some orderlinesses of overlap onset. In V. D'Urso. and P. Leonardi. (Eds.), *Discoure analysis and natural rhetoric* (pp. 11-38). Padua, Italy: Cleup Editore.
Jefferson, G. (1990). List construction as a task and interaction resource. In G. Psathas. (Ed.), *Interactional competence* (pp. 63-92). Washington, D.C.: University Press of America.
Jefferson, G. (2004a). Glossary of transcript symbols with an introduction. In G. Lerner. (Ed.), *Conversation analysis: Studies from the first generation* (pp. 13-31). Amsterdam/Philadelphia: John Benjamins.
Jefferson, G. (2004b). A sketch of some orderly aspects of overlap in natural conversation. In G. Lerner. (Ed.), *Conversation analysis: Studies from the first generation* (pp.43-59). Philadelphia: John Benjamins.
城綾実．(2018)．「相互行為における身体・物質・環境」平本毅・横森大輔・増田将伸・戸江哲理・城綾実（編）『会話分析の広がり』pp.97-126. ひつじ書房．
城綾実・平本毅．(2015)．「認識可能な身振りの準備と身振りの同期」『社会言語科学』17(2), 40-55.
樫村志郎．(1996)．「法律相談における協調と対抗」棚瀬孝雄（編）『紛争処理と合意：法と正義の新たなパラダイムを求めて』pp.209-234. ミネルヴァ書房．
樫村志郎．(2001)．「法的トークの制度的特徴：法律相談場面の会話分析」『語用論研究』3, 86-100.
樫村志郎．(2008)．「制度への疑い：ある「警察からの電話」の分析」『現代社会学理論研究』2, 3-13.
川島理恵．(2014)．「救急医療における意思決定過程の会話分析」『社会学評論』64(4), 663-678.
Kendon, A. (1990). *Conducting interaction: Patterns of behavior in focused encounters*. CUP Archive.
Kendrick, K. H. and Drew, P. (2014). The putative preference for offers over requests. In P. Drew. and E. Couper-Kuhlen. (Eds.), *Requesting in social interaction* (pp. 87-113). Amsterdam: John Benjamins Publishing Company.
Kitzinger, C., Lerner, G., Zinken, J., Wilkinson, S., kevoe-Feldman, H. and Ellis, S. (2013). Reformulating place, *Journal of Pragmatics*, 55, 43-50.
Kitzinger, C. and Mandelbaum, J. (2013). Word selection and social identities in talk-in-interaction, *Communication Monographs*, 80(2), 176-198.
Kitzinger, C., Shaw, R. and Toerien, M. (2012). Referring to persons without using a full-form reference: Locally initial indexicals in action, *Research on Language and Social Interaction*, 45(2), 116-136.
小宮友根．(2007)．「会話における順番交代」前田泰樹・水川喜文・岡田光弘（編）『エスノメソドロジー――人びとの実践から学ぶ』pp.124-131. 新曜社．
小宮友根．(2012)．「評議における裁判員の意見表明：順番交替上の「位置」に着目して」『法社会学』77, 167-196.
小宮友根．(2013)．「裁判員は何者として意見を述べるか：評議における参加者のアイデンティティと「国民の健全な常識」」『法社会学』79, 63-84.
小宮友根．(2016)．「裁判員の知識管理実践についての覚え書き」酒井泰斗・浦野茂・前田泰樹・中村和生・小宮友根（編）『概念分析の社会学2』pp.214-232. ナカニシヤ出版．
小森由里．(2013)．「親族間で用いられる他称詞の運用：話題の人物を捉える視点と表現形式」『社会言語科学』16(1), 109-126.
Kuroshima, S. (2010). Another look at the service encounter: Progressivity, intersubjectivity, and trust in a Japanese sushi restaurant, *Journal of Pragmatics*, 42(3), 856-869.
串田秀也．(1995)．「トピック性と修復活動：会話における「スムーズな」トピック推移の一形式をめぐって」『大阪教育大学紀要：第二部門』44(1), 1-25.
串田秀也．(1997)．「ユニゾンにおける伝達と交感: 会話における『著作権』の記述をめざして」谷泰（編）『コ

ミュニケーションの自然誌』pp.249-294. 新曜社.

串田秀也. (1999).「助け船とお節介: 会話における参与とカテゴリー化に関する一考察」好井裕明・山田富秋・西阪仰（編）『会話分析への招待』pp. 124-147. 世界思想社.

串田秀也. (2001).「私は-私は連鎖：経験の「分かちあい」と共-成員性の可視化」『社会学評論』52(2), 36-54.

串田秀也. (2002).「会話の中の『うん』と『そう』：話者性の交渉との関わりで」定延利之（編）『「うん」と「そう」の言語学』pp.5-46. ひつじ書房.

串田秀也. (2005a).「参加の道具としての文：オーヴァーラップ発話の再生と継続」串田秀也・定延利之・伝康晴編『活動としての文と発話』pp.27-62. ひつじ書房.

串田秀也. (2005b).「子どものトラブルのコントロール」宝月誠・進藤雄三（編）『社会的コントロールの現在』pp.381-396. 世界思想社.

串田秀也. (2006a).『相互行為秩序と会話分析：「話し手」と「共-成員性」をめぐる参加の組織化』世界思想社.

串田秀也. (2006b).「会話分析の方法と論理――談話データの「質的」分析における妥当性と信頼性」伝康晴・田中ゆかり（編）『講座社会言語科学6 方法』pp.188-206. ひつじ書房.

串田秀也. (2008).「指示者が開始する認識探索：認識と進行性のやりくり」『社会言語科学』10(2), 96-108.

串田秀也. (2009a).「聴き手による語りの進行促進－継続支持・継続催促・継続試行――」『認知科学』16(1), 12-23.

串田秀也. (2009b).「理解の問題と発話産出の問題－理解チェック連鎖における「うん」と「そう」」『日本語科学』25, 43-66.

Kushida, S. (2015). Using names for referring without claiming shared knowledge: Name-quoting descriptors in Japanese, *Research on Language and Social Interaction*, 48(2), 230-251.

串田秀也. (2018).「発話デザイン選択と行為の構成――精神科診療における処置決定連鎖の開始」平本毅・増田将伸・横森大輔・城綾実・戸江哲理（編）『会話分析の広がり』pp.163-191. ひつじ書房.

串田秀也・林誠. (2015).「WH質問への抵抗――感動詞『いや』の相互行為上の働き――」友定賢治（編）『感動詞の言語学』pp.169-211. ひつじ書房.

Kushida, S., Hiramoto, T. and Yamakawa, Y. (2016). Patients' practices for taking the initiative in decision-making in outpatient psychiatric consultations, *Communiation & Medicine*, 13(2)：169-184.

串田秀也・好井裕明（編）(2010).『エスノメソドロジーを学ぶ人のために』世界思想社.

Land, V., and Kitzinger, C. (2007). Some uses of third-person reference forms in speaker self-reference, *Discourse Studies*, 9(4), 493-525.

Lee, D.Y. and Yonezawa, Y. (2008). The role of the overt expression of first and second person subject in Japanese, *Journal of Pragmatics*, 40(4), 733-767.

Lerner, G. (1987). *Collaborative turn sequences: Sentence construction and social action*. Unpublished doctoral dissertation. University of California at Irvine.

Lerner, G. (1989). Notes on overlap management in conversation: The case of delayed completion, *Western Journal of Speech Communication*, 53(2), 167-177.

Lerner, G. (1991). On the syntax of sentences-in-progress, *Language in Society*, 20(3), 441-458.

Lerner, G. H. (1992). Assisted storytelling: Deploying shared knowledge as a practical matter, *Qualitative Sociology*, 15(3), 247-271.

Lerner, G. (1993). Collectivities in action: Establishing the relevance of conjoined participation in conversation, *Text*, 13(2), 213-246.

Lerner, G. (1996). On the semi-permeable character of grammatical units in conversation: Conditional entry into the turn space of another participant. In E. Ochs., E.A. Schegloff. and S. A. Thompson. (Eds.), *Interaction and grammar* (pp. 238-276). Cambridge: Cambridge University Press.

Lerner, G. (2002). Turn-sharing: The choral co-production of talk-in-interaction. In C.E. Ford., B.A. Fox. and S.A. Thompson. (Eds.), *The language of turn and sequence* (pp. 225-256). Oxford: Oxford University Press.

Lerner, G. (2003). Selecting next speaker: The context-sensitive operation of a context- free organization, *Language in Society*, 32(2), 177-201.

Lerner, G. and Kitzinger, C. (2007). Extraction and aggregation in the repair of individual and collective self-reference, *Discourse Studies*, 9(4), 526-557.

Lerner, G. and Takagi, T. (1999). On the place of linguistic resources in the organization of talk-in-interaction: A co-investigation of English and Japanese grammatical practice, *Journal of Pragmatics*, 31(1), 49-75.

Levinson, S. C. (1983). Pragmatics. Cambridge: Cambridge University Press.（ステファン・C・レビンソン．［安井稔・奥田夏子訳］『英語語用論』研究社出版，1990.）

Luff, P., and Heath, C. (2015). Transcribing embodied action. In D. Tannen., H.E. Hamilton. and D. Schiffrin. (Eds.), *The handbook of discourse analysis* (pp. 367-390). Chichester: Wiley.

Lynch, M. (1993). *Scientific practice and ordinary action: Ethnomethodology and social studies of science*. Cambridge: Cambridge University Press.（マイケル・リンチ．［水川喜文・中村和生監訳］『エスノメソドロジーと科学実践の社会学』勁草書房，2012.）

MacWhinney, B. (2007). The TalkBank Project. In J. C. Beal., K. P. Corrigan. and H. L. Moisl. (Eds.), *Creating and digitizing language corpora: Synchronic databases, Vol.1*. (pp. 163-180). Houndmills: Palgrave-Macmillan.

前田泰樹・水川喜文・岡田光弘（編）（2007）.『エスノメソドロジー：人びとの実践から学ぶ』新曜社.

Mandelbaum, J. (1987). Couples sharing stories, *Communication Quarterly*, 35(2), 144-170.

Mandelbaum, J. (1989). Interpersonal activities in conversational storytelling, *Western Journal of Communication*, 53(2), 114-126.

Mandelbaum, J. (2012). Storytelling in conversation. In J. Sidnell. and T. Stivers. (Eds.), *The handbook of conversation analysis* (pp.492-507). Oxford: Blackwell.

Mannheim, K. (1929). *Ideologie und utopie*. Bonn: Friedrich Cohen.（カール・マンハイム．［鈴木二郎訳］『イデオロギーとユートピア』未來社，1968.）

増田将伸．(2018).「連鎖組織をめぐる理論的動向」平本毅・横森大輔・増田将伸・戸江哲理・城綾実（編）『会話分析の広がり』pp.35-61. ひつじ書房.

Maynard, D. (1984). *Inside plea bargaining: The language of negotiation*. New York: Plenum.

Maynard, D. (1991). The perspective-display series and the delivery and receipt of diagnostic news. In D. Boden. and D. Zimmerman. (Eds), *Talk and social structure: Studies in ethnomethodology and conversation analysis* (pp.164-192). Cambridge: Polity Press.

Maynard, D. (1992). On clinicians co-implicating recipients' perspective in the delivery of diagnostic news. In P. Drew. and J. Heritage. (Eds.), *Talk at work: Interaction in institutional settings* (pp.331-358). Cambridge: Cambridge University Press.

Maynard, D. (2003). *Bad news, good news: Conversational order in everyday talk and clinical settings*. Chicago: University of Chicago Press.（ダグラス・メイナード．［樫田美雄・岡田光弘訳］『医療現場の会話分析：悪いニュースをどう伝えるか』勁草書房，2004.）

McHoul, A. (1978). The organization of turns at formal talk in the classroom, *Language in Society*, 7, 183-213.

Mehan, H. (1979). *Learning lessons: Social organization in the classroom.* Cambridge, MA: Harvard University Press.
南出和余・秋谷直矩. (2013).『フィールドワークと映像実践：研究のためのビデオ撮影入門』ハーベスト社.
Mishler, E. (1984). *The Discourse of medicine: Dialectics of medical interviews.* Norwood, NJ: Ablex Publishing Company.
宮沢賢治. (1969).『銀河鉄道の夜』角川文庫.
水川喜文・秋谷直矩・五十嵐素子（編）(2017).『ワークプレイス・スタディーズ：はたらくことのエスノメソドロジー』ハーベスト社.
Mondada, L. (2009a). Video recording practices and the reflexive constitution of the interactional order: Some systematic uses of the split-screen technique, *Human Studies,* 32(1), 67-99.
Mondada, L. (2009b). Emergent focused interactions in public places: A systematic analysis of the multimodal achievement of a common interactional space, *Journal of Pragmatics,* 41(10), 1977-1997.
Mondada, L. (2015). Multimodal completions, In A. Deppermann. And S. Günthner. (Eds.), *Temporality in interaction* (pp.267-307). Amsterdam: Benjamins.
森一平. (2011).「相互行為の中の「知っている」ということ：社会化論が無視してきたもの」『教育社会学研究』89, 5-25.
森一平. (2014).「授業会話における発言順番の配分と取得：「一斉発話」と「挙手」を含んだ会話の検討」『教育社会学研究』94, 153-172.
Mori, J. (1994). Functions of the connective *datte* in Japanese conversation, *Japanese/Korean Linguistics,* 4, 147-163.
Mori, J. (1999). *Negotiating agreement and disagreement in Japanese: Connective expressions and turn construction.* Amsterdam/Philadelphia: John Benjamins.
森純子. (2008).「会話分析を通しての『分裂文』再考察——『私事語り』導入の『〜のは』節——」『社会言語科学』10(2), 29-41.
森本郁代. (2008).「会話の中で相手の名前を呼ぶこと——名前による呼びかけからみた「文」単位の検討——」串田秀也・定延利之・伝康晴（編）『「単位」としての文と発話』pp. 221-255. ひつじ書房.
Morita, E. (2002). Stance marking in the collaborative completion of sentences: Final particles as epistemic markers in Japanese, *Japanese/Korean Linguistics,* 10, 220-233.
Morita, E. (2005). *Negotiation of contingent talk: The Japanese interactional particles* ne *and* sa. Amsterdam/Philadelphia: John Benjamins.
森田笑. (2008).「相互行為における協調の問題——相互行為助詞『ね』が明示するもの——」『社会言語科学』10(2), 42-54.
中川敦. (2016).「遠距離介護の意思決定過程の会話分析：ジレンマへの対処の方法と責任の分散」『年報社会学論集』29, 56-67.
Nakamura, K. (2009). *Interactive negotiation of perspectives in Japanese: Predicate-final structure as a resource to organize interaction.* Unpublished doctoral dissertation. University of Wisconsin-Madison.
中村香苗. (2011).「会話における見解交渉と主張態度の調整」『社会言語科学』14(1), 33-47.
中村和生・樫田美雄. (2004).「<助言者-相談者> という装置」『社会学評論』55(2), 80-97.
西阪仰. (1988).「行為出来事の相互行為的構成」『社会学評論』39(2), 2-18.
西阪仰. (1997).『相互行為分析という視点：文化と心の社会学的記述』金子書房.
西阪仰. (1999).「会話分析の練習：相互行為の資源としての言いよどみ」好井裕明・山田富秋・西阪仰（編）『会

話分析への招待』pp. 71-100. 世界思想社.
西阪仰. (2004).「電話の会話分析:日本語の電話の開始」山崎敬一(編)『実践エスノメソドロジー入門』pp.113-129. 有斐閣.
西阪仰. (2005).「複数の発話順番にまたがる文の構築――プラクティスとしての文法II」串田秀也・定延利之・伝康晴(編)『活動としての文と発話』pp.63-89. ひつじ書房.
西阪仰. (2007).「繰り返して問うことと繰り返して答えること」『研究所年報』37, 133-143.
西阪仰. (2008a).「行為連鎖のなかの敬体と常体」『明治学院大学大学院 社会学専攻紀要』31, 55-78.
西阪仰. (2008b).「発言順番内において分散する文: 相互行為の焦点としての反応機会場」『社会言語科学』10(2), 83-95.
西阪仰. (2008c).「妊婦が心配事を語るとき:非正当的位置における防御的問題提示について」西阪仰・高木智世・川島理恵『女性医療の会話分析』pp.199-225. 文化書房博文社.
西阪仰. (2008d).『分散する身体: エスノメソドロジー的相互行為分析の展開』勁草書房.
Nishizaka, A. (2010). Self-initiated problem presentation in prenatal checkups: Its placement and construction, *Research on Language and Social Interaction*, 43(3), 283-313.
西阪仰. (2013).「飛び越えの技法――「でも」とともに導入される共感的反応」西阪仰・早野薫・須永将史・黒嶋智美・岩田夏穂『共感の技法: 福島県における足湯ボランティアの会話分析』pp.113-126. 勁草書房.
Nishizaka, A. (2015). Facts and normative connections: Two different worldviews, *Research on Language and Social Interaction*, 48(1), 26-31.
西阪仰. (2015).「相互行為における言葉のやりとり:適合配列・優先関係・共感」伊福部達・西阪仰他『進化するヒトと機械の音声コミュニケーション』pp.19-30, エヌ・ティー・エス.
西阪仰・早野薫・黒嶋智美. (2015).「就労支援カウンセリングの会話分析」『研究所年報』45, 21-41.
西阪仰・早野薫・須永将史・黒嶋智美・岩田夏穂. (2013).『共感の技法:福島県における足湯ボランティアの会話分析』勁草書房.
西阪仰・川島理恵. (2007).「曖昧さのない質問を行うこと:相互行為のなかの情報収集」田中耕一・荻野昌弘編『社会調査と権力』pp.115-137, 世界思想社.
西阪仰・小宮友根・早野薫. (2014).「山形119番通報の会話分析」『研究所年報』44, 3-16.
西阪仰・高木智世・川島理恵. (2008).『女性医療の会話分析』文化書房博文社.
Oh, S.-Y. (2005). English zero anaphora as an interactional resource, *Research on Language and Social Interaction*, 38(2), 267-302.
Oh, S.-Y. (2006). English zero anaphora as an interactional resource II, *Discourse Studies*, 8(6), 817-846.
Oh, S.-Y. (2007). Overt reference to speaker and recipient in Korean, *Discourse Studies*, 9(4), 462-492.
Oh, S.-Y. (2010). Invoking categories through co-present person reference: The case of Korean conversation, *Journal of Pragmatics*, 42(5), 1219-1242.
岡田光弘. (1999).「119番通報の会話分析」好井裕明・山田富秋・西阪仰(編)『会話分析への招待』pp.196-222. 世界思想社.
Ono, T. and Thompson, S. A. (1997). Deconstructing "zero anaphora" in Japanese, *Berkeley Linguistic Society*, 23, 481-491.
大辻秀樹. (2006).「Type M:「学ぶことに夢中になる経験の構造」に関する会話分析からのアプローチ」『教育社会学研究』78, 147-168.
Parsons, T. (1937). *The structure of social action*. Free Press, New York. (タルコット・パーソンズ. [稲上毅・厚東洋輔訳]『社会的行為の構造1、総論』木鐸社, 1967.)

Parsons, T. (1951). The social system. New York, The Free Press. (タルコット・パーソンズ．[佐藤勉訳]『社会体系論』青木書店．1974.)

Peräkylä, A. (1995). AIDS counseling: Institutional interaction and clinical practice. Cambridge: Cambridge University Press.

Peräkylä, A. (1998). Authority and accountability: The delivery of diagnosis in primary health care, Social Psychology Quarterly, 61(4), 301-320.

Peräkylä, A. (2006). Communicating and responding to diagnosis. In J. Heritage. and D. Maynard. (Eds.), Communication in medical care: Interaction between primary care physicians and patients (pp. 214-247). Cambridge: Cambridge University Press. (アンシ・ペラキュラ．[岡田光弘訳]「診断について：コミュニケーションすることと応答すること」『診療場面のコミュニケーション：会話分析からわかること』pp.265-304, 勁草書房, 2015.)

Pomerantz, A. (1978). Compliment responses: Notes on the cooperation of multiple constraints. In J. Schenkein. (Ed.), Studies in the organization of conversational interaction (pp. 79-112). Academic Press.

Pomerantz, A. (1980). Telling my side: 'Limited access' as a 'fishing' device, Sociological Inquiry, 50(3-4), 186-198.

Pomerantz, A. (1984a). Pursuing a response. In J.M. Atkinson and J. Heritage. (Eds.), Structures of social action: Studies in conversation analysis (pp.152-163). Cambridge, UK: Cambridge University Press.

Pomerantz, A. (1984b). Agreeing and disagreeing with assessments: Some features found in preferred/dispreferred turn shapes. In J.M. Atkinson and J. Heritage. (Eds.), Structures of social action: Studies in conversation analysis (pp.57-101). Cambridge, UK: Cambridge University Press.

Pomerantz, A. (1986). Extreme case formulations, Human Studies, 9(2-3), 219-230.

Pomerantz, A. (1987). Descriptions in legal settings. In G. Button and J. R. E. Lee (Eds.), Talk and social organization (pp. 226-243). Clevedon/Philadelphia: Multilingual Matters.

Pornpitakpan, C., and Han, J. H. (2013). The effect of culture and salespersons' retail service quality on impulse buying, Australasian Marketing Journal, 21(2), 85-93.

Psathas, G. (1995). Conversation Analysis: The study of talk-in-interaction. London: Sage Publications. (ジョージ・サーサス．[北澤裕・小松栄一訳]『会話分析の手法』マルジュ社, 1998)

Raymond, C. W., and White, A. E. C. (forthcoming). Time reference in the service of social action. American Journal of Sociology.

Raymond, G. (2003). Grammar and social organization: Yes/no interrogatives and the structure of responding, American Sociological Review, 68(6), 939-967.

Robinson, J. D. (2001). Asymmetry in action: Sequential resources in the negotiation of a prescription request, Text, 21(1/2), 19-54.

Robinson, J. D. (2003). An interactional structure of medical activities during acute visits and its implications for patients' participation, Health Communication, 15(1), 27-59.

Robinson, J. D. (2012). Overall structural organization. In J. Sidnell. and T. Stivers. (Eds.), The handbook of conversation analysis (pp.257-280). Oxford:

Ryave, A. L. (1978). On the achievement of a series of stories. In J. Schenkein. (Ed.), Studies in the organization of conversational interaction (pp. 113-132). Academic Press.

Ryave, A. L., and Schenkein, J. N. (1974). Notes on the art of walking. In R. Turner. (Ed.), Ethnomethodology (pp. 265–274). Harmondsworth: Penguin.

引用文献

Sacks, H. (1963). Sociological description. *Berkeley Journal of Sociology*, 8, 1-16. (ハーヴィー・サックス. [南保輔・海老田大五朗訳]「社会学的記述」『コミュニケーション紀要』24, 77-92, 2013.)
Sacks, H. (1972a). An initial investigation of the usability of conversational data for doing sociology. In D. Sudnow (Ed.), *Studies in social interaction* (pp. 31-74). New York: The Free Press. (ハーヴィー・サックス. [北澤裕・西阪仰訳]「会話データの利用法：会話分析事始め」『日常性の解剖学：知と会話』pp.93-174, マルジュ社, 1989.)
Sacks, H. (1972b). On the analyzability of stories by children. In D. Hymes. and J.J. Gumperz. (Eds.), (1972). *Directions in sociolinguistics: The ethnography of communication* (pp.325-345). Holt, Rinehart and Winston.
Sacks, H. (1974). An analysis of the course of a joke's telling in conversation. In J. Sherzer. and R. Bauman. (Eds.), *Explorations in the ethnography of speaking* (pp.337-353). London: Cambridge University Press.
Sacks, H. (1984). Notes on methodology. In J.M. Atkinson and J. Heritage. (Eds.), *Structures of social action: Studies in conversation analysis* (pp. 21-27). Cambridge, UK: Cambridge University Press.
Sacks, H. (1987). On the preferences for agreement and contiguity in sequences in conversation. In G. Button and J. R. E. Lee (Eds.), *Talk and social organization* (pp. 54-69). Clevedon/Philadelphia: Multilingual Matters.
Sacks, H. (1992). *Lectures on conversation*. 2 vols. Oxford:Blackwell.
Sacks, H. and Schegloff, E.A. (1979). Two preferences in the organization of reference to persons in conversation and their interaction. In G. Psathas. (Ed.), *Everyday language: Studies in ethnomethodology* (pp. 5-21). New York: Irvington.
Sacks, H., Schegloff, E.A. and Jefferson, G. (1974). A simplest systematics for the organization of turn-taking for conversation, *Language*, 50(4), 696-735. (ハーヴィー・サックス，エマニュエル・シェグロフ，ゲイル・ジェファーソン．[西阪仰訳]「会話のための順番交替の組織――最も単純な体系的記述」『会話分析基本論集――順番交替と修復の組織』pp.7-153, 世界思想社, 2010.)
Schegloff, E. A. (1968). Sequencing in conversational openings, *American Anthropologist*, 70(6), 1075-1095.
Schegloff, E. A. (1972). Notes on a conversational practice: Formulating place. In D. Sudnow (Ed.), *Studies in social interaction* (pp.75-119). New York, NY: The Free Press.
Schegloff, E. A. (1979a). The relevance of repair to syntax-for-conversation. In T. Givón. (Ed.), *Syntax and semantics*: Vol.12, *Discourse and syntax* (pp. 261-286). New York: Academic Press.
Schegloff, E. A. (1979b). Identification and recognition in telephone conversation openings. In G. Psathas. (Ed.), *Everyday language: Studies in ethnomethodology* (pp. 23-78). New York: Irvington.
Schegloff, E. A. (1980). Preliminaries to preliminaries: 'Can I ask you a question.', *Sociological Inquiry*, 50(3-4), 104-152.
Schegloff, E. A. (1982). Discourse as an interactional achievement: Some uses of 'uh huh'and other things that come between sentences. In D. Tannen. (1982). *Analyzing discourse: Text and talk* (pp.71-93). Washington, D.C: Georgetown University Press.
Schegloff, E. A. (1984). On some questions and ambiguities in conversation. In J.M. Atkinson and J. Heritage. (Eds.), *Structures of social action: Studies in conversation analysis* (pp. 28-52). Cambridge, UK: Cambridge University Press.
Schegloff, E. A. (1986). The routine as achievement, *Human Studies*, 9, 111-151.
Schegloff, E. A. (1987a). Analyzing single episodes of interaction: An exercise in conversation analysis, *Social psychology Quarterly*, 50(2), 101-114.

Schegloff, E. A. (1987b). Recycled turn beginnings: A precise repair mechanism in conversation's turn-taking organization. In G. Button and J. R. E. Lee (Eds.), *Talk and social organization* (pp.70-85). Clevedon/ Philadelphia: Multilingual Matters.

Schegloff, E. A. (1987). Between micro and macro: Contexts and other connections. In J. C. Alexander. (Ed.), *The micro-macro link* (pp.207-234). University of California Press. (エマニュエル・シェグロフ. [石井幸夫訳]「ミクロとマクロの間:コンテクスト概念による接続策とその他の接続策」『ミクロ-マクロ・リンクの社会理論』pp.139-178, 新泉社, 1998.)

Schegloff, E. A. (1988a). Goffman and the analysis of interaction. In P. Drew. and A. Wootton. (Eds.), *Erving Goffman: Exploring the interaction order* (pp. 89-135). Cambridge: Polity Press.

Schegloff, E. A. (1988b). Presequences and indirection: Applying speech act theory to ordinary conversation, *Journal of Pragmatics*, 12(1), 55-62.

Schegloff, E. A. (1992a). Introduction. In H. Sacks. (1992). *Lectures on Conversation*. 2 Vols. Oxford:Blackwell (ix-lxii).

Schegloff, E. A. (1992b). Repair after next turn: The last structurally provided defense of intersubjectivity in conversation, *American Journal of Sociology*, 97(5), 1295-1345.

Schegloff, E. A. (1993). Reflections on quantification in the study of conversation, *Research on Language and Social Interaction*, 26(1), 99-128.

Schegloff, E. A. (1996a). Confirming allusions: Toward an empirical account of action, *American Journal of Sociology*, 104(1), 161-216.

Schegloff, E. A. (1996b). Turn organization: One interaction of grammar and interaction. In E. Ochs., E.A. Schegloff. and S. A. Thompson. (Eds.), *Interaction and grammar* (pp. 52-133). Cambridge, U.K.: Cambridge University Press.

Schegloff, E. A. (1996c). Some practices for referring to persons in talk-in-interaction: A partial sketch of a systematics. In B. A. Fox. (Ed.), *Studies in anaphora* (pp.437-485). Amsterdam, The Netherlands: John Benjamins.

Schegloff, E. A. (1997a). "Narrative analysis" thirty years later, *Journal of Narrative and Life History*, 7(1-4), 97-106.

Schegloff, E. A. (1997b). Third turn repair. In G. R. Guy., C. Feagin., D. Schiffrin. and J. Baugh. (Eds.), *Towards a social science of language: Papers in honour of William Labov Vol. 2* (pp. 31-40). Amsterdam: John Benjamins.

Schegloff, E. A. (1998). Body torque, *Social Research*, 65(3), 535-596.

Schegloff, E. A. (2000). Overlapping talk and the organization of turn-taking for conversation, *Language in Society*, 29(1), 1-63.

Schegloff, E. A. (2002a). Beginnings in the telephone. In J.E. Katz. and M. Aakhus. (Eds.), *Perpetual contact: Mobile communication, private talk, public performance* (pp.284-300). Cambridge: Cambridge University Press. (エマニュエル・シェグロフ. [平英美訳]「電話の開始部」『絶え間なき交信の時代:ケータイ文化の誕生』pp.370-389, NTT出版, 2003.)

Schegloff, E. A. (2002b). On "opening sequencing": A framing statement. Opening sequencing. In J.E. Katz. and M. Aakhus. (Eds.), *Perpetual contact: Mobile communication, private talk, public performance* (pp.321-385). Cambridge: Cambridge University Press. (エマニュエル・シェグロフ. [平英美訳]「『開始の連鎖』について:枠組み」「開始連鎖」『絶え間なき交信の時代:ケータイ文化の誕生』pp.413-494, NTT出版, 2003.)

Schegloff, E. A. (2004). Answering the phone. In G. Lerner. (Ed.), *Conversation analysis: Studies from the first generation* (pp.63-108). Amsterdam/Philadelphia: John Benjamins.

Schegloff, E. A. (2006). Interaction: The infrastructure of social institutions, the natural ecological niche for language, and the arena in which culture is enacted. In N. J. Enfield. and S. C. Levinson. (Eds.), *Roots of human sociality: Culture, cognition and interaction* (pp.70-96). Oxford/New York: Berg.

Schegloff, E. A. (2007a). *Sequence organization in interaction: A primer in conversation analysis1.* Cambridge: Cambridge University Press.

Schegloff, E. A. (2007b). A tutorial on membership categorization. *Journal of Pragmatics*, 39(3), 462-482.

Schegloff, E. A. (2007c). Categories in action: Person-reference and membership categorization. *Discourse Studies*, 9(4), 433-461.

Schegloff, E. A. (2007d). Conveying who you are: The presentation of self, strictly speaking. In N. J. Enfield. and T. Stivers. (Eds.), *Person reference in interaction: linguistic, cultural and social perspectives* (pp.123-148). Cambridge: Cambridge University Press.

Schegloff, E. A. (2008). *Prolegomena to the analysis of action (s) in talk-in-interaction.* Paper presented at the Max Planck Institute for Psycholinguistics, Nijmegen, The Netherlands.

Schegloff, E. A., Jefferson, G. and Sacks, H. (1977). The preference for self-correction in the organization of repair in conversation. *Language*, 53(2), 361-382. (エマニュエル・シェグロフ, ゲイル・ジェファーソン, ハーヴィー・サックス. [西阪仰訳]「会話における修復の組織――自己訂正の優先性」『会話分析基本論集――順番交替と修復の組織』pp.155-246, 世界思想社, 2010.).

Schegloff, E. A. and Lerner, G. (2009). Beginning to respond: Well-prefaced responses to Wh-questions, *Research on Language and Social Interaction*, 42(2), 91-115.

Schegloff, E. A. and Sacks, H. (1973). Opening up closings, *Semiotica*, 8, 289-327. (エマニュエル・シェグロフ, ハーヴィー・サックス. [北澤裕・西阪仰訳]「会話はどのように終了されるのか」『日常性の解剖学：知と会話』pp.175-241, マルジュ社, 1989.)

Schutz, A. (1973). *Collected Papers I The Problem of Social Reality.* The Hague: Martinus Nijhoff. (アルフレッド・シュッツ. [渡部光・那須壽・西原和久訳]『アルフレッド・シュッツ著作集 第1巻 社会的現実の問題[I]マルジュ社, 1983.)

Schutz, A. (1932). *Der sinnhafte Aufbau der sozialen Welt : eine Einleitung in der verstehende Soziologie.* Wien: Springer. (アルフレッド・シュッツ. [佐藤嘉一訳]『社会的世界の意味構成』木鐸社, 1982.)

Searle, J. R. (1969). *Speech acts: An essay in the philosophy of language.* Cambridge University Press. (ジョン・サール. [坂本百大・土屋俊訳]『言語行為：言語哲学への試論』勁草書房, 1986.)

Sidnell, J. (2008). Alternate and complementary perspectives on language and social life: The organization of repair in two Caribbean communities, *Journal of Sociolinguistics*, 12(4), 477-503.

Sidnell, J. (2011). *Conversation analysis: An introduction.* Oxford: Wiley Blackwell

Silverman, D. (1987). *Communication and medical practice.* London: Sage.

Stivers, T. (2002). Participating in decisions about treatment: Overt parent pressure for antibiotic medication in pediatric encounters, *Social Science and Medicine*, 54(7), 1111-1130.

Stivers, T. (2005). Modified repeats: One method for asserting primary rights from second position, *Research on Language and Social Interaction*, 38(2), 131-158.

Stivers, T. (2007). Alternative recognitionals in person reference. In N. J. Enfield. and T. Stivers. (Eds.), *Person reference in interaction* (pp.73-96). Cambridge, England: Cambridge University Press.

Stivers, T. (2008). Stance, alignment, and affiliation during storytelling: When nodding is a token of affiliation, *Research on Language and Social Interaction*, 41(1), 31-57.

Stivers, T. (2015). Coding social interaction: A heretical approach in conversation analysis?, *Research on Language and Social Interaction*, 48(1), 1-19.

Stivers, T. and Robinson, J. D. (2006). A preference for progressivity in interaction, *Language in Society*, 35(3), 367-392.

Stivers, T. and Rossano, F. (2010). Mobilizing response, *Researhon on Language and social Interaction*, 43(1), 3-31

Stivers, T. and Sidnell, J. (2005). Introduction: multimodal interaction, *Semiotica*, 156(1/4), 1-20.

Stokoe, E. (2009). Doing actions with identity categories: Complaints and denials in neighbor disputes, *Text and Talk*, 29(1), 75-97.

Stokoe, E. (2012). Moving forward with membership categorization analysis: Methods for systematic analysis, *Discourse Studies*, 14(3), 277-303.

Streeck, J., Goodwin, C. and LeBaron, C. (2011). Embodied interaction in the material world: An introduction. In J. Streeck., C. Goodwin. and C. LeBaron. (Eds.), *Embodied interaction: Language and body in the material world* (pp.1-26). Cambridge: Cambridge University Press.

須賀あゆみ．(2007a)．「相互行為としての指示」『奈良女子大学文学部研究教育年報』3, 63-73.

須賀あゆみ．(2007b)．「指示交渉と「あれ」の相互行為上の機能」溝越彰・小野塚裕視・藤本滋之・加賀信広・西原俊明・近藤真・浜崎通世（編）『英語と文法と：鈴木英一教授還暦記念論文集』pp. 157-169. 開拓社.

須賀あゆみ．(2010)．「会話における直示表現の「再使用」について」『人間文化研究所年報』25, 13-23.

須賀あゆみ．(2014)．「聞き手の知識に関する想定と二段構えの指示交渉：日常会話の分析から」『英語学英米文学論集』40, 1-23.

鈴木佳奈．(2007)．「会話における数字の使用に関する一考察：「数字数量表現」と「主観的数量表現」が共在する事例をてがかりに」『津田葵教授退官記念論文集言語と文化の展望』pp.363-374. 英宝社.

鈴木佳奈．(2008)．「「なにかが欠けている発話」に対する他者開始修復——会話の事例から「文法項の省略」を再考する——」『社会言語科学』10(2), 70-82.

鈴木佳奈．(2010)．「「より知る者」としての立場の確立：言い間違いの指摘とそれに対する抵抗」木村大治・中村美知夫・高梨克也（編）『インタラクションの境界と接続：サル・人・会話研究から』pp. 318-339. 昭和堂.

高田明・嶋田容子・川島理恵（編）(2016)．『子育ての会話分析：おとなと子どもの「責任」はどう育つか』昭和堂.

Takagi. T. (1999)."Questions" in argument sequence in Japanese, *Human Studies*, 22, 397-423

高木智世．(2005)．「社会的実践としての日常会話：電話会話の終了に関わるプラクティスを例に」『論叢現代文化・公共政策』1, 143-175.

高木智世．(2006)．「「電波が悪い」状況下での会話」山崎敬一（編）『モバイルコミュニケーション』pp.77-97. 大修館書店.

高木智世．(2009)．「隣接ペア概念再訪: 相互行為の原動装置」『認知科学』16(4), 481-486.

高木智世．(2011)．「幼児と養育者の相互行為における間主観性の整序作業：修復連鎖に見る発話・身体・道具の重層的組織」『社会言語科学』14(1), 110-125.

高木智世・森田笑．(2015)．「「ええと」によって開始される応答」『社会言語科学』18(1), 93-110.

高木智世・細田由利・森田笑．(2016)．『会話分析の基礎』ひつじ書房.

田窪行則．(2010)．『日本語の構造：推論と知識管理』くろしお出版.

Tanaka, H. (1999). *Turn-taking in Japanese conversation: A study in grammar and interaction*. Amsterdam/

Philadelphia: John Benjamins.

Tanaka, H. (2001a). The implementation of possible cognitive shifts in Japanese conversation: Complementizers as pivotal devices. In M. Selting. and E. Couper-Kuhlen. (Eds.), *Studies in interactional linguistics* (pp.81-109). Amsterdam/Philadelphia: John Benjamins.

Tanaka, H. (2001b). Adverbials for turn-projection in Japanese: Towards a demystification of the "telepathic" mode of communication, *Language in Society*, 30, 559-587.

Tanaka, H. (2005). Grammar and "timing" of social action: Word order and preference organization in Japanese, *Language in Society*, 34, 389-430.

ten Have, P. (1991). Talk and institution: A reconsideration of the "asymmetry" of doctor-patient interaction. In D. Boden. and D. Zimmerman. (Eds.), *Talk and social structure: Studies in ethnomethodology and conversation analysis* (pp.138-163). Berkley: University of California Pres.

杜長俊. (2014).「非優先行為のフォーマットで産出される優先行為の応答: 後続の発話スペースが確保される事例をめぐって」『社会言語科学』16(2), 18-31.

戸江哲理. (2008a).「乳幼児を持つ母親の悩みの分かち合いと「先輩ママ」のアドヴァイス: ある「つどいの広場」の会話分析」『子ども社会研究』14, 59-74.

戸江哲理. (2008b).「糸口質問連鎖」『社会言語科学』10(2), 135-145.

戸江哲理. (2009).「乳幼児を持つ母親どうしの関係性のやりくり: 子育て支援サークルにおける会話の分析から」『フォーラム現代社会学』8, 120-134.

戸江哲理. (2012).「会話における親アイデンティティ」『社会学評論』62(4), 536-553.

戸江哲理. (2015).「母親が子どもを「これ」と呼ぶとき: 母親による子どもに対する指示の会話分析のための小論」『女性学評論』29, 71-89.

戸江哲理. (2017).「例外扱いする特権: 母親による子どもに対する「この人」という指示」『社会学評論』67(3), 319-337.

Weber, M. (1922). *Soziologische grundbegriffe*. In Wirtschaft und Gesellschaft. (マックス・ウェーバー. [清水幾太郎訳]『社会学の根本概念』岩波書店, 1968.)

Whalen, M. and Zimmerman, D.H. (1987). Sequential and institutional contexts in calls for help, *Social Psychology Quarterly*, 50(2), 172-185.

Whalen, M. and Zimmerman, D.H. (1990). Describing trouble: Practical epistemology in citizen calls to the police, *Language in Society*, 19(4), 465-492.

Whalen, J., Zimmerman, D.H. and Whalen, M. (1988). When words fail: A single case analysis, *Social Problems*, 35(4), 335-362.

Whitehead, K. A. (2012). Racial categories as resources and constraints in everyday interactions: Implications for racialism and non-racialism in post-apartheid South Africa, *Ethnic and Racial Studies*, 35(7), 1248-1265.

Whitehead, K. A. (2013). Managing self/other relations in complaint sequences: The use of self-deprecating and affiliative racial categorizations, *Research on Language and Social Interaction*, 46(2), 186-203.

山本真理. (2013).「物語の受け手によるセリフ発話: 物語の相互行為的展開」『社会言語科学』16(1), 139-159.

山内裕・平本毅・泉博子・張承姫. (2015).「ルーチンの達成における説明可能性: クリーニング店のオプション提案の会話分析」『組織科学』49(2), 53-65.

山崎敬一. (1994).『美貌の陥穽――セクシュアリティーのエスノメソドロジー』ハーベスト社.

山崎敬一. (2004).『社会理論としてのエスノメソドロジー』ハーベスト社.

山崎敬一. (編) (2004).『実践エスノメソドロジー入門』有斐閣.

山崎敬一.(編)(2006).『モバイルコミュニケーション』大修館書店.
山崎敬一・佐竹保宏・保坂幸正.(1993).「相互行為場面におけるコミュニケーションと権力」『社会学評論』44(1), 30-44.
山崎敬一・好井裕明.(1984).「会話の順番取りシステム──エスノメソドロジーへの招待」『月刊言語』13(7), 86-94.
横森大輔.(2011).「自然発話の文法における逸脱と秩序:カラ節単独発話の分析から」『言語科学論集』17, 49-75.
好井裕明・山田富秋・西阪仰(編)(1999).『会話分析への招待』世界思想社.
Zimmerman, D. H. (1984). Talk and its occasion: The case of calling to the police. In D. Schiffrin. (Ed.), *Meaning, form, and use in context: Linguistic applications* (pp.210-228). DC: Georgetown University Press.
Zimmerman, D. H. (1992). The interactional organization of calls for emergency assistance. In P. Drew. and J. Heritage. (Eds.), *Talk at work: Interaction in institutional settings* (pp.418-469). Cambridge: Cambridge University Press.
Zimmerman, D. H. and West, C. (1975). Sex roles, interruptions and silences in conversation. In B. Thorne. and N. Henley. (Eds.), *Language and sex: Difference and dominance* (pp. 105-129). Rowley, MA: Newbury House.

人名索引

*あ行
青木裕美｜159, 282
秋谷直矩｜52
居關友里子｜268, 273
ウェーバー　Weber, M.｜28-29, 50
ウェイレン　Whalen, J.｜286
エンフィールド　Enfield, N.｜216, 227
オー　Oh, S.-Y.｜219, 227, 229, 231
オースティン　Austin, J. L.｜14, 37
岡田光弘｜284, 286

*か行
ガーフィンケル　Garfinkel, H.｜6, 9-17, 21-22, 30, 218
樫田美雄｜284
樫村志郎｜287-288
川島理恵｜293-294
ギマレス　Guimaraes, E.｜219
串田秀也｜166-167, 224, 295
グッドウィン, C.　Goodwin, C.｜136, 153, 306
グッドウィン, M. H.　Goodwin, M.H.｜136
クレイマン　Clayman, S.｜56, 278, 280
ゴッフマン　Goffman, E.｜6-9, 23
小宮友根｜286

*さ行
サール　Searle, J. R.｜37, 43, 223
サックス　Sacks, H.｜1, 6, 9, 13, 15-22, 25, 59, 62-63, 120, 132, 173, 220, 223, 243, 248-251, 257, 267
シェグロフ　Schegloff, E. A.｜3, 6, 9, 13, 22-23, 25, 38-41, 45-48, 70, 121, 136, 149, 205, 220-221, 227-228, 242, 261, 264, 267, 306
ジェファーソン　Jefferson, G.｜v, 22, 57, 115, 121, 134, 257
シュッツ　Schutz, A.｜10-11, 29
城綾実｜58
ジンマーマン　Zimmerman, D. H.｜284
スタイバース　Stivers, T.｜72, 227

*た行
田窪行則｜231
チョムスキー　Chomsky, N.｜15-16, 20

デステファニ　De Stefani, E.｜304-305
デュルケーム　Durkheim, E.｜9, 14, 275
戸江哲理｜227, 300
ドルー　Drew, P.｜238, 276

*な行
中川敦｜299
西阪仰｜72, 286, 290, 300-301

*は行
パーソンズ　Parsons, T.｜10, 289
林誠｜47-8
早野薫｜286
ハルコウスキー　Halkowski, T.｜289
ヒース　Heath, C.｜58
平本毅｜58, 60, 295, 299, 301
ペラキュラ　Peräkylä, A.｜293
ヘリテイジ　Heritage, J.｜56, 218, 276, 278, 280, 289
ボールデン　Bolden, G.｜219
ホッブス　Hobbs, T.｜10
ホマンズ　Homans, G. C.｜14
ポメランツ　Pomerantz, A.｜40, 236

*ま行
ミーハン　Mehan, H.｜281
メイナード　Maynard, D. W.｜293
森一平｜279
モンダダ　Mondada, L.｜56

*や・ら・わ行
山崎敬一｜261
ラーナー　Lerner, G. H.｜140, 165, 167
ラフ　Luff, P.｜58
リンチ　Lynch, M.｜22
レイモンド　Raymond, G.｜86
ロビンソン　Robinson, J. D.｜289
ワトソン　Watson, R.｜218

事項索引

＊あ行

与えられた条件のもとでの関連性　conditional relevance ｜ 80-81, 99
集まり　gathering ｜ 7-8
　　焦点の定まった―― ｜ 8, 301-304, 307-309
　　焦点の定まらない―― ｜ 8
ありのままに観察する科学　natural observational science ｜ 13, 16, 19
移行適切場　transition relevance place; TRP ｜ 124-125, 128-131, 143, 174, 181
位置　position ｜ 33-35, 62-63, 77-82, 198, 205, 259, 269, 305
一緒に語ることのできる候補者　possible co-tellers ｜ 188-189
一般的秩序現象　generic orders of organization ｜ 23-26, 31, 275
受け手に合わせたデザイン　recipient design ｜ 4, 247
エスノメソドロジー ｜ 9, 13, 22, 257
オーバーラップ　overlap ｜ 58, 70-71, 118-120, 130, 132, 142, 144
　　――解決装置　overlap resolution devices ｜ 136-138
　　――により損なわれた発話の回復 ｜ 136, 138-141
遅れた完了　delayed completion ｜ 140
思い出すことの促し　reminiscence recognition solicit ｜ 188

＊か行

開始部　opening section ｜ 17-18, 106, 260-267, 272, 284-285
駆け抜け　rush-through ｜ 131-132
カテゴリー　→　成員カテゴリー
カテゴリー集合 ｜ 246-249, 254-255, 257
カテゴリー適用規則 ｜ 246-249
　　一貫性規則　consistency rule ｜ 247-249, 257
　　節約規則　economy rule ｜ 247, 257
カテゴリーに結びついた活動　述部 ｜ 187, 244-245, 248, 250-258
完了可能点　possible completion point ｜ 121-124, 130-134, 138, 140, 143, 156, 159, 161, 174, 181, 200, 205
聞く者の格率　hearers' maxim ｜ 248-249

記述 ｜ 16-19, 41-49, 62-63, 243
期待に背く実験　breaching experiment ｜ 11-12, 22, 30
帰納を免れた知識　knowledge protected against induction ｜ 251-252, 257
極端な形を取った表現　extreme case formulations ｜ 236-238, 292
組み立て　composition ｜ 33-35, 61, 145-168, 305
継続を促す要素　continuer ｜ 136, 181
見解交渉 ｜ 158-161
現在の話し手による次の話し手の選択技法 ｜ 120, 124, 130, 133
語彙の選択　→　言葉の選択
行為の構成　action formation ｜ 24-26, 28-50, 305
公的な不在　official absence ｜ 81, 84, 102
後方拡張　post-expansion ｜ 78, 100-105, 114-117
　　最小限でない　non-minimal―― ｜ 100, 102-105
　　最小限の　minimal―― ｜ 100-102
誤置マーカー　misplacement marker ｜ 172
言葉探し　word search ｜ 165, 197, 222
言葉の選択　word selection ｜ 24-26, 218-258, 278, 286-288

＊さ行

最終交換　terminal exchange ｜ 268-272
最小化の選好　preference for minimization ｜ 223-235
先取り完了　anticipatory completion ｜ 136, 163-168
　　発話末部分の――　terminal item completion ｜ 165
先を指し示す指標　prospective indexical ｜ 153
資源様式の複合性　multi-modality ｜ 305, 309
試行標識　try-marker ｜ 162-163, 225
自己選択 ｜ 120, 125, 128-130, 132-133
指示　reference ｜ 88, 218-236, 264, 288
　　――交渉 ｜ 161-163, 168
　　後続―― ｜ 227, 229-231, 234
　　最初の―― ｜ 227, 229-231, 235
　　単純―― ｜ 219, 222, 226, 228
　　複雑―― ｜ 219, 222, 228, 230-236
　　人の――　person reference ｜ 219-236, 243-244, 257
指示詞 ｜ 146, 153, 207
社会的行為 ｜ 2, 10, 28-29, 171, 249-258
社会的状況 ｜ 7-8
修復　repair ｜ 24-26, 56, 61, 99, 103, 141, 191-217, 240

事項索引　　　　　　　　　　　　　　　　　333

修復実行｜196-198, 202
　　自己――　｜196, 202
　　他者――　｜196-198
修復組織　repair organization　→　修復
修復の自己開始｜196-214, 217
　　移行空間での修復開始｜199-200
　　同じ順番での修復開始｜198-199
　　第3の位置での修復開始｜30, 202-204
　　第3の順番での修復開始｜204-205
修復の他者開始｜176, 196-214, 218
　　先行発話の部分的繰り返しと疑問詞を用いた質問
　　　｜208-209
　　次の順番での修復開始｜200-202
　　トラブル源のカテゴリーを特定する疑問詞を用い
　　　た質問｜207-208
　　トラブル源の繰り返し｜209-210
　　トラブル源を標的に定めた内容質問｜200-204
　　無限定の質問｜206-207
　　理解候補の提示｜213-214
終了準備　pre-closing　｜268-270, 272
終了部　closing section　｜106, 260, 267-272,
　　284-285
順番構成単位　turn constructional unit; TCU　｜
　　120-124, 128-132, 134, 137-138, 143, 145, 155-168,
　　170-171, 174, 179, 181
　　複合構造を持つTCU　compound TCU　｜165,
　　279
順番交替　turn-taking　｜23-26, 49, 56, 61, 118-144,
　　174, 186-187, 189, 278-280, 283
順番交替組織　turn-taking organization　→　順番
　　交替
証拠を調達する解釈方法　documentary method of
　　interpretation　｜13
身体の捻り　body torque　｜306-307
成員カテゴリー　membership category　｜26, 35,
　　49, 72, 126, 219-221, 226, 231, 234-235, 243-258,
　　276, 287
成員カテゴリー化装置　membership-
　　categorization device　｜243-258, 276
制度｜73, 143, 258, 274-276
制度的相互行為｜143, 274-299, 310
全域の構造　→　全域的構造組織
全域的構造組織　overall structural organization　｜
　　25-26, 49, 259-273, 278, 283-286, 290, 292
選好　preference　｜84-88, 223-227, 264
前方拡張　pre-expansion　｜78, 89-97, 110-112, 117,
　　151-155, 174-178
相互行為の開始理由｜260, 266-267, 272, 285-286

相互行為を行うための空間　interactional space　｜
　　308
相互反映性　reflexivity　｜12, 123, 250-251, 257
挿入拡張　insert expansion　→　挿入連鎖
挿入連鎖　insertion sequence　｜36, 78, 97-100, 110,
　　112-114, 117, 285
　　――FPP　｜97-99, 113
　　――SPP　｜97-99, 113
　　ベースFPPに発見された問題を解決する
　　　――｜98-99
　　ベースSPPをどう返すかを決めるための準備を
　　　する――｜99

＊た行
第2の物語｜172-173, 190
知識／認識様態　epistemics　｜64, 283
投射可能性　projectability　｜123-124, 133
特定の問題意識に動機づけられない観察
　　unmotivated observation　｜59-62, 74-75
トラブル源｜195-214
トラブルへの抵抗　troubles resistance　｜115, 240
トランスクリプト｜23, 57-59, 90, 97, 102-103, 138,
　　302

＊な行
認識用指示表現　recognitionals　｜220-222, 227
　　――の選好　preference for recognitionals　｜
　　223-235, 264

＊は行
媒体　vehicle　｜39, 42, 44, 49, 88, 108-109, 171, 177,
　　185-186, 190, 222
発話順番｜26, 49, 64, 78, 118-144, 145-168, 181,
　　198-204, 218, 223
　　――冒頭の要素｜147-149, 168
　　助詞で始まる――｜149-151
　　複数のTCUからなる――　multi-unit turn　｜
　　132, 155, 170-171, 174, 181
発話デザイン｜278, 295-298
反応機会場｜124, 155-158, 161-162, 181-182, 288
反応の追求　pursuit of response　｜81
非言語・身体資源｜58, 78, 81, 123, 188, 301-310
非対称性｜40, 278-279, 283, 296
非認識用指示表現　non-recognitionals　｜220-222,
　　227
表現の選択　→　言葉の選択
描写　describe　｜219, 236, 248
付加要素　increment　｜85, 128-129

文法｜121-123, 145, 147, 149, 155, 162-163, 168, 194
ベース隣接対｜90-105
　　ベース FPP｜90-105, 108, 110-113, 117
　　ベース SPP｜90-105, 112-114, 117

＊ま行
前置き｜151-155
　　前置きの前置き　preliminary to preliminary｜151-154
　　物語の前置き　story preface｜153, 174-177, 185, 188
　　リストの前置き｜155
前置き連鎖　pre-sequence｜32, 78, 89-97, 110-112, 117, 176
　　──FPP｜90-97, 176
　　──SPP｜90-97, 176
　　タイプ特定型の　type-specific──｜95
　　汎用的な　generic──｜95-97
見る者の格率　viewers' maxim｜251
物語　story｜26, 49, 124, 132, 143, 169-190, 229
　　──のクライマックス（オチ）｜178-180, 184-187

＊ら行
隣接対　adjacency pair｜25, 30, 78-117, 125-126, 128, 176, 182, 188-189, 223, 229, 272, 308-309
　　第一成分　first pair part; FPP｜78-81, 84-89, 105, 108-117, 125-126, 128, 223, 309
　　第二成分　second pair part; SPP｜78-82, 84-89, 105, 110-117, 125, 182, 223
　　非典型的な──｜82-84
例外事例の検討｜66-70
連鎖　sequence｜24-26, 49, 54, 61, 77-117, 126, 187, 189, 259, 261-263, 272, 278, 280-283
連鎖組織　sequence organization　→　連鎖
連鎖を閉じる第3要素　sequence closing third; SCT｜100-102, 104-105, 113, 280-282

＊や・わ行
優先性（の評定）｜34, 265-266, 270
話題｜25, 54, 59, 172-173, 186-187, 229, 234-235, 261, 263-265

著者略歴

串田秀也(くしだしゅうや)
大阪教育大学教育学部教授
担当章:第1章,第2章,第4章第4,5節,第9章,第11章,第12章第1,
　　　　2,3,5節

平本毅(ひらもとたけし)
京都府立大学文学部准教授
担当章:第3章,第4章第1,2,3節,第5章,第7章,第10章,
　　　　第12章第4節

林誠(はやしまこと)
名古屋大学大学院人文学研究科教授
担当章:第6章,第8章

会話分析入門

2017年7月30日　第1版第1刷発行
2021年7月15日　第1版第3刷発行

著　者　串　田　秀　也
　　　　平　本　　　毅
　　　　林　　　　　誠

発行者　井　村　寿　人

発行所　株式会社　勁　草　書　房
112-0005 東京都文京区水道2-1-1　振替 00150-2-175253
(編集) 電話 03-3815-5277／FAX 03-3814-6968
(営業) 電話 03-3814-6861／FAX 03-3814-6854
日本フィニッシュ・中永製本

©KUSHIDA Shuya, HIRAMOTO Takeshi, HAYASHI Makoto　2017

ISBN978-4-326-60296-4　Printed in Japan　

JCOPY　<(社)出版者著作権管理機構 委託出版物>
本書の無断複写は著作権法上での例外を除き禁じられています。
複写される場合は、そのつど事前に、(社)出版者著作権管理機構
(電話 03-3513-6969、FAX 03-3513-6979、e-mail: info@jcopy.or.jp)
の許諾を得てください。

＊落丁本・乱丁本はお取替いたします。

https://www.keisoshobo.co.jp

西阪　仰
分散する身体
──エスノメソドロジー的相互行為分析の展開
A5判　4,400円
60202-5

西阪　仰・早野　薫・須永将史・黒嶋智美・岩田夏穂
共感の技法
──福島県における足湯ボランティアの会話分析
A5判　2,640円
60255-1

高　史明
レイシズムを解剖する
──在日コリアンへの偏見とインターネット
四六判　2,530円
29908-9

マイケル・リンチ／水川喜文・中村和生 監
エスノメソドロジーと科学実践の社会学
A5判　5,830円
60244-5

勁草書房刊

＊表示価格は 2021 年 7 月現在。消費税 10%が含まれております。